W0226745

GUIDE VIGOT

DE LA

FLORE D'EUROPE

Wilfried Stichmann
Ursula Stichmann-Marny

VIGOT

Couverture : photos en couleurs de Aichele (*Ophrys abeille*), König (*Fougère-aigle*), Laux (*Salsifis des prés*) et Pforr (*Pin Weymouth*).

1349 photos en couleurs de Aichele (220), Bärtels (23), Baumann (2), Beck (1), Bellmann (18), Eisenbeiss (63), Ewald (42), Flück (8), Gamweidner (51), Gross (23), Hecker (24), Himmelhuber (2), Hopf (2), Hortig (1), Jacobi (19), Klees (8), König (25), Kremer (1), Laux (217), Layer (18), Lenz (1), Limbrunner (28), Pforr (138), Pott (62), Reinhard-Tierfoto (49), Schmidt (21), Schneider (3), Schönfelder (64), Schrempp (32), Schulz (1), Schumacher (2), Synatzschke (27), Vogt (20), Wagner (62), Willner O. (10), Willner W. (53), Wirth (1), Zepf E. (3), Zepf W. (4).

178 dessins en couleurs de W. Lang.

Traduit et adapté de l'allemand par Michel Cuisin.

Tous droits de traduction, de reproduction et d'adaptation réservés pour tous pays, y compris la Suède et la Norvège.

Toute reproduction, même partielle, de cet ouvrage est interdite. Une copie ou reproduction par quelque procédé que ce soit, photographie, microfilm, bande magnétique, disque ou autre, constitue une contrefaçon passible de peines prévues par la loi du 11 mars 1957 sur la protection des droits d'auteurs.

Pour l'édition originale parue sous le titre *Der neue Kosmos Pflanzenführer* :
© 1999, Franckh-Kosmos Verlags-GmbH & Co., Stuttgart.

Pour la présente édition :
© 2000, éditions Vigot - 23, rue de l'École-de-Médecine, 75006 Paris.

Dépôt légal : février 2004 - ISBN 2 7114 1440 X.
Imprimé en France par Pollina S.A. - n° L92501

Arbre généalogique des végétaux (très simplifié)

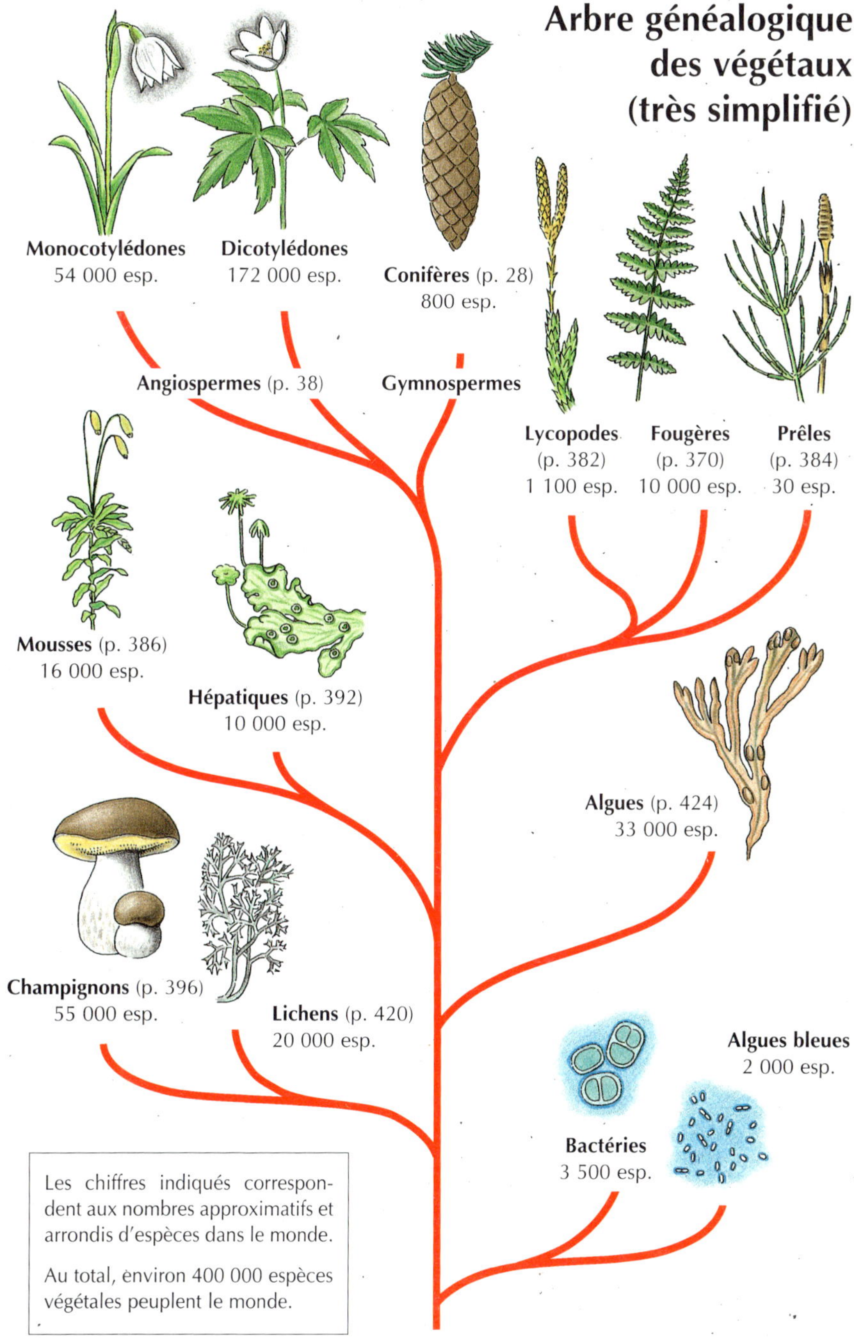

Les chiffres indiqués correspondent aux nombres approximatifs et arrondis d'espèces dans le monde.

Au total, environ 400 000 espèces végétales peuplent le monde.

Au cours d'excursions avec des groupes très variés, certaines personnes ont manifesté le désir de mieux connaître les plantes de leur région et, à tout le moins, de savoir leur nom. Mais nombre d'amis des plantes ne sont guère préparés à employer l'une des méthodes classiques de détermination (dissection des fleurs, dénombrement des étamines, etc.). Ils préfèrent examiner les plantes entières, admirer leur forme, leurs couleurs et connaître les relations que les hommes ont eu ou ont encore avec elles.

Ce guide est fait pour répondre à leur attente. Il contient 1 349 photographies en couleurs qui montrent les plantes dans la nature et, pour certaines, les détails de leurs fleurs et/ou de leurs fruits. Nous avons choisi les plantes à fleurs et les plantes sans fleurs que l'on peut identifier sans difficultés d'après leur aspect et que l'on rencontre le plus souvent. Pour les mousses et les champignons, nous avons privilégié les espèces communes ou remarquables et aisément reconnaissables; enfin, les lichens et les algues décrits sont des représentants typiques de certains groupes.

Sous la rubrique « Identification », le lecteur ne trouvera pas une longue description de chaque espèce mais seulement l'indication de quelques caractères distinctifs à l'aide desquels il pourra vérifier l'identification effectuée avec la photographie correspondante. Sur la première ligne au-dessous des noms français et scientifique de la plante on a indiqué la hauteur généralement atteinte par celle-ci, suivie de sa période de floraison (mois), qui peut varier selon le climat local, l'altitude et d'autres causes; ainsi, le fauchage ou le broutage par le bétail ou le gros gibier peuvent provoquer une floraison tardive hors de la période mentionnée. Un symbole précise s'il s'agit d'une espèce annuelle, c'est-à-dire qui germe, grandit, fleurit, fructifie et meurt en une année, bisannuelle (cycle réparti sur deux ans), ou vivace (c'est-à-dire vivant au moins plusieurs années). Il n'y a pas de symboles distincts pour les espèces annuelles et bisannuelles. Enfin, le nombre encadré correspond au numéro de la famille (voir la liste sur le premier rabat).

Des représentants de 110 familles végétales sont décrits; il y en a fort peu pour certaines d'entre elles mais beaucoup pour d'autres. Les douze familles principales sont signalées par des chiffres gras; en font partie 56% des 762 plantes à fleurs décrites dans ce guide. Elles sont présentées aux pages 16-23.

Enfin, dans la rubrique « Biologie », on trouvera des détails sur la biologie des plantes et aussi sur leurs usages éventuels comme légumes, condiments ou plantes médicinales, ainsi que certaines croyances qu'elles ont suscitées au cours des âges. D'autres détails concernent la floraison, le mode de pollinisation, la « station » c'est-à-dire l'endroit où elles vivent, leur toxicité, etc. Une partie de ces informations montre les relations qui se sont établies entre l'homme et le monde végétal; elles permettront donc d'accroître la connaissance des espèces. Ces détails, souvent passés sous silence dans les ouvrages classiques d'identification, ont de l'importance. Il en est de même de l'étymologie des noms scientifiques, qui a été souvent précisée, et qui facilite aussi une meilleure approche du monde des plantes.

Si volumineux soit-il, un guide illustré des espèces végétales de la France et de l'Europe centrale ne peut inclure toutes les plantes à fleurs et sans fleurs (fougères, mousses, lichens, etc.) vivant dans ces pays et, même si on le réalisait, il rebuterait l'amateur au lieu de le motiver et de l'intéresser.

En effet, de nombreuses espèces appartenant à un même genre sont si ressemblantes que l'on ne peut les distinguer sur des photos ou en les décrivant sommairement. D'autres sont si rares ou si localisées qu'elles risqueraient de détourner des plus communes. Nous avons donc effectué un choix dans l'intérêt même du lecteur et nous avons décrit 762 espèces de plantes à fleurs, 35 espèces de fougères et d'espèces appartenant à des groupes voisins et enfin, pour que ce guide soit complet, 30 mousses, 72 champignons, des lichens et quelques algues.

Plusieurs critères nous ont guidés pour faire cette sélection : l'abondance, une vaste répartition, un aspect remarquable et autant que possible, des caractères distinctifs évidents ainsi que l'importance pour l'homme et les écosystèmes. Les espèces décrites vivent dans la grande majorité des régions de France et très souvent leur présence ou leur absence dans telle ou telle est précisée. Toutefois les espèces typiquement méditerranéennes ne sont pas incluses. Le plus souvent, les espèces retenues ont des parentes généralement très semblables, mais ayant une répartition limitée. Dans la plupart des cas, nous avons négligé ces dernières, surtout quand la probabilité de leur présence est très faible.

La manie assez répandue, qui consiste à ne s'intéresser qu'aux espèces rares et menacées de disparition, ne trouvera pas d'écho dans ce guide, bien au contraire. En effet, la chasse aux raretés est vaine si l'on ignore leurs parentes largement répandues. Ces dernières doivent être l'objet de toute notre attention et nous devons nous réjouir de pouvoir les admirer encore. Cela n'empêche évidemment pas que l'on s'intéresse aux espèces particulièrement belles ou autrement remarquables, même si elles n'ont qu'une distribution locale ou que leurs exigences écologiques soient particulières, telles les plantes de haute montagne ou celles des côtes.

Dans ce guide pratique, nous avons groupé la plupart des plantes d'après la couleur de leurs fleurs et à l'intérieur des grandes entités ainsi délimitées, autant que possible d'après leur parenté, c'est-à-dire selon l'ordre de la classification scientifique. Le groupement par couleur n'est pas toujours facile, non seulement à cause de la variabilité individuelle et géographique de nombreuses espèces, mais aussi en raison des teintes intermédiaires qui existent entre les couleurs bien tranchées. Là encore, nous avons fait des choix notamment en ce qui concerne la couleur des 132 plantes à fleurs « blanches » et des 127 espèces à fleurs « jaunes » et moins pour les 75 dont les fleurs sont brunâtres ou verdâtres. Les plus grosses difficultés se rencontrent quand il s'agit de faire la distinction entre le rouge et le bleu, le rouge et le rouge-violacé d'une part et de délimiter le bleu et le bleu-violet d'autre part; 116 espèces entrent dans la catégorie rouge, 45 dans le bleu et 50 dans le violet. Étant donné que toutes les espèces ne sont signalées qu'une seule fois dans un groupe de couleur, il sera parfois indispensable de considérer deux groupes.

En revanche, il n'y aura point de difficultés à établir l'identité des graminées, carex et joncs ; il en ira de même pour les arbres, arbustes et arbrisseaux, bien qu'à ce sujet, quelques sous-arbrisseaux ressemblent tellement à des plantes herbacées qu'ils sembleraient plus à leur place parmi elles.

L'édition originale de ce guide décrit les plantes présentes en Europe centrale et dans les régions voisines (pour la France, l'Alsace, la Lorraine et l'est de la Bourgogne), au nord jusque dans une partie du Danemark. En gros, il s'agit de l'espace compris entre les Alpes et les mers du Nord et baltique ; à l'ouest sont inclus les Pays-Bas, le Luxembourg, l'est de la Belgique et de la France. À l'est, la limite atteint les Carpates et la Vistule, donc la République tchèque ; une grande partie de la Pologne et de la Slovaquie peut être considérée comme faisant aussi partie de l'Europe centrale, qui n'a pas de frontières bien précises.

Les espèces les plus communes en Europe centrale existent aussi en France ; par contre, les espèces typiquement méditerranéennes, corses et pyrénéennes ne sont pas incluses dans ce guide qui reste néanmoins utilisable dans toute la France (la flore française est beaucoup plus riche que celle de l'Allemagne, au cœur de l'Europe centrale, puisqu'elle comprend un peu plus de 4 200 espèces de plantes à fleurs et de fougères contre environ 2 700 en Allemagne).

La composition de la flore de l'Europe centrale et de la France est variée : certaines espèces sont présentes presque partout, d'autres au contraire étant plus localisées. Dans cette édition française on n'a tenu compte que de la présence en France ; elle a été indiquée très brièvement mais étant donné qu'il s'agit d'espèces communes, ces informations suffiront en général malgré leur concision.

Les renseignements relatifs à la distribution se trouvent sous la rubrique « Répartition », dans laquelle on a indiqué aussi le type de milieu où vit l'espèce décrite (nature du sol par exemple). De même, on a mentionné la « sociabilité » de l'espèce, qui peut être solitaire ou au contraire former d'importantes « colonies ».

Presque partout en Europe, les plantes vivent dans des milieux que l'homme a plus ou moins bouleversés. Les terres vierges n'existent plus aujourd'hui qu'en très haute montagne ; partout ailleurs, au cours des cinq mille dernières années, l'homme a transformé les milieux originels en terres cultivées et il a exploité les forêts et les landes qui, sans son intervention, auraient un tout autre aspect que celui que nous connaissons ou même n'existeraient pas.

Plus encore que les terres cultivées, de vastes étendues occupées par les habitations et les industries ont perdu leur caractère primitif ; il suffit de penser aux villes et aux grandes conurbations dont le sol est recouvert de bitume, ou dont les terres ont été rapportées, drainées, aux rues, aux talus des voies ferrées, aux décharges, aux terrils, aux gravières, aux friches industrielles, aux terrains à bâtir, etc. Ces milieux, dits « secondaires » ou même « tertiaires » diffèrent énormément de ceux qui occupaient leur emplacement à l'origine. Les bouleversements opérés ont privé les espèces végétales auparavant présentes de leurs conditions d'existence et elles ont disparu, mais d'autres ont colonisé ces milieux artificiels. Ainsi, la nature réagit de façon « constructive » et, sous nos latitudes, il n'y a guère de place (en dehors des neiges et des glaces de la haute montagne ou du littoral proprement dit) qui ne soit, tôt ou tard, envahie par des végétaux.

Parmi les espèces pionnières, qui colonisent les milieux « secondaires », on trouve toujours nombre de plantes apportées par l'homme et originaires d'autres continents ou d'autres régions européennes. Certaines ont été délibérément introduites mais la plupart ont été transportées involontairement sous forme de graines, avec diverses marchandises. Beaucoup de plantes ont ainsi occupé de nouveaux habitats au cours des siècles. Celles qui sont arrivées entre l'Âge de la pierre et la découverte de l'Amérique sont désignées sous le nom d'archéophytes et celles parvenues ultérieurement sont des néophytes. Avec d'autres espèces indigènes, elles constituent l'essentiel de la flore de nos pays, qui malgré de nombreuses disparitions dues aux activités humaines au cours des siècles passés et surtout des cinquante dernières années, est plus riche que celle qui existait dans les paysages primitifs. Cette diversité (ou biodiversité pour employer un terme récent) a une très grande valeur et il est indispensable de la maintenir; c'est là une tâche qui incombe aux générations successives. Pour la remplir, il est nécessaire de ménager la flore sauvage et il faut transmettre ce comportement respectueux aux jeunes générations le plus tôt possible. Apprendre à identifier les plantes est une condition nécessaire pour les protéger. Chaque amateur doit participer à la conservation des milieux et des espèces et s'abstenir de prélever celles-ci (sauf si elles sont extrêmement communes au moins localement); il devrait se contenter de les déterminer et de les photographier ou les dessiner sur place, sans les arracher.

Carte de l'Europe

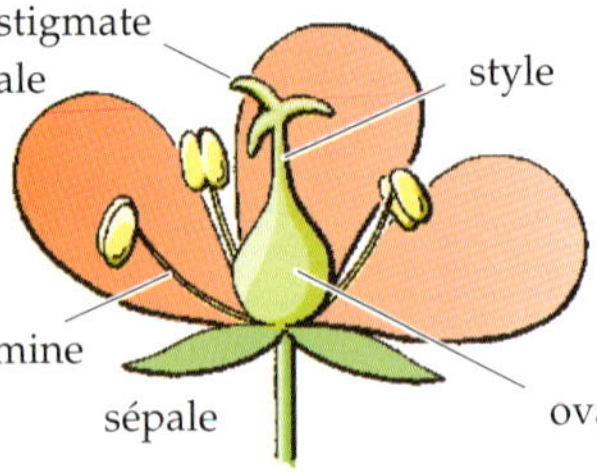

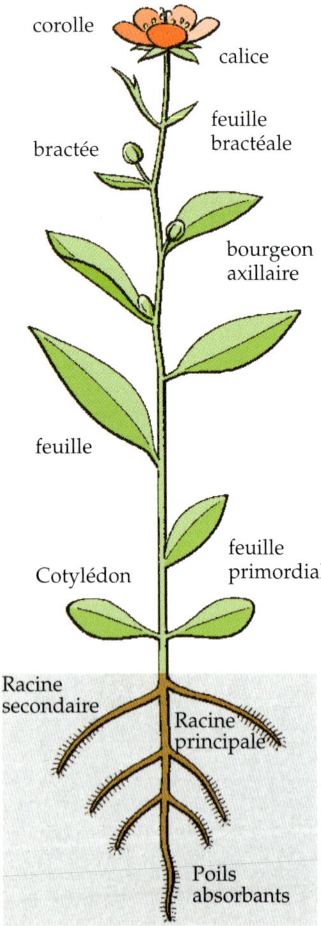

Malgré leurs différences, la Campanule étalée, le Salsifis des prés et l'Érable plane ont plusieurs caractères communs : bien que présentant toutes sortes de modifications, ces trois espèces sont en effet des plantes à fleurs. Elles ont des racines et une tige qui porte des feuilles et des fleurs. Leur appareil racinaire, qui comprend une racine principale et des racines secondaires, les fixe dans le sol et leur apporte eau et sels minéraux. La tige aérienne, élément essentiel des plantes à fleurs, peut être herbacée et éphémère (plantes herbacées, graminées) ou ligneuse et longévive (arbres, arbrisseaux). À l'intérieur de la tige et plus précisément dans des cellules allongées, tubuleuses (vaisseaux) groupées en faisceaux, l'eau et les sels minéraux circulent dans les deux sens entre les racines et les feuilles.

Les feuilles sont généralement vertes et assurent la photosynthèse (ou assimilation chlorophyllienne); elles permettent aussi l'évaporation qui conditionne la circulation de la sève et qui protège la plante contre les températures excessives. Les feuilles sont insérées sur la tige principale ou sur les tiges secondaires qui prennent naissance à l'aisselle des feuilles. Les premières feuilles qui sortent de la graine sont un ou plusieurs cotylédons.

Les parties les plus remarquables des plantes à fleurs sont celles qui concourent à la reproduction sexuée; généralement grandes et très colorées chez les espèces entomophiles (pollinisées par les insectes), elles sont nombreuses, petites, serrées et peu colorées chez les espèces anémophiles (pollinisées par le vent). Là encore, on observe un plan général malgré de nombreuses variantes.

Les différentes parties d'une fleur sont visibles sur une coupe longitudinale; il s'agit du calice (sépales) généralement vert et de la corolle (pétales) d'une autre couleur, des étamines (organes mâles formés d'un filet et d'une anthère) et d'un ou plusieurs ovaires (composés chacun d'un stigmate, d'un style et de l'ovaire proprement dit (organes femelles).

Structure d'une plante à fleurs (fleur agrandie)

Angiospermes		Gymnospermes
Dicotylédones	Monocotylédones	

Feuilles à nervures ramifiées, pennées (en général) pétiolées, souvent composées.	Feuilles (à nervures parallèles) linéaires à ovales, sessiles, généralement simples.	Feuilles en forme d'aiguilles, d'écailles, petites, nombreuses, sessiles, persistantes, coriaces, xéromorphes.

2 cotylédons opposés, généralement éphémères, parfois entourés par le tégument de la graine.	1 seul cotylédon, souvent transformé en organe d'absorption des nutriments contenus dans la graine.	Cotylédons nombreux ; chez les résineux (conifères), il y en 5 ou davantage.
	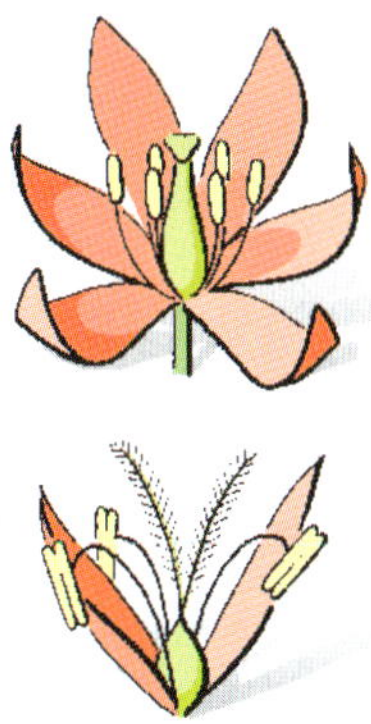	
Fleurs généralement composées d'un calice et d'une corolle, ces divisions au nombre de 4 ou 5 ou multiples de 4 ou 5 (en verticilles). Ovules toujours dans l'ovaire (cachés).	Pièces florales au nombre de 3 (ou multiple de 3). Ovules toujours inclus dans l'ovaire, donc cachés.	Fleurs sans corolle, unisexuées, avec nombreux carpelles ou étamines. Ovules nus, accessibles au pollen.

Symétrie des fleurs

Les fleurs à symétrie rayonnée peuvent être divisées en 2 moitiés égales par plusieurs plans de coupe.

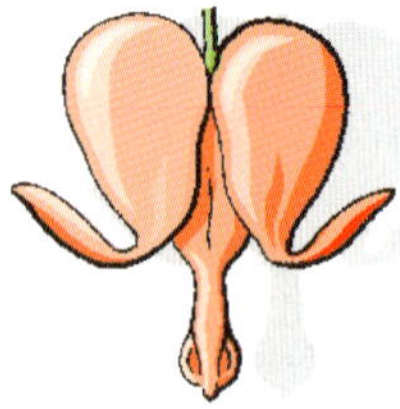

Les fleurs à symétrie bilatérale (irrégulières), peu nombreuses ont seulement 2 plans de coupe perpendiculaires.

Les fleurs zygomorphes ou irrégulières, ont un seul plan de coupe et 2 moitiés égales

Situation de l'ovaire

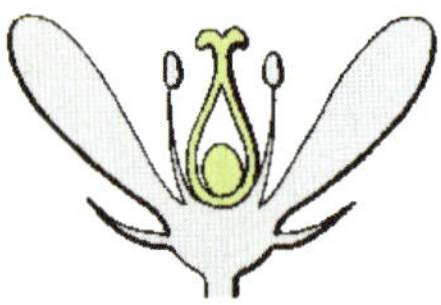

Ovaire supère : situé au-dessus des étamines et des pétales sur le réceptacle (extrémité élargie du pédoncule de la fleur).

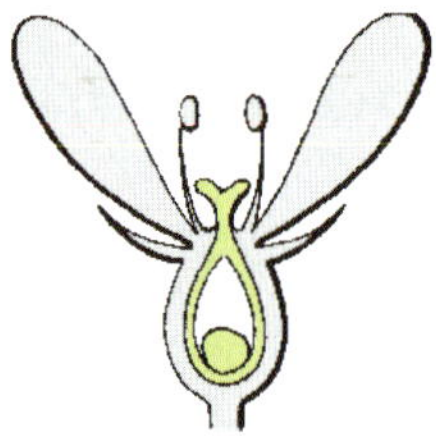

Ovaire infère et adhérent : inclus dans le pédoncule floral auquel il est soudé.

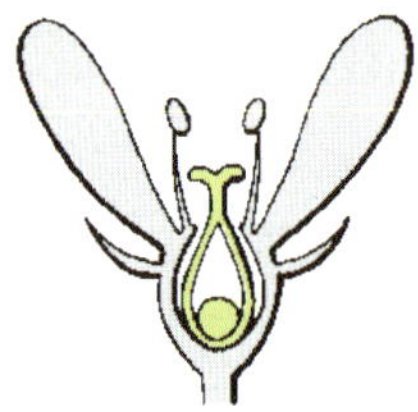

Ovaire infère et libre : inclus dans le pédoncule floral mais ne lui est pas soudé.

Pétales libres ou soudés

Chez les plantes aux pétales libres (dialypétales), les pétales sont libres, c'est-à-dire qu'ils ne sont pas soudés. On peut donc les enlever séparément sans les abîmer. Certains pétales soudés, profondément fendus, ressemblent à des pétales libres.

Chez les plantes aux pétales soudés, la corolle forme un tout et on ne peut enlever les pétales un par un. Le nombre des lobes renseigne sur celui des pétales soudés (fleurs en cloche, en tube ou en entonnoir).

Caractères importants des fleurs permettant un premier classement des espèces en grands groupes

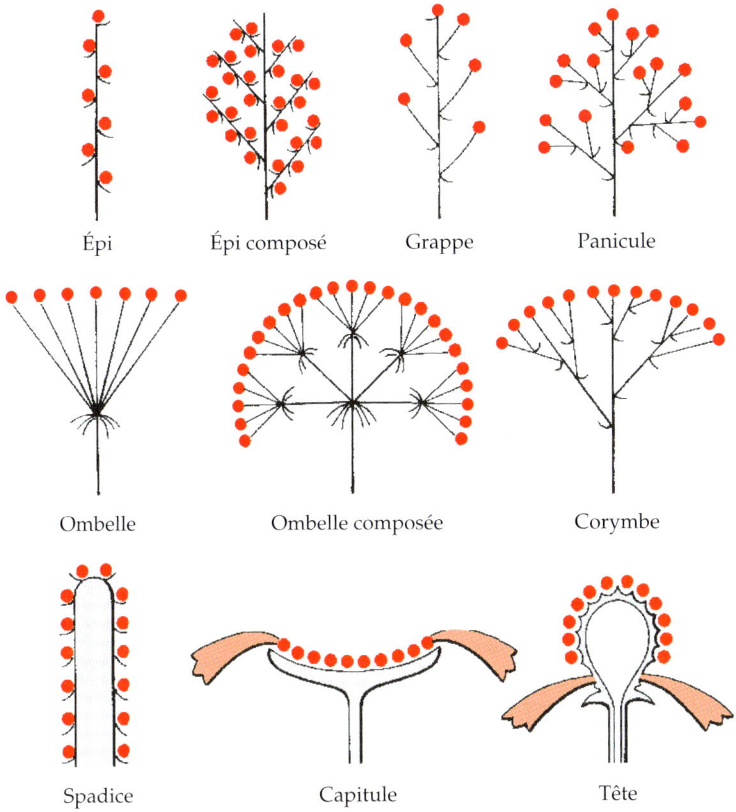

Les dix inflorescences les plus répandues et facilement reconnaissables ; on les a groupées d'après leur ressemblance

Le groupement de nombreuses fleurs en une inflorescence augmente leur pouvoir attractif à l'égard des insectes pollinisateurs. Les inflorescences comportent de petites feuilles bractéales à la place des feuilles. Les fleurs qui composent certaines inflorescences sont généralement très petites mais nombreuses. À la périphérie de quelques inflorescences — capitules, ombelles composées — il y a souvent des fleurs plus grandes que celles du centre ; elles sont parfois stériles et servent d'appât qui attire les insectes. Il y a donc des inflorescences qui, à première vue, ont l'aspect d'« une fleur » ; les meilleurs exemples se trouvent chez les Composées, dont les inflorescences sont entourées d'un involucre formé de bractées évoquant des sépales et qui, souvent, s'ouvrent le jour quand le soleil brille et se ferment la nuit ou quand il pleut. La fonction attractive vis-à-vis des insectes est souvent assurée exclusivement par les fleurs du pourtour. Exemples : Tournesol, Marguerite, Bleuet et centaurées.

Feuilles simples

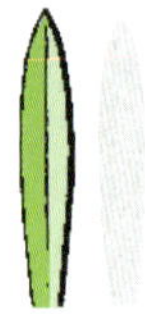
linéaire

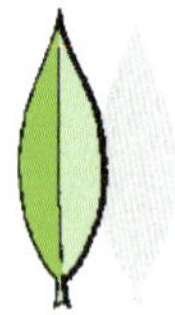
lancéolée

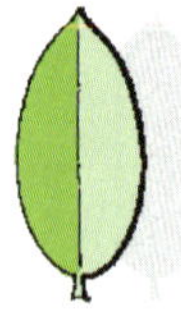
elliptique

arrondie

peltée

cordiforme

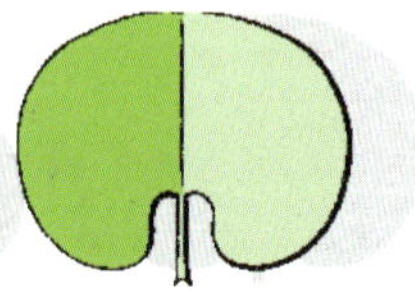
réniforme

Feuilles composées

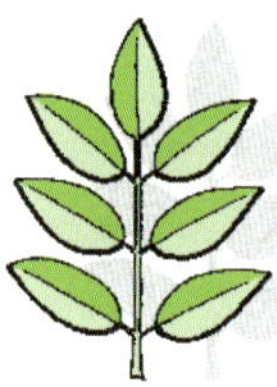
imparipennée

paripennée

bipennée

irrégulièrement pennée

trifoliolée

palmée

à marge incisée

Disposition des feuilles

alternes

opposées

verticillées

Extrémité des feuilles

Bord du limbe

Insertion des feuilles

Structure d'une feuille

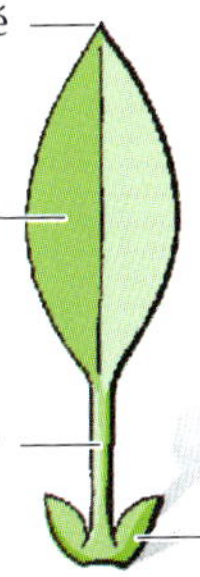

Renonculacées (*Ranunculaceae*)
Cette famille n'est pas toujours facilement séparable des Rosacées. Etant donné qu'elle ne présente pas de caractères généraux très évidents (contrairement aux Ombellifères, aux Labiées et aux Composées), c'est seulement un ensemble de détails qui permettent d'identifier ses membres de façon sûre.

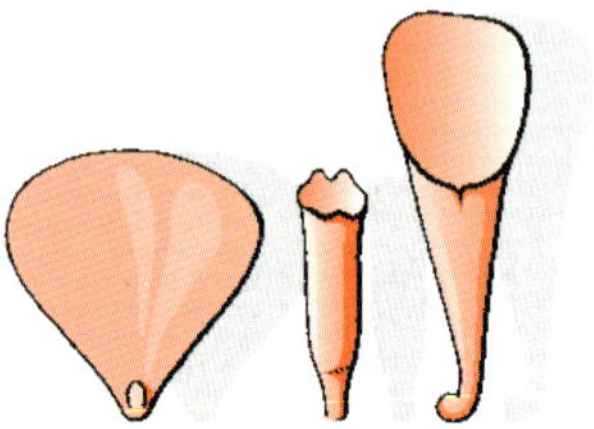

Pétales nectarifères de Renoncule, Hellébore et Ancolie (de g. à d.)

En général, mais pas toujours, ce sont des plantes herbacées vivaces. Leurs feuilles sont alternes, souvent profondément divisées, toujours sans stipules. La plupart (p. ex. celles du genre *Ranunculus*, les renoncules) ont des fleurs à symétrie rayonnée, mais chez certaines elles sont zygomorphes (parmi ces dernières il en est qui ont un ou plusieurs éperons qui renferment les nectaïres (ancolies, *Aquilegia*, Pied d'alouette, *Delphinium*). Les pétales nectrifères jouent un rôle important et ressemblent à des pétales ordinaires,

Fruits composés de Trolle, Renoncule âcre et Pied d'alouette (de g. à d.)

mais ils possèdent à la base une glande produisant du nectar ; c'est le cas chez les renoncules (boutons d'or).
Les Renonculacées ont de nombreuses étamines (généralement plus de 10) et souvent aussi de nombreux carpelles (exceptionnellement un ou quelques-uns, voir fig. en bas à g.). Chaque carpelle se recourbe pour former un ovaire (gynécée apocarpe), c'est pourquoi le fruit est composé (polycarpe) et comporte de nombreux akènes (fruits secs à une graine chacun) ou des follicules (à plusieurs graines) qui s'ouvrent par une fente.

Pages 98/2, 98/3, 108/2-110/5, 160/3-166/5, 226/4, 270/1270/4, 290/1, 290/2, 322/1-322/3.

Rosacées (*Rosaceae*)
Dans nos régions, les espèces ligneuses dominent parmi les représentants de cette famille (ex. genres *Rosa* et *Rubus*, nombreux arbres fruitiers), mais il y a aussi des plantes herbacées annuelles ou vivaces (potentilles *Potentilla* et benoîtes *Geum*). La présence régulière de stipules qui, toutefois, peuvent être éphémères (elles tombent précocement) distingue les Rosacées des Renonculacées malgré certaines ressemblances. Les fleurs des Rosacées sont toujours rayonnées, ont presque toujours 5 divisions et, le plus souvent, de nombreuses étamines. Toutefois, il y a aussi des espèces sans corolle ou même anémophiles, par exemple les pimprenelles (*Sanguisorba*) et les alchémilles (*Alchemilla*). Les éléments femelles des fleurs sont des plus variés. Dans l'importante sous-famille des Rosoideae, les fruits sont — comme ceux de nombreuses Renonculacées — issus d'un carpelle et sont des akènes à une graine. Ces fruits secs peuvent être répartis sur un réceptacle fortement renflé comme chez les fraisiers (*Fragaria*) ou, comme chez les cynorrhodons de l'Églantier, dans un réceptacle en forme de bouteille.

Chez les membres de la sous-famille des Pomoideae, le fruit est un caractère typique du groupe. Les espèces de la sous-famille des Prunoideae ont des fruits à noyau issus d'un carpelle. Même si l'on tient compte du cas particulier de la Barbe de bouc (*Aruncus*) et de ses follicules déhiscents et de la diversité de formation des fruits, un caractère général des Rosacées réside dans le fait que leurs carpelles ne sont pas soudés entre eux mais sur leur propre base (gynécée apocarpe) (voir Renonculacées).

Pages 58/1-70/3, 122/2124/2, 178/2-180/5, 230/3-232/1, 324/1-324/2.

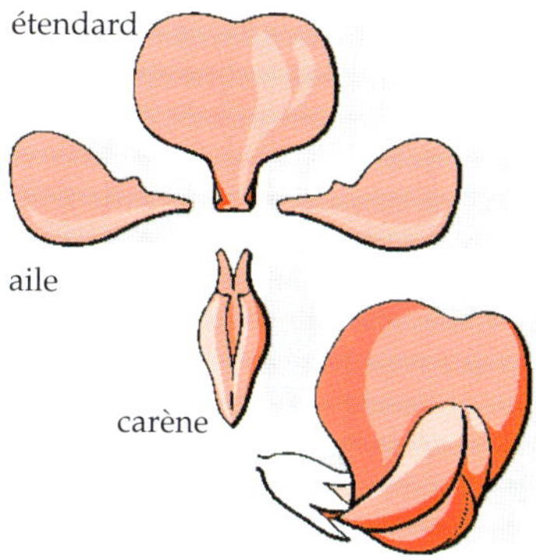

Fleur de Papilionacée disséquée et entière, vue de face

Papilionacées ou Fabacées
(*Papilionaceae* ou *Fabaceae*)
Cette famille cosmopolite est représentée surtout par des espèces ligneuses dans les régions tropicales et par des espèces herbacées dans nos pays. Les feuilles alternes sont imparipennées à l'origine, mais celles de nombreuses espèces des genres *Vicia* et *Lathyrus*, palmées ou transformées en vrilles, sont considérées comme des formes dérivées. Les stipules, toujours présentes, sont parfois très grandes et participent à la photosynthèse.
La structure des fleurs, généralement disposées en grappes, est très constante et permet de reconnaître facilement l'appartenance d'une espèce à cette famille. Calice et corolle ont 5 divisions. Les 5 sépales soudés ont souvent deux lèvres — au moins esquissées — et soulignent la zygomorphie de la fleur. La corolle comprend 5 pétales : l'étendard, supérieur et le plus grand, les deux ailes, latérales et la carène formée des deux derniers, qui sont soudés (figure). Cette dernière cache les 10 étamines soudées pour former une gouttière (ou bien 9 sont soudées et la 10e est libre) ; l'unique ovaire est supère et se transforme en une gousse qui, à maturité, s'ouvre par deux fentes en deux valves ; elle contient les graines pourvues de grands cotylédons, organes de réserve. Parmi les particularités des Papilionacées, on compte le mécanisme qui fait jaillir le pollen quand un insecte (abeille ou bourdon) se pose sur la carène. Les Papilionacées ont une grande importance écologique et économique, notamment parce qu'elles sont capables de fixer l'azote atmosphérique grâce à la symbiose avec des bactéries présentes dans des nodosités de leurs racines.

Pages 72/174/5,104/3-126/1,182/1-184/4,232/2-236/2,294/1-296/1.

Ombellifères (Apiacées)
(*Umbelliferae, Apiaceae*)
L'ombelle composée est,pour la plupart des Ombellifères, un caractère si sûr et si évident qu'on ne doit pas s'inquiéter des quelques exceptions à cette structure typique. L'ombelle composée comprend une ombelle de premier ordre à l'extrémité du pédoncule et chacun des rayons porte une ombelle de second ordre (ombellule). Les bractées de l'ombelle de premier ordre sont peu nombreuses, voire absentes, et forment l'involucre, celles, plus petites, des ombellules, forment des involucelles.

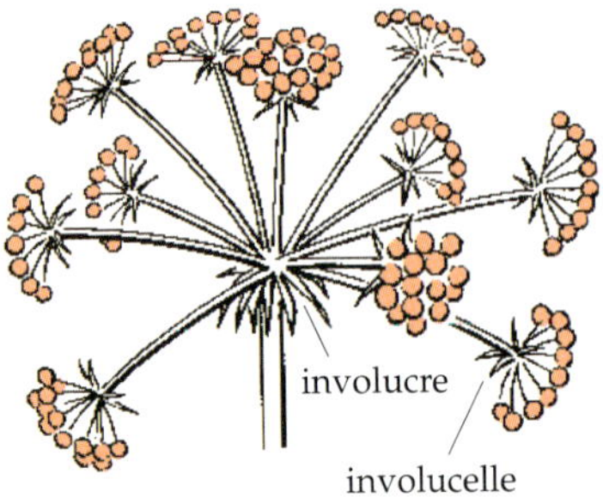

Structure d'une ombelle composée

Les fleurs sont petites et seule leur réunion en une ombelle les rend très visibles. Les espèces à fleurs blanches sont les plus nombreuses, mais quelques-unes ont des fleurs jaunes. Les fleurs sont rayonnées; celles de la périphérie ont parfois un pétale externe plus grand que les autres et sont donc zygomorphes. Elles ont 5 divisions (5 sépales généralement très réduits, 5 pétales et 5 étamines). Il y a 2 styles et 2 ovaires soudés, qui, à maturité, se séparent pour former un fruit double (diakène) à une graine chacun. Le style, qui demeure sur le diakène, forme souvent un « bec » plus ou moins long, qui, assez souvent, constitue un caractère distinctif important.

Les Ombellifères qui vivent dans nos régions, où elles sont largement répandues, sont des plantes herbacées aux feuilles pennées simples ou divisées plusieurs fois, dépourvues de stipules mais souvent avec une gaine très développée. Quelques rares espèces indigènes n'ont pas la structure typique de la famille; c'est le cas de celles des genres *Eryngium* (panicauts), *Astrantia* (Astrance) et *Hydrocotyle*, qui, d'emblée, ne semblent pas être des Ombellifères.

Pages 128/1-136/3, 190/3, 272/3, 328/1, 328/5.

Crucifères (Brassicacées)
(*Cruciferae, Brassicaceae*)

Les 4 sépales et les 4 pétales disposés en croix sont a l'origine du nom de cette famille. On reconnaît généralement sans difficulté l'appartenance des nombreuses espèces à ce groupe car, mises à part quelques exceptions, elles ont la même structure. Outre les 4 sépales et les 4 pétales, les Crucifères ont 2 étamines courtes, externes et 4 plus longues et internes. L'ovaire supère formé de 2 carpelles soudés, est divisé en 2 par une cloison et le fruit est une silique ou une silicule. La cloison est « fausse » car issue de la prolifération des tissus des parois ovariennes.

3 silicules et 1 silique ; la 2e silicule est nettement ailée

Le fruit typique est une silique qui, a maturité, s'ouvre en 2 valves; à ce stade, les valves restent avec la fausse cloison et les graines qui y sont accrochées tombent ultérieurement. La distinction entre siliques et silicules n'a aucune valeur systématique mais a une très grande importance pour l'identification. On appelle silique les fruits qui sont quatre fois plus longs que larges, les silicules étant plus courtes (voir figure). La dimension des fruits n'entre pas en ligne de compte pour cette distinction. La structure des fruits est différente dans quelques genres; c'est le cas de *Raphanus raphanistrum* (Ravenelle), qui a des siliques pourvues d'étranglements, de *Biscutella laevigata* (Lunetière), dont la

Silique : deux valves, fausse cloison et graines

silicule ressemble à un diakène et d'*Isatis tinctoria* (Pastel), aux silicules allongées en coin et à 1 graine, ressemblant à des capsules ailées.
Le blanc et le jaune sont les couleurs dominantes chez les fleurs des Crucifères, le violet vient ensuite. La plupart ont des fleurs disposées en grappes dépourvues de bractées et sans fleur terminale, qui s'épanouissent de bas en haut. La grappe est souvent plus ou moins fortement raccourcie et ressemble parfois à une fausse ombelle ou à une panicule ombelliforme. En général, on trouvera simultanément sur la même plante des fleurs et des fruits, ce qui est très utile pour l'identification. Les Crucifères indigènes sont des plantes herbacées et les espèces annuelles sont nombreuses.

Pages 112/2-118/3, 168/3-174/4, 290/5-292/5, 322/4.

Caryophyllacées (*Caryophyllaceae*)
Cette famille n'est pas l'une des plus riches en espèces mais a une distribution cosmopolite, surtout dans l'hémisphère Nord et plus particulièrement dans la région méditerranéenne. Les espèces qui vivent dans nos régions sont des plantes herbacèes, annuelles ou vivaces. Leurs feuilles sont toujours simples et entières, généralement opposées et sans stipules, souvent sessiles et parfois soudées à la base avec celle qui leur fait face. Les fleurs sont rayonnées, à divisions par 5 (5 sépales, 5 pétales, 10 étamines et 5 ovaires, ces derniers étant souvent réduits à 2). Le nombre des ovaires est révélé par celui des stigmates et des dents situées à l'extrémité du fruit (capsule issue de l'ovaire supère). Toutefois, ces dents peuvent être profondément fendues et faire croire qu'il y a deux fois plus d'ovaires qu'en réalité. Les fleurs sont généralement blanches, plus rarement rouges.
Chez les membres de la sous-famille des Silenoidées, les sépales sont soudés et les pétales ont un onglet, prolongement basilaire étroit. Chez les Alsinoidées, les sépales ne sont pas soudés et les pétales n'ont pas d'onglet, mais sont souvent profondément bifides bien que la corolle paraît formée de 10 pétales. Chez ces deux sous-familles, la disposition des rameaux est très souvent celle d'une cyme bipare (voir figure).

Cyme bipare

Parmi les espèces de nos pays, rares sont celles qui ont des caractères différents de ceux de la famille et des sous-familles, il s'agit surtout des espargouttes (*Spergula*) et des spergulaires (*Spergularia*) pourvues de feuilles alternes et de stipules foliacées, sans pétales et qui, au lieu de capsules, ont des fruits indéhiscents (= qui ne s'ouvrent pas).

Pages 100/3-106/4, 220/4-226/3, 320/1320/3.

Scrophulariacées = Scrofulariacées (*Scrophulariaceae*)

Les représentants indigènes de cette famille sont tous des végétaux herbacés. Leurs feuilles ne présentent pas de caractères typiques, sont diversement insérées et de forme variée. Beaucoup ressemblent quelque peu aux Labiées (différences précisées dans le chapitre suivant). Les fleurs, de structure variée, sont plus ou moins zygomorphes. En général, il y a 5 sépales et 5 pétales soudés. Chez les véroniques (*Veronica*) la corolle a 4 divisions car les deux pétales supérieurs sont soudés. Selon les genres, le nombre des étamines va de 2 à 4 ou 5. L'ovaire supère se compose de deux carpelles soudés et le fruit est presque toujours une capsule. De nombreuses fleurs ont deux lèvres (inférieure et supérieure) et peuvent donc ressembler fortement à des Labiées. Toutefois, une excroissance de la base de la lèvre inférieure, qui obture le tube, montre qu'il s'agit de Scrofulariacées. On dit que la fleur est personée (= masquée) (voir figure ci-dessous). Chez mainte espèce, la corolle a la forme d'un tube ou est munie d'un éperon où se trouve le nectar (voir figure).

Scrophulariacées : fleurs « personées ». Linaire (avec éperon) et Muflier

Les espèces semi-parasites sur des racines sont particulièrement nombreuses chez les Scrophulariacées, par exemple dans les genres *Melampyrum* (mélampyres) et *Rhinanthus* (rhinanthes). Les espèces du genre *Lathraea* (clandestine) sont dépourvues de chlorophylle et entièrement parasites.

Pages 144/1, 196/3-196/5, 198/2-198/4, 252/4-254/2, 302/5-304/2.

Labiées (Lamiacées) (*Labiatae, Lamiaceae*)

Certains caractères constants de cette famille (fleurs à 2 lèvres, zygomorphes, ovaire à 4 loges) empêchent toute confusion. Il s'agit le plus souvent de plantes herbacées et de quelques sous-arbrisseaux. Les feuilles, généralement simples, souvent crénelées ou dentées, répandent quand on les froisse, une forte odeur aromatique mais parfois désagréable, provenant d'huiles sécrétées par des glandes. Les feuilles sont opposées, sans stipules, disposées en croix, insérées sur une tige quadrangulaire, ce qui permet aussi d'attribuer les plantes à la famille des Labiées quand elles ne sont pas en fleurs.

Les fleurs sont groupées à l'aisselle des feuilles, en pseudoverticilles. Les 3 pétales inférieurs, soudés, forment une lèvre, les 2 supérieurs, également soudés, en constituent une autre, pas toujours très développée ; ainsi chez le Bugle (*Ajuga*), la lèvre supérieure est réduite, chez les menthes (*Mentha*), elle est si semblable aux autres pétales que la corolle paraît rayonnée. De même, le calice en cloche ou tubuleux, à 5 dents, semble assez souvent avoir 2 lèvres avec 3 dents en haut et 2 en bas. Les Labiées n'ont que 4 étamines (2 longues et 2 courtes) et non pas 5 comme on aurait pu s'y attendre.

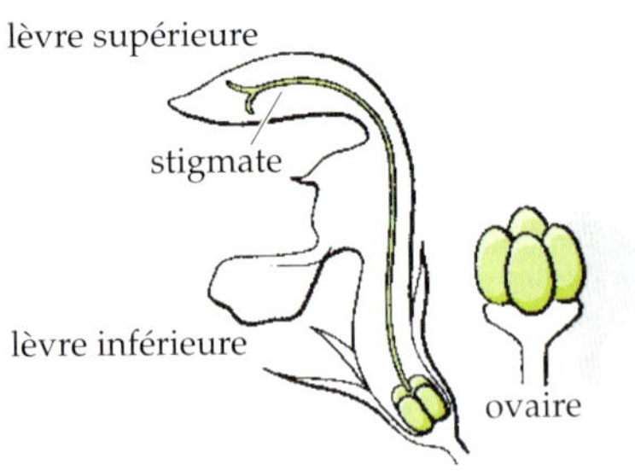

Coupe longitudinale d'une fleur de Labiée ; ovaire (tétrakène) à côté

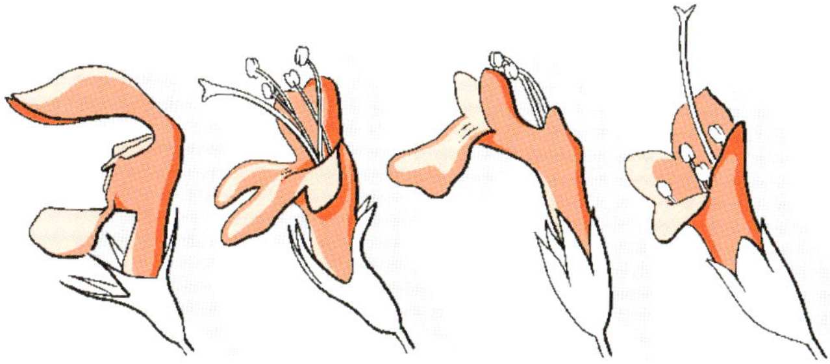

Fleurs de Labiées : la première est complète, les autres ont des lèvres réduites

Chez les sauges (*Salvia*) et les lycopes (*Lycopus*) il ne reste que 2 étamines, les autres étant avortées. Le fruit, un tétrakène, caractéristique de la famille, résulte de la soudure des deux carpelles, eux-mêmes divisés par une cloison. Sa structure est reconnaissable sur les ovaires jeunes et il contient 4 graines.

Pages 142/3-142/4, 196/1-196/2, 248/1-252/3, 280/1-280/3, 300/4-302/4, 330/2.

Composées (Astéracées)
***Compositae* (*Asteraceae*)**

Cette famille, l'une des plus riches en espèces du monde végétal est représentée dans nos régions par de nombreuses espèces, toutes herbacées, mais dans les montagnes tropicales certains séneçons (*Senecio*) sont des arbres et des arbrisseaux.

Il est généralement facile de reconnaître les Composées d'après la structure de leurs fleurs. On en distingue deux types principaux les unes sont tubuleuses, à 5 pétales soudés et les autres sont ligulées. Chez ces dernières, la corolle peut, après réduction de 2 pétales, être formée d'une ligule à 3 dents ou, après soudure des 5 pétales, devenir une ligule à 5 dents. À côté de fleurs ligulées à 3 dents, femelles, à ovaire infère, 1 style et 2 stigmates, il y a donc des fleurs à 5 dents, hermaphrodites. Elles ont 5 étamines soudées en tube au milieu duquel se dresse le style. Ces différents types de fleurs caractérisent les sous-familles indigènes de Composées.

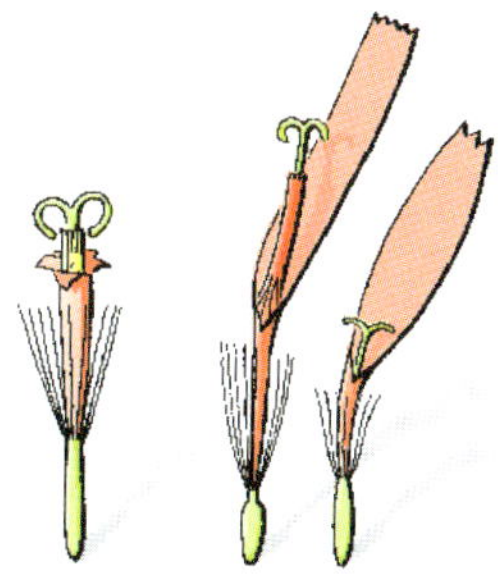

À g., fleur tubuleuse, à d. fleurs ligulées à 5 et 3 dents

Chez les Liguliflores (pissenlit, *Taraxacum*, salsifis, *Tragopogon*, chicorée, *Cichorium*), il n'y a que des fleurs ligulées à 5 dents et ces espèces ont, au moins dans leur jeunesse, un suc laiteux. Chez d'autres (camomilles, chrysanthèmes), le capitule se compose de fleurs tubuleuses situées au centre et de fleurs ligulées à la périphérie. Enfin, dans le 3e type (Bleuet, *Centaurea*, chardons *Carduus*) toutes les fleurs sont tubuleuses.

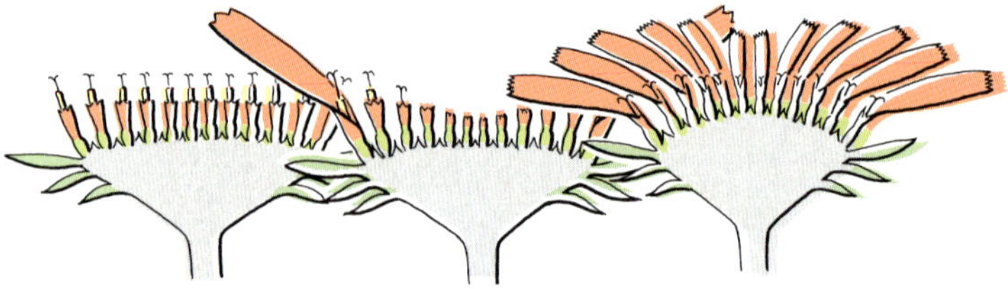

Trois types de Composées (coupe longitudinale) : de g. à d., fleurs toutes tubuleuses; fleurs tubuleuses et fleurs ligulées; fleurs toutes ligulées

Des bractées formant un involucre entourent la base du réceptacle et renforcent l'aspect de fleur unique.

Pages 148/1-152/1, 200/1-212/5, 256/2-260/5, 286/3-288/2, 306/4-308/5, 334/2-336/3.

Liliacées (*Liliaceae*)

De nombreuses Liliacées vivent dans des milieux caractérisés par l'alternance annuelle de sécheresse et d'humidité, de froid et de chaleur. Elles fleurissent tôt. Dans la région méditerranéenne et dans les zones subtropicales, ces fleurs s'épanouissent à profusion au début de la saison des pluies. Elles possèdent des organes de réserve ou de survie souterrains, tels que tubercules, bulbes, rhizomes (ce sont des géophytes). Nos espèces indigènes sont toutes herbacées et vivaces, mais dans les régions subtropicales il y a quelques arbres et arbrisseaux.

La structure des fleurs des Liliacées peut servir de modèle pour celle des autres Monocotylédones. L'enveloppe florale (périgone), de type rayonné, se compose de 6 divisions non différenciées en sépales et pétales : ce sont des tépales plus ou moins soudés; les étamines sont également au nombre de 6. L'ovaire supère, formé de 3 carpelles soudés, est typique de la famille. Chez les Amaryllidacées, famille voisine, l'ovaire est infère. Il se transforme en capsule ou, par exemple chez les Sceaux-de-Salomon (*Polygonatum*) et le Muguet (*Convallaria*) en baie. La Parisette (*Paris*) fait exception avec sa fleur à 4 divisions et ses feuilles à nervation pennée.

Pages 154/2-156/4, 214/1-214/3, 262/1-262/2, 288/3-288/4, 340/1.

Orchidées (Orchidacées) (*Orchidaceae*)

Celui qui s'attend à voir des fleurs d'une beauté éblouissante sera déçu par nos orchidées indigènes; en effet, beaucoup sont d'aspect modeste et seul un examen attentif montre qu'elles appartiennent à cette famille de plantes célèbres. Les orchidées de nos régions ont toutes la même structure. Les deux verticilles de l'enveloppe florale (périgone) peuvent être très différents et la division médiane du verticille interne présente une grande variabilité selon l'espèce. Tournée vers le bas, par suite de la torsion de l'ovaire infère, elle est généralement agrandie en lèvre (labelle) et possède, chez nombre d'espèces, un éperon postérieur. Des six étamines primitives il n'en reste qu'une (deux chez le Sabot de Vénus), qui sont soudées au style et forment une colonne. Le pollen est réuni en deux masses (pollinies) qui sont dispersées par des insectes. Il faut beaucoup de grains de pollen pour assurer la fécondation des nombreux ovules d'un seul ovaire. Le fruit est une capsule contenant des milliers de graines minuscules.

Exemples de la variété des fleurs d'orchidées

Pages 158/3-158/4, 216/3, 264/1-268/4, 342/3-342/4.

Graminées (Graminacées, Poacées) (*Graminaceae, Poaceae*)
Les membres de cette grande famille cosmopolite sont les éléments essentiels de différents types de paysages ouverts, des steppes aux prairies de fauche. Abstraction faite des bambous, au chaume lignifié, toutes les Graminées sont des plantes herbacées parmi lesquelles les espèces annuelles sont minoritaires. Malgré leur petitesse, les fleurs anémophiles ont des pièces au nombre de trois (ou multiples de trois) comme chez les autres Monocotylédones (voir page 11). La tige (chaume), généralement ronde, rarement ovale, est divisée par des nœuds (renflements) au niveau desquels sont insérées les feuilles, alternes, sessiles, étroites, qui enveloppent le chaume sur une certaine longueur (gaine); une languette, la ligule, existe au point où la feuille s'écarte de la gaine. Les fleurs hermaphrodites, dépourvues de corolle et de calice, sont très peu visibles. Elles sont réunies en épillets comprenant un axe, deux bractées (glumes) et, autour de chaque fleur, deux autres bractées (glumelles), dont l'une, externe, est souvent pourvue d'une arête; il y a en outre deux petites écailles, les lodicules, qui écartent les glumelles au moment de la floraison, en sorte que les 3 étamines et les 2 stigmates se dégagent. Les épillets sont disposés en épis, grappes ou panicules.

Pages 344/1-358/5.

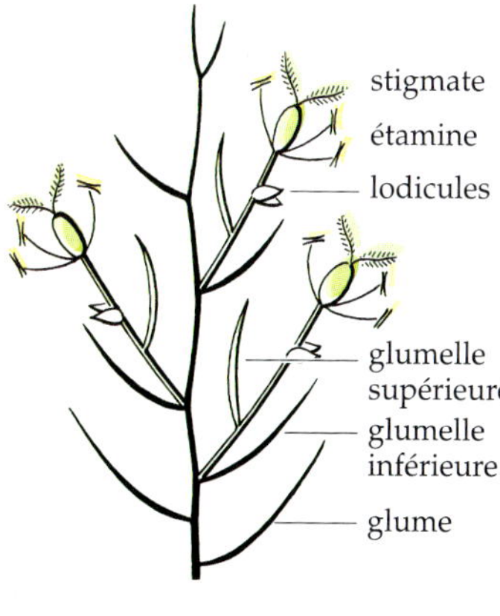

Schéma d'un épillet à 3 fleurs (axe étiré pour plus de clarté)

Ailée (tige) : tige pourvue sur les côtés d'expansions minces et larges (ex. : certaines gesses du genre *Lathyrus*).

Anthéridie : organe formé de cellules stériles qui, chez les fougères et les mousses, contient les cellules mâles (spermatozoïdes).

Apogamie : forme d'apomixie chez laquelle le sporophyte (plante à fleur) n'est pas issu d'une cellule-œuf mais provient d'un mode de reproduction asexué (cellule du prothalle chez les fougères), ou bien, chez quelques plantes à fleurs comme le Pissenlit, de synergides ou antipodes (cellules inertes de l'ovule).

Apomixie : terme recouvrant les différents types de formation des embryons dans les ovules sans fécondation préalable (par ex. dans la parthénogenèse et l'apogamie).

Appliqués : poils recouvrant une tige, une feuille, mais non dressés.

Arbrisseau : plante ligneuse ayant plusieurs tiges dès la base et mesurant au maximum 3 m environ.

Arbuste : petit arbre (tige unique) mesurant moins de 7 m de haut à l'âge adulte.

Archégone : organe qui, chez les fougères et les mousses, contient une cellule femelle.

Archéophytes : plantes non indigènes dans une région, introduites, volontairement ou non, par l'homme à une époque reculée (des temps préhistoriques jusqu'à la découverte de l'Amérique).

Arctico-alpine (répartition, distribution) : celle des plantes et des animaux présents dans l'Arctique et à grande altitude en montagne, donc dans deux aires séparées par la zone des forêts.

Ascendante : tige couchée dont l'extrémité se redresse.

Assimilation : chez les animaux et les végétaux, transformation des aliments et leur incorporation à l'organisme. Chez les plantes vertes, formation d'hydrates de carbone, à partir du gaz carbonique et de l'eau absorbés, qui s'accompagne d'un rejet d'oxygène.

Association végétale : ensemble d'espèces adaptées à un milieu particulier (sol, climat, altitude) et que l'on retrouve là où ces conditions sont réunies. Cette communauté comprend des espèces dont la présence est constante et d'autres qui lui sont plus ou moins fidèles. L'association végétale est l'unité fondamentale des groupements végétaux, dont l'étude est la phytosociologie.

Base : substance chimique caractérisant certains sols.

Basique : sol riche en bases, à l'opposé des sols « acides ».

Bidenté : qui a deux dents (pointes).

Boréo-alpine (répartition, distribution) : celle des végétaux et des animaux présents dans les forêts nordiques de résineux et dans les forêts de montagne situées plus au sud.

Bourgeon adventif, tige adventive : organe secondaire qui ne se forme pas à l'aisselle d'une feuille.

Bulbille : petit bulbe qui se forme à l'aisselle d'une feuille (par ex. chez la Ficaire) ; sert à la multiplication végétative.

Caulinaire : feuille insérée sur la tige.

Cordiforme : en forme de cœur.

Cosmopolite : espèce animale ou végétale présente dans le monde entier.

Déhiscent : organe qui s'ouvre quand il parvient à maturité (fruit sec par ex.).

Dendrochronologie : méthode de détermination de l'âge des arbres, vivants ou morts, fondée sur l'examen des cernes d'accroissement annuels, dont la largeur varie (ex. chênes, Pin cembro).

Dioïque : espèce végétale chez laquelle les fleurs mâles et les fleurs femelles se trouvent sur des sujets différents.

Drageon : pousse issue de la racine d'un arbre ou d'une tige souterraine (par ex. Tremble).

Élaiosomes : sur certaines graines, appendices formés de tissus riches en corps gras ou en protéines, que mangent des fourmis (celles-ci emportent les graines dans leur nid).

Entre-nœud : portion de tige située entre deux nœuds.

Épiphytes : plantes qui poussent sur d'autres sans les parasiter, celles-ci servant uniquement de supports (cas de lichens, mousses, mais aussi de certaines plantes à fleurs, nombreuses dans les régions tropicales).

Essence : nom donné par les forestiers aux différentes espèces d'arbres vivant en forêt.

Étalé(e) (rameau, inflorescence) : inséré(e) presque à angle droit sur une tige.

Eutrophisation : richesse d'un sol ou d'une eau en éléments nutritifs (ceux-ci proviennent d'engrais, des déjections d'un grand nombre de bestiaux, d'autres déchets ou d'eaux usées).

Faisceaux libéro-ligneux : ensemble des tubes dans lesquels la sève circule, des racines aux nervures des feuilles, ainsi que dans le sens inverse.

Foliacé : qui a l'aspect d'une feuille.

Futaie : parcelle de forêt où les arbres sont tous issus de la régénération naturelle ou de plantation (à l'opposé du taillis, issu de rejets de souche).

Gamétophyte : plante contenant les gamètes, à l'opposé du sporophyte, qui renferme seulement des spores. Ce type de générations alternées existe chez diverses plantes sans fleurs (mousses, fougères, prêles).

Gazonnante (plante) : qui forme des touffes peu élevées et denses, comme les herbes d'une pelouse de jardin.

Herbicide : substance chimique destinée à détruire ou réduire les plantes sauvages qui concurrenceraient les plantes cultivées ou qui sont jugées indésirables pour diverses raisons.

Hétérostylie : au sein d'une population végétale, existence de sujets ayant un ou des styles longs et d'autres où il(s) sont court(s), ce qui réduit les risques d'autopollinisation. Les fleurs à styles courts ont des étamines en position basse et c'est l'inverse pour celles à long style (exemple : genre *Primula*, primevères).

Holarctique (répartition, distribution) : répartition d'animaux ou de végétaux dans les régions tempérées et froides de l'hémisphère nord (Ancien et Nouveau Mondes).

Indéhiscent : organe qui reste fermé à maturité.

Lenticelles : petites verrues visibles sur les jeunes écorces de certains végétaux ligneux et contenant des cellules espacées (servent aux échanges gazeux ; exemple : Bourdaine).

Monoïques : espèces chez lesquelles les fleurs mâles et femelles se trouvent sur la même plante (contraire : dioïque).

Multiplication végétative : mode de reproduction asexué au moyen de rhizomes, rejets, bulbilles, rejets de souche (arbres), spores.

Nectaires : glandes, poils glanduleux ou cellules de la fleur produisant une sécrétion, le nectar. On en trouve aussi en dehors des fleurs, par exemple sur les stipules des feuilles du Merisier.

Néophyte : plante non spontanée (non indigène), présente dans la flore européenne depuis l'époque de la découverte de l'Amérique ; introduite volontairement ou non par l'homme. Devenue « indigène » après son introduction.

Nœud : partie renflée d'une tige au niveau de laquelle sont insérées une ou plusieurs feuilles ou bien une ou plusieurs tiges.

Obovale : feuille ou autre organe ovale mais dont la partie la plus étroite se trouve à la base.

Parthénogenèse : mode de reproduction sans fécondation d'un ovule par un spermatozoïde.

Pédicelle : support d'une fleur faisant partie d'une inflorescence (chez les Ombellifères, support d'une ombellule).

Pédoncule : support d'une fleur, d'un fruit ou d'une inflorescence.

Pétiole : support d'une feuille (communément appelé « queue »).

Pluies acides : précipitations (pluies, brouillards) chargées de substances nocives pour la végétation, issues essentiellement de la combustion du charbon, du lignite, du pétrole, de la tourbe. Phénomène signalé vers 1983 dans l'est de la France et avant en Europe centrale. Ces pluies affectent surtout les forêts de résineux (conifères).

Phloème (= liber) : tissu des plantes à fleurs servant à la circulation de la sève élaborée ou au stockage d'éléments nutritifs et jouant aussi un rôle de soutien.

Propagule : organe assurant la multiplication végétative chez certaines hépatiques.

Prothalle : chez les fougères et les prêles, gamétophyte (issu d'une spore) où a lieu la reproduction sexuée.

Rayonnée (symétrie) : type de symétrie avec plus de 2 plans de symétrie passant par l'axe longitudinal ; existe chez de très nombreuses fleurs (et aussi chez certains animaux : échinodermes, cœlentérés).

Radicale : feuille insérée à la base d'une tige (souche).

Réceptacle : partie supérieure élargie d'un pédoncule floral (exemple : chez les Composées).

Relicte (espèce) : espèce qui, à la suite de changements climatiques, de la concurrence d'autres espèces ou de modifications du milieu ambiant a été isolée des autres membres du genre auquel elle appartient (elle avait auparavant une distribution bien plus vaste).

Relicte glaciaire : plante ou animal qui, actuellement, subsiste en dehors de son aire principale de distribution arctique ou boréale (par exemple dans les Alpes) alors qu'à l'époque des glaciations elle était beaucoup plus largement répandue.

Réniforme : en forme de rein.

Rhizome : tige souterraine horizontale émettant des racines et des tiges aériennes ; sert à stocker des réserves nutritives, à la survie en hiver et à la multiplication végétative.

Rhombique : en forme de losange (feuille).

Rosette : ensemble formé par des feuilles disposées autour de la base d'une tige.

Rudérale : plante vivant dans des milieux bouleversés par l'homme, souvent très riches en substances azotées (décombres, friches industrielles, terrains vagues).

Saprophytes : bactéries, champignons et quelques plantes à fleurs qui se nourrissent de cadavres (animaux ou végétaux).

Sempervirente : espèce végétale dont les feuilles restent vertes plusieurs années avant de tomber progressivement (exemples : Lierre, pins, Épicéa, sapins, etc.). Il s'agit surtout d'arbres (résineux).

Sous-arbrisseau : plante ligneuse dont la hauteur ne dépasse pas 50 cm.

Sporange : chez les fougères, les prêles, les lycopodes, organe contenant les spores.

Spores : petits organes reproducteurs asexués, qui caractérisent les plantes sans fleurs (Cryptogames) et qui peuvent produire directement de nouveaux sujets.

Sporophylle : feuille sur laquelle se forment des sporanges (par exemple chez les fougères, les lycopodes).

Sporophyte : chez les mousses, les fougères, plante de la génération qui se reproduit de façon asexuée au moyen de spores.

Station : nom donné à une surface de terrain présentant des caractères homogènes (composition du sol, altitude, ombrage, etc.) et où poussent des espèces adaptées à ces conditions.

Succession (phénomène de) : remplacement progressif d'associations végétales ou de populations animales à mesure que les conditions du milieu ambiant changent par suite de modifications du climat, d'influences ou d'une évolution de la végétation.

Succulente (plante) : plante vivant dans des milieux temporairement ou constamment très secs et possédant des organes gorgés d'eau (feuilles ou tiges renflées). Exemple : plantes « grasses ».

Taillis : formé par des arbres issus de rejets de souches (n'existe que chez les essences à feuilles caduques).

Tourbière : zone marécageuse où le sol se compose essentiellement de débris végétaux partiellement décomposés. Milieu généralement acide, caractérisé par une flore spécialement adaptée aux conditions ambiantes.

Tourbière bombée : type de tourbière présent dans les régions assez froides, où il tombe beaucoup de pluie. Constitue un milieu très acide ; essentiellement formée par des mousses (sphaignes) du genre *Sphagnum*.

Tourbière plate : type de tourbière présent sur un sol gorgé d'eau en permanence. En partie formée de mousses du genre *Hypnum* (p. 390).

Tubercule : tige souterraine (ou racine) renflée, contenant des substances nutritives de réserve.

Vivaces : plantes qui vivent plusieurs années (arbres, arbustes, arbrisseaux, fougères, certaines plantes herbacées, etc.).

Xéromorphe : espèce végétale dont les caractères l'adaptent à un milieu sec.

Xérophytes : plantes possédant des adaptations leur permettant de vivre dans les milieux secs.

Xylème : partie des tissus conducteurs servant à la circulation de la sève et au soutien de la tige ainsi qu'au stockage de substances nutritives (est particulièrement développé chez les arbres et les arbrisseaux).

Zygomorphe : fleur irrégulière qui n'a qu'un seul plan de symétrie (exemples : Labiées, Papilionacées).

Abréviations et symboles employés

⊙ espèce annuelle ou bisannuelle
♃ espèce vivace
Mois = époque de floraison
Dimensions = hauteur
1 voir le premier rabat
✿ pour les bouquets

1 If

Taxus baccata

4-15 m mars-avril arbre/arbuste 3
Identification : arbre ou arbuste très rameux. Aiguilles : 2-2,5 mm de large, vertes, disposées tout autour des rameaux dressés ; celles des rameaux horizontaux sont sur deux rangs et un même niveau. Écorce gris-brun à brun-rougeâtre, écailles minces se détachant en plaques (**1a**).
Répartition : spontané. Jusqu'à 1 600 m en montagne (manque : Massif central, Corse, Normandie, Bretagne et çà et là). Hêtraies et aussi autres types de forêts (Chênes pubescents). Supporte le calcaire.
Biologie : croissance très lente. Rejette de souche et produit des pousses adventives (**1a**) visibles sur les troncs. Avec son bois résistant on faisait, au Moyen Âge, des cercueils, des arcs, arbalètes. Cette importante demande fut à l'origine de la raréfaction de l'espèce, jadis beaucoup plus répandue. L'éclaircissement des forêts, les coupes à blanc ont entraîné sa disparition car l'If a besoin de beaucoup d'ombre, au moins dans sa jeunesse. L'abroutissement par les cerfs et les chevreuils contribua également à son recul. Alors que ces deux mammifères mangent impunément les aiguilles de l'If, celles-ci, comme les autres parties de l'arbre, sont très toxiques pour le cheval, l'âne, les moutons et l'homme — seule la coupe rouge entourant la graine n'est pas dangereuse semble-t-il (**1c**). Cette masse charnue, appelée arille, est issue d'un renflement annulaire du pédoncule et n'est soudée à l'ovule qu'à sa base ; au cours de la croissance, elle entoure ce dernier. L'If est dioïque et ne porte donc que des fleurs femelles insignifiantes ou des fleurs mâles plus visibles, situées sur de très petites pousses à l'aisselle des aiguilles (**1b**). Graines dispersées par les grives, sittelles et d'autres oiseaux (non digérées, elles sont rejetées avec les fientes).

2 Mélèze européen, Mélèze d'Europe

Larix decidua

25-40 m avril-mai arbre 1
Identification : résineux (conifère) dont le feuillage jaunit et tombe en automne (**2f**). Diffère du Mélèze du Japon (semblable) par ses pousses jaunâtres à l'extrémité des rameaux pendants (**2b**) et par ses cônes ovoïdes (**2e**).
Répartition : spontané seulement dans les Alpes (jusqu'à 2 500 et même 2 600 m en Suisse). Introduit en plaine (nord-est en particulier).
Biologie : essence de lumière ; a besoin d'une atmosphère sèche. Bois dur, résistant, employé en charpente, placage. Souvent planté au bord des peuplements d'Épicéas pour en rompre la monotonie. Dans les Alpes, c'est l'arbre qui atteint les plus grandes altitudes. Espèce monoïque, comme la plupart des autres résineux (**2c**).

3 Mélèze du Japon

Larix kaempferi

25-35 m avril-mai arbre 1
Identification : comme le Mélèze européen, sauf cônes plus globuleux (**3**).
Répartition : originaire des montagnes très arrosées de Hondo (Japon). Introduit surtout dans l'ouest de la France (régions à climat de type océanique : Bretagne, Normandie) et, localement, dans le Centre.
Biologie : des hybrides entre les deux mélèzes existent et sont même favorisés. Le Mélèze du Japon supporte davantage l'ombre que son parent européen ; son bois a les mêmes usages (on l'utilise pour la construction).

1a
1b
2a
1c
2b
2c
2d
2e
2f
3

1 Pin sylvestre

Pinus sylvestris

20-40 m mai-juin arbre [1]

Identification : port variable. Aiguilles de 4-6 cm de long, par 2, vert clair ; écorce brun-rougeâtre (en haut du tronc).

Répartition : l'un des arbres les plus répandus en Europe et en Asie. En France, spontané dans les Alpes, le Massif central, les Pyrénées, le Jura, les Vosges. Largement introduit ailleurs, surtout au nord de la Loire.

Biologie : très utilisé pour les plantations dans certaines régions (par exemple, plateaux du nord-est, etc.). Selon la nature du sol, forme une racine pivotante atteignant 5 m de long ou, dans les sols limoneux ou argileux, des racines plus étalées et en terrain pauvre un système racinaire très superficiel, largement déployé. En raison de ses faibles exigences et de ses facultés d'adaptation, peut croître, sans intervention humaine, là où le Hêtre, qui le concurrence, ne réussit pas à prospérer : tourbières, dunes, terrains sablonneux, roches calcaires, alluvions fluviales. Bois employé pour la construction, la menuiserie, le placage (en Scandinavie aussi pour édifier des chalets). Les églises norvégiennes en bois de pin témoignent de sa durabilité (jusqu'à 800 ans). Jadis, on utilisait sa résine pour l'éclairage. La résine fossile (ambre) est recherchée depuis longtemps.

2 Pin noir, Pin laricio

Pinus nigra

20-40 m mai-juin arbre [1]

Identification : longues aiguilles (10-15 cm) vert foncé, groupées par 2.

Répartition : originaire de la région méditerranéenne. En France, seul le Pin laricio de Corse est spontané. Ailleurs, on a introduit le Pin noir d'Autriche et le Pin laricio de Calabre.

Biologie : le Pin noir d'Autriche supporte bien le froid et la chaleur ; en outre, il résiste au vent et même aux embruns. En France, on l'a introduit dans le nord-est, les Cévennes, le sud des Alpes. Il semble plus résistant que le Pin sylvestre à la pollution atmosphérique. Ses cônes sont utilisés par les fleuristes pour la décoration. (**2b** : cône jeune).

3 Pin mugho (espèce collective)

Pinus mugo

1-10(20) m mai-juin arbre/arbuste [1]

Identification : on distingue trois sous-espèces : le Pin de montagne (2-3 m) aux branches d'abord étalées puis dressées (*prostrata*) ; le Pin à crochets (atteint 20 m) (*arborea*), employé comme essence forestière, et le Pin des tourbières (*uliginosa*) (jusqu'à 10 m), qui n'a pas d'intérêt du point de vue forestier.

Répartition : en France, vit dans les Alpes-Maritimes et les Hautes-Alpes (Pin de montagne).

Biologie : le Pin mugho vit en montagne au-dessus de l'étage alpin et forme la zone dite « de combat », à la limite de la végétation arborée. Il joue un rôle important pour la prévention des avalanches en fixant le sol, car ses racines s'étendent largement (il protège contre l'érosion). Sur les côtes de l'Europe centrale, on l'emploie pour maintenir les dunes. Le Pin à crochets (également considéré comme une espèce distincte, *Pinus montana*) est spontané dans les Alpes et les Pyrénées, les Vosges et le Jura (tourbières). Le Pin des tourbières ne se distingue pas toujours bien du précédent. Chez le Pin de montagne, on remarque bien les inflorescences mâles, jaunes, situées à la base des pousses de l'année et les inflorescences femelles, rouges, insérées à leur extrémité (**3b**). Les cônes (**3c**) restent jusqu'à 12 ans sur les rameaux.

1c

1b

1a

2a

2b

3b

3a

3c

1 Pin cembro, Arole

Pinus cembra

10-25 m juin-juillet arbre 1

Identification : tronc dressé, pourvu de branches jusqu'à sa base (**1a**). Aiguilles groupées par 5 (6-8 cm), à 3 angles (**1b**). Cônes (6-8 cm) dressés, ovoïdes.

Répartition : spontané dans les Alpes, surtout à la limite des arbres ; généralement isolé. Jusqu'à 2 750 m.

Biologie : croissance très lente. Ne peut concurrencer l'Épicéa. À forte altitude, port contourné ; forme des peuplements d'aspect pittoresque. Les cônes tombent en même temps que les graines dépourvues d'ailes ; ces dernières ont un goût agréable et sont comestibles, mais leur principal utilisateur est le Casse-noix (*Nucifraga caryocatactes*) passereau de la famille des corbeaux, qui les mange et dissémine l'arbre car il les entasse dans des cachettes pour les consommer en hiver. Le bois est très apprécié depuis longtemps pour la beauté de ses fibres, ce qui a entraîné, localement, une exploitation abusive de l'espèce et sa raréfaction. Au Tyrol, le bois a été utilisé pour la couverture, pour faire des panneaux d'intérieur et pour l'ébénisterie. Enfin, se prêtant bien à la sculpture, il a été très employé dans les Alpes. En raison de sa très grande longévité (jusqu'à 1 000 ans), cet arbre a joué, en montagne, le même rôle que les chênes ailleurs, pour déterminer l'âge de certains objets (dendrochronologie).

2 Pin Weymouth

Pinus strobus

30-50 m mai arbre 1

Identification : branches disposées en verticilles, horizontales. Aiguilles (8-12 cm) groupées par cinq, molles. Cônes allongés (10-20 cm), pendants, cylindriques, incurvés (**2b**).

Répartition : originaire du nord-est de l'Amérique du Nord (régions au climat humide et froid), notamment autour des grands Lacs. Introduit en France dans le Nord-Est et le Centre. Apprécié en raison de sa croissance rapide et de sa prétendue résistance aux polluants atmosphériques.

Biologie : doit son nom à lord Weymouth, qui l'introduisit dans sa propriété d'Angleterre au XVIIIe siècle. Bois léger et tendre, moins apprécié que celui du Pin sylvestre, ce qui limite son usage à la fabrication d'objets peu résistants (caisses, boîtes, etc.). En Amérique et en Europe, est atteint par un champignon du groupe des « rouilles » (*Cronartium ribicola*), qui le fait périr. Attaquant l'écorce, ce champignon vit spontanément en Europe et a été introduit en Amérique où il a provoqué de très importants dégâts. Là où des Cassis ou des Groseilliers poussent dans un rayon de 400 m autour de Pins Weymouth, le champignon gagne ceux-ci à partir des arbrisseaux, qui sont des hôtes intermédiaires ; le champignon entraîne un gonflement des branches, une forte émission de résine, la chute des aiguilles qui jaunissent et la mort de l'arbre.

3 Tsuga

Tsuga canadensis

25-30 m mai-juin arbre 1

Identification : tronc souvent fourchu. Pousses terminales incurvées (**3a**). Aiguilles aplaties, appliquées (1,5 cm). Cônes étroits, atteignant 25 cm (**3c**).

Répartition : originaire de l'est de l'Amérique du Nord. Introduit en Europe (du Québec au XVIIIe siècle).

Biologie : intéressant car, quand il est jeune, supporte bien l'ombrage d'autres arbres. Bois tendre, sans résine, mais très peu résistant Doit son nom anglais (*hemlock*) à l'odeur de ses aiguilles écrasées, qui évoque celle de certaines Ombellifères (également appelées *hemlock*). En Europe depuis 1730.

1a
1b
2a
2b
3a
3b
3c

1 Sapin pectiné, Sapin blanc

Abies alba

30-50 m mai arbre 1

Identification : aiguilles aplaties, un peu échancrées au bout (**1b**), avec 2 lignes blanches sur leur face inférieure. Cônes dressés, se désagrégeant à maturité.

Répartition : spontané : Vosges, Jura, nord des Alpes, Pyrénées, partie du Massif central, Corse, Normandie (?). Entre 400 et 1 800 m à l'état naturel.

Biologie : associé au Hêtre et à l'Épicéa aux niveaux inférieur et supérieur de l'étage montagnard, en terrain calcaire ou siliceux, du moment qu'il est assez profond et assez humide. L'aplatissement de la cime est dû au fait que les pousses latérales croissent davantage que la pousse centrale. Dans les Alpes, localement en régression en raison de la pollution atmosphérique, de phénomènes périodiques de dépérissement, mais aussi de l'abroutissement des jeunes sujets par des cerfs et chevreuils trop nombreux (phénomène également constaté ailleurs). Localement aussi, une sylviculture orientée vers la formation de peuplements purs d'Épicéas a été dommageable au Sapin, notamment en Allemagne. Chez tous les vrais sapins et contrairement à ceux des épicéas, les cônes sont dressés (**1c**), ne tombent pas en entier, mais leur axe demeure sur la branche tandis que les écailles se détachent quand les graines sont à maturité.

2 Épicéa

Picea abies

30-55 m mai-juin arbre 1

Identification : aiguilles à 4 angles, pointues, sans lignes blanches, insérées tout autour des rameaux. Cônes pendants (**2c**).

Répartition : spontané dans les Alpes, le Jura et les Vosges. Très largement introduit partout ailleurs, surtout dans les montagnes peu élevées et aussi en plaine.

Biologie : la place prédominante que tient l'Épicéa dans les forêts d'Europe centrale a plusieurs causes. En Allemagne, après la dégradation des forêts due à une exploitation abusive au XVIIIe siècle et après la Seconde Guerre mondiale, on se mit à le planter sur de très grandes surfaces (peuplements monospécifiques) (**2b**) car son bois a différents usages et sa croissance est rapide ; c'est ainsi que l'Épicéa devint l'essence la plus employée par les forestiers d'Outre-Rhin. Mais on s'aperçut qu'il est sensible aux coups de vent, au givre, aux attaques de nombreux insectes (Coléoptères Scolytides par exemple) et enfin à la pollution atmosphérique. C'est pourquoi on s'efforce désormais de ne plus faire de monocultures mais des peuplements mixtes (mélanges de feuillus et de résineux). Chez l'Épicéa en bonne santé, les aiguilles peuvent vivre 4 à 7 ans ; leur longévité est souvent réduite à 1-3 ans, là où il y a une forte pollution (indices des dégâts dus à cette dernière : cime éclaircie, rameaux pendants en guirlandes et défeuillés). En général, on exploite l'Épicéa à l'âge de 80-120 ans ou même 50-60 ans, mais il peut vivre 300 ans et davantage en montagne.

3 Sapin bleu, Sapin du Colorado

Picea pungens

25-35 m mai-juin arbre 1

Identification : aiguilles piquantes, plus ou moins glauques.

Répartition : originaire des Montagnes Rocheuses d'Amérique du Nord (Colorado). Introduit en Europe surtout comme arbre d'ornement (**3a**).

Biologie : la couleur des aiguilles varie du vert au bleu-vert et au gris argenté ; elles sont disposées sur deux rangs. Cultivé aussi comme « sapin de Noël », ce qui nécessite généralement l'emploi de grandes quantités de pesticides.

1a
2b
2a
1b
2c
1c
2d
3a
3b

1 Épicéa de Sitka

Picea sitchensis

30-40 m avril-juin arbre [1]

Identification : aiguilles aplaties, vertes dessus, avec 2 raies glauques dessous, très pointues et piquantes.

Répartition : originaire de l'île Sitka (Alaska); vit sur une étroite bande côtière du littoral occidental de l'Amérique du Nord. Introduit en Europe. En France, en Bretagne, Normandie, Sud-Ouest, partie du Massif central.

Biologie : en Amérique, c'est le plus grand de tous les épicéas; associé au Sapin de Douglas, forme des peuplements très productifs. A besoin d'une très forte humidité de l'atmosphère. Attaqué par des champignons et un insecte qui ronge ses aiguilles. Le bois a des utilisations analogues à celles de l'Épicéa.

2 Sapin de Douglas

Pseudotsuga menziesii

40-55 m mai arbre [1]

Identification : aiguilles arrondies à l'extrémité, aplaties, molles, presque sur deux rangs opposés (sur les branches basses). Cônes pendants, avec écailles pourvues de 3 pointes, odeur de citronnelle si on les écrase.

Répartition : originaire de l'ouest de l'Amérique du Nord où l'on en distingue au moins deux races, l'une littorale et l'autre plus continentale. En France, a été introduit (Massif central, Nord-Est, Ouest, Centre); actuellement, c'est la principale essence de reboisement en Europe.

Biologie : doit son nom au botaniste écossais D. Douglas, qui l'introduisit en Europe en 1827. Bois appelé « Pin d'Orégon » dans les milieux commerciaux. Les cônes (**2b**), pendants, tombent sans se désagréger. Bois employé en menuiserie, charpente, panneaux de particules, etc.

3 Genévrier commun

Juniperus communis

2-3 (12) m mai-juin arbuste [2]

Identification : a souvent la forme d'une colonne (**3a**) ou est plus étalé. Aiguilles disposées par 3, très piquantes, plus ou moins glauques dessus (**3c**).

Répartition : largement répandu dans l'hémisphère boréal. France : présent dans toutes les régions, plus ou moins commun. En montagne, jusque vers 1 800 m.

Biologie : plante dioïque, le Genévrier a soit des fleurs mâles (**3b**), soit seulement des fleurs femelles; au bout de 3 ans, celles-ci produisent des baies bleu-noir, à pruine blanche (**3c**), utilisées comme condiment ou pour préparer une eau-de-vie. Les rameaux sont employés pour fumer certaines charcuteries. Le bois, très résistant, sert pour la sculpture, la marqueterie, le tournage. Malgré une fructification correcte, la faiblesse locale de la régénération du Genévrier est inquiétante. Croît aussi bien en terrain calcaire qu'en terrain siliceux ou sableux. Caractérise les milieux secs, les landes à Callune.

4 Cyprès de Lawson

Chamaecyparis lawsoniana

20-40 m avril-mai arbre [2]

Identification : feuilles en forme d'écailles. Pousse terminale incurvée. Cônes globuleux atteignant 1 cm de diamètre (**4b**).

Répartition : originaire du littoral de l'océan Pacifique en Amérique du Nord (de l'Orégon à la Californie). Introduit en France vers 1850 dans l'Ouest.

Biologie : bois de bonne qualité. Espèce ornementale, employée aussi localement en forêt. En raison de son odeur typique, le bois éloigne les mites dans les armoires, les caisses, etc.

1

2a

2b

3a

3b

4a

3c

4b

1 Tremble

Populus tremula

8-10 (30) m mars-avril arbre [56]

Identification : feuilles arrondies, crénelées, à pétiole aplati, long de 4-6 cm (**1b**). Chatons mâles argentés, atteignant 10 cm.
Répartition : absent du sud du Midi méditerranéen mais présent en Corse. Coupes, friches, landes ; jusqu'à 1 300 m et plus.
Biologie : rarement planté. Colonise rapidement les espaces nus grâce à ses nombreuses graines pourvues de poils cotonneux, à condition que le sol ne soit pas entièrement recouvert de plantes herbacées ; produit des drageons (rejets issus des racines) et apparaît après un incendie de forêt, une coupe à blanc. Après les glaciations, ce fut aussi une espèce pionnière. Doit son nom au fait que ses feuilles sont agitées par le moindre souffle de vent.

2 Peuplier noir

Populus nigra

20-30 m mars-avril arbre [56]

Identification : houppier large (**2a**), tronc puissant, écorce fissurée, noirâtre. Feuilles triangulaires, denticulées.
Répartition : sujets de race pure seulement en altitude dans les vallées des Alpes, des Pyrénées et du Massif central. De nombreux hybrides avec des espèces américaines sont cultivés et forment les peupleraies (populiculture).
Biologie : l'une des variétés les plus connues est le Peuplier pyramidal ou Peuplier d'Italie, reconnaissable à sa silhouette étroite et haute. Les peupliers cultivés sont abattus au bout de 30 ou 40 ans et leur bois sert en caisserie. Ils prélèvent beaucoup d'eau dans le sol et peuvent avoir une influence négative sur les cultures du voisinage.

3 Peuplier blanc, Ypréau

Populus alba

15-35 m mars-avril arbre [56]

Identification : feuilles de forme variable, souvent à 5 lobes, couvertes de duvet blanc dessous (**3b**). Écorce crevassée.
Répartition : vallées du Rhin et des fleuves de la moitié méridionale de la France, région méditerranéenne. Cultivé ou subspontané dans les autres régions.
Biologie : plus longévif que les autres peupliers, atteint 400 ans. Bois utilisé pour la caisserie, les panneaux de particules, la pâte à papier.

4 Saule fragile, Saule cassant

Salix fragilis

5-15 m mars-mai arbre [56]

Identification : feuilles lancéolées, pointues, atteignant 20 cm de long (pointe incurvée d'un côté).
Répartition : moins fréquent dans le Midi et le Sud-Ouest que dans les autres régions. Bords des ruisseaux, rivières (forêts riveraines), terrains humides, inondables. Planté et taillé en saule têtard.
Biologie : rameaux fragiles, pouvant s'enraciner. Se croise souvent avec le Saule blanc (ci-dessous).

5 Saule blanc

Salix alba

5-20 m avril-mai arbre [56]

Identification : feuilles lancéolées mais soyeuses, poils grisâtres dessous, comme les jeunes rameaux.
Répartition : répandu partout en France. Bords des eaux douces, forêts riveraines.
Biologie : les rameaux ne sont pas cassants et sont utilisés en vannerie (osier) ou comme liens pour la vigne.

1a
2a
3a
1b
4
2b
5
3b

1 Saule à trois étamines

Salix triandra

Atteint 10 m avril-mai arbuste 56

Identification : feuilles longues de 5-10 cm et larges d'environ 2 cm. Fleurs mâles à 3 étamines, en longs chatons cylindriques.

Répartition : rare dans le Midi méditerranéen et dans une partie de la Bretagne. Bords des eaux douces.

Biologie : son système racinaire très développé protège les rives des cours d'eau contre l'érosion. Terrains riches en bases (alluvions, limons).

2 Saule réticulé

Salix reticulata

Atteint 40 cm juin-août sous-arbrisseau 56

Identification : rampant. Feuilles arrondies à ovales, ridées, nervures en réseau, saillantes dessous et en creux dessus.

Répartition : éboulis en montagne (Alpes, Pyrénées) au-dessus de la limite supérieure des arbres, combes à neige.

Biologie : espèce des régions arctiques et de l'étage alpin en montagne, présente surtout dans le nord de l'Europe. Sa répartition actuelle résulte du recul de la glace après les glaciations. Rameaux et tige rampent et peuvent s'enraciner. Ce saule peut effectuer la synthèse chlorophyllienne pendant 9 mois de l'année. Rameaux souples résistant au poids de la neige.

3 Saule glabre

Salix glabra

Atteint 1,5 m juin-juillet arbrisseau 56

Identification : tige et rameaux nus ; feuilles luisantes dessus. Rameaux couchés puis redressés et incurvés.

Répartition : Alpes orientales calcaires, entre 300 et 2 200 m, surtout près des torrents, sources et éboulis à l'étage subalpin.

Biologie : doit son nom à ses caractères distinctifs, évidents chez les jeunes sujets. Son nom scientifique les souligne aussi. Il est surprenant qu'il ne puisse se fixer sur les contreforts des Alpes de façon durable, bien qu'au bord des torrents, des rameaux ou des plantes entières soient arrachés par l'eau et entraînés en aval.

4 Saule argenté

Salix repens 56

Atteint 1,5 m juin-août arbrisseau 56

Identification : arbrisseau rampant. Tiges souterraines avec rameaux dressés à l'air libre. Feuilles variables, velues-argentées dessous, atteignant 4 cm, bords plus ou moins enroulés.

Répartition : surtout dans les landes humides, les dunes, sols pauvres. En France, rare ou commun selon les régions ; absent du Midi méditerranéen.

Biologie : présent dans des milieux variés (prairies humides, tourbières, marais).

5 Saule cendré

Salix cinerea

Atteint 6 m mars-avril arbrisseau 56

Identification : jeunes rameaux feutrés-gris. Bourgeons velus. Chatons mâles souvent rouge brique avant la floraison.

Répartition : manque dans l'Ouest (du Cotentin aux Pyrénées-Atlantiques). Largement répandu en Europe. Terrains inondés ou tourbeux, riches en bases, tourbières, bords des eaux douces, aulnaies.

Biologie : aspect variable, mais la forte croissance simultanée des pousses principales lui donne une silhouette assez aplatie.

1

2

3

4a

4b

5

1 Saule à oreillettes

Salix aurita

1-3 m mars-avril arbrisseau [56]

Identification : très rameux. Petites feuilles elliptiques, finement dentées, extrémité un peu déjetée.

Répartition : absent de la région méditerranéenne (sauf la Corse). Jusqu'à 1 700 m en montagne.

Biologie : terrains humides. Doit son nom aux stipules des feuilles bien développées et réniformes, mais qui disparaissent rapidement. S'hybride assez souvent avec le Saule marsault, mais moins commun que lui.

2 Saule marsault

Salix caprea

2-18 m mars-avril arbuste ou petit arbre [56]

Identification : feuilles elliptiques, ondulées au bord, nervures saillantes dessous, extrémité souvent déjetée (**2d**). Feuilles larges, contrairement à celles de la plupart des autres saules.

Répartition : absent localement (Midi, Ouest). Coupes forestières, lisières, fourrés, déblais des chantiers; colonise les espaces vides. Terrains humides, riches. Comme tous les autres saules, ses bourgeons ne sont recouverts que par une seule écaille en forme de coiffe, qui tombe à la fin de l'hiver et laisse apparaître les « pompons » argentés (**2a**).

Biologie : espèce dioïque à l'instar des autres saules; les pieds mâles deviennent jaunes quand ils fleurissent (anthères jaunes) (**2b**), alors que les pieds femelles sont verts (**2c**). Fleurit précocement et offre aux abeilles leur première nourriture après l'hiver. Bois employé pour faire des manches, perches, etc.

3 Saule des vanniers, Osier blanc

Salix viminalis

2-10 m mars-avril arbuste [56]

Identification : feuilles étroites (jusqu'à 2 cm) atteignant 20 cm de long, aux bords ondulés et un peu enroulés. Rameaux longs, effilés.

Répartition : presque partout en France sauf localement (Ouest, Midi méditerranéen). Terrains humides, riches en calcaire, alluvions. Cultivé pour l'obtention de l'osier.

Biologie : en raison de la flexibilité de ses rameaux, est très employé en vannerie. Localement, on le taille aussi en saule têtard (**3b**). Les saules têtards de toutes espèces confèrent à certains paysages un cachet particulier et la Chouette chevêche y nichait régulièrement avant qu'ils ne soient éliminés en mainte région.

4 Saule drapé

Salix eleagnos (= *S. incana*) [56]

Identification : feuilles très étroites, lancéolées, bords enroulés, dessus vert foncé, dessous velu-blanc, pétiole très bref.

Répartition : montagnes de l'Est de la France, Pyrénées, Cévennes, Corse. Bords des cours d'eau (terrains sableux, graviers).

Biologie : espèce pionnière qui s'installe sur les bancs d'alluvions et les fixe grâce à son puissant système racinaire.

5 Saule pourpré, Osier rouge

Salix purpurea

1-6 m mars-mai arbrisseau [56]

Identification : rameaux et chatons souvent rouge-pourpre; rameaux fins mais non pendants. Feuilles étroites, oblongues, partie la plus large dans le tiers supérieur, rétrécies à la base (**5b**).

Répartition : absent dans une partie de l'Ouest. Bords des rivières, ruisseaux; terrains calcaires, humides.

Biologie : ses rameaux souples conviennent pour les travaux de vannerie, c'est pourquoi on le cultive localement. Leur couleur rougeâtre attire l'attention.

1
2a
2b
2c
2d
3a
4
3b
5a
5b

1 Bouleau verruqueux

Betula pendula

5-25 m avril-mai arbre 12

Identification : jeunes rameaux porteurs de verrues grisâtres. Feuilles glabres, triangulaires, dentées.

Répartition : toute la France sauf le Midi méditerranéen. Forêts claires, landes, forêts riveraines.

Biologie : terrains secs à humides. Comme les autres bouleaux, son tronc blanc le fait reconnaître de loin (**1d**). Graines ailées, dispersées par le vent. Peu exigeant, pousse dans des terrains variés, souvent en compagnie du Saule marsault (p. 42) : s'installe sur les friches industrielles, les coupes à blanc et, en l'espace de quelques années, forme des peuplements denses. A cependant besoin de beaucoup de lumière et végète à l'ombre des autres arbres, ce qui entraîne son dépérissement et sa mort. Bois utilisé pour les panneaux de particules et la tournerie. Les feuilles séchées ont des vertus diurétiques. Bois de chauffage de bonne qualité. Rameaux jadis utilisés pour fabriquer des balais rustiques. (**1b**) : rameau avec chatons femelles dressés et chatons mâles pendants. (**1c**) : rameau couvert de fruits (cônes pendants).

2 Bouleau pubescent

Betula pubescens

5-25 m avril-mai arbre 12

Identification : jeunes feuilles et rameaux finement velus. Jeunes rameaux sans verrues, branches non pendantes mais horizontales ou en angle aigu (**2a**).

Répartition : surtout dans l'Ouest, sporadique ailleurs, absent dans le Midi méditerranéen et en Corse. Terrains humides, tourbières.

Biologie : encore moins exigeant que le Bouleau verruqueux; en raison de sa résistance au froid, c'est une espèce souvent dominante dans le nord de l'Europe. Chez les Bouleaux verruqueux et pubescent il y a souvent des « balais de sorcière », formés de rameaux très serrés. Ces déformations sont dues à des champignons du genre *Taphrina*; on les trouve aussi sur quelques autres essences feuillues et résineuses, mais alors elles sont provoquées par d'autres champignons.

3 Bouleau nain

Betula nana

Atteint 1 m avril-mai arbuste 12

Identification : très rameux, souvent rampant. Jeunes rameaux dressés ainsi que les chatons mâles et femelles. Feuilles arrondies, dentées, souvent plus larges que longues (**3a**), devenant orange en automne (**3b**).

Répartition : ici et là dans les Alpes en Europe centrale; dans le nord de l'Europe. Rarissime en France dans le Jura (protégé). Tourbières bombées surtout.

Biologie : durant la dernière glaciation qui affecta l'Europe, le Bouleau nain fut le végétal ligneux qui vécut le plus près de la glace. Actuellement, devenu rare en Europe centrale, c'est une espèce relicte de l'ère glaciaire, présente en quelques stations disséminées et froides.

4 *Betula humilis*

Atteint 2 m avril-mai arbrisseau 12

Identification : rameaux fortement écartés. Feuilles presque ovales, toujours plus longues que larges.

Répartition : çà et là dans les Alpes et leurs contreforts; en plaine seulement à l'est de l'Elbe. Tourbières bombées et intermédiaires. N'existe pas en France.

Biologie : espèce répandue en Laponie et en Sibérie, relicte de l'ère glaciaire en Europe centrale. Ses stations, peu nombreuses, devraient être protégées.

1b
1a
2a
1c
1d
2b
4
3a
3b

1 Aulne glutineux

Alnus glutinosa

10-25 m février-mars arbre 12

Identification : feuillage vert foncé. Feuilles tronquées au bout, arrondies. Cônes (**1d**) ligneux, noirâtres. A souvent plusieurs troncs. Chatons mâles et cônes pendants (**1b**). À l'état frais, le bois est rougeâtre.

Répartition : toute la France, mais plus rare dans le Midi. Bords des fossés, rivières, ruisseaux, bois humides, forêts riveraines. Peut croître aussi en terrain plus sec.

Biologie : les tiges issues d'un même point montrent généralement qu'il s'agit en fait d'une cépée, c'est-à-dire d'un ensemble de rejets issus d'une souche après l'abattage de l'arbre. Cette faculté de rejeter de souche est importante pour les sujets abîmés par un fort courant, les bois flottés, les cailloux roulés, la glace. L'Aulne glutineux a aussi la faculté de coloniser des sols bruts, car, vivant en symbiose avec des bactéries situées dans les nodosités de ses racines, il peut subvenir à ses besoins en azote. Cette aptitude a été mise à profit par l'homme, qui le plante au bord des cours d'eau pour renforcer les rives. En outre, avec son épais feuillage, l'Aulne glutineux empêche le développement d'une végétation aquatique herbacée trop dense. Les graines, qui se forment dans les petits cônes longs de 1-3 cm, sont dispersées par le vent (elles sont légèrement ailées) ou bien, tombent sur la neige en hiver et quand celle-ci fond, elles sont entraînées au loin par l'eau. Quelques oiseaux, notamment le Tarin des aulnes, se perchent sur les aulnes et picorent leurs cônes pour en extraire les graines.

2 Aulne blanc

Alnus incana

5-20 m mars-avril arbre 12

Identification : feuilles elliptiques, pointues, gris-blanchâtre dessous, d'abord très velues puis seulement sur les nervures.

Répartition : Alsace, Jura, Alpes, jusqu'à 1 500 m. Au bord des cours d'eau; terrains humides, riches en éléments nutritifs, calcaires. Répandu artificiellement par plantation.

Biologie : contrairement à l'Aulne glutineux (verne), qui évite les sols calcaires, l'Aulne blanc est calcicole. Grâce à sa grande faculté de rejeter de souche, il renforce les rives et les remblais. Comme les autres aulnes, il fixe l'azote grâce à sa symbiose avec des bactéries, et le rend disponible pour d'autres végétaux. Enfin, ses feuilles riches en azote, améliorent les sols. Son bois ne se colore pas en rouge-orange après avoir été coupé, à l'inverse de celui de l'Aulne glutineux.

3 Aulne vert

Alnus viridis

50 cm-3 m avril-mai arbrisseau 12

Identification : feuilles vert foncé dessus, vert clair dessous, d'abord visqueuses. Cet arbrisseau forme des buissons.

Répartition : à l'étage subalpin dans les Alpes. Bords des torrents, couloirs d'avalanches, déblais. Préfère les sols pauvres en calcaire.

Biologie : les massifs d'Aulnes verts couvrent souvent de vastes étendues dans les Alpes, et cela contrairement au Pin mugho (p. 30). Limite l'érosion car c'est une espèce pionnière. On le plante souvent dans les couloirs d'avalanches car il retient non seulement les pierrailles mais aussi la neige. (**3b**) : rameau avec chatons mâles pendants et chatons femelles dressés. (**3c**) : rameau avec cônes.

1a

1c

2

1b

3a

1d

3b

3c

1 Charme

Carpinus betulus

10-25 m mars-mai arbre 13

Identification : feuilles de même forme que celles du Hêtre (p. 50), mais dentées, gaufrées dessus (**1b**). Tronc cannelé, gris.

Répartition : toute la France sauf Midi méditerranéen, rare localement (Bretagne, Cotentin) et aussi dans une partie du Sud-Ouest et des Alpes. Souvent associé aux chênes. Forêts, haies, bosquets.

Biologie : arbre de seconde grandeur, supportant l'ombre des grands chênes sous lesquels il forme un sous-étage. À l'opposé, les chênes végètent sous l'ombre épaisse du Charme. Croît sous les chênes, frênes et d'autres essences. Sa présence est appréciée car il les empêche de développer des branches basses. On peut restreindre son développement quand il atteint le niveau des autres arbres et qu'il menace de les concurrencer. Il rejette de souche et constitue des taillis sous futaie (traitement que l'on tend à réduire actuellement alors qu'il était très largement répandu autrefois). Le bois du Charme, dur, dense, blanc, est apprécié pour le chauffage mais sert aussi à fabriquer des manches et des pièces diverses car il se fend peu (autrefois, on en faisait des roues de moulin). Le tronc du Charme est cannelé en long (**1d**). Sur une coupe, il est excentrique et rarement circulaire. Les chatons mâles (**1a**) tombent tandis que les fleurs femelles forment des chatons plus courts. Les fruits (**1c**) sont ailés. Sur chaque bractée trilobée faisant partie d'une grappe, se trouve un petit fruit aplati et côtelé, qui tombe à maturité avec la bractée, mais peut être emporté au loin par le vent. En outre, des petits rongeurs forestiers transportent, entassent et consomment ces graines, qu'ils contribuent à disperser. Le Charme et le Hêtre appartiennent à des familles différentes mais font partie des arbres à chatons ou Amentifères.

2 Noisetier, Coudrier

Corylus avellana

2-5 m février-mars arbrisseau 13

Identification : feuilles presque orbiculaires, dentées, un peu velues. Poils glanduleux sur les jeunes rameaux. Tiges droites.

Répartition : toute la France (très localisé en Corse et dans une partie du Midi). Forêts (chênaies), bosquets, haies.

Biologie : forme le sous-bois de nombreuses chênaies et en raison de la densité de son feuillage cache les cerfs et chevreuils aux yeux de l'homme. Le pollen des chatons mâles (2a, 2b) se répand à la fin de l'hiver; les fleurs femelles ressemblent à des bourgeons terminés par des styles rouges (**2c**). Les fruits qui en sont issus sont les noisettes, à coque dure, entourée de bractées foliacées. D'abord vertes, elles brunissent ensuite et, à ce stade, avant l'hiver, les chatons mâles de l'année suivante, tout petits, sont déjà formés. (**2d**). Les noisettes sont consommées par le Geai, L'Écureuil roux, le Muscardin. Elles sont plus ou moins stockées et souvent abandonnées sans avoir été mangées.

3 Myrte des marais

Myrica gale

50 cm-2 m mars-avril arbrisseau 17

Identification : jeunes rameaux brun-roux, finement velus. Feuilles petites, elliptiques, presque en coin à la base, pourvues au-dessous de glandes jaunes odorantes.

Répartition : ouest de la France et très localement ailleurs (Ardennes, Ile-de-France, etc.). Tourbières, marais, bords des étangs.

Biologie : plante dioïque, fleurissant avant la sortie des feuilles. Les chatons mâles (**3b**) (1-1,5 cm) sont plus visibles que les chatons femelles, car ils ont des écailles brunes. Les feuilles contiennent une huile odorante. Jadis, elles furent employées comme le Houblon pour préparer la bière. L'odeur des rameaux servirait à écarter les insectes indésirables.

1a
1b
1c
1d
2a
3a
2b
2c
3b
2d

1 Hêtre, Fayard

Fagus sylvatica

30-40 m avril-mai arbre 11

Identification : écorce grise, lisse, peu épaisse. Feuilles elliptiques à bords non dentés, un peu ondulées. Chatons mâles globuleux, à nombreuses fleurs, longuement pédonculés (**1b**) ; fleurs femelles par 2, brièvement pédonculées, incluses dans une capsule qui deviendra la cupule des faines (fruits).

Répartition : espèce dominante en Europe centrale. France : en plaine et en montagne dans la moitié nord ; seulement en montagne dans le sud. Forêts, haies.

Biologie : le Hêtre a été la dernière essence à se répandre en Europe à l'époque postglaciaire, deux mille ans avant notre ère. Son feuillage dense répand une ombre si forte que peu d'espèces végétales réussissent à pousser à son voisinage. Dans les milieux qui lui conviennent, cela en fait un redoutable concurrent pour les autres essences. Il lui faut beaucoup d'humidité atmosphérique, par contre, il est assez indifférent à la nature du sol qui, toutefois, doit être bien drainé. C'est en Allemagne que se trouve le « centre de gravité » de sa répartition en Europe centrale où il forme des peuplements purs. À l'état frais, son bois est rosé, rougeâtre ou encore blanchâtre. Il est dense et ne se fend pas facilement, c'est pourquoi on l'emploie pour faire des pieds de meubles et de sièges. Il sert aussi pour les lambris, les manches, les brosses, les traverses de voie ferrée, etc. Les fruits (faines) sont inclus dans une cupule ligneuse, hérissée (**1c**). Ils sont mangés par l'Écureuil roux, le Geai, le Pinson du Nord, le Pinson des arbres, le Pigeon ramier et enfin par le grand gibier (Sanglier, Cervidés). L'homme les consommait jadis et, plus récemment durant les périodes de guerre. On en tire une huile comestible. La production de faines est irrégulière et les fainées « totales » (c'est-à-dire très fortes) ne se produisent qu'à de longs intervalles, généralement quand il y a eu une sécheresse estivale l'année précédente.

2 Chêne pédonculé

Quercus robur (= *Q. pedunculata*)

20-35 m avril-mai arbre 11

Identification : feuilles lobées, à très court pétiole, oreillettes à leur base. Glands fixés sur un pédoncule plus ou moins long (**2b**).

Répartition : toute la France sauf Midi méditerranéen, Corse et une partie des Alpes et des Pyrénées. De la plaine jusque vers 1 300 m.

Biologie : son bois étant très recherché et sa croissance étant très lente, on ne le laisse pas atteindre son âge maximum (600-800 ans) et on l'exploite vers 180-200 ou 300 ans. Certains chênes ont atteint l'âge de 1 000-1 200 ans. Bois employé pour l'ébénisterie, la menuiserie, la charpente, etc. Jadis, la jeune écorce servait dans les tanneries, les glands étaient mangés par les porcs et constituaient aussi un succédané du café. Geai et Écureuil roux stockent des glands, les transportent et en oublient une partie, ce qui favorise la dispersion du chêne (le Geai en transporte des milliers chaque automne).

3 Chêne sessile, Chêne rouvre

Quercus petraea, Q. sessiliflora

20-40 m avril-mai arbre 11

Identification : feuilles lobées sans oreillettes à la base, à pétiole de 1-2 cm. En général, glands sessiles groupés par 3-7.

Répartition : partout en France sauf dans le Sud-Ouest, la région méditerranéenne et la Corse où il est rare. Plaine et en montagne jusque vers 1 600 m d'altitude.

Biologie : le nom de nos deux grands chênes évoque le pédoncule des glands et non pas le pétiole de leurs feuilles. Tous les chênes sont des essences anémophiles (pollinisées par le vent) ; leurs chatons mâles, pendants, sont bien visibles à l'époque de la floraison (**3b**).

1a
1c
2a
1b
2b
3b
3a
3c

1 Chêne rouge, Chêne rouge d'Amérique

Quercus rubra

20-30 m mai arbre 11

Identification : grandes feuilles (jusqu'à 25 cm) à 7-9 lobes aigus. Glands atteignant 2,5 cm, ovoïdes, à cupule aplatie, avec pédoncule court (**1a**), solitaires ou par deux.

Répartition : originaire de l'est de l'Amérique du Nord. Introduit en France au XVIIIe siècle. Planté dans le Nord-Est, le Sud-Ouest et localement ailleurs (Ile-de-France, etc.).

Biologie : son feuillage, qui devient rouge en automne, en fait une espèce décorative (**1b**). Peu exigeant et relativement résistant à la pollution atmosphérique, on l'emploie pour le reboisement, notamment à proximité des zones industrielles, mais aussi ailleurs en forêt. C'est actuellement l'un des arbres exotiques à feuilles caduques les plus répandus. Son bois assez dense, peu résistant aux intempéries est utilisé en ébénisterie, menuiserie, mais est de qualité inférieure à celui des chênes européens. Par contre, le Chêne rouge a une croissance plus rapide quand il est jeune et ce jusqu'à 80-100 ans.

2 Châtaignier

Castanea sativa

25-35 m mai-juin arbre 11

Identification : grandes feuilles (15-20 cm) raides, dentées (**2b**), lancéolées.

Répartition : spontané en Corse et peut-être ailleurs dans le Midi (Maures, Cévennes). Ailleurs, a été planté et est devenu abondant dans l'Ouest, le Centre, le Sud, etc. Terrains acides, pauvres en calcaire.

Biologie : certains Châtaigniers, qui atteignent 1 500 ans et 4-6 m de diamètre, surpassent les autres grands arbres de nos pays. Quand il fleurit, ses longs chatons mâles (10-20 cm), jaunes, attirent l'attention et contrastent avec le feuillage vert (**2a**). Les fleurs femelles, insignifiantes, produisent des fruits (châtaignes, marrons) inclus dans une bogue épineuse (**2c**), qui évoque les fruits du Marronnier d'Inde (p. 76). Cuites, grillées, les châtaignes sont depuis fort longtemps un aliment apprécié et très nutritif. Les Romains ont introduit le Châtaignier et la Vigne au-delà des Alpes car, comme en Italie, les perches (jeunes tiges) servaient d'échalas. En raison de sa faculté de rejeter de souche, le Châtaignier est souvent encore traité en taillis. La maladie de l'encre et un chancre ont décimé les plantations dans les Cévennes.

3 Noyer commun

Juglans regia

20-30 m mai arbre 18

Identification : feuilles composées pennées (5-9 folioles ovales). Fruit ligneux, 4-5 cm, inclus dans une écorce verte (brou).

Répartition : originaire des Balkans et de l'Asie Mineure. Planté dès l'époque gallo-romaine. Cultivé (jardins, parcs, vergers). Plantations pour la production de noix dans le Dauphiné, le Périgord, le Limousin.

Biologie : les fleurs (chatons mâles, **3a**, bien visibles) apparaissent en même temps que les feuilles. Le fruit, entouré de son enveloppe non comestible, n'est pas, du point de vue botanique, une véritable « noix » mais un fruit à noyau, où la noix correspond au noyau d'une cerise. Le brou sert à colorer (brou de noix) et fournit aussi une huile. Très recherché, le bois est employé pour le placage, l'ébénisterie, la marqueterie ; il est assez dense et a une très grande valeur sur les marchés spécialisés. Les noix fournissent une huile de goût particulier. Leur partie comestible est appelée cerneau.

1a

1b

2a

2b

2c

3a

3b

1 Orme de montagne

Ulmus glabra

30-40 m mars-avril arbre 14

Identification : chez tous les ormes, la base des feuilles est asymétrique ; celles de l'Orme de montagne sont rudes dessus, velues dessous et ont souvent une pointe principale et deux autres, latérales et secondaires. Fleurs en bouquets, presque sessiles et dressés (**1a**).

Répartition : Est, Nord-Est, Alpes, Massif central, Pyrénées, Corse, rare ailleurs. Sur sols riches en bases. Ravins, lieux ombragés.

Biologie : La disposition des rameaux latéraux et des feuilles permet d'utiliser au mieux la lumière solaire. Les ormes ont un bois très apprécié, employé surtout en ébénisterie, menuiserie, tournerie et pour faire des panneaux, mais c'est surtout celui de l'Orme champêtre (*Ulmus minor = Ulmus campestris*), qui a les plus grandes qualités (dureté, etc.).

2 Orme lisse, Orme diffus

Ulmus laevis

20-30 m mars-avril arbre 14

Identification : feuilles elliptiques, asymétriques à la base, brièvement velues dessous. Fleurs longuement pédonculées, pendantes (**2b**), souvent agitées. Fruits : **2c**.

Répartition : Est, Nord, Centre de la France, en plaine et jusqu'à 400 m. Forêts riveraines, peuplements de Chênes pédonculés.

Biologie : l'Orme lisse est peut-être, au moins en Europe centrale, celui qui résiste le mieux à la maladie de l'orme, due à un champignon (*Cerastocystis ulmi*), propagée par un Coléoptère scolytide (*Scolytus scolytus*), qui vient moins souvent sur cette espèce que sur les autres *Ulmus*. Cependant, l'Orme lisse n'est pas épargné pour autant. Originaire d'Asie orientale, le champignon apparut en Europe lors de la Première Guerre mondiale et, vers 1920, provoqua la mort de nombreux ormes. En Amérique du Nord, où il fut aussi apporté, il décima les peuplements d'ormes mais acquit une forme encore plus virulente et celle-ci arriva en Europe vers 1970, entraînant la disparition des ormes encore résistants. Le champignon vit dans les vaisseaux conducteurs du bois jeune (aubier) et y dépose des substances qui obturent ces tubes, empêchant la sève de circuler. Symptômes du dépérissement : feuilles jaunissant sur certaines branches qui se dessèchent et souvent dans tout le houppier la même année. Cette maladie sévit encore dans une grande partie de l'Europe.

3 Gui

Viscum album

Atteint 1 m mars-mai 47
sous-arbrisseau parasite

Identification : sous-arbrisseau sempervirent en forme de boule, fréquent sur les peupliers, pommiers, tilleuls, saules, sorbiers et d'autres essences à feuilles caduques.

Répartition : dans toute la France mais rare dans le Midi méditerranéen. Très fréquent localement (peupleraies, pommiers de plein vent).

Biologie : partiellement parasite : prélève dans son hôte l'eau et les sels minéraux mais assure lui-même la fonction chlorophyllienne. Cela lui permet de vivre à l'ombre dans la cime de son hôte, puisque ses feuilles sont toujours vertes et qu'il peut profiter des rayons du soleil quand l'hôte a perdu son feuillage en automne. Propagé par des oiseaux frugivores (Grive draine surtout), qui mangent ses fruits (**3c**) et rejettent les graines (non digérées) avec leurs fientes ; ou bien, étant donné que la chair des fruits est collante, la graine reste fixée sur une branche quand la grive s'efforce de la détacher de son bec en frottant celui-ci contre l'écorce ; la graine se trouve alors assez souvent dans la position favorable à sa germination ; dès lors, la plantule enfonce des suçoirs dans le bois. Autrefois, on utilisait les fruits du gui pour préparer une glu destinée à capturer des petits oiseaux. Aujourd'hui, le Gui est employé pour la décoration des maisons durant les fêtes de fin d'année. Le Gui parasite très rarement le Châtaignier, le Cerisier, le Charme et les chênes.

1a

1b

2a

2b

2c

3a

3b

3c

1 Épine-vinette

Berberis vulgaris

2-3 m mai arbrisseau 7

Identification : feuilles alternes, ovales-elliptiques, denticulées, vert clair dessus. Rameaux pourvus d'épines à 3 pointes. Fruits rouges, oblongs (**1b**).

Répartition : rare ou absente en Bretagne, Normandie et dans le Nord. Haies, lisières des bois. Sur sols calcaires.

Biologie : fruits (baies) comestibles. L'Épine-vinette est surtout connue car elle sert d'hôte intermédiaire à un champignon parasite des céréales (rouille) qui, en mai-juin, se développe sur les feuilles sous forme de taches orangées où se développent les spores. Ces dernières ne peuvent germer que sur les feuilles des Graminées (donc le blé), changent d'aspect, sont dispersées par le vent et tombent sur les feuilles d'autres céréales, produisant des spores d'un autre type en sorte que la rouille se propage sur de vastes surfaces. Un troisième type de spores se forme sur les feuilles et les chaumes des céréales à la fin de l'été; quand celles-ci meurent ou sont récoltées, ces spores passent l'hiver et produisent une quatrième sorte au printemps suivant. C'est celle-ci qui ne peut germer que sur les feuilles de l'Épine-vinette (nom du champignon : *Puccinia graminis*). Malgré ce mode de développement complexe, la rouille du blé provoque de graves dégâts dans les champs de céréales, c'est pourquoi on a éliminé l'Épine-vinette dans les régions céréalières.

2 Groseillier rouge

Ribes rubrum

1-2 m avril-mai arbrisseau 19

Identification : feuilles à 3-5 lobes. Grappes florales de 15 fleurs et plus, portant ultérieurement les fruits rouges (**2b**).

Répartition : dans le tiers est de la France : de la Haute-Normandie aux Alpes-Maritimes. Forêts riveraines, bois humides.

Biologie : les baies sont riches en vitamines C et l'espèce est cultivée depuis le XVe siècle environ. On en a obtenu diverses variétés.

3 Cassis

Ribes nigrum

1-2 m avril-mai arbrisseau 19

Identification : feuilles semblables à celles du Groseillier rouge, mais dessous garni de petits poils glanduleux jaunes. Fleurs et fruits noirs en grappes pendantes (**3b**). Froissées, les feuilles répandent une odeur peu agréable.

Répartition : spontané dans le Nord-Est et une partie des Alpes. Forêts riveraines. Cultivé.

Biologie : cultivé depuis le XVIe siècle pour ses fruits qui servent à préparer une liqueur et des confitures.

4 Groseillier à maquereau

Ribes uva-crispa

1-1,5 m avril-mai arbrisseau 19

Identification : petites feuilles à 3-5 lobes, velues sur les deux faces. Rameaux pourvus d'épines à 1, 2 ou 3 pointes.

Répartition : presque partout en France sauf Midi méditerranéen, Nord-Ouest et dans une partie de l'Ouest. Forêts, forêts riveraines. Sur sols riches en éléments nutritifs.

Biologie : il est souvent difficile de dire si ce groseillier est spontané ou subspontané, c'est-à-dire issu de culture et devenu sauvage ensuite. Cultivé depuis le Moyen Âge.

5 Groseillier des Alpes

Ribes alpinum

1-2 m avril-mai arbrisseau 19

Identification : fleurs unisexuées : pieds mâles ou femelles. Fleurs en grappes, les femelles peu nombreuses (2-5), les mâles groupées par 20 et plus (**5a**).

Répartition : Nord-Est, Vosges, Jura, Alpes, Massif central, Pyrénées. Sols riches en bases. Éboulis, limons.

Biologie : les baies (**5b**) ont un goût assez fade et sont quelque peu visqueuses dans la bouche.

1a
1b
2a
4a
3a
2b
3b
4b
5b
5a

1 Ronce des rochers

Rubus saxatilis

10-30 cm mai-juin ♃ 24

Identification : tiges herbacées, contrairement à celles des autres *Rubus*, qui sont ligneuses. Tiges florifères dressées, les autres couchées. Fruits composés de 2-6 drupes rouges ou rougeâtres, grosses comme un petit pois (**1b**).

Répartition : Vosges, Jura, Alpes, Massif central, Pyrénées. Espèce de demi-ombre. Dans les forêts claires, les fourrés.

Biologie : les fruits, trop petits pour être récoltés, ont un goût assez voisin de celui des groseilles rouges, mais plus fade et ils sont aqueux.

2 Framboisier

Rubus idaeus

1-2 m mai-juin arbrisseau 24

Identification : tiges ligneuses (comme celles des *Rubus* suivants). Feuilles à 3-5 lobes, veloutées-blanches dessous (**2b**).

Répartition : principalement dans la moitié est de la France. Plaine et surtout en montagne. Clairières, coupes, lisières, haies.

Biologie : comparées à celles de la Ronce des bois (**3**), les fleurs sont insignifiantes ; leurs pétales sont étroits et en coin ; ils tombent précocement et, souvent, se rapprochent. Après la floraison et la fructification, les rameaux de l'année précédente meurent et seuls ceux d'un an passent l'hiver, mais contrairement à ceux de *Rubus fruticosus*, ils perdent leurs feuilles. Dans les coupes, le Framboisier peut, en l'espace de quelques années, couvrir de grandes surfaces, et gêner la régénération naturelle des arbres. Le Framboisier se propage par drageons ce qui lui permet une colonisation rapide des espaces favorables. Les framboises sont très appréciées depuis toujours, mais la culture est relativement récente. Les fruits servent à préparer des confitures et sont également utilisés en distillerie (liqueurs). Du point de vue botanique, les framboises sont des fruits composés (syncarpes) formés de petites drupes associées. Outre de nombreuses étamines, chaque fleur a plusieurs ovaires ayant chacun un style ; chaque ovaire devient une drupéole et l'ensemble constitue la framboise.

3 Ronce des bois

Rubus fruticosus

1-2 m mai-août sous-arbrisseau 24

Identification : feuilles vertes sur les deux faces, nervure centrale pourvue d'aiguillons sur la face inférieure. Fleurs blanches ou roses.

Répartition : partout en France, très commune sauf dans le Midi méditerranéen. Forêts, haies, broussailles, lisières, clairières, coupes, jardins abandonnés.

Biologie : aspect très variable en ce qui concerne la taille, la forme des feuilles, la présence d'aiguillons, le goût des fruits, c'est pourquoi les botanistes ont divisé cette « espèce collective » en quelque 200 sous-espèces. Les causes de cette remarquable variabilité sont, outre les croisements, la multiplication unisexuée et la multiplication végétative par marcottes et drageons, qui joue un grand rôle chez cette espèce. En hiver, cette ronce garde souvent des feuilles vertes appréciées par les Cervidés. Les fruits (**3b**), qui ont sans doute été récoltés depuis toujours, sont couramment appelés « mûres ». On les emploie pour la préparation de pâtisseries, confitures et liqueurs. Actuellement, on plante des ronces dans les jardins « bio ».

4 Ronce bleuâtre

Rubus caesius

30 cm-1 m mai-juin sous-arbrisseau 24

Identification : feuilles composées à 3 folioles. Fruits et tiges pruineux, aiguillons grêles.

Répartition : présente dans toutes les régions françaises sauf la Corse. Haies, friches, bois. Sur sols basiques.

Biologie : fruits composés se désagrégeant facilement en leurs éléments (drupéoles) ; leur saveur est fade, acide, c'est pourquoi on ne les récolte pas.

1a
1b
2a
2b
3a
3b
4

Le genre *Rosa* (roses) est représenté par environ 250 espèces dans les régions tempérées de l'hémisphère boréal. Sous les tropiques, il n'existe qu'en montagne et il manque dans l'hémisphère austral. Toutes les espèces ont des feuilles caduques et presque toutes ont des aiguillons. Leur port est varié, dressé, grimpant ou presque rampant. Les fleurs peuvent être solitaires ou bien réunies en grappes ou en panicules. Les feuilles ont généralement de 3 à 9 divisions (feuilles composées). Les roses sont sans doute les plus appréciées de toutes les plantes et de nombreux peuples leur ont attribué une grande valeur ou même en ont fait des objets de culte. On cultivait des roses en Perse il y a plus de 4 000 ans. Aujourd'hui, le nombre des variétés cultivées est supérieur à 12 000, dont certaines ont un caractère régional ou éphémère (effet de mode) et peu sont réellement cultivées dans les jardins et les parcs. L'origine des variétés issues des espèces sauvages et la façon dont elles ont été obtenues par sélection, hybridation ou métissage est souvent inconnue et ne peut plus être retrouvée.

1 Églantier

Rosa canina

1-5 m mai-juin arbrisseau 24

Identification : feuilles à 5-7 folioles, glabres comme leurs pétioles et sans glandes.

Répartition : dans toute la France, très commun. Haies, fourrés, lisières. Sur sols basiques.

Biologie : le dicton « Pas de roses sans épines » vaut pour tous les rosiers. Les formations épidermiques qui se détachent facilement et couramment appelées épines sont des aiguillons. Cette espèce est souvent difficilement séparable de ses cousines. On l'appelle aussi Rose des chiens. Les fruits (cynorrhodons), rouges à maturité, sont employés pour faire des confitures. Fleurs roses, faiblement odorantes.

2 Rose rugueuse

Rosa rugosa

1-2 m juin-août arbrisseau 24

Identification : feuilles grandes et rudes, à 7-9 folioles plissées. Fleurs atteignant 7-8 cm de diamètre.

Répartition : originaire d'Asie orientale. Introduite en Europe au XIXe siècle. Cultivée dans les parcs. France : parfois naturalisée sur le littoral de la Manche (Artois, Picardie) dans les dunes.

Biologie : les fruits (jusqu'à 2 cm) (**2b**) sont comestibles ; des oiseaux les mangent aussi : les Verdiers les ouvrent pour obtenir les graines tandis que Grives et Merles noirs en absorbent la chair.

3 Rosier rouillé

Rosa rubiginosa

50 cm-3 m juin-juillet arbrisseau 24

Identification : dressé, raide. Dessous des feuilles très glanduleux, odeur de pomme. Aiguillons robustes, crochus.

Répartition : dans toutes les régions de France sauf la Corse ; rare dans le Midi méditerranéen. Terrains calcaires. Lisières, haies.

Biologie : espèce d'aspect très variable. Fruits longs d'un cm, souvent pourvus de poils glanduleux et de soies (**3b**).

4 Rosier de France, Rosier de Provins

Rosa gallica

Atteint 80 cm juin-juillet arbrisseau 24

Identification : fleurs de 5-7 cm de diamètre à faible odeur vinaigrée. Feuilles glanduleuses au bord seulement. Aiguillons de dimensions variées.

Répartition : Nord-Est et plus au sud. Clairières et lisières des forêts.

Biologie : cette espèce passe pour être l'une des formes originelles dont sont issues les plus anciennes roses cultivées, introduites de l'Orient en Europe. On lui doit de nombreuses variétés obtenues au XIXe siècle. On trouve encore dans maint jardin des descendants de cette rose.

1a
1b
2a
2b
3a
3b
4a
4b

1 Rosier tomenteux

Rosa tomentosa

1-2 m juin-juillet arbrisseau 24

Identification : fleurs rouge pourpre (environ 4 cm de diamètre), généralement solitaires, à l'aisselle des feuilles, répandant une faible odeur. Pédoncules floraux portant des glandes pédicellées. Feuilles velues-cotonneuses, surtout sur la face inférieure.

Répartition : répandu un peu partout en France. Lieux secs et chauds en terrain calcaire et profond.

Biologie : les cynorrhodons (**1b**) portent des soies glanduleuses.

2 Rosier pimprenelle

Rosa pimpinellifolia

10 cm-2 m mai-juin arbrisseau 24

Identification : arbrisseau très rameux. Pousses brun foncé, couvertes de très nombreux aiguillons et de soies. Feuilles petites. Fleurs blanches (environ 4 cm de diamètre).

Répartition : un peu partout mais assez rare ; manque en Corse. Vit dans deux milieux assez différents, les côtes de l'Ouest (dunes), d'une part et les collines, lisières et forêts claires d'autre part, jusqu'à 2 000 m d'altitude.

Biologie : c'est l'une des plus belles roses sauvages ; elle doit son nom à ses feuilles qui ressemblent à celles de la Pimprenelle. Ses fruits, presque globuleux, sont brun-noir à maturité et mesurent environ 1 cm de diamètre (**2b**). En terrain sablonneux, se multiplie par de longs drageons, c'est pourquoi elle joue un rôle non négligeable pour stabiliser le sol, dans les dunes par exemple.

3 Rosier des champs

Rosa arvensis

1-2 m juin-juillet arbrisseau 24

Identification : tiges souvent rampantes ou grimpantes. Fleurs blanches (3-5 cm), inodores. Fruits petits (**3b**).

Répartition : commun dans toute la France sauf Corse et Midi méditerranéen. Bois et leurs lisières. Jusque vers 1 400 m en montagne.

Biologie : caractérise les sols riches en bases. Ses rameaux fins, grimpant dans les fourrés, portent des aiguillons qui protègent la plante contre la dent des gros mammifères ; ces aiguillons accrochent les tiges à leurs voisines ou à d'autres végétaux ligneux.

4 Rosier à fruits pendants

Rosa pendulina (= *R. alpina*)

1-2,5 m mai-juin arbrisseau 24

Identification : fleurs d'un rouge vineux vif (4-5 cm de diamètre). Rameaux florifères avec peu ou pas d'aiguillons.

Répartition : en montagne (Alpes, Pyrénées, Massif central, Jura, Vosges) jusqu'au-delà de la limite supérieure des forêts. Localement, atteint 2 600 m, ce qui en fait le rosier qui s'élève le plus haut. Terrains pauvres en calcaire.

Biologie : les sépales, entiers, tombent après la fructification. Les fruits, rouge pâle, sont un peu aplatis et inclinés. Les feuilles, dépourvues de glandes sur leurs bords, sont d'un vert pâle sur la face supérieure et glauques sur le dessous. Enfin, les feuilles se composent de 7 à 11 folioles (elles sont imparipennées).

Cynorrhodons

Ce mot vient du grec *kuon*, *kunos*, chien et *rhodon*, qui signifie rose. Le réceptacle, en forme d'urne, renferme de nombreux petits fruits issus des carpelles non soudés. Les cynorrhodons contiennent beaucoup de vitamine C et ont la réputation d'être efficaces dans la lutte contre les refroidissements ; ils sont aussi diurétiques et astringents. On les consomme sous forme de tisanes, gelées, mais localement on les mêle aussi au vin. Il faut toujours enlever les petits fruits et les poils internes.

1a
1b
2b
2a
3a
3b
4b
4a

1 Poirier sauvage

Pyrus pyraster

20 m avril-mai arbuste ou arbre 24

Identification : semblable au Poirier cultivé mais jeunes rameaux souvent terminés par une épine. Fruits petits et plus arrondis (3-4 cm), longuement pédonculés (**1b**).

Répartition : presque partout en France sauf dans le Midi méditerranéen et dans le Nord, où il est moins fréquent. Forêts, friches boisées en terrains variés (est peu exigeant). Existe en plaine, sur les collines et jusqu'à près de 1 200 m en montagne.

Biologie : également appelé Poirier commun. Comparés à ceux des Poiriers cultivés, les fruits (**1b**), ont une saveur âpre et acide ; leur chair est plus dure et quand ils sont très mûrs, ils deviennent rapidement blets. Nos Poiriers cultivés sont issus non seulement de cette espèce mais aussi de poiriers originaires d'Asie.

2 Pommier sauvage

Malus sylvestris

5-10 m mai-juin petit arbre 24

Identification : rameaux pourvus d'épines. Feuilles moins velues que celles des pommiers cultivés. Fruits (**2b**) jaune-vert, souvent teintés de rouge, ayant 2-3 cm de diamètre ; saveur acide-âpre.

Répartition : présent dans toute la France, y compris le Midi où il est moins commun. Forêts, friches, haies.

Biologie : cultivé depuis le milieu de l'Âge de la pierre ; s'est toujours croisé avec des variétés cultivées. Croît dans les sols riches en bases. Plante médicinale (écorce et feuilles). Son bois est moins apprécié que celui du Poirier car il se fend, mais on s'en sert pour faire de petits objets. Enfin, le Pommier sauvage sert occasionnellement de porte-greffe pour les arbres fruitiers cultivés.

3 Cormier

Sorbus domestica

20 m mai-juin arbre 24

Identification : ressemble au Sorbier des oiseleurs (ci-dessous). Feuilles non dentées à leur base. Fruits (**3b**) plus grands, jaunes ou bruns à maturité avec points plus clairs.

Répartition : présent au sud d'une ligne allant approximativement des Ardennes à l'embouchure de la Loire, mais manque en Corse. Peu abondant. Forêts de Chênes pubescents ou Chênes-lièges.

Biologie : espèce vivant de préférence dans les milieux assez secs et chauds. Fruits (cormes) comestibles seulement après les premières gelées. Bois très apprécié en raison de sa dureté et de la finesse de son grain ; sert en ébénisterie, pour la gravure, la lutherie, etc.

4 Sorbier des oiseleurs, Sorbier des oiseaux

10-20 m mai-juin arbre 24

Identification : feuilles composées de 9-15 folioles. Petits fruits rouges, persistants.

Répartition : manque dans l'Ouest au sud de la Loire et çà et là plus à l'est. Forêts de plaine et de montagne jusque vers 2 000 m.

Biologie : dans les forêts d'altitude, le Sorbier des oiseleurs tient souvent la place occupée plus bas par les bouleaux. Jadis on le considérait — au moins localement — comme sans intérêt forestier, ce qui n'est plus le cas aujourd'hui. Souffre de l'ombrage ou de la présence proche d'arbres plus grands (chênes, Hêtre, Épicéa), mais s'il est bien dégagé, fournit un bois de bonne qualité utilisé en ébénisterie, pour la fabrication de manches, etc. Son nom évoque l'usage de ses fruits qui servaient d'appât pour capturer les petits oiseaux. Ils sont consommés par ceux-ci (Merle noir, Grives musicienne et draine, etc.) (**4b**). Cultivé et souvent planté au bord des rues.

1a
2a
3a
1b
3b
2b
4b
4a

1 Alisier blanc, Allier, Allouchier

Sorbus aria

10-20 m mai-juin arbre 24

Identification : feuilles elliptiques, face inférieure veloutée-blanche. Fruits (**1b**) rouge-orange, chair quelque peu farineuse.

Répartition : surtout dans la moitié est de la France ; également dans les Pyrénées. Aussi bien en terrain calcaire qu'en milieu acide.

Biologie : préfère les lieux ensoleillés et chauds (jusqu'à 1 600-1 700 m en montagne). Bois secs, friches boisées, peuplements de Chênes pubescents, hêtraies, etc. Fruits fades mais, jadis en Scandinavie, on les récoltait, les séchaient et on les vendait. Bois dur au grain très fin, mais peu apprécié car cet arbre n'atteint pas les dimensions d'autres *Sorbus*.

2 Néflier

Mespilus germanica

2-6 m mai-juin arbrisseau 24

Identification : grandes fleurs (4 cm) blanches. Fruits brun-beige entourés par les restes du calice. Feuilles de 8-10 cm duveteuses sur la face inférieure.

Répartition : surtout dans le moitié ouest de la France, Ile-de-France, Centre. Dispersé. Forêts, haies. Sur sols plutôt acides.

Biologie : fruits contenant 5 noyaux ; chair peu épaisse ; ils ne sont comestibles qu'à l'état blet, à la fin de l'automne. Les variétés cultivées produisent des fruits bien plus volumineux (**2b**). Les rameaux portent quelques épines, qui manquent chez les variétés cultivées. Bois dur, de bonne qualité, mais qui n'est plus employé (était utilisé en tournerie et ébénisterie).

3 Amélanchier du Canada

Amelanchier lamarckii

2-5 m mai arbrisseau 24

Identification : feuilles deux fois plus longues que larges, finement dentées. Fleurs blanches, velues-soyeuses, en grappes pendantes de 6-10.

Répartition : a sans doute été apporté en Allemagne (des Pays-Bas) par des oiseaux. Vit dans les haies, les bois clairs, les broussailles des régions du nord-ouest au climat de type atlantique. Peu exigeant, croît aussi sur les sols pauvres et sablonneux. N'existe pas en France où vit une espèce du même genre, l'Amélanchier (*Amelanchier ovalis = A. rotundifolia*), présent surtout dans le Centre, l'Est et le Midi, ainsi que dans les Pyrénées : bois clairs, broussailles, garrigues. Cette espèce atteint 2-3 m, et a des fleurs blanches disposées en bouquets.

Biologie (*A. lamarckii*) : très apprécié dans les jardins et les parcs en raison de sa belle floraison, de son feuillage d'abord cuivré et rouge en automne. Originaire du nord-est de l'Amérique du Nord. Ses fruits globuleux (**3b**) sont bleu-noir à maturité ou partiellement rouge foncé. Ils mesurent environ 6-10 mm, sont juteux et ont une saveur douce (on peut en faire des confitures). Jadis on les faisait sécher pour les employer comme les raisins secs.

4 Cotonéaster

Cotoneaster integerrimus

50 cm-2 m avril-mai arbrisseau 24

Identification : fleurs petites, blanches ou rose pâle, groupées par 2 ou 4. Fruits (**4b**) globuleux, rouges (environ 5 mm). Feuilles simples, ovales, entières, mates, longues d'environ 1-3 cm.

Répartition : en montagne, étages montagnard, subalpin et alpin. Rochers exposés au soleil.

Biologie : les cotonéasters sont essentiellement originaires de la région méditerranéenne et d'Asie Mineure. Les espèces cultivées dans les jardins et les parcs proviennent de Chine et ne vivent que très rarement à l'état sauvage dans nos régions. Ces arbrisseaux ont des feuilles persistantes ou caduques. En automne, certains ont un feuillage qui devient rouge. Plusieurs sont employés pour recouvrir les murs ou les terrasses.

1a

1b

2a

2b

4a

3a

4b

3b

1 Aubépine épineuse, Épine blanche

Crataegus laevigata

2-10 m avril-mai arbrisseau 24

Identification : feuilles moins divisées que celles de (**2**), légèrement trilobées au sommet, plus arrondies. Chaque fleur a 2-3 styles et chaque fruit a 2-3 noyaux.

Répartition : dans presque toute la France ; manque le long des côtes et en Corse. Bois, haies. Sols riches en bases.

Biologie : contrairement au Prunellier (Épine noire), cette aubépine et la suivante fleurissent seulement après la sortie des feuilles. Les fleurs ont un parfum assez pénétrant. Les fruits (cenelles) (**1b**) des deux aubépines sont rouges à maturité, globuleux ou ovales et portent les restes du calice dans une dépression. Étant donné qu'ils persistent durant une bonne partie de l'hiver, ils servent de nourriture à divers oiseaux. Les aubépines sont souvent plantées à titre de clôtures ; celles-ci sont durables et infranchissables en raison de leurs nombreux rameaux épineux. Feuilles, fleurs et fruits ont des propriétés médicinales ; ils contiennent des substances tonicardiaques, qui abaissent une tension artérielle trop élevée et ont une action calmante sur le système nerveux.

2 Aubépine monogyne

Crataegus monogyna

2-10 m mai arbrisseau ou arbuste 24

Identification : feuilles à 3-5 lobes profonds. Fleurs à 1 seul style. Fruits (**2b**) à 1 seul noyau.

Répartition : présente dans toute la France, Corse incluse. Très commune. Haies, lisières, fourrés. Terrains plutôt secs mais pas toujours.

Biologie : il y a parfois des intermédiaires (hybrides) entre les deux aubépines. Un mutant aux fleurs rose-rouge, est cultivé comme plante d'ornement. Étant donné qu'il n'est pas stable, on le multiplie par greffage.

3 Prunellier, Épine noire

Prunus spinosa

2-4 m avril arbrisseau 24

Identification : rameaux disposés à angle droit. Fleurs blanches, paraissant avant la sortie des feuilles. Fruits (**3b**) (prunelles), longs de 10-15 mm, bleu-noir à maturité, pruineux.

Répartition : dans toute la France. Très commun. Haies, broussailles, lisières, friches. Sols riches en éléments nutritifs.

Biologie : avant la floraison, le Prunellier paraît très sombre (d'où son qualificatif) car ses rameaux sont brun-noir, mais il devient tout blanc quand ses fleurs s'épanouissent et forme des taches claires dans le paysage. Site de nidification idéal pour certains oiseaux, en particulier la Pie-grièche écorcheur (*Lanius collurio*), qui empale ses proies sur ses épines. Les fruits sont comestibles après les premières gelées et servent à préparer liqueurs et confitures. Le Prunellier se propage au moyen de drageons et concurrence les aubépines.

4 Dryas

Dryas octopetala

5-15 cm mai-août sous-arbrisseau 24

Identification : tiges rampantes, couvrant le sol. Corolle généralement formée de 8 pétales. Feuilles crénelées, persistantes, feutrées-blanches dessous, à bords enroulés.

Répartition : Jura, Alpes, Pyrénées, entre 1 200 et 2 500 m d'altitude environ. Prairies, rochers.

Biologie : comme les autres plantes rampantes des milieux froids, le Dryas est protégé par la neige, ce qui lui a permis d'avoir une grande extension à l'Ère glaciaire. Il est si caractéristique de la flore des toundras que l'on a donné le nom de Période du Dryas à la fin de l'époque des glaciations.

1a

1b

2a

2b

3b

4

3a

1 Merisier

Prunus avium

25 m avril-mai arbre 24

Identification : feuilles obovales, finement dentées, avec deux nectaires à la base du limbe, sur le pétiole. Fleurs blanches (**1b**), en bouquets, longuement pédonculées.

Répartition : présent dans toute la France sauf le Midi méditerranéen où il est rare ; rare aussi à l'étage montagnard. A besoin d'un sol profond. Forêts traitées en taillis sous futaie, futaies.

Biologie : également reconnaissable à son écorce qui se détache en lanières horizontales (**1a**). Ce caractère se retrouve aussi chez le Cerisier, cultivé depuis fort longtemps et qui fut introduit par les Romains. Fruits (merises) (**1c**) d'abord verts, puis rouges et enfin noirs à maturité, à chair mince et noyau lisse. Les Cerisiers cultivés ont des fruits à chair bien plus épaisse et plus sucrée. Les fruits du Merisier sont employés en distillerie. Le bois, très apprécié en ébénisterie pour sa couleur et son poli, a une très grande valeur marchande, surtout s'il provient d'arbres de fort diamètre. Des oiseaux (Étourneau, Grives et Merle noir) mangent les merises ; les noyaux sont ouverts par le Gros-bec. Les petits rongeurs et les oiseaux contribuent dans une certaine mesure à la dispersion du Merisier. Le Renard roux apprécie lui aussi les merises comme en témoigne la présence de noyaux dans ses laissées (excréments).

2 Cerisier à grappes

Prunus padus

5-15 m avril-mai arbuste, petit arbre 24

Identification : feuilles ridées dessus, obovales, finement dentées. Fleurs blanches, en grappes pendantes de 10-20.

Répartition : Nord-Est, Centre et montagnes, çà et là ailleurs. Bois humides, lisières.

Biologie : la présence du Cerisier à grappes montre que la nappe phréatique est proche de la surface ; toutefois, on l'a planté avec succès en terrain sec comme plante mellifère. Les fruits (**2b**), noirs à maturité, renferment un noyau sillonné, qui, comme les autres parties de l'arbre, contient des glycosides d'acide cyanhydrique. Seule la chair des fruits en est exempte, mais en raison de son amertume, elle est immangeable. Le bois, jaune pâle à rougeâtre, assez dur, n'est plus employé en menuiserie ou ébénisterie. Le Cerisier à grappes est apprécié dans les zones industrielles, les grandes agglomérations car il résiste bien à la pollution atmosphérique ; on l'emploie aussi pour lutter contre l'érosion du sol (talus, berges).

3 Cerisier tardif

Prunus serotina

2-15 m mai-juin arbuste, petit arbre 24

Identification : ressemble au Cerisier à grappes mais en diffère par ses feuilles plus coriaces avec des poils roux sur la nervure centrale (face inférieure), sans glandes à la base du pétiole.

Répartition : originaire de l'est de l'Amérique du Nord. Introduit en Europe dans les parcs et les jardins. Naturalisé localement en France. Pousse même en terrain pauvre.

Biologie : fleurit et fructifie plus tard que le Cerisier à grappes et garde ses feuilles vertes plus longtemps (souvent jusqu'aux premières neiges). Localement, forme des fourrés denses et gêne les essences indigènes qu'il concurrence. En effet, il est propagé par des oiseaux que l'on a voulu « aider » (ils mangent ses fruits), mais il s'agissait là d'une mesure à courte vue…

1a
1b
1c
2a
2b
3a
3b

1 Genêt à balai

Cytisus scoparius

1-3 m mai-juin arbrisseau 25

Identification : tiges vertes, dressées, faiblement feuillées. Feuilles supérieures simples, sessiles, les inférieures pétiolées, à 3 folioles, souvent précocement caduques. Fleurs (**1a**) grandes, jaunes, solitaires ou par deux, à l'aisselle des feuilles.

Répartition : dans presque toute la France, sauf une partie des Alpes et du Midi méditerranéen. Sur sols acides (est calcifuge). Landes, forêts, broussailles.

Biologie : le Genêt à balai est adapté à la vie en terrain sec, sablonneux ou pierreux et cela grâce à ses feuilles très réduites et ses tiges vertes, qui assurent la majeure partie de la synthèse chlorophyllienne. Son abondante floraison embellit les landes et les collines en terrain siliceux pendant plusieurs semaines. C'est une plante médicinale, toxique, qui doit son nom au fait que jadis on utilisait ses tiges pour confectionner des balais.

2 Genêt des teinturiers

Genista tinctoria

30-80 cm juin-juillet 25
sous-arbrisseau

Identification : sans épines. Tiges dressées. Fleurs groupées en grappes terminales et denses. Feuilles lancéolées.

Répartition : dans presque toute la France (rare dans le Midi méditerranéen et en Corse). Landes, pelouses (c'est-à-dire prairies maigres), chênaies claires.

Biologie : jadis, servait à colorer en jaune le lin et la laine, d'où son nom. Plante médicinale (diurétique). Couvre d'importantes surfaces dans les prairies non fumées et en altère gravement la valeur car le bétail l'évite puisqu'il renferme un alcaloïde toxique. Racine pivotante, ce qui lui permet d'obtenir de l'eau dans des milieux secs.

3 Genêt poilu

Genista pilosa

30-80 cm juin-juillet 25
sous-arbrisseau

Identification : tiges sans épines, couchées. Dessous des feuilles velues. Pétales et gousses velus-soyeux.

Répartition : surtout dans l'Est, le Centre et le Sud de la France mais manque en Corse. Bois clairs, maquis, landes.

Biologie : les noms français et scientifique font allusion à sa pilosité. Feuillage caduc comme chez nos autres genêts.

4 Genêt d'Angleterre

Genista anglica

30-60 cm avril-août sous-arbrisseau 25

Identification : tiges et feuilles entièrement glabres. Épines sur les jeunes rameaux et au-dessus de la base des plus âgés.

Répartition : surtout dans le Nord-Ouest, le Nord et le Centre de la France, jusqu'aux Pyrénées. Prairies, landes, forêts claires, pinèdes.

Biologie : très sensible au froid, est tué par les hivers rigoureux dans les milieux qui lui sont peu favorables. Déprécie la valeur des prairies car le bétail l'évite à cause de ses rameaux piquants.

5 Genêt d'Allemagne

Genista germanica

30-60 cm mai-septembre 25
sous-arbrisseau

Identification : sépales, gousses et jeunes rameaux sont velus. Parties les plus anciennes des tiges pourvues d'épines.

Répartition : rare en France (moitié est; manque en Corse). Jusqu'à 1 500 m en montagne. Landes, forêts claires, prairies maigres. Sur sols pauvres, acides.

Biologie : graines toxiques (elles contiennent des alcaloïdes).

1a

1b

2

3

4

5

1 Genêt sagitté

Chamaespartium sagittale

10-50 cm mai-juillet 25
sous-arbrisseau

Identification : tiges rampantes, portant des rameaux dressés, ailés, sans épines. Fleurs jaunes en grappes terminales denses.

Répartition : En France, rare dans le Midi, manque en Bretagne. Jusque vers 1 900 m en montagne. Prairies maigres, friches. En terrain calcaire, sec.

Biologie : les tiges sont ligneuses mais les rameaux sont herbacés et persistants, toutefois, ils sont sensibles au froid. Ailes des rameaux interrompues par 3 à 6 échancrures ; elles assurent la synthèse chlorophylienne, car les feuilles sont très peu nombreuses et petites. Ces rameaux sont renouvelés chaque année au moment de la floraison. Le Genêt sagitté est l'un des rares exemples de cette transformation de la fonction des rameaux.

2 Cytise couché

Chamaecytisus supinus

20-60 cm juin-juillet sous-arbrisseau 25

Identification : sous-arbrisseau couché sauf les rameaux qui sont dressés. Fleurs groupées par 2 à 8 en têtes terminales ; en général, il y a une tache brun-rouge sur l'étendard (voir page 17).

Répartition : rare en France, du Nord-Est au Sud-Ouest, aussi dans l'Est et les Pyrénées. Terrains secs, collines, prairies maigres. Sur sols basiques.

Biologie : on l'appelle aussi Cytise à fleurs en tête. Les différences dans la période d'épanouissement des fleurs d'une même plante sont remarquables : au printemps, elles paraissent sur les rameaux courts et en été à l'extrémité (avril-août au total).

3 Ajonc d'Europe

Ulex europaeus

1-4 cm octobre-juin arbrisseau 25

Identification : couvert d'épines robustes. Très rameux. Feuilles peu nombreuses, d'aspect écailleux. Grandes fleurs jaunes solitaires ou par 2-4.

Répartition : dans la moitié ouest de la France ; ailleurs, rare ou absent. Landes, forêts claires. Sols siliceux. Commun.

Biologie : les feuilles, petites et peu nombreuses n'assurent pas à elles seules la photosynthèse et ce rôle est en grande partie rempli par les épines, vertes et par les rameaux. Feuilles, stipules et rameaux sont transformés en épines, qui protègent cette espèce, caractéristique des landes côtières.

4 Cytise faux-ébénier, Aubour

Laburnum anagyroides

2-10 m mai-juin arbuste 25

Identification : grappes de fleurs jaunes pendantes, longues (15-30 cm). Fruits (gousses) noirâtres.

Répartition : dans une partie du Nord-Est et du Sud-Est de la France.
Friches boisées, bois clairs. Terrains calcaires. Milieux chauds et secs. Cultivé.

Biologie : toutes ses parties sont fortement toxiques. La consommation de graines (gousse : 4b) peut provoquer la mort chez les enfants.

5 Robinier, Acacia

Robinia pseudacacia

10-25 m mai-juillet arbre 25

Identification : fleurs blanc-crème en grappes pendantes, odorantes.
Feuilles composées de 6-20 folioles, à leur base, les deux stipules sont transformées en épines.

Répartition : présent un peu partout en France : talus, broussailles, bois clairs. Originaire d'Amérique du Nord. Introduit en France par J. Robin en 1601. Peu exigeant sur la nature du sol.

Biologie : comme d'autres Papilionacées, enrichit le sol en azote, grâce à ses bactéries fixatrices (symbiose, voir page 17). Floraison tardive. Plante mellifère, fournissant un miel apprécié. Écorce très grossièrement et profondément fissurée (**5a**).

1
2
3
4b
5a
4a
5b

1 Érable sycomore

Acer pseudoplatanus

20-30 m mai arbre 33

Identification : feuilles (jusqu'à 15 cm) à 5 lobes séparés par des encoches aiguës. Bourgeons pourvus d'écailles vertes. Fleurs verdâtres, en grappes pendantes (floraison après la feuillaison).

Répartition : dans une grande moitié est de la France, jusqu'aux Pyrénées-Atlantiques. Bois et leurs lisières, haies, forêts riveraines. Ailleurs, introduit et planté au bord des routes, dans les parcs, etc.

Biologie : le nom scientifique du genre *Acer* (= pointu, aigu) fait allusion à la forme des feuilles. Tous les érables sont pollinisés par des insectes et les abeilles profitent de leurs floraisons échelonnées. Âgé, l'Érable sycomore a une écorce qui se détache en plaques comme celle du Platane. Longévité : 300-500 ans. Bois de bonne qualité, utilisé pour fabriquer de nombreux objets, meubles et instruments de musique. Les ailes des fruits (**1b**) dessinent un arc de cercle.

2 Érable plane

Acer platanoides

20-30 m avril-mai arbre 33

Identification : feuilles (jusqu'à 18 cm) à 5 lobes aigus (11-13 dents). Écailles des bourgeons rougeâtres. Fleurs jaunes, en petits corymbes dressés. Floraison avant l'apparition des feuilles.

Répartition : Est, Sud-Est et Pyrénées; manque dans le Midi méditerranéen et ailleurs, mais largement planté dans les parcs, au bord des rues, etc. Également planté dans les forêts de plaine.

Biologie : les feuilles ressemblent à celles du Platane (**2b**). Écorce se fendant en long. Le pétiole des feuilles contient un suc (contrairement à celui des feuilles de l'Érable sycomore). Longévité : 200 ans. Atteint 1 m de diamètre. Bois dur, très résistant, utilisé comme celui de l'Érable sycomore. Fruits ailés (samares) dont les ailes forment un angle très obtus (**2c**). En automne, le feuillage devient jaune d'or.

3 Érable champêtre

Acer campestre

10-20 m mai arbre 33

Identification : feuilles assez petites (10 cm) à 3-5 lobes profonds. Bourgeons à écailles brunes. Fleurs verdâtres, en corymbes dressés ou légèrement pendants. Floraison en même temps que la feuillaison.

Répartition : dans toute la France sauf le Midi méditerranéen et une partie du Sud-Ouest. Haies, forêts, lisières. Préfère les sols calcaires et riches.

Biologie : rejette de souche. Rameaux souvent pourvus de crêtes liégeuses. Fruits (samares) à deux ailes en prolongement l'une de l'autre. Bois dur, à grain fin, employé pour fabriquer divers objets (boîtes, manches, brosses, etc.).

4 Marronnier d'Inde

Aesculus hippocastanum

15-25 m avril-mai arbre 34

Identification : grandes feuilles composées, pennées, à 5-7 folioles. Fleurs blanches et roses, en grandes grappes dressées (jusqu'à 30 cm). Bourgeons très gros, bruns, luisants, poisseux.

Répartition : originaire du sud-est de l'Europe. Introduit en France au XVIIe siècle. Planté comme arbre d'ornement (parcs, rues). Parfois isolé en forêt (planté ou non).

Biologie : fruits (**4b**) inclus dans une enveloppe épineuse; ces marrons sont lisses, bruns et luisants. Ils sont appréciés par le grand gibier (Cerf). Bois sans grande valeur car trop léger et tendre; brûle mal.

1a

1b

2c

4a

2a

2b

3

4b

1 Houx

Ilex aquifolium

1-10 m mai-juin petit arbre [43]

Identification : sempervirent. Feuilles coriaces, épineuses, vert foncé (à la base ou à l'ombre), les supérieures sont ovales, entières, sans épines.

Répartition : partout en France mais rare dans le Sud-Est; manque localement dans le Nord-Est. Forêts, haies. Jusqu'à 2 000 m en montagne.

Biologie : traditionnellement employé pour les décorations de Noël, surtout en Angleterre. Peut former des fourrés denses, même dans les hêtraies. Grâce à son feuillage persistant, peut assurer la synthèse chlorophyllienne même en hiver en profitant de la lumière après la chute des feuilles, celles des Hêtres par exemple. Ses épines le protègent de la dent du grand gibier. Les fruits rouges (**1b**) persistent tout l'hiver sur les rameaux. Ils sont toxiques pour l'homme mais pas pour les oiseaux. Bois dur, à grain fin, employé en tournerie.

2 Fusain d'Europe, Bois carré

Euonymus (= *Evonymus*) *europaea* (*europaeus*)

2-6 m mai-juin arbuste [44]

Identification : tiges dressées, ramifiées, les plus jeunes sont côtelées. Fleurs blanc-verdâtre en cymes à l'aisselle des feuilles.

Répartition : dans presque toute la France; rare dans le Midi, dans une partie du Sud-Ouest et de l'Ouest. Bois, haies, broussailles; en terrain frais et calcaire de préférence.

Biologie : à maturité, les fruits (capsules roses) s'ouvrent et les 2-4 graines orange deviennent visibles et restent longtemps ainsi (**2b**). Leur enveloppe orange est un arille. Des oiseaux comme le Rouge-gorge les mangent, en revanche ils sont toxiques pour l'homme. Le Fusain forme parfois des massifs car il se multiplie par rejets de souches.

3 Buis

Buxus sempervirens

1-5 m mars-avril arbuste [48]

Identification : feuilles petites, sempervirentes, ovales, coriaces (2 cm), entières. Fleurs petites, verdâtres, en bouquets à l'aisselle des feuilles (**3a**).

Répartition : dans une partie du Nord-Est, Sud, Est, Centre-Ouest, Corse, Pyrénées, Normandie. Rare ou absent ailleurs. Terrains basiques.

Biologie : fréquemment planté au bord des allées dans les parcs et les jardins et cela depuis le Moyen Âge. Supporte fort bien la taille, c'est pourquoi on lui donne parfois des formes fantaisistes. Bois très dur, jaune, utilisé en tournerie, marqueterie et pour faire de petits objets.

4 Bourdaine

Frangula alnus

1-5 m avril-juillet arbuste [45]

Identification : feuilles atteignant 7 cm, obovales, entières, peu nombreuses, alternes. Fleurs peu visibles, blanc-verdâtre, à 5 pétales.

Répartition : dans presque toute la France sauf le Midi méditerranéen, la Corse et la vallée du Rhône. En terrain acide.

Biologie : l'écorce, couverte de lenticelles claires, répand une odeur désagréable; elle est employée comme laxatif. La longue floraison profite aux abeilles. Les fruits (**4b**) sont d'abord verts, puis rouges et enfin noirs à maturité. On les trouve sur les rameaux en même temps que les fleurs et ils servent d'aliment à divers oiseaux.

1a
1b
2a
3a
2b
3b
4a
4b

1 Nerpun purgatif

Rhamnus catharticus

2-6 m mai-juin arbrisseau 45

Identification : rameaux terminés par une épine. Feuilles ovales, finement dentées, presque opposées (4-6 cm). Fleurs petites, jaunâtres, à 4 pétales.

Répartition : partout en France sauf Nord-Ouest, Nord et Midi méditerranéen où il est rare; manque en Corse. Taillis, haies, lisières. En terrain calcaire.

Biologie : rameaux presque opposés comme les feuilles, ce qui lui donne un aspect particulier. Bois dur employé en tournerie, marqueterie. Les fruits noirs (**1b**) sont toxiques pour l'homme et ont des propriétés purgatives; on les employait autrefois en médecine populaire, mais leur usage est déconseillé aujourd'hui. Le nom scientifique d'espèce évoque cette particularité (du grec *catharticos* = qui nettoie). Le Nerprun est généralement dioïque.

2 Nerprun nain

Rhamnus pumilus

20-100 cm avril-mai arbrisseau 45

Identification : arbrisseau couché mais souvent aussi dressé. Feuilles (3 cm de long). Fruits globuleux, noir brillant, ayant probablement la même toxicité que ceux du Nerprun purgatif.

Répartition : Jura, Alpes, Pyrénées, de 1 000 à 3 000 m environ. Terrains rocheux. Forêts claires, éboulis, pentes rocailleuses.

Biologie : les jeunes rameaux sont gris et finement velus. Espèce dioïque.

3 Tilleul à grandes feuilles

Tilia platyphyllos

20-35 m juin arbre 59

Identification : grandes feuilles (10-15 cm); sur leur face inférieure, poils blancs à l'angle des nervures. Fleurs par 2-5 sur une bractée foliacée. Fruits durs, à 5 côtes saillantes.

Répartition : présent dans la moitié est de la France, dans les Pyrénées et en Corse. Manque dans le Midi méditerranéen. Jusqu'à 1 800 m en montagne. Souvent planté.

Biologie : en Allemagne cet arbre est plus populaire que les chênes : c'est au-dessous d'un tilleul que les Germains se rassemblaient pour rendre la justice. Dans les villages, le tilleul servait de point de ralliement pour les assemblées et sur certains des plus vieux on aménageait une petite piste de danse. Dans l'ouest de l'Allemagne plus de 850 noms de localités évoquent le tilleul. Longévité atteignant 1 000 ans. Rejette de souche. Bois utilisé pour la sculpture car il se travaille facilement. Plante médicinale : l'infusion de fleurs de tilleul est sudorifique, diurétique et est employée aussi pour lutter contre le rhume et comme calmant (facilite le sommeil). Les fruits, disposés en bouquets, sont portés par un long pédoncule muni d'une bractée (aile) étroite, qui facilite leur dispersion par le vent.

4 Tilleul à petites feuilles

Tilia cordata

15-30 m juin-juillet arbre 59

Identification : semblable au précédent, mais feuilles plus petites (3-8 cm) avec touffes de poils roux à l'aisselle des nervures sur la face inférieure. Inflorescence de 4-12 fleurs. Fruits moins durs, globuleux, à côtes peu saillantes.

Répartition : Nord-Est, Centre-Est, nord des Alpes, Pyrénées, rare ailleurs. En forêt.

Biologie : son bois a les mêmes qualités et usages que celui de l'espèce précédente. Moins apprécié pour ses vertus médicinales. Les deux espèces se croisent; leurs hybrides, aux caractères plus ou moins intermédiaires, sont souvent plantés. Les deux tilleuls sont des plantes mellifères.

1a
1b
2a
2b
3a
4b
3b

1 Vigne

Vitis vinifera

1-15 m juin arbuste sarmenteux 46

Identification : pourvue de vrilles opposées aux feuilles ; celles-ci sont alternes, à 3-5 lobes.

Répartition : originaire de l'Asie Mineure. Propagée dans l'Antiquité dans la région méditerranéenne. Cultivée sur des plants américains après l'invasion du Phylloxéra à la fin du XIXe siècle. En France, les grandes régions viticoles sont la Champagne, l'Alsace, le Jura, la vallée de la Loire et celle du Rhône, la Provence, le Bordelais, les Charentes, le Languedoc, la Bourgogne.

2 Vigne vierge

Parthenocissus quinquefolia et *P. tricuspidata*

5-12-20 m juillet-août 46
plante grimpante

Identification : tiges pourvues de vrilles et de disques adhésifs à leur extrémité. Feuilles à 3-7 folioles (généralement 5) (*P. quinquefolia*) ou seulement 3 ou encore simples (*P. tricuspidata*).

Répartition : la première espèce est originaire d'Amérique du Nord, la seconde vient d'Asie orientale. Toutes deux sont peu exigeantes.

Biologie : malgré son nom, la Vigne vierge n'a rien à voir avec la Vigne (ci-dessus). On l'emploie très souvent pour orner les murs et, en automne la valeur décorative de son feuillage rouge est appréciée. Fruits bleu-noir, non comestibles.

3 Joli-bois, Bois-joli

Daphne mezereum

50-120 cm février-avril arbrisseau 50

Identification : feuilles entières, lancéolées, groupées à l'extrémité des tiges dressées. Fleurs rose foncé, à 4 pétales, réunies sous les feuilles.

Répartition : seulement dans le Nord-Est, le Centre et le Sud-Est ainsi que dans les Pyrénées. En sol calcaire. Forêts.

Biologie : fleurs très odorantes (on peut les repérer à distance). Fruits rouges, toxiques comme les autres parties de la plante (**3b**). Ils sont formés non seulement par les carpelles mais aussi par l'axe des fleurs. Celles-ci sont très toxiques : l'absorption de 10 à 12 peut entraîner la mort.

4 Daphné camélée

Daphne cneorum

10-40 cm avril-mai sous-arbrisseau 50

Identification : feuilles sempervirentes, coriaces, en haut des tiges qui sont plus ou moins couchées. Fleurs rose foncé, en têtes terminales, à forte odeur d'œillet.

Répartition : espèce rare. Collines et montagnes. En France, dans l'Est, le Sud-Ouest, le Midi, les Alpes. Bois clairs, généralement sur sol calcaire. Rocailles, prairies maigres.

Biologie : aussi toxique que le Bois-joli et odeur semblable.

5 Camélée striée

Daphne striata

10-30 cm juin-juillet sous-arbrisseau 50

Identification : feuilles sempervirentes, coriaces, groupées au bout des tiges. Fleurs rose clair, en têtes terminales, à forte odeur de lilas.

Répartition : rarissime en France (dans une partie des Alpes). Protégé. Alpes calcaires. Généralement juste au-dessus de la limite supérieure des arbres, mais aussi plus bas (entre 1 000 et 2 800 m).

6 Myricaire, Tamaris d'Allemagne

Myricaria germanica

50 cm-2 m juin-août arbrisseau 53a

Identification : petites feuilles caduques, gris-vert, semblables à celles des bruyères, disposées comme des tuiles sur un toit (appliquées) Fleurs petites, rouge pâle, groupées en pseudo-épis à l'extrémité des tiges.

Répartition : Alpes, Pyrénées, Alsace (bords du Rhin). Cônes de déjection des torrents en montagne.

Biologie : en automne, les rameaux de l'année meurent.

1a

1b

3a

2

3b

4

5

6

1 Argousier

Hippophae rhamnoides

1-6 m mars-avril arbrisseau [29]

Identification : feuilles lancéolées, étroites, gris-vert et glabres dessus, feutrées-soyeuses-blanches et devenant roussâtres dessous. Rameaux terminés en piquants. Fruits jaune-orangé, généralement très nombreux, entourant les tiges (diamètre : 5-8 mm).

Répartition : Alpes, dunes du Nord-Ouest, Alsace. Très souvent cultivé comme plante d'ornement et pour fixer les terrains nus.

Biologie : espèce dioïque, fleurissant avant la feuillaison. Pollen dispersé par le vent (plante anémophile). Les fruits sont consommés par des oiseaux jusqu'en hiver. Ils sont comestibles et appréciés pour leur très forte teneur en vitamine C (0,2 % à 1,2 %), supérieure à celle de nos autres fruits indigènes. Le jus et la confiture renforceraient la résistance aux refroidissements.

2 Cornouiller sanguin

Cornus sanguinea

2-5 m mai-juillet arbrisseau [40]

Identification : rameaux rouges si exposés au soleil. Feuilles ovales-lancéolées. Fleurs blanc-crème, à 4 pétales, en corymbes terminaux. Fruits (**2b**) globuleux, bleu-noir à maturité.

Répartition : dans toute la France. Haies, lisières des bois, friches. Surtout en terrain calcaire.

Biologie : bien qu'il prospère au soleil, peut, à l'ombre, se multiplier sans fleurs ni fruits au moyen de drageons ou de marcottes. Fruits consommés par des oiseaux, Écureuils roux et autres petits rongeurs qui en font des provisions, contribuant ainsi à leur dispersion. Ils sont amers mais pas toxiques ; riches en corps gras, ils fournissent une huile jadis employée pour faire du savon. Bois dur, sans usage pratique actuellement car il a moins de valeur que celui du Cornouiller mâle.

3 *Cornus alba*

1-3 m mai-juin arbrisseau [40]

Identification : semblable à (**2**). Fleurs blanc-jaunâtre. Fruits globuleux à ovoïdes, blanc sale.

Répartition : originaire de Sibérie orientale et de Mandchourie. Localement planté au bord des rues.

Biologie : idéal pour les plantations de type extensif à partir desquelles il devient subspontané. Toutefois, on devrait s'abstenir de le cultiver pour éviter qu'il évince les espèces indigènes. Se propage par stolons.

4 Cornouiller mâle

Cornus mas

2-6 m mars-avril arbuste [40]

Identification : floraison précoce (avant le Forsythia). Fleurs jaunes, en petites ombelles sphériques. Fruits ovoïdes, rouges (1-2 cm).

Répartition : dans la moitié est de la France, du nord au sud avec des lacunes locales. Sur sol calcaire.

Biologie : fruits comestibles ; bois de très bonne qualité, employé pour faire des manches ou des pièces résistantes. Fruits servant à préparer des confitures.

5 Lierre

Hedera helix

Atteint 30 m de long [42]
septembre-octobre arbrisseau

Identification : feuilles sempervirentes, coriaces, les caulinaires à 3-5 lobes (**5c**), celles des tiges florifères entières, ovales, pointues (**5a**). Tiges grimpantes pourvues de crampons. Fruits noirs (**5b**), toxiques

Répartition : présent partout en France. Haies, bois, rochers. Fréquent sur les chênes, les Hêtres, etc.

Biologie : le Lierre n'est point parasite mais se fixe seulement sur son support pour aller vers la lumière. Sa floraison tardive permet aux insectes de profiter de son pollen et de son nectar. Fruits consommés impunément par les oiseaux, mais toxiques pour l'homme.

1
2a
2b
3
4
5a
5b
5c

1 Bruyère à quatre angles

Erica tetralix

10-80 cm juin-octobre 62
sous-arbrisseau

Identification : feuilles en aiguilles, toujours vertes, en verticilles par 4. Fleurs en forme de grelots, roses, groupées au bout des tiges.

Répartition : Ouest, Sud-Ouest et Centre-Ouest de la France, Ile-de-France, Centre. Bois clairs, landes, tourbières. Sur terrains acides.

Biologie : les drainages, l'eutrophisation de l'eau, l'ombrage de végétaux herbacés et ligneux plus grands font reculer cette bruyère. Elle caractérise certaines associations végétales de tourbières et vit toujours dans les parties les plus humides. Au niveau mondial, le genre *Erica* a son centre de gravité en Afrique du Sud.

2 Bruyère couleur de chair

Erica herbacea (= *E. carnea*)

10-40 cm janvier-avril 62
sous-arbrisseau

Identification : feuilles comme celles de (**1**). Fleurs rouges, semblables à celles de (**1**), leurs étamines se dressent au-dessus de la corolle.

Répartition : rare en France : Savoie, Alpes-Maritimes. Alpes calcaires ; pinèdes et zone des arbres rabougris, le long des torrents dans les forêts des Préalpes (localement).

Biologie : plante rampante. Fleurit souvent dans la neige. Très appréciée comme plante d'ornement dans les jardins.

3 Callune

Calluna vulgaris

50-100 cm août-septembre 62
sous-arbrisseau

Identification : feuilles sempervirentes, glabres, écailleuses, disposées sur 4 rangs et appliquées. Fleurs en forme de grelots, petites, rose-mauve, en grappes terminales lâches.

Répartition : dans toute la France sauf localement (Nord-Est et Sud-Est et Corse où elle manque). Terrains secs ou humides à tendance acide. Landes, coupes, pinèdes.

Biologie : héliophile, peu exigeante par ailleurs. Contribue à acidifier le sol (forme un humus brut). En Allemagne, servait jadis de nourriture pour des moutons de race rustique dans les Landes de Lünebourg. A une grande importance comme plante mellifère (miel de « bruyère »). Jadis employée pour confectionner des balais.

4 Rhododendron ferrugineux, Laurier-rose des Alpes

Rhododendron ferrugineum

50-150 cm juin-août arbrisseau 62

Identification : feuilles sempervirentes, brun-roux dessous, glabres (3-6 cm). Fleurs rouge carmin, groupées par 6-12 en corymbes.

Répartition : en montagne (Jura, Alpes, Pyrénées), à la limite des forêts et de la zone des arbres nains, mais aussi plus bas dans les prairies. Sur sol humide et non calcaire.

Biologie : forme souvent d'importants massifs. Peut vivre environ 100 ans. Ne supporte pas les grands froids et doit être recouvert par la neige. Le touriste l'admire mais le berger le considère comme une plante indésirable.

5 Rhododendron cilié, Rhododendron pâle

Rhododendron hirsutum

30-100 cm juin-août arbrisseau 62

Identification : feuilles sempervirentes, longuement ciliées sur leurs bords (1-4 cm). Fleurs rose-rouge, groupées par 3-10 en corymbes.

Répartition : semblable à celle de l'espèce précédente mais généralement en terrain calcaire. De 1 200 à 2 000 m environ. Rarissime dans le nord des Alpes françaises (Savoie). Protégé en France.

Biologie : les différentes parties des rhododendrons contiennent des substances toxiques, dangereuses pour le bétail. Chez l'homme, le miel de rhododendron a déjà provoqué des empoisonnements.

1

2

3a

3b

4

5

1 *Ledum palustre*

50-120 cm mai-juillet [62]
sous-arbrisseau

Identification : feuilles coriaces, enroulées aux bords, velues-brunes dessous. Fleurs généralement blanches, en inflorescences terminales.

Répartition : marais, tourbières bombées, landes, pinèdes. Dans le nord et le nord-est de l'Europe, sur sols pauvres en calcaire et mouillés.

Biologie : frottés, les rameaux répandent une forte odeur camphrée rappelant celle de *Myrica gale* (p. 48). On aurait employé jadis les deux espèces pour aromatiser la bière et leurs rameaux pour écarter les mites.

2 Andromède

Andromeda polifolia

10-35 cm mai-juin sous-arbrisseau [62]

Identification : sous-arbrisseau rampant ou dressé, sempervirent. Feuilles étroites, lancéolées, vert foncé dessus, blanchâtres dessous. Fleurs en cloche, pendantes, groupées par 1-4, longuement pédonculées, en ombelle terminale.

Répartition : Vosges, Jura, Massif central, nord des Alpes, Pyrénées; rarissime ailleurs. Marais, tourbières, landes humides; sols tourbeux, non basiques.

Biologie : cette espèce a une répartition typiquement disjointe : répandue en Europe centrale pendant les glaciations, elle s'est réfugiée ensuite dans des milieux à microclimat frais. Elle fleurit une seconde fois en automne.

3 *Rhodothamnus chamaecistus*

10-40 cm juin-juillet sous-arbrisseau [62]

Identification : feuilles lancéolées à ovales, sempervirentes, coriaces, groupées à l'extrémité des rameaux (5-15 mm). Fleurs terminales, ayant jusqu'à plus de 2 cm de diamètre, longuement pédonculées, réunies par 1-3.

Répartition : Alpes orientales. Surtout zone des arbres nains. Sur sols riches en calcaire. N'existe pas en France.

4 Loiseleurie couchée

Loiseuleria procumbens

1-5 cm juin-juillet [62]
sous-arbrisseau nain

Identification : sous-arbrisseau gazonnant, vieilles tiges noueuses. Feuilles étroites, sempervirentes, coriaces, ovales, enroulées aux bords. Petites fleurs réunies en ombelles terminales de 1-4.

Répartition : répandue dans les régions polaires du Nouveau et l'Ancien Mondes. En France : Alpes, Pyrénées, au-dessus de 1 500 m. Terrains secs ou tourbeux, siliceux, acides.

Biologie : avec ses rameaux couchés, forme de véritables gazons qui recouvrent les sols superficiels, les maintient et retient l'humidité. Une faible épaisseur de neige suffit en hiver pour que ses feuilles restent vertes. Le nom scientifique évoque la mémoire du botaniste français Loiseleur-Deslongschamps (1774-1849).

5 Arbousier des Alpes

Arctostaphylos alpinus

10-60 cm mai-juillet sous-arbrisseau [62]

Identification : sous-arbrisseau couché, sempervirent. Feuilles caduques, réticulées des deux côtés. Fleurs en cloche. Fruits bleu-noir.

Répartition : en montagne (France : Alpes, Pyrénées, très rare dans le Jura). Zone des arbres rabougris, landes, lieux secs.

Biologie : en automne, attire l'attention par ses vives couleurs.

6 Busserolle, Raisin d'ours

Arctostaphylos uva-ursi

20-200 cm avril-juillet arbrisseau [62]

Identification : arbrisseau couché. Feuilles (15-20 mm) obovales, réticulées dessous. Fleurs en cloche, blanc-verdâtre ou roses. Fruits (**6b**) rouges, farineux.

Répartition : en France, Bourgogne, Vosges, Jura, Cévennes, Alpes et Pyrénées. Landes, lieux rocheux, bois clairs.

Biologie : des oiseaux mangent ses fruits. Plante médicinale employée pour traiter les affections urinaires (vessie).

1
2
3
4
5
6a
6b

1 Canneberge

Vaccinium oxycoccos

Atteint 80 cm juin-août 62
sous-arbrisseau

Identification : rameaux très fins, rampants sur le sol ou les touffes de sphaignes ; seules les tiges florifères sont dressées. Fleurs en forme de turban, longuement pédonculées. Fruits (**1b**) rouges, globuleux, comestibles.

Répartition : en France, dans les Ardennes, les Vosges, le Morvan, les Alpes ; très rare dans le Jura et quelques autres régions. Dans les tourbières bombées et intermédiaires. En milieu acide et mouillé.

Biologie : les fruits (1 cm) paraissent très gros par rapport à leur pédoncule filiforme. L'eutrophisation qui fait disparaître certaines tourbières provoque la raréfaction de cette remarquable espèce.

2 Airelle rouge

Vaccinium vitis-idaea

Atteint 80 cm mai-août 62
sous-arbrisseau

Identification : feuilles sempervirentes, coriaces, légèrement enroulées au bord. Fleurs blanches ou roses, en cloche, disposées en grappes pendantes. Fruits (**2b**) rouge écarlate.

Répartition : toundras nordiques. En France : Vosges, Jura, Alpes, Pyrénées, très localement ailleurs en plaine. Landes, forêts claires de résineux, tourbières.

Biologie : sous-arbrisseau rampant, tiges souterraines ligneuses. Fleurit souvent deux fois dans l'année. On trouve des fruits jusqu'en octobre. Doux-amers, ils sont comestibles après avoir été cuits.

3 Myrtille

Vaccinium myrtillus

10-60 cm avril-juin sous-arbrisseau 62

Identification : espèce sempervirente ; tiges rampantes, rameaux dressés. Feuilles ovales, dentées. Fleurs solitaires, en grelot, pendantes.

Répartition : France : Nord-Ouest, Ardennes, Vosges, Jura, Alpes, Massif central, Pyrénées, Corse. En terrain acide. Forêts, landes.

Biologie : c'est la plus sensible au froid des espèces du genre *Vaccinium* (ne résiste aux hivers rigoureux qu'à l'abri de la neige). Un seul pied peut se multiplier de façon végétative pour couvrir plusieurs milliers de mètres carrés. En hiver, les tiges vertes sont mangées par le grand gibier. Les fruits (**3b**) sont très appréciés, frais ou cuits. On les récolte pour faire des confitures et des gâteaux. Ils ont des propriétés médicinales : ils favorisent la vision nocturne, et sont antidiarrhéiques. Les feuilles diminuent la fragilité des vaisseaux capillaires.

4 Airelle des marais

Vaccinium uliginosum

30-80 cm mai-juillet 62
sous-arbrisseau

Identification : sous-arbrisseau rameux, dressé. Feuilles persistantes obovales, à nervures réticulées dessous. Fleurs solitaires ou jusqu'à 4, terminales. Fruits (**4b**) bleus, pruineux.

Répartition : en montagne, dans la zone des arbres nains. Marais, landes, tourbières et pinèdes. En France : Vosges, Jura, Alpes, Massif central et Pyrénées.

Biologie : fruits comestibles mais assez fades ; consommés en grande quantité, pourraient provoquer un état d'ivresse.

5 Camarine

Empetrum nigrum

25-50 cm avril-juin sous-arbrisseau 62

Identification : rameaux couchés, gazonnants. Feuilles persistantes, linéaires-oblongues. Fleurs très petites. Fruits noir luisant. Espèce dioïque.

Répartition : nord de l'Europe, au sud, stations dispersées en Europe centrale, dans les Alpes. Tourbières, landes, toujours sur sols acides. En France : Vosges, Jura, Alpes, Massif central, Pyrénées.

Biologie : fruits consommés par des oiseaux en hiver (corbeaux et autres). Toutes les parties de la plante sont toxiques à l'exception des fruits, qui sont comestibles, au moins après l'action du gel.

1a
1b
2a
2b
4b
3a
4a
3b
5

1 Frêne commun

Fraxinus excelsior

20-35 m avril-mai arbre 80

Identification : feuilles composées pennées à 7-15 folioles dentées. Fleurs en bouquets, peu visibles, terminales, avant la feuillaison (**1a**). En hiver, bourgeons noirs, veloutés. Fruits : samares disposées en grappes pendantes (**1b**).

Répartition : dans toute la France sauf Midi méditerranéen et Corse où il est plus rare. Bois, haies, bords des eaux douces. Sols frais ou secs.

Biologie : fournit un bois souple, résistant, employé en ébénisterie, menuiserie et pour la fabrication d'objets divers. Jadis, son feuillage servait de fourrage pour le bétail. Plante médicinale : ses feuilles ont des propriétés diurétiques, laxatives et anti-inflammatoires.

2 Troène

Ligustrum vulgare

1-5 m mai-juin arbrisseau 80

Identification : feuilles lancéolées, entières, opposées, restant parfois vertes une partie de l'hiver. Fleurs à 4 pétales, en grappes denses, blanches, très odorantes. Fruits (**2b**) globuleux, noirs, non comestibles.

Répartition : toute la France, sauf localement, manque en Corse. Haies, lisières, forêts claires ; surtout sur sols calcaires.

Biologie : se répand par marcottage naturel et rejets de souche. Cultivé, sert à former des haies à croissance rapide (la taille les épaissit). Fruits toxiques, jadis utilisés pour colorer les vins ; ils provoquent des troubles digestifs, les feuilles sont irritantes pour la peau.

3 Douce-amère, Morelle

Solanum dulcamara

Liane atteignant 3 m juin-août 83

Identification : grimpe sur d'autres végétaux ligneux. Fleurs violettes sauf anthères jaunes, pétales rabattus. Baies ovoïdes, d'abord vertes puis rouges (10-15 mm).

Répartition : dans toute la France. Bords des eaux douces, terrains vagues, lisières, haies, coupes en forêt. Jusqu'à 1 700 m en montagne.

Biologie : seule la partie inférieure de la tige est lignifiée et passe l'hiver. Fruits riches en sucre ; ils ont un goût d'abord amer puis plus doux (dulcamara : du latin *dulcis*, doux et *amarus*, amer) mais ne sont pas comestibles (**3b**), bien que leur consommation n'ait pas les mêmes effets dans divers pays européens. Jadis, plante médicinale employée en homéopathie (toxique).

4 Lyciet

Lycium barbarum

Atteint 3 m mai-août arbrisseau 83

Identification : rameaux souples, pendants, fins, gris, généralement épineux. Feuilles lancéolées, gris-vert. Fleurs violettes, à long pédoncule. Fruits oblongs, rouges, toxiques.

Répartition : originaire de la région méditerranéenne. En France, dans le Midi et localement plus au nord : Centre, Ouest, Nord, Ile-de-France.

Biologie : le nom vient de Lycie, région d'Asie Mineure. Employé jadis comme plante d'ornement. Se multiplie par drageons. Très peu exigeant, résiste même aux embruns sur les côtes. Deux espèces du même genre (*L. halimifolium* et *L. chinense*) originaires d'Asie, sont cultivées sur les côtes de l'Ouest et sont naturalisées.

1b

1a

2b

2a

3a

4

3b

1 Buddleia, Arbuste aux papillons

Buddleia (Buddleja) davidii

Atteint 3 m juillet-août arbrisseau 84
Identification : feuilles feutrées-blanches sur la face inférieure. Fleurs très odorantes, en panicules très denses de 20-30 cm, violettes ou blanches, roses.
Répartition : originaire de Chine. Introduit comme plante ornementale. Subspontané sur les côtes, dans les villes (terrains vagues), souvent en nombre.
Répartition : très connu pour l'attraction qu'il exerce vis-à-vis des papillons : il n'y a guère d'espèce indigène qui fasse venir autant de sujets des espèces suivantes : Petite Tortue, Paon du jour, Vulcain. Faisant partie d'une famille exclusivement répandue dans les régions tropicales et subtropicales, ne résiste pas aux hivers rigoureux, mais en général, produit des rejets. Son nom scientifique évoque la mémoire du pasteur et botaniste anglais Buddle (1660-1715) et celle du missionnaire et biologiste français Armand David (1826-1900).

2 Symphorine

Symphoricarpus albus

1-2 m juin-septembre arbrisseau 76
Identification : feuilles arrondies-ovales, glauques. Petites fleurs roses. Grosses baies d'un blanc laiteux, charnues, globuleuses.
Répartition : originaire d'Amérique du Nord. En France, cultivée et subspontanée (échappée des jardins et parcs).
Biologie : feuilles opposées. Fruits toxiques, pouvant aussi provoquer une inflammation de la peau s'ils sont écrasés ou manipulés ou encore s'ils touchent la peau pendant longtemps. Se propage en produisant des tiges fines, issues d'un long rhizome. Sa présence indique, là où ils ont disparu, la présence antérieure de jardins.

3 Sureau noir, Sureau

Sambucus nigra

Atteint 10 m mai-juin petit arbre 76
Identification : feuilles composées, opposées, à folioles dentées, répandant une odeur forte si elles sont froissées. Fleurs blanc-crème, en larges corymbes terminaux (**3b**). Fruits noirs, pendants, à pédicelles rougeâtres (**3c**).
Répartition : dans toute la France, mais rare dans le Midi méditerranéen et dans les Alpes. Existe en Corse. Bois frais, haies, broussailles, décombres, terrains vagues. Commun. Sur sols riches.
Biologie : bien que l'homme l'ait utilisé depuis l'Âge de la Pierre, ce n'est pas une plante cultivée. Il a toujours vécu au voisinage des habitations, mais n'a guère été favorisé. Aujourd'hui, il fait partie des espèces dites anthropophiles. L'élévation de la teneur en azote dans le sol, due aux dépôts d'ordures et l'emploi massif d'engrais, lui ont été favorables. Ses fruits, comestibles, servent à préparer des confitures mais ils sont toxiques à l'état cru. Il convient d'enlever les pépins (graines) et de ne pas les écraser si possible. Fruits recherchés par les oiseaux. Plante médicinale. L'intérieur des rameaux est occupé par une moelle blanche.

4 Sureau à grappes, Sureau rouge

Sambucus racemosa

1-4 m avril-mai arbuste 76
Identification : moelle orange (blanche chez le Sureau noir). Feuilles composées, glabres. Fleurs en têtes denses, jaune clair. Fruits rouges, globuleux.
Répartition : dans l'Est, le Centre et les Pyrénées, surtout en montagne. Bois clairs, lisières, coupes. Sur sols riches.
Biologie : fruits comestibles mais nombre de personnes ne les supportent pas, même quand les graines ont été enlevées. Utilisation restreinte par rapport à l'espèce précédente.

1a

1b

2

3a

3b

3c

4a

4b

1 Viorne obier, Boule de neige

Viburnum opulus

2-4 m mai-juin arbrisseau 76

Identification : feuilles semblables à celles de l'Érable sycomore, opposées, leur pétiole porte 2-4 glandes vertes à la base du limbe. Fleurs disposées en corymbes terminaux. Fruits (**1b**) rouges, globuleux (8 mm) pendants.

Répartition : dans presque toute la France. Manque : Midi méditerranéen, sud des Alpes, Corse. Haies, lisières des bois, forêts riveraines.

Biologie : les corymbes comprennent deux sortes de fleurs : celles de la périphérie, les plus grandes, n'ont ni étamines ni carpelles et attirent les insectes pollinisateurs ; les fleurs internes, régulières, ont du nectar (**1a**). Les variétés cultivées, appelées Boules de neige, ont des inflorescences globuleuses uniquement formées de fleurs stériles (périphériques). Elles sont si grosses qu'elles ont peu de place, doivent se disposer en boule et n'offrent rien aux insectes ni aux oiseaux. À l'opposé, l'espèce sauvage porte encore des fruits en hiver (ils sont immangeables pour l'homme). Le Jaseur boréal, oiseau qui vient en France irrégulièrement au cours d'« invasions », apprécie les fruits. Plante médicinale (fruits purgatifs et vomitifs).

2 Viorne lantane, Mancienne

Viburnum lantana

1-4 m mai arbrisseau 76

Identification : feuilles opposées, ovales (6-12 cm), rugueuses. Fleurs blanc-crème, en corymbes, toutes régulières. Fruits rouges puis noirs (**2b**).

Répartition : en France, manque en Bretagne, dans une partie de la Normandie, du Sud-Ouest, et en Corse. Rare dans le Midi méditerranéen. Haies, lisières des bois, fourrés, forêts riveraines. Sur sols calcaires.

Biologie : localement plantée au bord des rues. Étant donné que les fruits ne mûrissent pas tous en même temps, on observe sur un même corymbe, que certains sont rouges et les autres noirs. Plante médicinale (astringente et sédative).

3 Camerisier à balais

Lonicera xylosteum

1-3 m mai-juin arbrisseau 76

Identification : feuilles opposées. Fleurs disposées par deux, blanc-crème, à l'aisselle des feuilles. Fruits rouge rubis (**3b**) par deux, souvent soudés l'un à l'autre.

Répartition : manque dans une partie de l'Ouest et du Centre, en Corse et sur le littoral méditerranéen. Sur sols riches en bases.

Biologie : contrairement au Chèvrefeuille, de la même famille, a des tiges non volubiles. Chaque fruit contient 4 graines ; leur toxicité est controversée, mais leur saveur irritante n'incite pas à les consommer. Ils sont généralement considérés comme toxiques (provoquent des troubles de l'appareil digestif).

4 Camerisier noir

Lonicera nigra

1-2 m avril-mai arbrisseau 76

Identification : ressemble au Camerisier à balais. Fleurs rougeâtres à blanc-rosé. Fruits (**4b**) par deux mais non soudés entre eux.

Répartition : en montagne : Vosges, Jura, Massif central, Cévennes, Pyrénées, Forêts mixtes. Sur sols pauvres en bases, argileux.

Biologie : là où il cohabite avec le Camerisier à balais, on trouve parfois des hybrides. Chez les espèces du genre *Lonicera*, les fruits sont suspects ou toxiques.

1b
1a
2b
2a
3b
3a
4a
4b

1 Chèvrefeuille des bois

Lonicera periclymenum

Atteint 10 m juin-août liane 76

Identification : tiges volubiles s'enroulant dans le sens des aiguilles d'une montre. Feuilles opposées, entières, elliptiques. Fleurs à tube étroit et deux grandes lèvres, blanc crème et jaune orangé, en bouquets terminaux, très parfumées. Fruits rouge foncé (**1c**) au-dessus de la dernière paire de feuilles.

Répartition : dans toute la France sauf une grande partie du Sud-Est et Corse. Forêts, haies, lisières. Plutôt sur sols pauvres en calcaire.

Biologie : les feuilles paraissent précocement au printemps. Cette liane peut atteindre 50 ans; en s'enroulant autour du tronc d'un jeune arbre, elle peut le faire périr. Fruits appétissants mais toxiques (ils provoquent diarrhée et vomissements). Les fleurs sont visitées par des papillons nocturnes, tels les sphinx, ayant une longue trompe. Le nom scientifique du genre évoque la mémoire du médecin et botaniste allemand Adam A. Lonitzer (1528-1586).

2 Clématite, Vigne blanche

Clematis vitalba

Atteint 20 m juin-août liane 6

Identification : feuilles composées de 3-9 folioles, à long pétiole volubile. Fleurs blanc-crème, à 4 ou 5 sépales, sans pétales. L'écorce se détache en longues lanières fibreuses.

Répartition : dans toute la France sauf la Corse, rare dans le Midi méditerranéen. Bois clairs, lisières, broussailles. Sols secs ou frais.

Biologie : grimpe sur les arbres en s'appuyant avec le pétiole de ses feuilles et atteint leur cime. La Clématite n'est pas une plante parasite, mais elle gêne les arbres en raison de son poids qui devient important et aussi en les concurrençant pour la lumière (ses tiges atteignent, en effet, le diamètre du bras). Les fleurs attirent surtout des Diptères et des Coléoptères. Chacune possède de nombreux carpelles qui forment un fruit tandis que les styles s'allongent et se transforment en organes de vol qui facilitent la dispersion des graines par le vent (plante anémophile). Les fruits secs (akènes), composés, sont pourvus d'une longue arête pelucheuse gris-blanc, qui persiste en hiver (**2b**). Fruits toxiques, suc irritant pour la peau.

3 Clématite des Alpes

Clematis alpina

Atteint 2 m mai-août liane 6

Identification : feuilles 2 fois divisées en folioles étroites. Grandes fleurs violettes, solitaires, penchées (jusqu'à 5 cm). Fruits à long style plumeux (organe de vol). Plante grimpante ou rampante.

Répartition : dans les Alpes, entre 1 000 et 2 900 m environ. Bois, rocaille jusqu'au delà de la zone des arbres nains. Sur sols calcaires.

Biologie : attire les regards par sa beauté quand elle recouvre un rocher et que ses fleurs sont épanouies.

4 Ailante, Faux-vernis du Japon

Ailanthus altissima

20-25 m juin-juillet arbre 32

Identification : feuilles composées atteignant 80 cm de long, formées de 25 folioles au maximum. Petites fleurs disposées en panicules dressées. Fruits rougeâtres.

Répartition : originaire de la Chine. Introduit en Europe comme arbre d'ornement dans les parcs. Récemment, devenu subspontané dans certaines régions (terrains industriels, décombres).

Biologie : froissées, les feuilles répandent une odeur désagréable. L'Ailante est un arbre peu exigeant mais qui résiste mal aux hivers rigoureux. Sa croissance est rapide.

1b
1a
1c
2a
2b
3
4

1 Reynoutria

Reynoutria japonica

1-3 m juillet-septembre ♃ 69

Identification : plante robuste à nombreuses tiges. Feuilles (10-12 cm) ovales-triangulaires. Se couvre de milliers de petites fleurs blanches disposées en panicules axillaires (**1b**).

Répartition : originaire du Japon. Terrains vagues. Localement au bord des eaux douces. Lisières, espaces rudéraux. Sols riches, humides. Plantée et subspontanée.

Biologie : quand on introduisit cette plante vers 1820 dans les jardins et les parcs européens, on ignorait les conséquences qui s'ensuivraient. Aujourd'hui, cette espèce concurrence localement des végétaux indigènes ; elle se propage surtout par fragments de rhizomes (multiplication végétative). Une autre espèce, sans doute encore plus sensible au froid, *Reynoutria sachalinensis*, a des feuilles atteignant 30 cm. Elle a été introduite en Europe vers 1870 comme plante ornementale.

2 Renouée vivipare

Polygonum viviparum

5-15 cm juin-août ♃ 69

Identification : petite renouée dressée. Feuilles inférieures lancéolées. Fleurs blanches à rose pâle, en épi étroit, avec bulbilles violets à sa base.

Répartition : en montagne : Jura, Alpes, Massif central, Pyrénées. Prairies, rochers humides.

Biologie : malgré son nom, n'est pas vivipare ; se multiplie de façon végétative, au moyen de bulbilles, qui se transforment déjà en plantules sur le pied d'origine.

3 Sabline à feuilles de serpolet

Arenaria serpyllifolia

5-20 cm mai-septembre ♃ 65

Identification : plante très touffue. Feuilles ovales, sessiles. Fleurs en étoile, blanches, à 5 pétales que surmontent les sépales.

Répartition : commune en France : champs, terrains sablonneux et caillouteux, bords des chemins, murs.

Biologie : plante pionnière, qui envahit souvent les terres remuées où la végétation est d'abord clairsemée ; croît aussi sur les murs. Il s'agit d'une espèce « collective », dont les membres (sous-espèces) sont difficilement séparables, mais qui présentent des différences écologiques et géographiques.

4 Sabline à trois nervures

Moehringia trinervia

10-30 cm mai-juillet ⊙ 65

Identification : ressemble à la Stellaire (p. 102), mais reconnaissable à ses tiges très ramifiées, grêles. Feuilles à 3-5 nervures. Sépales à 3 nervures, fleurs blanches.

Répartition : dans toute la France. Chemins forestiers, coupes, lieux ombragés. Sur terrains frais, riches.

Biologie : normalement, il y a 5 pétales, mais on en trouve aussi parfois seulement 4 chez toutes les sablines (**4b**).

5 Sabline du printemps

Minuartia (= Alsine) verna

5-15 cm mai-août ♃ 65

Identification : petite espèce. Feuilles étroites, à 3 nervures. Petites fleurs blanches, pétales et sépales de même longueur, mais pas toujours.

Répartition : en France, dans le Jura, les Alpes, le Massif central, les Pyrénées. Éboulis, pierrailles, rochers. Lieux chauds et secs.

Biologie : forme des touffes denses ou un véritable gazon. Très variable d'aspect. L'une de ses sous-espèces vit sur les déblais des mines de métaux lourds. Le nom scientifique du genre évoque la mémoire du médecin et botaniste espagnol Juan Minuart (1693-1768).

1a

1b

2

3

4b

4a

5

1 Pourpier de mer

Honckenya peploides

10-30 cm juin-juillet ♃ 65

Identification : plante charnue à tiges rampantes-ascendantes, enracinées aux nœuds. Feuilles ovales, pointues, disposées en croix (**1b**), opposées.

Répartition : commun sur les côtes du Nord-Ouest et de l'Ouest, plus rare dans le Nord. Sables littoraux, entre la zone des embruns et la base des dunes.

Biologie : avec ses feuilles et ses tiges charnues, c'est l'exemple d'une plante halophyte (adaptée aux milieux salés), qui supporte d'être recouverte par l'eau de mer ou le sable vif. Ensablée, elle continue à pousser horizontalement. Étant donné qu'elle est rarement visitée par des insectes en raison même de son habitat, elle se multiplie généralement par autofécondation ; il arrive aussi que le pollen se fixe sur des grains de sable et soit ainsi transporté sur un stigmate éloigné.

2 Mouron des oiseaux

Stellaria media

3-20 cm janvier-décembre ⊙ 65

Identification : « mauvaise herbe » des jardins et des champs, à enracinement superficiel ; tige couchée, velue d'un côté. Pétales et sépales : 2 mm. Feuilles inférieures pétiolées, les supérieures sessiles.

Répartition : largement répandu en France. Outre les terres cultivées occupe aussi les décombres. Plante indicatrice de sols très riches en azote.

Biologie : la présence de cette espèce indique au botaniste que le sol est fertile. On devrait la tolérer en hiver car cette « mauvaise » herbe couvre le sol de façon efficace, le garde humide et meuble et surtout le protège contre l'érosion. Au printemps, une fois arraché, ce mouron donne un bon compost. Son nom rappelle que malgré leur petitesse ses graines sont appréciées par des oiseaux, d'autant plus qu'il fleurit et fructifie tout au long de l'année.

3 Stellaire holostée

Stellaria holostea

10-60 cm avril-juin ♃ 65

Identification : feuilles lancéolées, sessiles, pointues. Tiges quadrangulaires, cassantes. Fleurs longuement pédonculées, à 5 pétales divisés en 2 lobes proches.

Répartition : dans toute la France sauf les Alpes, la région méditerranéenne et la Corse. Lisières des bois, haies, fossés.

Biologie : cette espèce peut servir de modèle pour étudier la structure d'une cyme bipare chez les Caryophyllacées : dans ce type d'inflorescence, chaque fleur se trouve au bout d'un rameau poussant à l'aisselle d'une bractée ; deux pousses latérales sortent à l'aisselle des deux bractées supérieures et à leur extrémité on trouve à nouveau une fleur. Ainsi rameau terminal et rameau latéral peuvent se diviser très régulièrement jusqu'à 3 fois successivement. Étant donné la faiblesse des rameaux, les feuilles sont des auxiliaires importants pour maintenir la plante dressée vers la lumière.

4 Stellaire des bois

Stellaria nemorum

20-70 cm mai-juillet ♃ 65

Identification : feuilles plus larges que chez (**3**), ovales. Tiges arrondies. Pétales divisés presque jusqu'à leur base (lobes divergents).

Répartition : surtout dans le Centre et la moitié est, aussi dans les Pyrénées et en Corse. Forêts en terrain humide, forêts riveraines, bord de l'eau, coupes. Jusqu'à 2 000 m en montagne.

Biologie : les stellaires doivent leur nom à la disposition en étoile de leurs pétales, ce que rappelle aussi leur nom scientifique (*stella* = étoile).

1a
1b
2a
2b
3
4

1 Stellaire à feuilles de graminée

Stellaria graminea

10-70 cm mai-juillet ♃ 65

Identification : tiges ascendantes, faibles, à section carrée. Feuilles linéaires, opposées. Pétales divisés presque jusqu'à leur base, aussi longs que les sépales.

Répartition : dans toute la France sauf le Sud-Est et la Corse où elle est rare ou absente. Bords des chemins, prairies, lisières, landes.

Biologie : plus encore que les autres stellaires, cette espèce a besoin de l'appui de plantes voisines pour se tenir dressée. On appelle ascendantes les tiges qui sont couchées à leur base et dressées à leur extrémité.

2 Céraiste des champs

Cerastium arvense

15-30 cm avril-juillet ♃ 65

Identification : feuilles linéaires-lancéolées. Cinq pétales divisés seulement sur leur tiers et deux fois plus longs que les sépales. Feuilles et tiges couvertes de poils courts.

Reproduction : répandu au bord des chemins, sur les talus, dans les prairies sèches, notamment sur les sols sableux.

Biologie : comparée à la Stellaire holostée (p. 102), il s'agit d'une espèce qui recherche la chaleur et la lumière ; elle vit donc dans des milieux ensoleillés et dégagés. C'est assez souvent une espèce pionnière sur les sols pierreux, les graviers où d'autres plantes ont du mal à se fixer. Ses drageons facilitent son expansion.

3 Céraiste vulgaire

Cerastium fontanum

10-60 cm avril-octobre ♃ 65

Identification : possède de courtes pousses stériles et d'autres florifères. Feuilles lancéolées, vert foncé, atteignant 2 cm. Fleurs petites, peu apparentes, pétales dépassant de peu les sépales.

Reproduction : espèce commune. Prairies, pâturages, gazons peu fréquemment tondus, bords des chemins, terres nues, jachères.

Biologie : présent jusque dans les agglomérations. A reçu plusieurs noms scientifiques (entre autres *Cerastium vulgatum*, *C. triviale*, *C. caespitosum*, *C. holosteoides*). Ici, nous avons adopté le nom habituel de l'espèce collective. Les fruits sont de petites capsules incurvées

4 Céraiste aggloméré

Cerastium glomeratum

5-30 cm avril-octobre ⊙ 65

Identification : diffère de (**3**) par sa teinte vert-jaune. Fleurs très brièvement pédonculées, disposées en cymes denses, d'où le nom scientifique d'espèce et le nom français.

Répartition : commun en France. Champs, décombres, prairies, dunes.

5 Céraiste d'eau

Myosoton aquaticum (= *Malachium a.*)

20-120 cm juillet-septembre ⊙-♃ 65

Identification : ressemble aux stellaires mais a 5 styles et non pas 3. Pétales aussi longs que les sépales qui sont couverts de poils glanduleux.

Répartition : rare dans la région méditerranéenne, assez commun ailleurs. Prairies marécageuses, bords des eaux douces, champs inondables, terrains vagues.

Biologie : également appelé *Cerastium aquaticum*. Sa présence dans les lieux humides est évoquée par son nom scientifique. S'enracine fréquemment quand les nœuds de ses tiges entrent en contact avec le sol.

1

2

3

4

5

1 Spargoute

Spergula arvensis

10-70 cm mai-septembre ☉ 65

Identification : tiges dressées. Feuilles linéaires, pointues, charnues, en verticilles. Petites fleurs blanches, pédoncules se rabattant après la floraison.

Répartition : commune en France : champs de céréales. Seulement sur sols acides, sablonneux.

Biologie : des oiseaux consomment ses graines noires mais il en reste toujours assez pour assurer la multiplication de cette espèce, même dans les champs cultivés de façon intensive. Sa forte résistance aux herbicides la favorise. Dans le nord de l'Europe, les graines étaient ajoutées à celles des céréales car on cultivait cette plante.

2 Silène penché

Silene nutans

30-70 cm juin-août ♃ 65

Identification : tige rameuse, garnie de poils mous, glanduleuse-visqueuse dans sa partie supérieure. Fleurs d'abord en panicule unilatérale penchée (nom d'espèce), paraissant fanées ; pétales divisés en 2 lobes à extrémité souvent enroulée (**2b**).

Répartition : dans toute la France sauf Corse et Midi méditerranéen. Forêts claires, « pelouses » (prairies maigres). Sur sols secs, pauvres. Lieux chauds.

Biologie : le soir, les pétales qui étaient chiffonnés auparavant, se déploient ; dans la journée, les fleurs sont inodores, mais la nuit, elles répandent une odeur de jacinthe qui attire de loin les papillons, surtout les petits Noctuidés ; ils cherchent le nectar et souvent aussi pondent leurs œufs. Odeur et nectar ne durent que deux ou trois nuits après quoi les fleurs se fanent.

3 Silène enflé

Silene vulgaris

15-60 cm mai-octobre ♃ 65

Identification : plante généralement un peu glauque. Calice ovoïde, renflé, d'où le nom de l'espèce. Espèce glabre.

Répartition : dans toute la France. Coupes, champs, friches, terrains vagues, chemins. Sols secs ou frais.

Biologie : également appelé *Silene inflata* ou *Silene cucubalus*. Plante mellifère, pollinisée par des papillons nocturnes et aussi par des abeilles. Il arrive que cette espèce, dont les racines s'enfoncent jusqu'à 1 m de profondeur et plus, ouvre la voie à d'autres plantes pionnières comme elle.

4 Compagnon blanc

Silene alba

40-100 cm mai-octobre ☉ 65

Identification : grandes fleurs blanches (2-3 cm), aux pétales bilobés. Fleurs femelles avec calice renflé (**4b**), les mâles à calice moins élargi (**4a**) (espèce dioïque).

Répartition : très commun. Bords des chemins, talus, dérayures, décombres, haies.

Biologie : également appelé *Melandrium album*, *Lychnis dioica*, *Lychnis vespertina*. Fleurs odorantes le soir et la nuit ; elles attirent des papillons nocturnes. Les insectes trop petits ne peuvent atteindre les nectaires car une couronne d'écailles de 2 mm entoure l'entrée de la corolle (paracorolle).

1
2a
2b
3
4a
4b

1 Nénufar (nénuphar) blanc

Nymphaea alba

juin-septembre ♃ 4

Identification : plante à feuilles flottantes, grandes fleurs blanches (10-20 cm de diamètre). Tige de section ronde. Feuilles ovales ou arrondies sauf une fente centrale ; très long pétiole relié au rhizome

Répartition : en France, rare localement et dans le Midi méditerranéen. Commun dans les étangs, rivières tranquilles ayant une profondeur comprise entre 50 cm et 3 m.

Biologie : chez ce nénuphar, on remarque le passage progressif des pétales aux étamines. Les feuilles sont adaptées à un rayonnement solaire intense, aux remous de l'eau, à la grêle et aux variations du niveau de l'eau. Elles ont une structure élastique mais résistante et leur surface présente une couche cireuse hydrofuge. En outre, et cela fait exception à la règle, les stomates se trouvent sur la face supérieure du limbe. Le pétiole est relié à un rhizome gros comme le bras, peu ramifié, qui se trouve dans la vase du fond où il est fixé par des racines.

2 Rose de Noël

Helleborus niger

10-30 cm janvier-avril ♃ 6

Identification : fleurit en hiver. Feuilles persistantes, coriaces, à 7-9 folioles. Fleurs blanches à rose pâle, tige épaisse, vert-rougeâtre.

Répartition : espèce des Alpes orientales. Hêtraies et pinèdes claires en terrain calcaire, riche en humus et autres éléments. En France, espèce cultivée.

Biologie : des variétés cultivées ont des fleurs encore plus grandes. Elles s'échappent rarement des jardins et disparaissent rapidement. Les 15-20 nectaires situés entre les étamines et les sépales semblables à des pétales, sont bien visibles et ont l'aspect de petits cornets ; les graines, qui se forment dans les fruits, sont transportées par des fourmis qui recherchent leurs appendices gras (élaiosomes). Cette espèce est très appréciée en raison de sa floraison hivernale. Comme celles d'*Erica herbacea* (p. 86) ses fleurs peuvent être à demi enfouies dans la neige. Une poudre brun-noir tirée de la souche provoque des éternuements.

3 Actée en épi

Actaea spicata

30-80 cm mai-juillet ♃ 6

Identification : seulement 1-3 feuilles par tige, à 3 larges folioles dentées. Fleurs en grappes terminales, généralement à 4 pétales et nombreuses étamines qui les dépassent.

Répartition : seulement dans l'Est, le Centre, le Sud-Est et les Pyrénées. Jusqu'à 1 500 m en montagne. Forêts, fourrés, mégaphorbiaies.

Biologie : se distingue des autres Renonculacées par ses fruits qui sont des baies noires ovoïdes (**3b**). Également appelée Herbe de saint Christophe. Toxique.

4 Pulsatille

Pulsatilla alpina

10-30 cm mai-juillet ♃ 6

Identification : tige très velue-laineuse. Feuilles divisées trois fois. Fleurs solitaires atteignant 6 cm, à long pédoncule.

Répartition : en France : Jura, Alpes, Massif central, Pyrénées. Alpages, zone des arbres rabougris et des rhododendrons, éboulis. Généralement en colonies.

Biologie : graines pourvues d'une longue arête plumeuse, qui permet leur dispersion par le vent.

1a

1b

2a

2b

3a

3b

4

1 Anémone des bois, Anémone sylvie

Anemone nemorosa

10-25 cm mars-avril ♃ 6

Identification : espèce précoce bien connue. Feuilles à 3 folioles découpées. Grandes fleurs, souvent un peu rougeâtres, glabres, blanches (1,5-4 cm).

Répartition : dans toute la France sauf le sud des Alpes, le Midi méditerranéen. Jusqu'à 1 800 m en montagne. Commune. Forêts de feuillus, haies, fourrés, prairies.

Biologie : les feuilles sont, en réalité, des feuilles bractéales (hypsophylles) qui protègent le bouton floral et ensuite assurent la photosynthèse. L'Anémone sylvie fleurit très tôt car elle dispose des réserves accumulées l'année précédente dans son rhizome, organe qui les a stockées. Les fleurs s'ouvrent le jour et se ferment la nuit ; ainsi, le pollen est dans une certaine mesure protégé contre l'humidité et les stigmates le sont contre le froid.

2 Anémone sauvage

Anemone sylvestris

15-40 cm avril-juin ♃ 6

Identification : grande fleur solitaire, blanche teintée de rougeâtre (4-7 cm). Feuilles dentées à 5 divisions.

Répartition : en France, Picardie, Bourgogne, Lorraine, Alsace, Champagne-Ardennes. Sur sols calcaires. Forêts sèches, lisières, talus, broussailles, collines. Protégée.

Biologie : les graines mûres portent des poils pelucheux qui facilitent leur dispersion par le vent. Espèce menacée en mainte région, se raréfie.

3 Renoncule des glaciers

Ranunculus glacialis

5-25 cm juillet-août ♃ 6

Identification : tiges couchées, seuls les pédoncules floraux sont dressés. Feuilles à 3 divisions (lobes elliptiques-oblongs), vert foncé ; pétales blancs souvent aussi rougeâtres ; calice velu, brun-roux extérieurement.

Répartition : rare en France (Alpes, Pyrénées). Haute montagne : éboulis rochers, moraines humides, surtout en terrain acide. Près de la limite des neiges éternelles.

Biologie : son nom est parfaitement justifié car c'est l'espèce qui s'approche le plus des glaciers. C'est aussi la plante qui s'élève le plus haut en Europe (jusqu'à 4 000 m).

4 Renoncule aquatique

Ranunculus aquatilis

avril-juillet ♃ 6

Identification : tiges atteignant 1,50 m, submergées, portant de nombreuses fleurs. Feuilles submergées à segments filiformes, les aériennes (flottantes) lobées-dentées ; pédoncules floraux plus longs que les pétioles.

Répartition : commune en France dans les plaines. Rivières, étangs ayant une profondeur maximale de 2 m.

Biologie : cette espèce est souvent citée comme exemple d'hétérophyllie, c'est-à-dire ayant des feuilles de formes différentes selon leur situation ; les feuilles submergées sont très fines, ce qui accroît leur surface pour les échanges nutritifs et gazeux ; les feuilles flottantes ont un limbe large, en forme de rein, à 3-5 lobes (**4b**).

5 Renoncule flottante

Ranunculus fluitans

juin-août ♃ 6

Identification : espèce aquatique très florifère. Tiges de 1 à 6 m de long, submergées, ramifiées. Feuilles toutes semblables, aucune n'est flottante (8-30 cm).

Répartition : commune en France dans les rivières à courant rapide.

Biologie : les colonies de cette espèce produisent beaucoup d'oxygène quand elles sont très épaisses, mais gênent le débit de l'eau et même la navigation.

1a
1b
2
3
4b
4a
5

1 Corydale à vrilles

Corydalis claviculata

20-100 cm juin-septembre ⨀ [9]

Identification : plante grimpante. Tiges grêles, molles, à 4 angles. Feuilles composées, divisées 2 fois, pourvues de vrilles à l'extrémité de certains segments elliptiques. Fleurs groupées par 5-12 en grappes denses, à bref éperon (1 cm).

Répartition : dans l'Ouest, le Centre, l'est des Pyrénées, les Cévennes. Chênaies, pinèdes claires. Toujours sur sols argileux, acides ou sablonneux.

Biologie : grimpe à l'aide de ses vrilles foliaires en s'appuyant sur les plantes voisines. Considérée comme élément typique des régions à climat de type atlantique. Répandue dans les milieux boisés qui lui conviennent, de la Belgique et des Pays-Bas jusqu'à l'Elbe à l'est.

2 Alliaire

Alliaria petiolata

30-100 cm avril-juin ⨀-♃ [54]

Identification : feuilles ovales-triangulaires, dentées, en cœur à la base, répandant une forte odeur d'ail si on les froisse. Fleurs (1 cm) blanches, disposées en grappes terminales denses.

Répartition : dans toute la France, mais plus rare dans le Midi méditerranéen. Lisières des bois, chemins ombragés, décombres, haies. Sur sols riches, meubles, pas trop secs.

Biologie : étant donné que de nombreuses broussailles, des bords de chemins sont pollués par des déchets et que le sol y devient eutrophe, les végétaux nitrophiles (c'est-à-dire qui ont besoin de substances azotées) sont favorisés et sont en expansion; c'est le cas de l'Alliaire. Cette espèce couvre parfois de grandes surfaces sur les lisières ainsi que d'autres espèces nitrophiles comme les orties, le Gaillet gratteron et l'Herbe aux goutteux. Jadis, l'Alliaire était cultivée comme salade; ses feuilles servent encore pour épicer légumes et salades.

3 Raifort

Armoracia rusticana

40-150 cm mai-juin ♃ [54]

Identification : feuilles radicales, dentées, atteignant 60 cm, ovales, les caulinaires lancéolées, dentées ou entières. Petites fleurs disposées en grappe étalée.

Répartition : peu fréquent en France. Jardins abandonnés, décombres, mais aussi cultivé.

Biologie : condiment bien connu, originaire du sud-est de l'Europe et cultivé depuis la fin du Moyen Âge. On utilise sa racine principale, charnue, qui peut atteindre plusieurs centimètres d'épaisseur et que l'on râpe. Elle a une saveur épicée et est irritante pour les yeux et le nez. Souvent, cette plante ne produit pas de graines et se multiplie de façon végétative par fragments de sa souche sans doute propagés par de petits rongeurs et par éclats détachés lors des travaux de jardinage.

4 Cresson de fontaine

Nasturtium officinale

30-80 cm avril-octobre ♃ [54]

Identification : ressemble au Cresson amer (p. 114). Tiges couchées ou ascendantes à dressées, glabres, creuses. Feuilles lyrées-pennées à folioles plus ou moins arrondies. Petites fleurs blanches, disposées en grappes.

Répartition : commun en France. Fossés avec eau courante, ruisseaux, sources aux eaux claires et fraîches (**4b**), à fond de gravier ou de sable, souvent calcaire. Manque en terrain non calcaire.

Biologie : au début du printemps, c'est une salade très appréciée, qui contient beaucoup de vitamine C et qui est diurétique. On le cultive en grand dans des bassins (cressonnières).

1

2a

2b

3

4a

4b

1 Cresson amer

Cardamine amara

10-60 cm avril-juin ♃ 54

Identification : diffère du Cresson de fontaine par ses tiges pleines, ses feuilles toutes lyrées, ses anthères violet-noirâtre au début et non pas jaunes.

Répartition : en France, rare dans l'Ouest, les Pyrénées, le Midi méditerranéen. Prairies humides, bords des petits cours d'eau, surtout dans les terrains siliceux ; aulnaies. En plaine et en montagne.

Biologie : on le mange en salade tout comme le Cresson de fontaine bien qu'il soit amer et ait un goût plus piquant ; il vaut mieux le mélanger à d'autres salades. Apprécié en hiver en raison de sa teneur en vitamine C.

2 Cardamine impatiente

Cardamine impatiens

10-60 cm mai-juillet ⊙ 54

Identification : feuilles radicales en rosette, pennées, vite fanées, les caulinaires, également pennées, sont plus grandes, à folioles lancéolées (5-9 paires), embrassantes à la base. Très petites fleurs serrées. Fruits (siliques) atteignant 3 cm.

Répartition : plutôt rare en France : Nord-Est, Centre, Pyrénées, Corse, une partie du Sud-Est et de l'Ouest. Forêts, chemins des bois, coupes, hêtraies. Sols humides ou frais.

Biologie : quand les siliques s'ouvrent, elles projettent les graines jusqu'à 5 m de distance car leurs valves s'enroulent brusquement alors que la partie raide de la cloison ne bouge pas.

3 Cardamine velue

Cardamine hirsuta

5-30 cm mars-août ⊙ 54

Identification : petite plante, souvent abondante dans les jardins. A toujours des feuilles radicales et caulinaires, ces dernières peu nombreuses (2-4) ; pétioles et bords des folioles faiblement velus. Petites fleurs blanches.

Répartition : commune en France, sauf localement. Jardins et autres terres cultivées. En terrain riche. Jusqu'à plus de 2 000 m en montagne.

Biologie : en Europe centrale, cette espèce s'est rapidement propagée vers 1970 et 1980, phénomène dû vraisemblablement à la multiplication des jardineries et autres établissements de vente par correspondance, qui facilitent son expansion, car ses graines sont incluses dans la tourbe qui entoure les racines des plantes herbacées et ligneuses expédiées en récipients de plastique.

4 Arabette hérissée

Arabis hirsuta

10-60 cm juin-août ⊙-♃ 54

Identification : tiges dressées, généralement non rameuses, velues-rudes à la base. Feuilles caulinaires oblongues à lancéolées, sessiles, tronquées à la base, les radicales en rosette.

Répartition : rare ou absente dans le Nord-Ouest et le Centre. Ailleurs au bord des chemins, sur les « pelouses » (prairies maigres), forêts de Chênes pubescents. Sur sols calcaires.

Biologie : répandue jusqu'à un peu plus de 2 000 m en montagne. A besoin de la pleine lumière pour prospérer.

5 Farsétie

Berteroa incana

30-70 cm juin-octobre ⊙ ou ♃ 54

Identification : tiges et feuilles sont densément feutrées (poils gris, étoilés). Feuilles caulinaires lancéolées à oblongues, entières, sessiles. Pétales profondément divisés en deux.

Répartition : en France, commune ou rare selon les régions. Introduite. Terrains vagues, talus, bords des chemins. Généralement sur sols sablonneux, toujours pauvres en calcaire ; graviers au bord des rivières.

Biologie : le nom scientifique de l'espèce rappelle la mémoire du médecin italien Carlo Giuseppe Bertero (1789-1831), qui herborisa surtout au Chili.

1

2

3

4

5a

5b

1 Cranson danois, Cochléaire danoise

Cochlearia danica

10-20 cm mars-juin ⊙ 54

Identification : tiges et feuilles glabres ; feuilles caulinaires entières, pétiolées, les inférieures ovales, tronquées à la base, les radicales (jusqu'à 1 cm) entières, mais déjà fanées à la floraison. Fleurs blanches, assez grandes (10-14 mm) en grappe terminale. Silicules elliptiques (jusqu'à 1 cm) rétrécies aux deux extrémités.

Répartition : localisé surtout en Bretagne et en Normandie (côtes de l'Ouest et du Nord-Ouest). Vases salées, prés salés.

Biologie : cette espèce a besoin d'un sol salé. Le nom de genre fait référence à la forme en cuillère de ses feuilles (du latin *cochleare*, cuillère).

2 Cranson officinal, Cochléaire officinale

Cochlearia officinale

10-50 cm avril-juin ⊙-♃ 54

Identification : diffère de (**1**) par ses feuilles caulinaires supérieures sessiles, embrassantes. Fruits (siliques) globuleux, avec style court.

Répartition : rare sur les côtes de la Manche, plus abondant sur celles de l'Atlantique. Falaises littorales, prés salés, marais côtiers.

Biologie : renferme des substances amères, des glycosides, de la vitamine C et, pour cette raison, est parfois cultivé localement.

3 Bourse-à-pasteur

Capsella bursa-pastoris

20-40 cm janvier-décembre ⊙ 54

Identification : feuilles radicales en rosette, découpées. Très petites fleurs blanches mais fruits (silicules) triangulaires, en forme de bourse (nom), en grappe lâche, nettement pédonculés.

Répartition : très commune partout. Jardins, champs, terrains vagues, bords des chemins.

Biologie : ne présente pas de période de floraison définie et peut fleurir en plein hiver. Cette plante doit son nom à la forme de ses fruits, qui évoque une bourse de berger (le nom scientifique la signale aussi — *capsella* : poche, *bursa-pastoris* : sac de pasteur). L'une des espèces végétales les plus répandues dans le monde. En montagne, présente jusqu'à plus de 2 000 m.

4 Monnoyère, Thlaspi

Thlaspi arvense

10-60 cm mai-septembre ⊙ 54

Identification : diffère de l'espèce précédente par ses fruits aplatis, presque circulaires, largement ailés, ressemblant à des pièces de monnaie. Tige anguleuse, glabre. Froissées, les feuilles répandent une odeur de poireau.

Répartition : Commune. Mauvaise herbe des jardins et des champs. Bords des chemins, terrains vagues.

Biologie : est parvenue en Europe au début de l'Âge de pierre et malgré les efforts déployés pour l'éliminer des terres cultivées, elle s'est maintenue, résistant même aux herbicides. En France, elle est rare dans le Midi méditerranéen et çà et là ailleurs.

5 Tabouret perfolié

Thlaspi perfoliatum

5-20 cm mars-mai ⊙ 54

Identification : sans odeur de poireau. Feuilles inférieures pétiolées, les supérieures embrassantes, toutes sont entières. Tige ronde. Fleurs blanches.

Répartition : commun en France sauf localement. Jusqu'à 1 500 m en montagne. Bords des chemins, « pelouses », alpages, terrains vagues, vignes. Sur sols calcaires, riches.

1

2

3

4a

4b

5

1 Drave printanière

Erophila verna (= *Draba verna*)

2-15 cm février-mai ⊙ 54

Identification : très petite plante. Tige non feuillée. Feuilles en rosette basale, spatulées à lancéolées, velues.

Répartition : partout. Terrains secs, murailles, dunes, talus, rochers, champs sablonneux.

Biologie : cette petite espèce ne résiste pas à la concurrence d'autres végétaux, c'est pourquoi elle manque ici et là et ne peut prospérer qu'en des lieux où la végétation est clairsemée. Elle semble avoir 8 pétales car ils sont très découpés.

2 Passerage des champs

Lepidium campestre

20-50 cm mai-septembre ⊙ 54

Identification : tiges très velues. Fleurs blanches, peu apparentes, en grappes terminales denses. Fruits (silicules) très visibles, arrondis, un peu ailés, ovales (5 mm).

Répartition : commun sauf localement. Bords des chemins, terrains vagues, champs de céréales. Sur sols calcaires, riches.

Biologie : silicules échancrées au sommet, couvertes de petites écailles. Étant donné qu'à maturité elles se trouvent en position plus ou moins horizontales, elles sont frappées par les gouttes de pluie, se rétractent puis se redressent et projettent les graines (phénomène appelé ombrohydrochorie par les botanistes).

3 Passerage-drave

Cardaria (= *Lepidium*) *draba*

20-60 cm mai-juillet ♃ 54

Identification : feuilles caulinaires supérieures atteignant 10 cm, sessiles, embrassantes. Fleurs en panicules terminales, minuscules.

Répartition : surtout dans le Midi de la France. Bords des chemins, dérayures, talus, champs. Sols calcaires riches, secs.

Biologie : depuis 1820 environ, cette espèce s'est avancée à partir du sud-est de l'Europe et a gagné l'Europe centrale et occidentale. Elle fait partie de ces plantes qui ont été propagées par les voies ferrées, car leurs graines sont entraînées par les déplacements d'air provoqués par le passage des trains.

4 Rosée du soleil, Rossolis, Droséra

Drosera rotundifolia

5-20 cm juin-août ♃ 23

Identification : feuilles rougeâtres, longuement pétiolées, radicales, disposées en rosette, pourvues de longs poils glanduleux. Hampe florale sans feuilles (**4b**).

Répartition : rare en France. en montagne et aussi en plaine (côtes de l'Ouest et du Nord-Ouest). Landes humides, tourbières.

Biologie : les droséras sont l'un des exemples de plantes carnivores : les gouttes brillantes situées au bout des poils glanduleux contiennent des ferments qui décomposent les protéines. Des glandes digestives, à pédicelle bref, se trouvent au milieu du limbe des feuilles. Les petits insectes attirés par la sécrétion odorante et brillante restent collés et sont apportés aux glandes digestives par les poils qui se rabattent. Cette alimentation azotée est nécessaire car la Droséra vit sur des sols pauvres.

5 Droséra intermédiaire

Drosera intermedia

5-10 cm juillet-août ♃ 23

Identification : feuilles plus allongées que celles de (**4**), presque aussi longues que le pétiole.

Répartition : plus rare que (**4**). Dans les tourbières. Espèce très menacée. En France : Centre, Sud-Ouest, Pyrénées, Est. Protégée.

1

2

3

4a

4b

5

1 Sédum blanc

Sedum album

5-20 cm juin-août ♃ 20

Identification : plante gazonnante. Tiges feuillées, serrées, sans fleurs. Tiges florifères peu feuillées, plus espacées. Feuilles charnues, glabres, cylindriques, aplaties dessus, presque horizontales. Fleurs blanches ou rougeâtres, à 5 pétales très étroits, disposées en corymbe.

Répartition : commun. Jusqu'à 2 500 m en montagne. Rochers, murailles, toits. Terrains caillouteux.

Biologie : comme les autres sédums, c'est une « plante grasse » qui stocke de l'eau dans ses feuilles dites succulentes. Les Romains l'appelaient déjà *sedum*.

2 Saxifrage granulée

Saxifraga granulata

15-40 cm mai-juillet ♃ 21

Identification : feuilles en rosette radicale, réniformes, crénelées, sans incrustations calcaires; bulbilles à l'aisselle des feuilles mortes. Tige dressée. Fleurs peu nombreuses, disposées en corymbe lâche.

Répartition : dans toute la France sauf les régions côtières du Nord-Ouest, de l'Ouest, la Corse et çà et là (Alpes, Midi). Sur sols siliceux. Talus, prairies, forêts claires. Jusqu'à 700 m environ.

Biologie : les bulbilles servent à la multiplication végétative de cette plante, qui a des feuilles persistantes.

3 Saxifrage à trois doigts

Saxifraga tridactylites

2-20 cm mars-mai ⊙ 21

Identification : feuilles radicales et caulinaires souvent trilobées, base rétrécie en coin sur la tige. Plante velue-glanduleuse.

Répartition : assez commune en France. Jusqu'à 1 700 m en montagne. Pelouses, rochers, murailles. Sur sols pauvres en calcaire.

Biologie : c'est la seule saxifrage qui s'avance jusque sur les terrains industriels; on la trouve dans les carrières, les friches proches des usines, les talus des voies ferrées où elle fait partie des plantes pionnières. Également appelée Perce-pierre.

4 Saxifrage à feuilles rondes

Saxifraga rotundifolia

15-60 cm juin-août ♃ 21

Identification : feuilles de la rosette radicale longuement pétiolées, arrondies, dentées, peu charnues par rapport à celles des autres saxifrages. Fleurs nombreuses.

Répartition : en montagne (sauf dans les Vosges) et en Corse. Jusque vers 2 500 m. Peu fréquente. Bords des torrents, ravins ombragés, mégaphorbiaies. Sols calcaires, riches.

Biologie : cette espèce préfère les lieux ombragés contrairement à la plupart des autres saxifrages qui vivent dans les lieux ensoleillés (structure des feuilles).

5 Saxifrage aizoon

Saxifraga paniculata (= *S. aizoon*)

5-40 cm mai-juillet ♃ 21

Identification : plante très charnue, qui forme des touffes denses (**5b**). Feuilles coriaces, finement dentées, incrustées de calcaire, obovales-oblongues, disposées en rosettes hémisphériques. Fleurs (8-11 mm) blanches ou crème, en panicules.

Répartition : collines et montagnes, jusque vers 2 600 m. Rochers, éboulis, terrains pierreux.

Biologie : comme d'autres saxifrages, semble souvent sortir des pierres (saxifraga, du latin *saxum*, pierre et *frangere*, briser). Le nom fait aussi allusion aux propriétés médicinales (contre les calculs). L'eau qui sort des stomates modifiés (hydathodes) situés entre les dents des feuilles, s'évapore et laisse des écailles calcaires.

1

2

3

5a

4

5b

1 Parnassie des marais

Parnassia palustris

15-50 cm juin-septembre ♃ 22

Identification : feuilles radicales entières, en cœur; une seule feuille caulinaire embrassante. Une seule fleur terminale, blanche (2-3 cm).

Répartition : rare dans le Midi, sporadique sur les côtes de l'Ouest. Tourbières plates, creux humides des dunes, sols humides et calcaires. Landes.

Biologie : les étamines sont disposées en deux cercles de 5 chacun (**1b**); celles du cercle externe mûrissent et produisent du pollen; celles du cercle interne se transforment en écailles nectarifères ayant du nectar à leur base et exsudant des gouttes d'eau à leur extrémité; ces gouttes attirent des mouches, mais le nectar est exploité par d'autres insectes spécialisés dans sa récolte.

2 Barbe de bouc

Aruncus dioicus

1-2 m juin-août ♃ 24

Identification : tige raide, dressée. Inflorescence (panicule) importante (elle comporte des centaines de petites fleurs blanches ou crème, de 5 mm). Feuilles divisées 2-3 fois, pennées, atteignant 1 m.

Répartition : en montagne : Vosges, Jura, Massif central, Alpes, Pyrénées. Ravins boisés, bois humides, bords des torrents.

Biologie : plante dioïque. Les pieds femelles ont des fleurs peu apparentes groupées en inflorescences peu importantes; les pieds mâles ont jusqu'à plus de 20 étamines par fleur et leurs inflorescences sont plus touffues.

3 Reine des prés

Filipendula ulmaria

50-150 cm juin-septembre ♃ ✿ 24

Identification : plante robuste à grandes inflorescences. Fleurs crème, parfumées. Feuilles pennées, pourvues des stipules typiques chez les Rosacées; folioles séparées par de petits segments foliaires dentés.

Répartition : dans toute la France sauf Corse, rare dans le Midi méditerranéen. Prairies humides, fossés, bords des cours d'eau, aulnaies, saulaies.

Biologie : ses racines charnues ont été employées, jadis, pour la préparation de la bière; avec les jeunes pousses, elles sont comestibles. Cette plante vit aussi en montagne, dans les mégaphorbiaies, associations végétales composées de grandes plantes herbacées, qui occupent les alpages humides jusque vers 1 700 m d'altitude. Plante médicinale anti-inflammatoire, employée pour le traitement des maladies articulaires (rhumatismes, arthroses) et aussi pour faire baisser la fièvre. Elle s'est propagée à la suite de l'abandon de certaines prairies humides et occupe une position dominante dans les communautés végétales qui les habitent.

4 Filipendule

Filipendula vulgaris (= *F. hexapetala*)

15-80 cm mai-août ♃ 24

Identification : fleurs semblables à celles de (**3**), mais deux fois plus grandes (5-9 mm), à 6 pétales en général (**5**) chez (**3**) (*hexapetala*, du grec, à 6 pétales), disposées en corymbes. Feuilles composées pennées (imparipennées) à 10-40 paires de folioles dentées.

Répartition : Ouest et Sud-Ouest de la France, Centre, Midi, extrême Nord-Est; ailleurs, rare ou absente. Bois clairs, lisières, peuplements de Chênes pubescents.

Biologie : espèce héliophile; atteint la limite septentrionale de sa répartition en Europe centrale. Cultivée. Plante médicinale.

1a
1b
2
3a
3b
4

1 Fraisier des bois, Fraisier sauvage

Fragaria vesca

5-30 cm avril-juin ♃ 24

Identification : feuilles à 3 folioles dentées, plus claires dessous que dessus, dents des folioles asymétriques (à la différence de celles du Faux-fraisier, (**2**)). Fleurs à 5 pétales arrondis, blancs (12-15 mm), non échancrés.

Répartition : très commun partout, sauf Corse et une partie du Sud-Est. Clairières, lisières, bords des chemins forestiers, talus herbeux, haies.

Biologie : très connues, les fraises sont les fruits forestiers les plus parfumés et les plus savoureux. Les petites graines jaunâtres se trouvent à la surface de la « fraise », réceptacle charnu, globuleux, rouge. Espèce qui se propage par multiplication végétative (ses stolons atteignent 2 m de long et s'enracinent au niveau des nœuds pour former de nouveaux pieds). Également disséminé par des oiseaux et des limaces. Est à l'origine des nombreuses variétés de fraisiers cultivés.

2 Faux-fraisier

Potentilla sterilis (= *P. fragariastrum*)

5-15 cm février-mai ♃ 24

Identification : ressemble au Fraisier sauvage, mais folioles à dents symétriques, ciliées au bord. Pétales échancrés.

Répartition : dans la moitié nord de la France, rare ou absent dans le sud (manque : Midi méditerranéen, Corse). Bois, haies, coupes.

Biologie : reproduction sexuée ou multiplication végétative. Fruits très petits, verts, immangeables. Stolons bien plus courts que ceux de (**1**) : ils mesurent au maximum 10-20 cm en général.

3 Mélilot blanc

Melilotus alba

30-150 cm mai-septembre ⊙-♃ ❀ 25

Identification : feuilles à 3 folioles ovales-lancéolées, dentées. Fleurs en longues grappes terminales et axillaires, pendantes.

Répartition : généralement commun. Talus, décombres, terrains vagues, bords des chemins.

Biologie : comme l'espèce voisine à fleurs jaunes, répand une forte odeur de foin frais ou d'Aspérule (p. 138), due à la présence de coumarine (anticoagulant). Ces deux espèces éloignent les mites dans les armoires. Leurs racines portent des nodosités contenant des bactéries fixatrices de l'azote, c'est pourquoi ces deux mélilots ont de l'importance pour l'amélioration des terres cultivées (engrais vert).

4 Trèfle blanc, Trèfle rampant

Trifolium repens

5-15 cm mai-octobre ♃ 25

Identification : inflorescences globuleuses, longuement pédonculées ; les fleurs inférieures brunissent précocement et se rabattent en arrière (**4a**).

Répartition : très commun en France, des côtes aux montagnes. Prairies, gazons, bords des chemins, lieux herbeux.

Biologie : quand un gazon est tondu un peu moins souvent que d'habitude, le Trèfle blanc a tendance à s'étendre car il peut se multiplier grâce à ses tiges souterraines, même si ses fleurs n'ont pas produit de graines. Les abeilles et beaucoup d'autres insectes, ainsi que des petits mammifères profitent de cette plante à des titres divers.

5 Trèfle des montagnes

Trifolium montanum

10-40 cm mai-juillet ♃ 25

Identification : diffère du Trèfle blanc par son port dressé ou au moins ascendant. Fleurs très brièvement pédonculées, non rabattues quand elles sont fanées.

Répartition : plaines et montagnes. Absent dans le Nord, l'Ouest et le Nord-Ouest de la France. Bois clairs, pelouses ; plutôt en terrain calcaire.

1
2
3
4a
4b
5

1 Pied d'oiseau

Ornithopus perpusillus

5-30 cm mai-juin ⊙ [25]

Identification : très petites fleurs blanches, groupées par 3-7 en têtes. Tiges couchées. Gousses rétrécies entre les graines (articulées), issues d'un même point (**1b**).

Répartition : assez commun en France mais rare dans une partie du Midi. Champs, landes, terres incultes, bords des chemins. Sur sols pauvres, sablonneux.

Biologie : l'ensemble des gousses a un aspect caractéristique mais chacune est petite (nom de l'espèce).

2 Oxalis, Petite Oseille, Oxalis des bois

Oxalis acetosella

5-15 cm avril-mai ♃ [35]

Identification : feuilles comme celles des trèfles (trifoliolées). Fleurs à 5 pétales blancs à nervures rose-mauve.

Répartition : rare dans une partie du Centre et de l'Ouest, dans le Midi méditerranéen, le Sud-Ouest. Forêts de feuillus. Sur sols frais, acides.

Biologie : le goût acide des feuilles a donné son nom à cette espèce (du grec *oxys*, acide). On ne doit pas les manger car elles contiennent de l'acide oxalique (oxalate de potassium). Plante d'ombre capable de vivre en des endroits où seulement 1 % de la lumière solaire parvient au sol, ce qui est un record parmi les végétaux herbacés.

3 Lin purgatif

Linum catharticum

5-50 cm mai-septembre ⊙ [38]

Identification : plante grêle, dressée ou ascendante. Feuilles opposées, espacées, sessiles, ovales à lancéolées. Fleurs très espacées (grappes lâches), blanches avec tache jaune à la base.

Répartition : dunes côtières de l'Ouest. Terrains humides, prairies, landes.

Biologie : plante médicinale : l'infusion de fleurs fraîchement récoltées est purgative, ce que rappelle le nom scientifique (du latin *catharticus*, laxatif), ne pas employer de fortes doses.

4 Mâcre, Châtaigne d'eau

Trapa natans

50 cm-2 m juin-juillet ⊙ [27]

Identification : plante aquatique aux feuilles flottantes rhombiques longuement pétiolées, à pétiole renflé au milieu (flotteur). Fleurs blanches, à 4 pétales non soudés.

Répartition : répandue dans les étangs, eaux stagnantes. Manque dans le Midi et en Corse.

Biologie : cette espèce thermophile était jadis très répandue. Les pétioles renflés contiennent une chambre à air et servent de flotteurs. Chaque fruit (une graine) globuleux est pourvu de 4 pointes (**4b**), crochets qui le fixent dans la vase du fond. Les graines mûrissent en automne. Elles ont été consommées depuis l'Âge de la pierre car elles sont farineuses.

5 Circée de Paris

Circea lutetiana

20-70 cm juin-août ♃ [28]

Identification : feuilles opposées, velues seulement sur les nervures, denticulées. Fleurs blanches à 2 pétales, disposées en longues grappes non feuillées.

Répartition : dans toute la France, mais rare dans le Midi méditerranéen. Forêts de feuillus et de résineux, à l'ombre. Sur sols humides, à tendances acides.

Biologie : jadis, cette plante a suscité des croyances, ce que rappelle son nom scientifique. Circée fut l'une des sorcières célèbres de l'Antiquité.

1a

2

1b

3

4a

4b

5

1 Sanicle

Sanicula europaea

15-50 cm mai-juin ♃ **41**

Identification : feuilles radicales palmées, à long pétiole, vert foncé, luisantes. Fleurs petites, blanches ou roses, en têtes disposées en ombelle.

Répartition : dans presque toute la France sauf dans une partie du Sud-Ouest et du Midi. Forêts de feuillus et mixtes. Sur sols riches, calcaires.

Biologie : la structure de ses inflorescences est originale chez les Ombellifères [il en est de même pour (**2**)]. En outre, sa distribution est particulière puisque c'est l'unique espèce du genre *Sanicula* présente en Europe (nom d'espèce) alors que plusieurs autres vivent en Asie orientale et en Amérique du Nord. On estime que la Sanicle d'Europe est une espèce relicte de l'Ère tertiaire. Jadis plante médicinale employée pour guérir les blessures (vulnéraire), mais aussi pour lutter contre l'asthme et d'autres maux des voies respiratoires (elle servait aussi à préparer des gargarismes).

2 Grande Astrance, Grande Radiaire

Astrantia major

20 cm-1 m juin-août ♃ **41**

Identification : contrairement à d'autres espèces de la même famille, a des ombelles simples (**2b**) entourées par des bractées lancéolées, dentées, blanchâtres dessous. Feuilles basales palmées, longuement pétiolées, vert foncé.

Répartition : en montagne : Vosges, Jura, Alpes, Massif central, Pyrénées. Jusqu'à 2 000 m d'altitude. Alpages, bois humides, ravins.

Biologie : jadis cultivée dans les Vosges. Inflorescences remarquables, d'où leur nom scientifique (*aster*, étoile). Variétés cultivées peu différentes de l'espèce sauvage.

3 Persil sauvage

Anthriscus sylvestris

50-150 cm avril-juin ♃ **41**

Identification : colonies très visibles au bord des routes et des chemins. Feuilles divisées 2-3 fois. Ombelles à 8-25 ombellules pédicellées (**3b**). Tiges sillonnées.

Répartition : très commun mais rare localement. Campagne cultivée, bords des chemins, prairies.

Biologie : caractérise les prairies fumées (exigeant en azote), donc très eutrophes. Favorisé par la présence du bétail, car ses graines sont absorbées et rejetées dans les excréments. Si l'on étudie la densité de cette espèce en mai-juin, on aura une bonne idée de l'importance de l'emploi des engrais (éventuellement de leur surdosage). En général, on remarque que la teneur en azote augmente près des fermes. Malgré la beauté de ses fleurs, cette espèce contribue à l'appauvrissement de la flore des campagnes cultivées car, étant très abondante, elle la rend plus monotone.

4 Torilis

Torilis japonica

30-125 cm juillet-août ⊙ **41**

Identification : tige rude, pourvue de poils raides, tournés en arrière. Feuilles vert foncé, luisantes, semblables à celles de (**3**).

Répartition : répandu au bord des routes, dans les terrains incultes, sur les sols riches en éléments nutritifs, en ombrage modéré (lisières, bords des fourrés).

Biologie : bien qu'ils ne soient pas munis de crochets, les fruits velus se fixent sur le pelage des animaux et les vêtements de l'homme et sont ainsi propagés. Le nom scientifique d'espèce n'est pas du tout adéquat.

1
2a
3a
2b
4
3b

1 Cerfeuil penché

Chaerophyllum temulum (= *temulentum*)

30-100 cm mai-juillet ⊙-♃ 41

Identification : tige partiellement rougeâtre avec renflements aux nœuds, garnie de poils raides.

Répartition : semblable à celle de *Torilis japonica* (p. 128) : haies, lisières des bois, lieux ombragés, bords des chemins. Sur sols riches.

Biologie : espèce toxique, connue depuis longtemps. Renferme un alcaloïde, qui provoque des troubles nerveux chez les veaux qui la mangent (ces animaux titubent), ce qu'évoque aussi le nom scientifique (latin *temulus*, qui titube). Les feuilles répandent une odeur très désagréable quand on les froisse.

2 Grand Boucage

Pimpinella major

30-100 cm juin-septembre ♃ 41

Identification : tige anguleuse, sillonnée. Feuilles pennées une seule fois (**2b**), folioles et feuilles basales luisantes, atteignant 4 cm. Fleurs blanches ou roses, en ombelles à 8-10 rayons (diamètre : environ 3 mm), sans bractées ni bractéoles. Fruits comprimés, à 5 côtes.

Répartition : dans toute la France sauf Corse, Midi méditerranéen et une partie des Alpes. Prairies grasses, lisières des bois. Sur sols riches, basiques.

Biologie : la souche et les racines des deux *Pimpinella* décrites ici contiennent des huiles éthérées et de la saponine, c'est pourquoi ce sont des plantes médicinales connues depuis longtemps. Séchées et en infusion, elles ont donné de bons résultats dans le traitement des maux de gorge. Actuellement, on mange les feuilles en salade.

3 Boucage

Pimpinella saxifraga

10-60 cm juin-septembre ♃ 41

Identification : tige arrondie, finement sillonnée. Feuilles divisées une seule fois, folioles de 15 mm seulement, mates (**3a**).

Répartition : commune en France. Pelouses sèches, dérayures, bois clairs, broussailles. Surtout dans les sols calcaires.

Biologie : souvent considérée comme indicatrice de la pauvreté des sols. En terrain sablonneux, développe souvent un système racinaire très important, qui s'enfonce jusqu'à 1,30 m.

4 Herbe aux goutteux

Aegopodium podagraria

30-80 cm mai-août ♃ ✿ 41

Identification : tige dressée, creuse, sillonnée, glauque. Feuilles inférieures longuement pétiolées, à 3 divisions elles-mêmes à 3 folioles; feuilles caulinaires sessiles, à 3 divisions; il y a des intermédiaires entre ces deux types.

Répartition : Absente ou rare dans l'Ouest, une partie du Sud-Ouest, en Corse et dans le Midi méditerranéen. Bois frais, haies, lisières, lieux ombragés.

Biologie : les fleuristes semblent n'avoir découvert que tout récemment la beauté et la bonne tenue de cette plante. Mauvaise herbe des jardins, difficilement éradiquée car chaque fragment des profonds rhizomes peut produire de nouveaux pieds. On n'en viendra à bout que par un nettoyage constant du sol. Les feuilles cueillies avant la floraison peuvent être mangées, comme les jeunes feuilles d'orties. Les propriétés médicinales sont mal connues, mais jadis on attribuait à cette plante certaines vertus et son nom scientifique y fait allusion.

1
2a
3a
2b
3b
4

Les Ombellifères, désormais appelées Apiacées, sont des plantes herbacées aux fleurs généralement blanches, aux feuilles très divisées, à pétiole embrassant la tige par une gaine. Abstraction faite des deux premières espèces de la page 128, toutes celles qui sont décrites ici sont facilement reconnaissables à l'aspect de leurs inflorescences (ombelles composées d'ombellules). Les bractées des ombelles sont appelées involucre, celles des ombellules sont des involucelles. Le nombre des bractées est souvent un caractère important pour séparer des espèces très semblables par ailleurs.

1 Berle à feuilles étroites

Berula erecta

30-100 cm juillet-août ♃ [41]

Identification : plante des marais aux eaux peu profondes. Feuilles divisées une fois, folioles doublement dentées. Tige dressée, ronde, creuse. Ombelles brièvement pédonculées, à 10-20 ombellules. Feuilles submergées à segments linéaires.

Répartition : commune sauf localement. Fossés, rivières assez lentes, à fond vaseux, aux eaux non eutrophes.

Biologie : autrefois appelée *Sium angustifolium* ou *Sium erectum*. Vit dans les eaux ayant au maximum 1 m de profondeur. Se multiplie au moyen de rejets qui courent dans la vase.

2 Œnanthe aquatique

Oenanthe aquatica

30-120 cm juin-septembre ⊙-♃ [41]

Identification : tige ronde, creuse, striée, rameuse, atteignant 5 cm de diamètre au moins chez les sujets aquatiques. Ombelles sans involucre mais avec nombreux involucelles. Feuilles divisées 2-3 fois. Feuilles submergées extrêmement fines (filiformes).

Répartition : commune sauf dans le Midi. Zones d'atterrissement des eaux douces, mares, étangs. En eau profonde d'au moins 1 m, calcaire et riche en éléments nutritifs.

Biologie : adaptée aux fortes variations du niveau de l'eau. Toxique. Jadis on employait les fruits comme diurétique et pour calmer la toux.

3 Petite Ciguë, Faux-persil

Aethusa cynapium

80-200 cm juin-septembre ⊙ [41]

Identification : diffère de (**2**) par son habitat, son odeur désagréable et ses involucelles très grandes, déjetées d'un côté et rabattues vers le bas, moins longues que les rayons des ombellules. Il y a assez fréquemment des lignes rougeâtres sur la tige.

Répartition : largement répandue en France, apparemment rare dans le Sud et la Corse. Haies, lisières des bois, talus, terres cultivées, friches.

Biologie : attention aux risques de confusion avec le Persil cultivé, qui a une odeur agréable et dont la face inférieure des feuilles n'est pas luisante. La Petite ciguë est toxique et a déjà provoqué des empoisonnements mortels.

4 Grande Ciguë

Conium maculatum

80-250 cm juin-août ⊙-♃ [41]

Identification : tige pruineuse-bleuâtre, tachetée de rouge vers la base. Odeur vireuse d'urine de souris. Involucre à 3-5 bractées réfléchies. (**4a**).

Répartition : assez commune en France, sauf localement. Terrains vagues et humides, haies, bords des chemins.

Biologie : très toxique (mortelle). C'est l'une des plantes les plus toxiques qui soient (contient un alcaloïde, la conine, qui affecte les centres respiratoires et provoque la mort tout en laissant la conscience chez la personne empoisonnée).

1a

1b

2

3

4a

4b

1 Héraclée

Heracleum mantegazzianum

2-5 m juin-septembre ⊙-♃ [41]

Identification : plante géante, tiges atteignant 10 cm de diamètre, ombelles ayant jusqu'à plus de 30 ombellules avec un diamètre total dépassant 50 cm. Feuilles ayant jusqu'à 2 m de long, plus ou moins divisées.

Répartition : localement commune. Terrains vagues, bords des eaux douces courantes. En expansion localement (bords des chemins, lisières des bois).

Biologie : cette Ombellifère, remarquable par ses dimensions, est originaire du Caucase et fut introduite comme plante d'ornement dans les parcs, mais sans doute aussi semée dans la nature pour occuper des déblais, etc., ce qui a été une erreur. En effet, l'Héraclée se propage de plus en plus et évince des espèces indigènes intéressantes. D'autre part, elle présente des dangers encore mal connus du public : en effet chez certaines personnes, le simple contact avec les feuilles, avec les tiges ou avec la sève provoque une élévation importante de la photosensibilité : par temps ensoleillé, cela peut causer des ampoules sur la peau ou même des ulcérations qui rendent nécessaire la consultation chez un médecin, voire l'entrée en clinique. Malgré l'aspect décoratif de ses grandes fleurs, qui attirent de nombreux insectes, cette espèce ne doit pas être propagée. Son nom évoque la mémoire du voyageur italien Paolo Mantegazza (1831-1910).

2 Berce, Branc-ursine

Heracleum sphondylium

50-150 cm mai-octobre ♃ ✿ [41]

Identification : tige atteignant 2 cm de diamètre, sillonnée, velue-rude. Feuilles atteignant 50 cm, lobées ou pennées, leurs gaines fortement renflées (**2b**). Fleurs blanches.

Répartition : dans toute la France sauf la région méditerranéenne, mais existe en Corse. Commune au bord des routes, chemins ; haies, talus, clairières des forêts, prairies.

Biologie : les gaines ventrues des feuilles protègent les boutons floraux et les pousses latérales pas encore développées.

3 Cumin des prés, Carvi, Anis des Vosges

Carum carvi

30-150 cm juin-juillet ♃ [41]

Identification : feuilles divisées deux fois, en forme de lanières. Segments foliaires de plus en plus petits vers le bas des feuilles. Ombelles à 8-15 ombellules ; généralement sans involucre ni involucelles.

Répartition : surtout en montagne et sur les collines : Nord-Est, Sud-Est, Centre, Pyrénées. Prairies et autres lieux herbeux.

Biologie : les fruits ont l'odeur typique de l'Anis et contiennent des huiles éthérées ; ils stimulent les sécrétions gastriques et sont apéritifs, c'est pourquoi on les emploie comme condiments. On s'en est servi aussi pour aromatiser des fromages.

4 Peucédan des marais

Peucedanum palustre

80-160 cm juin-juillet ♃ [41]

Identification : feuilles divisées 3 fois et plus, à segments linéaires et extrémités blanchâtres. Tige nue, creuse, sillonnée. Involucre rabattu.

Répartition : assez commun dans le Nord et l'Est, rare ou absent ailleurs. Prairies humides, marécages, aulnaies.

Biologie : le nom du genre était déjà employé par les Grecs de l'Antiquité et désignait une plante contenant dans ses racines des substances amères, comme cela est le cas chez le Peucédan des marais.

1

2a

2b

2c

3

4

1 Fenouil des Alpes

Meum athamanticum

20-60 cm mai-juillet ♃ 41

Identification : répand une forte odeur épicée quand on le froisse. Feuilles filiformes, dont les segments ultimes sont nombreux, disposés en verticilles. Tige striée, glabre, peu rameuse.

Répartition : prairies des montagnes : Vosges, Jura, Alpes, Massif central, Pyrénées. Sur sols riches en éléments nutritifs.

Biologie : jadis employé comme condiment et plante médicinale. Faible valeur fourragère. Sa grosse souche et les débris de ses feuilles mortes seraient appréciés par l'Ours brun. Le nom scientifique d'espèce fait allusion à *Athamanta cretensis*, espèce voisine, vivant dans le Jura, les Alpes, les Cévennes et sur quelques falaises de Bourgogne.

2 Angélique sauvage

Angelica sylvestris

50-200 cm juillet-octobre ⊙-♃ 41

Identification : grandes ombelles faiblement bombées, à 20-30 rayons. Tige ronde, glabre, striée, souvent glauque ou rougeâtre. Feuilles divisées 2 fois, pétiole en gouttière sur la face supérieure, folioles ovales, gaines foliaires renflées.

Répartition : dans toute la France sauf le Midi méditerranéen, la Corse et une partie des Alpes. Prairies humides, mégaphorbiaies, bois frais, forêts riveraines. Sols frais, mouillés, riches en éléments nutritifs.

Biologie : racines jadis employées pour leurs vertus stimulantes. Une légende rapporte qu'un ange découvrit ces qualités et les fit connaître aux hommes, d'où les noms français et scientifique du genre. Une espèce voisine (*Angelica archangelica*) est cultivée comme plante médicinale et employée actuellement pour traiter des troubles digestifs. Encore plus imposante, elle vit surtout au bord des grands fleuves d'Europe centrale (Elbe, Ems, Weser, Rhin, Main et Danube). Cultivée depuis des siècles. Les deux espèces ont les mêmes propriétés médicinales.

3 Carotte sauvage

Daucus carota

25-100 cm ⊙ 41

Identification : involucre remarquable, formé de folioles découpées en lanières ; au milieu de l'ombelle, il y a souvent une fleur stérile, un peu plus grande que les autres et de couleur purpurine (**3b**). À l'époque de la fructification, les rayons de l'ombelle se rapprochent et l'ensemble ressemble à un petit nid d'oiseau (**3c**). Feuilles très découpées. Fruits couverts d'aiguillons rectilignes.

Répartition : très commune. Lieux incultes, bords des chemins, prairies, haies.

Biologie : à l'origine de la carotte cultivée, dont on a obtenu diverses variétés en favorisant le développement de la racine principale, extrêmement renflée. La carotte que nous mangeons est issue de cette racine et d'un segment de la tige situé au-dessous des cotylédons. Elle résulte d'un développement en épaisseur de la partie externe, charnue, qui se distingue nettement du « cœur » par sa couleur. Les premières formes cultivées étaient déjà connues des Germains. En raison de sa teneur en vitamines B et C, et en carotènes (provitamine A), la carotte a une grande valeur nutritive.

1

2a

2b

3a

3b

3c

1 Pirole mineure

Pyrola minor

10-20 cm juin-juillet ♃ [60]

Identification : rosette de feuilles persistantes, arrondies-ovales. 8 à 15 fleurs blanches ou rosées, globuleuses, en grappe terminale sur une hampe dressée.

Répartition : plus ou moins rare selon les régions. Pinèdes claires, landes, prairies alpines.

Biologie : les différentes espèces de piroles présentes en France (il y en a 6), ont une répartition sporadique. On les reconnaît facilement à leurs feuilles toujours vertes, luisantes et à leurs fleurs en clochette, à 5 divisions. La symbiose avec un champignon (mycorhize) est peut-être à l'origine de la sensibilité de la Petite pirole aux bouleversements du milieu ambiant. L'enrésinement (plantation d'épicéas notamment) lui a été favorable, mais actuellement son aire de répartition se rétrécit.

2 Trientalis d'Europe

Trientalis europaea

5-30 cm mai-août ♃ [64]

Identification : feuilles supérieures en verticille. Souche rampante produisant des stolons. Fleurs solitaires, sur pédoncules atteignant 5 cm, ayant généralement 7 divisions, ce qui est tout à fait inhabituel.

Répartition : rare en France : Ardennes, Vosges, nord des Alpes, Corse. Lieux marécageux, bois de résineux, chênaies-boulaies, tourbières. Sur sols acides, moussus.

Biologie : jadis, était plus largement répandue quand le climat était plus froid ; sa distribution sporadique en fait une relicte de l'époque glaciaire.

3 Trèfle d'eau

Menyanthes trifoliata

20-30 cm avril-juin ♃ [72]

Identification : feuilles émergées à 3 folioles, à long pétiole engainant. Fleurs blanches rosées, extrémité des pétales garnie de poils blancs (**3b**).

Répartition : absente en mainte région ; rare dans une partie du Midi. Tourbières plates, prairies humides inondables, marais, étangs. Sur sols tourbeux.

Biologie : les franges des pétales écartent certains insectes des nectaires. Les substances amères de cette plante ont un effet stimulant sur les sécrétions digestives, c'est pourquoi elle fut jadis présente dans la pharmacopée. Actuellement, on l'emploie pour préparer une liqueur.

4 Dompte-venin

Vincetoxicum hirundinaria (= *V. officinale*)

30-120 cm mai-août ♃ [74]

Identification : feuilles ovales à lancéolées, opposées, entières. Tige dressée, creuse, peu rameuse. Fleurs blanc-crème (3-10 mm) en corymbes. Fruits allongés, fusiformes, graines pourvues d'une aigrette soyeuse.

Répartition : absent localement. Terrains secs, bois clairs, friches, talus, broussailles. Sur sols calcaires en général.

Biologie : plante médicinale toxique (émétique). Jadis on utilisait sa racine.

5 Aspérule odorante, Reine des bois

Gallium odoratum (= *Asperula odorata*)

10-30 cm mai-juin ♃ ✿ [75]

Identification : tige non ramifiée. Feuilles en verticilles de 6-8 superposés ; limbe ovale-lancéolé. Fleurs blanches en corymbe terminal.

Répartition : dans l'Est, le Sud-Est, le Centre, les Pyrénées, la Corse et une partie du Nord-Ouest, rare ou absente ailleurs. Bois frais, à l'ombre ; hêtraies, chênaies. Sur sols riches en bases.

Biologie : contient de la coumarine à l'origine de l'agréable odeur des feuilles fanées. Employée pour préparer le vin de mai (attention au surdosage des feuilles). Plante médicinale.

1
2
3a
3b
4
5

1 Gaillet des marais

Gallium palustre

10-80 cm mai-septembre ♃ [75]

Identification : feuilles lancéolées, généralement groupées par 4-6 en verticilles. Tige un peu rude, anguleuse. Anthères rougeâtres.

Répartition : dans toute la France sauf le Midi méditerranéen, la Corse. Marais, étangs, bords de l'eau, aulnaies.

Biologie : les cinq espèces de *Gallium* qui sont décrites sur cette page ont de petites fleurs à corolle étalée, à 4 divisions, et des feuilles disposées en verticilles. Comme chez toutes les espèces de la famille des Rubiacées, à laquelle appartiennent les gaillets, le calice est très réduit ou même absent et les feuilles sont, en réalité, des stipules.

2 Gaillet des bois

Gallium sylvaticum

40-120 cm juillet-septembre ♃ [75]

Identification : feuilles groupées par 6-8, atteignant 1 cm de large. Coloration générale un peu glauque. Fleurs disposées en panicule. Tiges rondes.

Répartition : rare en France, seulement dans l'Est, le Sud-Est et les Pyrénées. Forêts, lisières. Sur sols frais, riches en bases.

Biologie : présent dans les chênaies-charmaies, les peuplements de hêtres et de chênes, etc. Ses racines s'enfoncent jusqu'à 50 cm de profondeur.

3 Caille-lait blanc

Gallium mollugo

30-150 cm mai-août ♃ [75]

Identification : tiges glabres, anguleuses, dressées. Feuilles verticillées par 6-9. Fleurs blanches ou blanc crème, à 4 divisions, réunies en panicule ample.

Répartition : dans toute la France. Prairies, lisières, bords des fossés, des chemins, forêts (aulnaies).

Biologie : le nom scientifique (du grec *gala*, lait) évoque l'ancien usage de cette plante, employée pour faire cailler le lait (le nom français est explicite). On mettait à profit la présence d'une enzyme. Le nom d'espèce, *mollugo* (du latin *mollis*, lisse) rappelle que les tiges sont lisses et glabres.

4 *Gallium hercynium* (= *G. saxatile*)

5-30 cm juin-août ♃ [75]

Identification : plante couchée, gazonnante. Feuilles ciliées au bord, généralement au nombre de 6 par verticille.

Répartition : collines et montagnes, à partir de 300-400 m : Ardennes, Vosges, Massif central, Bourgogne ; Nord-Ouest et Pyrénées. Prairies maigres, bois. Sur sols siliceux.

Biologie : le nom scientifique actuel de l'espèce, *hercynicus* ou *harcynicus* signifie qui vit dans le Harz (montagne d'Allemagne centrale).

5 Gaillet gratteron

Gallium aparine

15-100 cm juin-septembre ⊙ [75]

Identification : tige, feuilles et fruits garnis d'aiguillons crochus (**5b**). Feuilles en verticilles de 6-9.

Répartition : dans toute la France sauf la région méditerranéenne et la Corse (rare). Bois, lisières, broussailles, coupes, champs, jardins.

Biologie : grâce à ses aiguillons, s'accroche à d'autres plantes et à divers supports. Fait partie des espèces nitrophiles, favorisées par les engrais. Dispersion effectuée par les animaux et par l'homme car ses fruits sont pourvus de poils crochus. Dans les jardins, c'est une mauvaise herbe, dont il est parfois difficile de se débarrasser.

1
2
3
4a
4b
5a
5b

1 Liseron des haies

Calystegia sepium

1-5 m juin-octobre ♃ 81

Identification : plante volubile à grandes fleurs blanches (4-6 cm de diamètre). Feuilles à long pétiole.

Répartition : dans toute la France mais rare dans le Midi méditerranéen et la Corse. Bords des chemins, de l'eau, haies, buissons, forêts riveraines.

Biologie : l'extrémité de la tige effectue des mouvements spiralés jusqu'à ce qu'elle rencontre un support (ils se font dans le sens inverse des aiguilles d'une montre). Les fleurs en entonnoir, solitaires sont visitées assidûment par un papillon nocturne, le Sphinx du liseron (*Agrius convolvuli*). Ces fleurs sont parmi les plus grandes de notre flore indigène.

2 Grémil des champs

Lithospermum arvense
(= *Buglossoides arvensis*)

20-50 cm avril-juin ⊙ 82

Identification : plante velue-rude, aux feuilles lancéolées à linéaires. Fleurs petites, peu nombreuses, entre les feuilles à l'extrémité des pousses ; chacune produit 4 graines arrondies, dures, rugueuses.

Répartition : répandu partout en France. Champs, broussailles, terrains secs. Mauvaise herbe des cultures. Sur sols calcaires.

Biologie : en raison du nettoyage des semences et de l'emploi généralisé des herbicides, cette espèce est devenue rare en mainte région. Ses graines sont extrêmement dures, ce que rappelle le nom du genre (du grec *lithos*, pierre et *sperma*, graine). Jadis on tirait de sa racine un colorant rouge utilisé pour le maquillage.

3 Ortie blanche, Lamier blanc

Lamium album

20-60 cm avril-juin ♃ ✿ 91

Identification : feuilles semblables à celles des orties, mais non piquantes. Fleurs en verticilles, à 2 lèvres, blanches. Feuilles dentées, opposées, pointues.

Répartition : dans toute la France sauf l'Ouest, le Sud-Ouest, la région méditerranéenne et la Corse où il est rare ; absent d'une partie des Alpes et des Pyrénées. Haies, talus, lisières, prairies humides.

Biologie : comme les orties, le Persil sauvage, la Berce, l'Herbe aux goutteux et le Gaillet gratteron, cette espèce a profité de l'eutrophisation des sols due aux engrais et à leur pollution par diverses substances organiques. Les fleurs des lamiers sont caractérisées par leurs lèvres et ont donné son autre nom à la famille des Lamiacées ou Labiées. Les Romains employaient déjà le mot *lamium* (du grec *lamion*, gorge, gosier).

4 Lycope d'Europe, Chanvre d'eau, Pied de loup

Lycopus europaeus

25-120 cm juin-septembre ♃ 91

Identification : plante des lieux humides. Feuilles profondément dentées, ovales-lancéolées, opposées. Petites fleurs blanches tachées de rouge, en verticilles à l'aisselle des feuilles.

Répartition : dans toute la France, mais rare dans le Midi méditerranéen et la Corse. Bords des ruisseaux et rivières, fossés, aulnaies, étangs, terrains inondables.

Biologie : feuilles de forme variable selon leur position sur la tige : les supérieures sont lancéolées à ovales, vers la base, elles sont profondément dentées, celles qui sont immergées sont très divisées. La ressemblance avec un pied de Loup (nom populaire de l'espèce) n'est guère évidente, mais elle est évoquée par le nom scientifique (du grec *lykos*, loup et *pous, podos*, pied).

1

2

3a

3b

4

1 Alkékenge, Coqueret, Amour en cage

Physalis alkekengi

30-60 cm mai-octobre ♃ 83

Identification : fleurs solitaires, blanc-verdâtre, en cloche ou en roue. Plante remarquable par le calice qui, après la floraison, se transforme en vessie rouge incluant un fruit rouge vif.

Répartition : échappée des jardins. Haies, broussailles, vignes. Sur sol calcaire.

Biologie : les sépales grossissent d'environ dix fois pour former le lampion rouge, qui surprend les enfants et les profanes. La baie rouge n'est pas toxique. Le nom scientifique de genre vient du grec (*physa*, soufflet). Jadis, plante médicinale employée pour traiter les affections de la vessie (théorie des « signatures ») car le calice ressemble à une vessie. À l'exception de la baie, toutes les autres parties de la plante sont légèrement toxiques. Espèce originaire de l'est de la région méditerranéenne, introduite plus à l'ouest. Employée pour sa valeur décorative dans les bouquets de fleurs séchées.

2 Morelle noire

Solanum nigrum

10-60 cm juin-octobre ⊙ 83

Identification : feuilles ovales à triangulaires, généralement dentées. Fleurs blanches, à pétales étalés puis réfléchis; anthères jaunes, réunies en colonne, ressemblant à celles de la Pomme de terre.

Répartition : manque localement. Jardins, cultures sarclées, décombres, bords des chemins.

Biologie : les baies, d'abord vertes puis noires à maturité (**2b**) contiennent des substances toxiques en quantité variable selon les régions; cela explique que l'on ait signalé des empoisonnements localement et qu'ailleurs on les ait consommées sans dommage. Cette plante a été cultivée dans la région méditerranéenne.

3 Datura stramoine

Datura stramonium

30-200 cm juillet-octobre ⊙ 83

Identification : grandes fleurs blanches en trompette (**3a**), à lobes pointus. Fruits gros comme une noix, ovoïdes, hérissés de pointes (**3b**).

Répartition : commune ou rare selon les régions. Décombres, terrains vagues, abandonnés. Sur sols riches en éléments nutritifs.

Biologie : les fleurs peuvent être violacées. Plante originaire du Mexique et de l'Amérique du Nord, introduite en Europe au XVIIe siècle dans les jardins de plantes médicinales, d'où elle s'est échappée ça et là. Ce sont surtout les graines et les fruits qui sont très toxiques (contiennent des alcaloïdes mortels). Ils provoquent des crampes et autrefois on préparait, avec les feuilles, des cigarettes destinées à lutter contre l'asthme (méthode dangereuse…). Cette plante figure encore dans la pharmacopée moderne car elle a les mêmes propriétés que la Belladone (p. 330).

4 Casse-lunettes

Euphrasia rostkoviana (= *E. officinalis*)

5-40 cm mai-octobre ⊙ 85

Identification : fleurs blanches veinées de violet sur la lèvre supérieure, en général, une tache jaune sur la lèvre inférieure.

Répartition : commune en plaine et en montagne. Bords des chemins, landes, prairies.

Biologie : semi-parasite sur les plantes herbacées du voisinage (suçoirs enfoncés dans leurs racines) et ses graines ne peuvent germer qu'à leurs côtés. Jadis employé pour traiter l'irritation des yeux en raison de ses vertus adoucissantes, d'où son nom français.

1a

2a
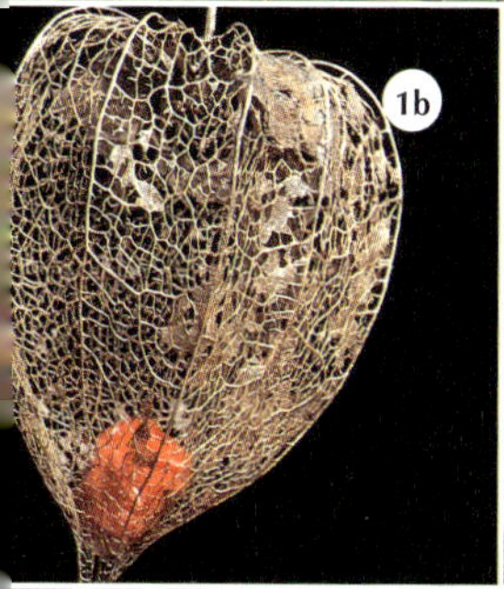
1b

2b

3b

4

3a

1 Grassette des Alpes

Pinguicula alpina

3-10 cm mai-juillet ♃ 87

Identification : feuilles elliptiques-oblongues, disposées en rosette radicale. Hampes portant chacune, à l'extrémité, une seule fleur blanche, tachetée de jaune à la gorge, corolle à 2 lèvres, la supérieure à 2 lobes, l'inférieure à 3 lobes (**1b**). Les 5-8 feuilles entières ont leur face supérieure pourvue de nombreuses glandes qui les font paraître grasses, leurs bords sont recourbés vers le centre (**1a**).

Répartition : Jura, Alpes, Pyrénées, jusqu'à 2 200 m d'altitude. Tourbières, lieux humides (prairies, etc.).

Biologie : fait partie des plantes carnivores comme la Grassette vulgaire (*Pinguicula vulgaris*), à fleurs mauves, plus largement répandue en France. La sécrétion collante de ses feuilles retient de petits insectes qui sont digérés par des enzymes décomposeurs des substances azotées. Le nom scientifique du genre fait allusion à l'aspect gras des feuilles (du grec *pinguis*, gras).

2 Mâche, Doucette

Valerianella locusta (= *V. olitoria*)

5-40 cm avril-juin ⊙ 78

Identification : plante rameuse. Feuilles opposées, spatulées ou oblongues. Petites fleurs mauve pâle à blanches, en têtes denses.

Répartition : commune sauf dans la région méditerranéenne où elle est plus rare. Jardins, champs, terrains sablonneux, talus.

Biologie : utilisée comme salade au même titre que les variétés cultivées (**2b**). Toutefois, les feuilles de l'espèce sauvage sont plus pâles et plus jaunâtres que celles de ces dernières. Présente déjà à l'Âge de pierre en Europe centrale. Fait partie des archéophytes, plantes qui parvinrent en Europe avec les céréales et qui, ultérieurement redevinrent sauvages. Germination à la fin de l'été ; reste verte en hiver et fleurit au printemps, saison où elle n'est plus comestible. Ce sont les nouvelles petites feuilles, groupées en rosettes, qui sont les plus appréciées.

3 Cardère velue

Dipsacus pilosus

60-120 cm juillet-août ⊙ 79

Identification : inflorescence globuleuse. Fleurs blanchâtres (2 cm de diamètre), penchées avant la floraison. Tige moins épineuse que celle de la Cardère (aiguillons épars) et feuilles non soudées par deux à leur base, contrairement à la Cardère (p. 304).

Répartition : assez commune. Absente de la région méditerranéenne. Forêts riveraines, bois humides, broussailles au bord de l'eau.

Biologie : contrairement à la Cardère, qui est largement répandue actuellement, cette espèce est plus étroitement liée à des milieux particuliers et donc plus rare.

4 Raiponce en épi

Phyteuma spicatum

30-80 cm mai-juillet ♃ 92

Identification : fleurs blanches, rarement bleu pâle. Inflorescence d'abord conique, puis cylindrique. Tube de la corolle d'abord incurvé. Feuilles radicales arrondies-ovales, en cœur à la base, souvent tachetées de noirâtre ; feuilles caulinaires alternes, lancéolées.

Répartition : dans toute la France sauf la région méditerranéenne et la Corse, manque aussi localement. Coteaux, friches boisées, forêts claires de feuillus et de résineux.

Biologie : la souche et les feuilles sont parfois consommées. Le mot raiponce vient du latin *rapum*, rave, *rapulum*, petite rave. Plante cultivée.

1b
1a
2a
3
4
2b

1 Pâquerette

Bellis perennis

3-15 cm janvier-décembre ♃ ✿ [94]

Identification : l'une des plantes les plus communes. La fleur est en réalité un ensemble de très petites fleurs (comme chez les autres Composées) : ligulées et blanches à la périphérie, tubuleuses et jaunes au centre, le tout sur un réceptacle (renflement de l'extrémité du pédoncule).
Répartition : partout très commune en France, jusqu'à plus de 2 000 m en montagne. Prairies et autres lieux herbeux, gazons.
Biologie : son nom lui vient du fait qu'elle fleurit abondamment au printemps, aux environs de Pâques et après.

2 Vergerette ou Érigeron du Canada

Erigeron canadensis (= *Conyza c.*)

20-150 cm juillet-octobre ⊙ [94]

Identification : plante dressée, rameuse au sommet. La tige et ses nombreuses feuilles sont très velues. Ces dernières sont entières, allongées. Nombreuses petites fleurs blanchâtres et jaunâtres.
Répartition : très commune. Terrains vagues, cultures. Sur sols sablonneux.
Biologie : originaire d'Amérique du Nord, introduite en Europe vers 1650 (néophyte), devenue cosmopolite. Était employée comme plante médicinale au Canada.

3 Pied de chat

Antennaria dioica

5-20 cm mai-juillet ♃ [94]

Identification : plante gazonnante, formant des colonies plus ou moins étendues. Feuilles en rosette, lancéolées à spatulées, velues-blanches dessous. Capitules blancs ou roses.
Répartition : en montagne, jusqu'à 2 800 m d'altitude ; localement aussi en plaine. Bois clairs, landes, alpages. Sur sols siliceux, pauvres en éléments nutritifs.
Biologie : tend à être dioïque (nom scientifique *dioica*). Les fleurs mâles sont blanches, les fleurs femelles rougeâtres. Le feutrage des feuilles sert à réduire la transpiration, maintient l'humidité à leur surface et protège les stomates. Cette pilosité évoque la douceur des pelotes plantaires des chats (nom de l'espèce).

4 *Galinsoga ciliata*

10-50 cm juin-octobre ⊙ [94]

Identification : très petits capitules à seulement 5 fleurs ligulées, blanches. Diffère de *Galinsoga parviflora*, très semblable, par sa tige velue-blanche (glabre chez *G. parviflora*).
Répartition : les deux espèces sont communes dans les jardins, les champs de plantes sarclées, les décombres.
Biologie : ces deux espèces ont été introduites en Europe dans la première moitié du XIXe siècle et proviennent de l'Amérique du Sud tropicale. Leur origine explique qu'elles soient sensibles aux gelées. Le nom de genre rappelle la mémoire de M. Galinsoga, directeur du jardin botanique de Madrid.

5 Grande Marguerite

Leucanthemum vulgare

20-100 cm juin-octobre ♃ ✿ [94]

Identification : grande plante des prairies et du bord des routes. Gros capitules (3-6 cm de diamètre) sur de longs pédoncules. Feuilles supérieures sessiles, à demi-embrassantes, les inférieures, longuement pétiolées, dentées, plus ou moins ovales. Tiges généralement simples, aspect variable.
Répartition : très commune, en toutes régions. Prairies, bords des chemins et des routes, talus.
Biologie : après l'ensemencement des talus routiers, la Grande Marguerite s'y montre souvent en grand nombre. Très connue, recherchée pour la confection de bouquets, car elle dure longtemps dans les vases.

1
2
3
4
5a
5b

1 Carline, Baromètre

Carlina acaulis

10-50 cm août-septembre ♃ 94

Identification : un ou plusieurs grands capitules (5-15 cm de diamètre), à pédoncule court ou bien très long. Fleurs blanches ou brun-pourpré. Capitules entourés de bractées argentées, très visibles. Plante piquante. Feuilles radicales et caulinaires pennées, épineuses.

Répartition : Vosges, Jura, Alpes, Pyrénées, Plateau de Langres. Friches, alpages, pelouses maigres. Surtout sur sols calcaires.

Biologie : l'un de ses noms fait allusion au fait que les bractées se replient par temps humide et s'écartent quand l'air est sec et chaud. Jadis cueillie pour sa valeur décorative. Aujourd'hui menacée localement (p. ex. dans la région Bourgogne). Avec les feuilles piquantes, les bractées argentées protègent les fleurs. La Carline n'est pas un chardon, bien qu'on l'appelle ainsi fréquemment. En montagne, la brièveté de sa tige est une adaptation qui la protège contre le froid sous la couche de neige. Ses longues racines sont également une adaptation à la vie dans les sols pierreux et secs.

2 Sagittaire

Sagittaria sagittifolia

20-100 cm juillet-août ♃ 95

Identification : plante aquatique ayant 3 types de feuilles selon leur situation, aérienne, flottante ou submergée. Les plus remarquables sont les feuilles aériennes, en forme de fer de flèche, les flottantes étant arrondies et les submergées longues et rubanées.

Répartition : largement répandue en France. Étangs, rivières lentes, fossés remplis d'eau, marais.

Biologie : la forme des feuilles aériennes est si insolite que le nom scientifique répète cette particularité (du latin *sagitta*, flèche, *sagittifolia*, feuilles en flèche). Multiplication végétative et survie en hiver sont assurées par des bulbes qui se forment sur les stolons ; riches en amidon, ils atteignent la grosseur d'une noix. En Chine, on les apprécie pour leur goût et l'espèce est cultivée pour les obtenir.

3 Petit Nénuphar, Morène

Hydrocharis morsus-ranae

15-30 cm mai-août ♃ 97

Identification : plante flottante. Feuilles orbiculaires, en rosette. Fleurs solitaires (environ 20 mm de diamètre) à trois pétales blancs avec tache jaune à la base.

Répartition : rare ou absent localement. Étangs, fossés remplis d'eau.

Biologie : c'est un exemple de plante flottante, sans attache avec le sol, présentant les caractères liés à son mode de vie : tissus lacunaires assurant la flottaison, feuilles flottantes hydrofuges avec stomates sur la face supérieure, faisceau racinaire largement étalé pour prélever les éléments nutritifs (sels minéraux) dans l'eau, dispersion au moyen de graines collantes qui se fixent sur le plumage des oiseaux aquatiques, enfin, multiplication végétative par stolons qui se détachent et par bourgeons hivernaux.

4 Plantain d'eau

Alisma plantago-aquatica

20-100 cm juin-septembre ♃ 95

Identification : feuilles aériennes longuement pétiolées, feuilles submergées rubanées. Fleurs blanches ou roses, en verticilles superposés, longuement pédonculées (10 mm).

Répartition : commun en France. Étangs, vases, eaux riches en éléments nutritifs.

Biologie : À terre, produit des pétioles foliaires très longs. Les feuilles radicales sont grandes, ovales-lancéolées. Le nom scientifique d'espèce et le nom français font allusion à la forme des feuilles, qui ressemblent à celles du Grand Plantain (*Plantago major*, p. 332).

1a

1b

2

3

4b

4a

1 Stratiote faux-aloès

Stratiotes aloides

20-30 cm mai-août ♃ 97

Identification : feuilles triangulaires, dentées-épineuses, en rosette. Plante submergée, flottant librement, n'émergeant qu'en partie au moment de la floraison.

Répartition : introduite en France, naturalisée dans plusieurs régions. En régression localement. Eaux stagnantes (étangs, rivières lentes) ayant jusqu'à 2 m de profondeur, riches en éléments nutritifs.

Biologie : la forme particulière de ses feuilles lui a valu ses noms scientifique et français, elle rappelle celle d'épées (du grec *stratiotes*, guerrier) et le nom d'espèce évoque la ressemblance avec l'Aloès. Vit une grande partie de l'année sous l'eau et s'enfonce même au fond en automne. Espèce dioïque, formant çà et là des colonies pures de pieds mâles ou femelles. On explique cette séparation par le fait que les oiseaux aquatiques transportent une plantule ou un morceau de stolon à partir desquels se développe toute une population exclusivement par multiplication végétative.

2 Phalangère rameuse

Anthericum ramosum

30-60 cm juin-juillet ♃ 100

Identification : Liliacée à fleurs blanches. Tige dressée, rameuse (nom). Feuilles radicales étroites, linéaires.

Répartition : surtout dans l'Est, rare ou absente ailleurs. Friches, bois clairs (pinèdes), broussailles, lieux secs et ensoleillés.

Biologie : largement répandue dans la région méditerranéenne ; au nord des Alpes, on ne la rencontre que dans les milieux chauds. Prospère particulièrement durant les étés chauds et secs, défavorables à d'autres végétaux herbacés.

3 Ornithogale, Dame d'onze heures

Ornithogalum umbellatum

10-20 cm avril-juin ♃ 100

Identification : Liliacée à feuilles linéaires, radicales. Fleurs en corymbe, d'un blanc laiteux (nom). Les pétales blancs sont rayés de vert du côté externe.

Répartition : en France, localisée. Prairies, terrains secs, bords des chemins.

Biologie : les fleurs ne s'ouvrent que par beau temps et en fin de matinée, d'où l'un des noms français. Elles se ferment la nuit et quand il pleut. La présence de cette plante au milieu d'autres espèces indique l'emplacement d'anciens jardins de paysans, de châteaux ou de couvents.

4 Ail des ours

Allium ursinum

15-40 cm avril-juin ♃ 100

Identification : feuilles radicales pétiolées, à forte odeur d'ail. Fleurs sur une longue hampe (sans feuilles), disposées en ombelle, sans bulbilles.

Répartition : manque seulement dans une grande partie du Sud-Ouest et du Sud-Est. Forêts de feuillus, bois frais, vallons boisés, à l'ombre. Sur sols profonds et riches.

Biologie : forme des colonies étendues, repérables de loin à l'odeur. Peut-être employé comme succédané de l'Ail cultivé. Les feuilles cueillies avant la floraison et découpées en petits morceaux constituent un condiment pour les salades et d'autres plats.

1
3
2a
2b
4a
4b

1 Muguet

Convallaria majalis

10-30 cm avril-juin ♃ 100

Identification : deux feuilles elliptiques, opposées. Fleurs en grelot, disposées en grappe terminale et unilatérale.

Répartition : dans toute la France (y compris la Corse), sauf la région méditerranéenne, l'ouest de la Bretagne, la vallée du Rhône. Bois frais, vallons, lieux assez ombragés.

Biologie : les cueillettes abusives peuvent anéantir certaines colonies, surtout si l'on arrache les plantes. L'essence de Muguet est utilisée en parfumerie. Plante toxique comme la Digitale rouge; les empoisonnements résultent principalement de la consommation des fruits rouges, qui subsistent longtemps sur la hampe (**1b**). La souche, assez fine mais fortement ramifiée, sert d'organe de réserve à cette plante, qui fleurit tôt dans l'année.

2 Maianthème à deux feuilles

Maianthemum bifolium

10-20 cm mai-juin ♃ 100

Identification : reconnaissable à ses deux feuilles ovales, dont la base est en cœur, alternes, à nervures convergentes. Fleurs en grappe terminale.

Répartition : seulement dans le Nord, le Nord-Est, le Sud-Est et une partie des Pyrénées. Forêts en sol siliceux, surtout celles de feuillus, mais aussi celles de résineux.

Biologie : ressemble vaguement au Muguet, fleurit à la même époque et croît souvent en sa compagnie. Inodore. Le nom de genre est issu du latin, *majus*, mai et du grec *anthemon*, fleur; le nom d'espèce vient du latin *bifolium*, à 2 feuilles. Tous deux décrivent bien l'espèce. Fruits rouge clair mûrissant à la fin de l'été comme ceux du Muguet. Espèce toxique, mais ses poisons sont de nature différente de ceux du Muguet.

3 Sceau de Salomon à feuilles verticillées

Polygonatum verticillatum

30-80 cm mai-juin ♃ 100

Identification : tige anguleuse avec, généralement, des feuilles lancéolées disposées en verticilles de 3-8. Fleurs blanc verdâtre, solitaires ou par 2-6 sur un même pédoncule (**3b**).

Répartition : Ardennes, Vosges, Jura, Alpes, Massif central, Pyrénées. Jusqu'à 2 000 m d'altitude. Hêtraies, hêtraies-sapinières ; à l'ombre.

Biologie : les fruits violacés (**3c**) sont d'abord rouges comme ceux des autres sceaux de Salomon et deviennent foncés en parvenant à maturité à la fin de l'été. Tige sans feuilles à la base. Touffe terminale de feuilles due au fait que le bourgeon terminal ne se développe pas.

4 Sceau de Salomon multiflore

Polygonatum multiflorum

20-60 cm avril-juin ♃ 100

Identification : feuilles elliptiques sur la tige ronde, incurvée ; elles sont alternes. Fleurs solitaires ou par 2-5 à l'aisselle des feuilles. Chez *P. odoratum*, le Sceau de Salomon odorant, la tige est anguleuse et les fleurs sont solitaires ou par deux.

Répartition : dans toute la France sauf l'extrême Sud-Est et la Corse. Forêts mixtes sur sols calcaires et riches en éléments nutritifs.

Biologie : les renflements de la souche (rhizomes) sont des segments annuels ; les bourgeons floraux se développent à leur extrémité pendant qu'ils continuent leur croissance à l'aisselle d'une feuille transformée en écaille. Les cicatrices du rhizome en forme de sceau et les traces des vaisseaux conducteurs sur le rhizome blanchâtre sont à l'origine du nom des espèces du genre *Polygonatum*. Jadis, on attribuait des pouvoirs magiques à ce rhizome, par exemple celui d'ouvrir les portes fermées.

1a
2
1b
3b
3c
3a
4a
4b

1 Nivéole

Leucojum vernum

10-30 cm février-avril ♃ 101

Identification : feuilles radicales (3-4) mesurant 5-20 mm de large, dressées, un peu glauques. Fleurs en cloche (2-3 cm) penchées, solitaires ou par deux, avec une tache verte à l'extrémité de chacun des 6 pétales rétrécis en pointe.

Répartition : seulement dans le Nord-Est et une partie du Sud-Est de la France. Forêts humides, riveraines et de montagne. Sur sols riches en bases.

Biologie : Spathe membraneuse. Ovaire infère. Le nom scientifique du genre vient du grec *leucos*, blanc et *ion*, violette, qui évoque le parfum semblable à celui des violettes.

2 Crocus

Crocus albiflorus

10-15 cm février-avril ♃ 102

Identification : feuilles linéaires sortant avant les fleurs, vertes avec ligne médiane blanche, gaine foliacée à la base. Fleurs solitaires, généralement blanches, parfois mauves, en entonnoir à l'extrémité, base tubuleuse, longue et étroite.

Répartition : Jura, Alpes, partie du Massif central, Pyrénées, très rare en Alsace. Prairies de montagne. Sur sols profonds, fertiles.

Biologie : les fleurs des Crocus embellissent les alpages alors que la neige n'a pas encore entièrement fondu et que le sol est encore gelé en surface. Les feuilles, renforcées à leur extrémité et en leur centre, réussissent à percer terre et neige. Les fleurs réagissent aux moindres variations de la température et se ferment dès que quelques gros nuages passent. Bien que l'ovaire se développe à 5-6 cm sous terre, le fruit mûr est soulevé (par allongement de la hampe) de telle sorte au-dessus de la surface qu'il peut disperser les graines ; celles-ci portent de petits appendices qui facilitent leur transport par des fourmis. Des Crocus échappés des jardins où ils sont cultivés croissent en dehors de leur aire naturelle de répartition et s'installent dans les prairies. Outre *Crocus albiflorus*, il s'agit par exemple de *Crocus napolitanus*.

3 Céphalanthère blanche, Helléborine blanche

Cephalanthera damasonium

15-60 cm mai-juillet ♃ 103

Identification : orchidée. Tige tortueuse à son extrémité, anguleuse. Feuilles ovales-lancéolées. Fleurs (3-12) blanc-crème, en épi, atteignant 2 cm, s'ouvrant peu.

Répartition : dans la moitié est de la France (sauf Sud-Est), absente en Bretagne, dans une partie du Sud-Ouest et en Corse. À l'ombre, dans les bois clairs de feuillus (Chêne pubescent, hêtraies). Sur sols calcaires ou non.

Biologie : comme de nombreuses orchidées, cette espèce a besoin d'un milieu qui soit à l'abri des bouleversements à cause de ses relations symbiotiques avec des champignons. Quand les premières feuilles paraissent, les champignons souterrains ont assuré la nutrition de la plante depuis 8 ans au maximum et selon les circonstances, celle-ci fleurira seulement un ou deux ans après.

4 Orchis à deux feuilles

Platanthera bifolia

20-50 cm mai-juillet ♃ 103

Identification : deux feuilles radicales (nom de l'espèce, du latin *bifolia*). Fleurs en épi, blanches, parfumées, pourvues d'un long éperon (**4b**), anthères parallèles.

Répartition : dans toute la France mais rare dans la région méditerranéenne et en Corse. Friches boisées, pinèdes claires, bords des chemins, pelouses. Sur sol sec à frais.

Biologie : c'est surtout la nuit que les fleurs répandent leur parfum, qui attire des papillons ; avec leur longue trompe, ils atteignent le nectar dans l'éperon. Les pollinies (amas de pollen) se fixent sur leur tête et ils les transportent sur une autre fleur, assurant sa pollinisation.

1a

1b

3a

2

3b

4a

4b

1 Nénuphar jaune

Nuphar lutea

juin-septembre ♃ [4]

Identification : plante aquatique. Feuilles ovales, atteignant 40 cm. Tige de section aplatie. Fleurs globuleuses, jusqu'à 35-40 mm de diamètre.

Répartition : rare dans la région méditerranéenne; largement répandu ailleurs. Eaux courantes lentes, étangs (jusqu'à 6 m de profondeur)

Biologie : les fleurs se composent de 5 sépales ovales et de nombreuses feuilles nectarifères pétaliformes (**1b**). Des Coléoptères et des Diptères (syrphes) visitent ces fleurs odorantes et assurent leur pollinisation. Dispersion assurée non seulement par les graines flottantes, mais aussi par la souche, quand des morceaux sont détachés et entraînés par l'eau. Peut occuper des eaux trop profondes pour le Nénuphar blanc. Le nom scientifique du genre *Nuphar*, dérive de « ninufar », nom arabe de l'espèce.

2 Aristoloche

Aristolochia clematitis

30-60 cm juin-septembre ♃ [10]

Identification : feuilles vert clair, cordiformes, à nervures apparentes sur la face inférieure. Fleurs d'environ 4 cm, en cornet, à tube étroit, renflé à la base.

Répartition : localisée. Stations chaudes. Sur sols riches en calcaire et éléments nutritifs. Lieux incultes, anciens vignobles.

Biologie : la fleur est un piège dans lequel pénètrent des petites mouches, qui ne peuvent sortir, car des poils les en empêchent. Elles sont libérées quand la fleur se fane; à ce moment, les anthères s'ouvrent et saupoudrent ces insectes qui porteront le pollen sur d'autres fleurs où tout le processus recommencera. Nom de genre tiré du grec *aristos*, le mieux et *lochein*, accouchement.

3 Populage, Caltha

Caltha palustris

30-60 cm mars-mai ♃ [6]

Identification : tiges creuses, ascendantes ou étalées. Feuilles arrondies en cœur, luisantes, dentées. Fleurs jaune vif.

Répartition : dans toute la France. Bords des eaux douces (rivières, mares, étangs, fossés en eau, prairies mouillées).

Biologie : parmi les renoncules, cette espèce était, jadis, employée pour colorer le beurre. Contrairement au Trolle, le pollen n'est pas protégé dans la fleur; assez souvent, il nage quand elle est mouillée par la pluie et il atteint les stigmates.

4 Trolle d'Europe, Boule d'or

Trollius europaeus

20-70 cm mai-août ♃ [6]

Identification : feuilles à 3-5 lobes dentés et divisés. Grosses fleurs globuleuses (4-5 cm) terminales; pétales incurvés, obturant la corolle à l'exception d'une petite ouverture (**4a**).

Répartition : en montagne à partir de 500 m (Vosges, Jura, Alpes, etc.). Prairies humides, alpages, tourbières plates.

Biologie : à l'intérieur de la fleur, pollen et nectar sont protégés de la rosée et de la pluie; de petits insectes y pénètrent par l'ouverture mais les plus gros écartent assez souvent les divisions de la fleur. Qu'ils entrent d'une façon ou d'une autre, ces animaux atteignent les nectaires tubuleux situés entre les anthères et les pétales, et se couvrent de pollen, assurant ainsi son transport.

1a
1b
2
3
4a
4b

1 Aconit tue-loup

Aconitum vulparia

50-150 cm juin-juillet ♃ 6

Identification : feuilles radicales palmées. Fleurs jaunâtres, à symétrie bilatérale, en forme de casque trois fois plus haut que large.

Répartition : Vosges, Jura, Massif central, Alpes, Pyrénées, Lorraine (assez rare comme dans une partie de la Bourgogne). Prairies humides, bois, rocailles, lisières, mégaphorbiaies.

Biologie : les fleurs sont visitées surtout par des bourdons. Le pétale qui forme le casque dressé est assez souvent déchiré par des insectes appartenant à d'autres groupes et avides de nectar auquel ils accèdent ainsi directement. Comme son proche parent, l'Aconit napel, l'Aconit tue-loup est très toxique. Jadis on en extrayait des substances destinées à empoisonner loups et renards, comme le rappelle le nom. Le nom scientifique d'espèce évoque le renard (du latin *vulpes*, renard).

2 Anémone Fausse-Renoncule

Anemone ranunculoides

10-25 cm mars-mai ♃ 6

Identification : feuilles radicales très échancrées. Fleurs solitaires ou par deux, longuement pédonculées, dominant les trois folioles de l'involucre semblables à des feuilles et pourvues d'un pétiole court.

Répartition : dans toute la France. Forêts riveraines, forêts de montagne jusqu'à 1 500 m d'altitude environ. À l'ombre, sur sols frais.

Biologie : localement, cette espèce forme de véritables tapis (**2a**), comme l'Anémone sylvie (p. 110). La parenté avec des renoncules est évoquée par le nom d'espèce (*ranunculoides*).

3 Adonis du printemps

Adonis vernalis

10-30 cm avril-mai ♃ 6

Identification : feuilles finement divisées en lanières (1 mm de large à l'extrémité). Grandes fleurs (5-6 cm) terminales, à 10-20 pétales.

Répartition : localisé à l'ouest de l'Europe orientale, dont la partie méridionale correspond au centre de gravité de sa distribution. Champs de céréales en terrain sec, pelouses sèches, sur sols calcaires.

Biologie : en Europe centrale, sa répartition sporadique représente les vestiges d'une distribution jadis plus étendue. Selon la légende Adonis, personnage de la mythologie grecque, compagnon d'Aphrodite, aurait été tué par un Sanglier et la fleur serait issue de l'une de ses gouttes de sang (cela se rapporte plutôt à *Adonis autumnalis*, espèce voisine aux pétales rouges). Les plantes de ce genre contiennent des substances ayant une action tonicardiaque et diurétique.

4 Pigamon jaune

Thalictrum flavum

50-120 cm juin-août ♃ 6

Identification : feuilles caulinaires divisées 2-3 fois de haut en bas, folioles en coin. Tige nue, anguleuse. Belle plante aux fleurs disposées en glomérules, à nombreuses étamines, pétales vite caducs. Fleurs odorantes.

Répartition : en France, assez rare ou absent selon les régions. Prairies humides, fossés, bords des eaux courantes, marais.

Biologie : remarquable par ses nombreuses étamines dressées, qui éclipsent les pétales disparus précocement. La pollinisation est assurée par des insectes et par le vent. En Europe centrale, espèce présente surtout le long des fleuves. Cultivé aux endroits humides dans certains jardins; des variétés voisines sont vendues dans les magasins spécialisés.

1

2a

2b

4

3

1 Bouton d'or, Renoncule âcre

Ranunculus acris

30-100 cm avril-octobre ♃ 6

Identification : feuilles profondément divisées, à lobes étroits. Pédoncules floraux lisses, non sillonnés.

Répartition : dans toute la France (plaine et montagnes). C'est l'une des plantes les plus communes au bord des chemins et des routes, sur digues enherbées, dans les prairies, pâturages, lieux herbeux humides.

Biologie : le nom d'espèce (du latin *acer*, *acris*, âcre) fait allusion au suc qui sort des tiges coupées ; il peut provoquer une irritation de la peau et a un goût piquant. Comme la plupart des Renonculacées décrites ci-après, le Bouton d'or est toxique surtout à l'état frais. Le bétail l'évite, ce qui favorise son expansion. Dans les prairies riches en éléments nutritifs, il peut envahir de grandes surfaces. Sa valeur décorative fait souvent oublier qu'il s'agit d'une mauvaise herbe des pâturages.

2 Renoncule rampante

Ranunculus repens

10-50 cm mai-juillet ♃ 6

Identification : feuilles à trois lobes découpés. Pédoncules floraux sillonnés. Émet de nombreux stolons qui s'enracinent aux nœuds.

Répartition : dans toute la France, mais plus rare dans le Midi méditerranéen et la Corse. Lieux plus ou moins humides : jardins, parcs, prairies, champs, chemins forestiers.

Biologie : plante envahissante, qui se propage très rapidement grâce à ses stolons, notamment dans les jardins et sur les pelouses. Le nom scientifique du genre (du latin *rana*, grenouille, *ranunculus*, petite grenouille) évoque son habitat humide, commun avec d'autres espèces. La structure des fleurs est semblable chez les deux renoncules les plus communes : de la périphérie vers le centre, on trouve successivement 5 sépales, 5 pétales (à la base desquels se trouve un nectaire, glande productrice de nectar), de nombreuses étamines et de nombreux carpelles. Les graines sont dispersées par le vent, le bétail, ou tombent de la fleur. Mauvaise herbe des jardins et des champs.

3 Renoncule bulbeuse

Ranunculus bulbosus

10-30 cm mai-juillet ♃ 6

Identification : feuilles radicales à trois lobes. Fleurs de 20-30 mm. Pédoncules floraux anguleux. Sépales rabattus.

Répartition : présente dans toute la France, en plaine et en montagne. Prairies sèches, pelouses maigres, prairies non fumées. Sur sols calcaires.

Biologie : tige renflée à sa base (nom de l'espèce). L'emploi intensif d'engrais azotés et la pollution des sols ont entraîné une régression de cette espèce au cours des dernières décennies, mais ont favorisé l'expansion des deux renoncules précédemment décrites (1 et 2).

4 Renoncule laineuse

Ranunculus lanuginosus

20-120 cm mai-juillet ♃ 6

Identification : feuilles assez grandes, très découpées, à 3-5 lobes arrondis, couvertes de longs poils jaunâtres (nom).

Répartition : Localisée, rare en mainte région. Jura, Alpes, Corse. Collines et montagnes. Forêts d'altitude. Sur sols calcaires, riches en éléments nutritifs.

Biologie : cette belle espèce est typiquement forestière. Sa pilosité laineuse est si remarquable que ses noms français et scientifique la soulignent (du latin *lanugo*, duvet ; *lanuginosus*, laineux).

1a
1b
2a
2b
3
4

1 Renoncule flammette, Petite Douve

Ranunculus flammula

10-70 cm juin-octobre ♃ 6

Identification : plante glabre. Tige dressée. Feuilles entières ou faiblement dentées, non divisées, lancéolées à linéaires.

Répartition : dans toute la France sauf le Sud-Est et le Midi méditerranéen (rare ou absente). Prairies humides, fossés, bords des eaux courantes, marais.

Biologie : colonise souvent en premier les vases et sols nus, limoneux. Tiges étalées, partiellement dressées, là où elles touchent le sol, produisent des racines adventives au niveau de leurs nœuds.

Les feuilles ont une saveur piquante. Le nom scientifique de l'espèce (*flammula*, petite flamme) compare la fleur à une flamme.

2 Tête d'or

Ranunculus auricomus

15-45 cm avril-mai ♃ 6

Identification : feuilles caulinaires en lanières, sessiles; feuilles radicales longuement pétiolées, arrondies, crénelées. Pétales souvent atrophiés ou précocement caducs.

Répartition : en France, manque dans le Nord-Ouest, la Corse et sur le littoral méditerranéen. Forêts de feuillus, forêts riveraines. Sur sols basiques, frais.

Biologie : espèce variable. Se multiplie par graines qui sont produites sans fécondation (reproduction apomictique, c'est-à-dire sans fusion des ensembles génétiques mâle et femelle).

3 Renoncule scélérate

Ranunculus sceleratus

10-80 cm mai-novembre ♃ 6

Identification : tige glabre, creuse, dressée, renflée. Plante peu rameuse. Feuilles luisantes, les radicales trilobées (lobes divisés), les caulinaires également lobées. Fleurs jaune pâle, petites et nombreuses.

Répartition : répandue mais rare dans le Midi méditerranéen et en Corse. Marais, étangs, fossés. Sur sols humides, limoneux, riches en éléments nutritifs.

Biologie : quand des terrains vaseux ou fangeux se trouvent à sec, la Renoncule scélérate est l'une des premières plantes à les occuper.

Il n'est pas rare qu'elle pousse dans l'eau. Ses fruits se composent de nombreux petits akènes (fruits secs, 1 mm). C'est sans doute la plus toxique des renoncules car elle provoque une forte irritation de la peau.

4 Renoncule des montagnes

Ranunculus montanus (*R. geraniifolius*)

10-20 cm avril-août ♃ 6

Identification : plante basse. Feuilles inférieures à 3-5 lobes dentés, les caulinaires linéaires. Fleurs solitaires, rarement par 2-3, jaune d'or.

Répartition : en montagne (Jura, Alpes, Pyrénées), à partir de 700 m. Prairies grasses, alpages.

5 Ficaire

Ranunculus ficaria

5-25 cm mars-avril ♃ 6

Identification : feuilles arrondies en cœur, luisantes. Fleurs à 6-12 pétales. Espèce précoce, qui couvre souvent de grandes surfaces dans les bois.

Répartition : dans toute la France, très commune. Prairies, forêts, talus, lisières, haies. Sur sols frais.

Biologie : produit rarement des graines et se multiplie de façon végétative au moyen de bulbilles qui se forment à l'aisselle des feuilles, en mai et juin, et de tubercules en forme de massues, sur les racines. Plante médicinale, toxique à l'état frais; jadis considérée comme antiscorbutique car riche en vitamines.

1
2
3
4
5a
5b

1 Chélidoine, Herbe aux verrues

Chelidonium majus

30-60 cm mai-octobre ♃ [8]

Identification : tige renfermant un suc orange. Feuilles pennées à 5-7 segments ovales, glauques dessous. Les fleurs ont 2 sépales précocement caducs et 4 grands pétales.

Répartition : dans toute la France, mais rare dans une partie du Sud-Est, dans la région méditerranéenne et en Corse. Forêts riveraines, lisières, haies, jardins, décombres.

Biologie : les graines noires, pourvues d'appendices (élaiosomes) exsudant des gouttes huileuses, attirent des fourmis, qui les transportent à distance. C'est ainsi que l'espèce apparaît en des endroits insolites tels que creux et sommet de murailles, enfourchure de branches, saules têtards, etc. Le nom scientifique de genre, *Chelidonium*, vient du grec *chelidon*, hirondelle. Selon une légende, les hirondelles prendraient des fragments de cette plante et les déposeraient sur les yeux fermés de leurs petits, qui s'ouvriraient sous l'action du suc. Celui-ci a été employé pour traiter les verrues.

2 Corydale jaune

Corydalis lutea

10-30 cm mai-septembre ♃ [9]

Identification : feuilles divisées 2-3 fois. Fleurs pourvues d'un éperon (15 mm), disposées en grappe unilatérale.

Répartition : plante cultivée, ornementale, naturalisée dans diverses régions de France. Murs, fentes de rochers, bords des chemins.

Biologie : à l'état sauvage, cette espèce vit dans le sud des Alpes calcaires ; elle s'est répandue au nord et à l'ouest à partir des jardins de rocaille. Les fourmis ont contribué à sa dispersion en transportant ses graines.

3 Herbe aux chantres

Sisymbrium officinale

30-90 cm mai-septembre ⊙ [54]

Identification : plante rameuse (rameaux horizontaux). Fleurs jaune pâle. Feuilles pennées, profondément lobées. Fruits (siliques) (2 cm) appliqués contre le pédoncule (**3b**).

Répartition : plus ou moins commune selon les régions. Décombres, champs, bords des chemins, terrains vagues.

Biologie : les graines restent dans les siliques après la mort de la plante et se dispersent quand le vent ou un animal l'entraînent. Le nom d'espèce *officinale* montre que c'était jadis une plante médicinale employée pour calmer les irritations de la gorge.

4 *Sisymbrium altissimum*

30-100 cm mai-juillet ⊙ [54]

Identification : feuilles supérieures à lobes sessiles et linéaires. Fleurs jaune pâle, devenant blanchâtres. Siliques atteignant 10 cm chez les grands exemplaires, dressées obliquement.

Répartition : très localisé en France : Alsace, a été signalé plusieurs fois en Bourgogne, etc. Bords des chemins, voies ferrées, décombres.

Introduit au début du XIXe siècle.

Biologie : espèce naturalisée, originaire d'Europe orientale, encore en expansion le long des routes et des voies ferrées.

5 Sagesse

Descurainia sophia (*Sisymbrium sophia*)

20-100 cm juin-août ⊙ [54]

Identification : diffère de (**3**) par ses siliques écartées et ses feuilles, divisées 2-3 fois, aux segments très étroits. Fleurs jaune pâle, en grappes terminales.

Répartition : très localisée, commune localement. Décombres, bords des chemins, terrains vagues.

Biologie : les graines renferment une huile qui comporte de l'acide érucique, également présent chez d'autres Crucifères.

1

2

3a

3b

5

4

1 Pastel

Isatis tinctoria

50-120 cm mai-juin ⊙ 54

Identification : feuilles caulinaires sagittées, embrassantes, glauques (fine couche cireuse). Inflorescence formée de plusieurs grappes terminales. Silicules pendantes, avec une aile large, atteignant 2 cm et contenant une seule graine, noir-violet à maturité.

Répartition : Présent çà et là mais rare; absent localement. Naturalisé. Bords des chemins, des voies ferrées, talus. Sur sols chauds, souvent pierreux, mais riches en éléments nutritifs.

Biologie : autrefois, cette espèce était largement cultivée comme plante tinctoriale et cela dès le Moyen Âge (XIIe siècle). Naturalisée en France, elle subsiste dans certaines régions (par exemple en Alsace, en Bourgogne). Ses feuilles donnaient l'indigo. On la cultivait dans le Languedoc, en Normandie et ailleurs. Originaire d'Asie Mineure, elle avait été introduite en Europe centrale au IXe siècle. Jusqu'au début du XVIIe siècle, elle occupa une grande place mais ensuite, évincée par des substances colorantes végétales d'origine tropicale, sa culture tomba en désuétude et, à partir de 1880, fut remplacée par des colorants synthétiques.

2 Fausse-Giroflée

Erysimum cheiranthoides

30-100 cm mai-juin ⊙ 54

Identification : feuilles lancéolées, plus ou moins velues. Fleurs disposées en grappe terminale et grappes latérales non feuillées. Siliques (1-5 cm) quadrangulaires, dressées.

Répartition : manque dans la région méditerranéenne. Terrains vagues, berges, bords des chemins. Sur les sols humides.

Biologie : jadis plus largement répandue. En régression, manifestement à cause de l'emploi généralisé des herbicides.

3 Alysson

Alyssum alyssoides (*A. calycinum*)

5-30 cm mai-septembre ⊙ 54

Identification : petite plante velue (poils gris ou blancs). Fleurs jaune soufre, pâlissant et blanchissant, à 4 sépales qui ne tombent pas précocement, contrairement à ce qui se passe généralement chez les Crucifères.

Répartition : commun sauf dans certaines régions à terrain siliceux. Bords des chemins, champs de céréales, sols sablonneux, chauds, calcaires, pierreux.

Biologie : le nom scientifique de genre dérive du mot grec *Alysson*, qui désignait une plante, sans doute employée pour traiter la rage.

En Europe centrale, cette espèce a une distribution sporadique (centre de répartition situé au sud des Alpes).

4 *Bunias orientalis*

30-120 cm mai-juillet ⊙-♃ 54

Identification : feuilles caulinaires sessiles, non embrassantes. Fruits : silicules ovoïdes (1 cm), verruqueuses, sans aile, à l'inverse de celles d'une espèce voisine (*Bunias erucago*).

Répartition : rare ou assez commun selon les régions. Terrains vagues, bords des chemins, prairies sèches, champs.

Biologie : espèce subspontanée, originaire d'Europe orientale.

5 Lunetière

Biscutella laevigata

10-50 cm mai-juin ♃ 54

Identification : fleurs en grappe plus ou moins lâche. Silicules plus larges que longues, à deux lobes, circulaires, aplatis, caractéristiques, séparés par le stigmate (**5b**).

Répartition : présente localement en plaine (par exemple en Alsace); en montagne. Bois clairs, rochers, gazons alpins.

1
2
3
4
5a
5b

1 Barbarée

Barbarea vulgaris

30-100 cm mai-août ♃ 54

Identification : feuilles pennées, lobe terminal très grand. Fleurs jaunes d'or, pétales deux fois plus grands que les sépales. Siliques (2 cm) écartées obliquement du pédoncule, de section arrondie.

Répartition : commune en plaine et en moyenne montagne. Lieux humides bords des eaux, fossés, bords des chemins.

Biologie : les jeunes feuilles peuvent servir de salade (goût semblable à celui du Cresson). Plante médicinale ayant des vertus antiscorbutiques. Les rosettes de feuilles passent l'hiver et peuvent être récoltées à la Sainte-Barbe (4 décembre) ainsi qu'au début du printemps. En raison de leur richesse en vitamines, elles sont appréciées à cette saison. Au XVIe siècle, la Barbarée ou Herbe de Sainte-Barbe, était cultivée dans les jardins comme salade.

2 Rorippe amphibie

Rorippa amphibia

40-100 cm mai-août ♃ 54

Identification : tiges creuses, dressées à leur extrémité. Feuilles supérieures non divisées, irrégulièrement dentées. Silicules linéaires (environ 4 mm) sur un pédicelle deux fois plus long, disposées obliquement.

Répartition : plus rare dans le Midi qu'ailleurs. Bords des rivières et des étangs.

Biologie : outre la forme terrestre, il existe une forme submergée, aquatique, plus rare, qui se distingue par ses feuilles à peine divisées et ses tiges comportant de vastes lacunes aérifères. Le nom scientifique du genre, créé par le naturaliste italien Scopoli, ne signifie rien.

3 *Rorippa sylvestris* (*Nasturtium s.*)

20-50 cm juin-septembre ♃ 54

Identification : feuilles pennées ou pennées-lobées, à segments dentés. Souche rampante. Pétales jaunes d'or, plus longs que les sépales. Silicules linéaires (5-18 mm), sur pédicelle d'égale longueur.

Répartition : rare localement. Lieux humides : fossés, bords des rivières lentes, terrains inondables.

Biologie : la présence de cette espèce témoigne de la richesse du sol, de son caractère compact et de son humidité. Émet des stolons et colonise les espaces nus (plante pionnière). Ses racines s'enfoncent jusqu'à 80 cm de profondeur. Le nom scientifique *sylvestris* n'est pas du tout adéquat, comme celui d'*Anthriscus sylvestris* (p. 128), si l'on comprend le mot latin *silvestris* au sens de « qui appartient à la forêt » ou « vivant en forêt » (du latin *silva*, forêt) ; mais *silvestris* signifie aussi « qui vit dans les lieux non bâtis » ou plus simplement sauvages, et dans ce cas, le nom est justifié.

4 *Rorippa islandica* (*R. palustris*)

20-60 cm juin-septembre ⊙-♃ 54

Identification : feuilles pennées-lobées, à segment terminal plus grand que les autres. Pétales jaune pâle, plus courts que les sépales. Silicules et leur pédicelle longs de 4-10 mm.

Répartition : rare dans le Midi méditerranéen. Lieux humides : fossés, bords des eaux, souvent sur les sols vaseux.

Biologie : espèce collective à laquelle les spécialistes rattacheront sans doute d'autres formes. La détermination des rorippes est d'autant plus difficile qu'elles tendent à se croiser.

1a

2

1b

4a

3

4b

1 Diplotaxis des murailles

Diplotaxis muralis

15-50 cm mai-septembre ⊙ ou ♃ 54

Identification : feuilles caulinaires pennées, pétiolées, glabres. Sépales un peu écartés. Siliques (2-4 cm) avec petit bec (2 mm) conique.

Répartition : assez rare, en plaine. Champs de plantes sarclées, décombres, murailles, bords des chemins, terrains sablonneux, friches.

Biologie : comme les autres espèces du même genre, est originaire de la région méditerranéenne, mais existe en Europe centrale depuis au moins deux cents ans.

2 Moutarde des champs, Sanve

Sinapis arvensis

30-60 cm avril-octobre ⊙ 54

Identification : feuilles supérieures sessiles ou brièvement pétiolées. Fleurs jaune soufre; sépales écartés, horizontaux; pétales plus longs que le pédoncule. Siliques (3-4 cm) bosselées, à bec conique, sans étranglements.

Répartition : espèce commune en plaine et en montagne. Mauvaise herbe des cultures. Bords des chemins, champs, terrains incultes.

Biologie : parmi les Crucifères décrites aux pages 168-174, la Moutarde des champs et la Ravenelle font partie des plus largement répandues dans les terres cultivées. Autrefois, pour distinguer la Moutarde de la Ravenelle, on tenait compte surtout des sépales. Les deux espèces appartiennent au groupe des archéophytes, c'est-à-dire aux envahisseurs du passé. Elles parvinrent en Europe, sans doute transportées avec des semences de céréales, à l'époque où l'agriculture se propagea. Étant donné que les sépales de la Moutarde sont réfléchis, les insectes peuvent facilement atteindre le nectar et ce sont des Coléoptères et des Diptères qui les visitent le plus souvent. Les graines restent plusieurs dizaines d'années dans le sol et germent quand un labour les rapproche de la surface. On peut consommer les jeunes plantes, le goût des boutons floraux ressemblant, paraît-il, à celui du Brocoli.

3 Moutarde noire

Brassica nigra

60-120 cm juin-septembre ⊙ 54

Identification : fleurs jaune vif, sépales dressés, précocement fanés. Siliques (1-2 cm) quadrangulaires avec renflements à l'emplacement des graines, dressées, appliquées contre les pédicelles.

Répartition : plus ou moins répandue selon les régions. Bords des champs, des chemins, terrains vagues.

Biologie : au même genre *Brassica* appartiennent aussi bien des légumes (choux et leurs diverses variétés : cabus, chou-fleur, chou rouge, chou frisé, chou-rave, Rutabaga, Navet, etc.) que le Colza. La Moutarde noire, cultivée pour l'obtention de ses graines utilisées dans la fabrication de la farine de moutarde (cataplasmes) et celle de la moutarde-condiment, est très proche de la Moutarde blanche, cultivée comme fourrage mais aussi pour ses graines.

4 Radis-Ravenelle

Raphanus raphanistrum

30-150 cm avril-septembre ⊙ 54

Identification : fleurs jaune pâle, souvent aussi blanches ou violacées (**4b**); sépales dressés [voir Sanve, (**2**)]. Siliques avec étranglements très marqués.

Répartition : commun en France. Bords des champs, terrains vagues, côtes sablonneuses.

Biologie : tient presque la même place que la Sanve (**2**). Semble plus sensible aux herbicides et est sans doute déjà plus rare que celle-ci. Sur les côtes du Nord-Ouest de la France vit la Ravenelle maritime (*R. maritimus*), considérée par certains botanistes comme une simple sous-espèce et par d'autres comme une espèce distincte.

1
2a
2b
3
4a
4b

1 Gaude

Reseda luteola

50-150 cm juin-septembre ⊙ [55]

Identification : plante robuste, dressée. Petites fleurs en longues grappes étroites. Feuilles lancéolées, entières.

Répartition : commune mais localisée, rare ou absente selon les régions. Terrains vagues sablonneux, décombres. Surtout en sols calcaires et riches en éléments nutritifs.

Biologie : jadis employée comme plante tinctoriale pour donner une couleur jaune (usage remontant probablement à l'Âge de pierre). Originaire de la région méditerranéenne, ce qui a été démontré par l'étude des stations palafittes des lacs alpins. La culture de cette espèce a tenu une place importante jusqu'à une époque assez récente, surtout dans les régions chaudes en France, Italie et aussi çà et là en Allemagne (XIXe siècle). Pour obtenir des pigments à base de produits naturels, on se rappellera qu'on l'employait pour teindre la laine en jaune et même jaune d'or (avec du chrome) ou en vert plus ou moins vif (avec du sulfate de fer). Pour cela, il faut récolter la plante entière avec ses racines, à la floraison, et la faire sécher. Pour un kilo de laine, prendre au moins un kilo de plantes.

2 Réséda jaune

Reseda lutea

30-70 cm mai-septembre ♃ [55]

Identification : reconnaissable à ses dimensions, à ses feuilles pennées-lobées, à son port rameux et à ses fleurs qui ont 6 pétales (4 chez la Gaude).

Répartition : Commun. Terrains vagues, secs, bords des chemins, friches. Sur sols calcaires. Plante pionnière des sols remués, à fort enracinement.

Biologie : les fleurs peuvent être un petit peu plus jaunes que celles de la Gaude. Les deux espèces présentent des ressemblances, mais le Réséda jaune ne peut pas être employé pour teindre les tissus. Son nom évoque son emploi médicinal dans l'Antiquité, comme plante calmante (*resedare*, calmer, guérir).

3 Sédum âcre

Sedum acre

5-15 cm mai-août ♃ [20]

Identification : feuilles de 4 mm environ, ovoïdes, charnues, glabres (**3b**). Tiges plus ou moins rampantes. Goût poivré.

Répartition : commun sauf localement et dans le Midi. Murs, toits, rochers, sables.

Biologie : les tissus des feuilles « succulentes » emmagasinent l'eau, ce qui permet à cette plante de subsister en des lieux très secs ; elle est capable de vivre longtemps sans eau et sans contact avec le sol quand on l'emploie pour faire des couronnes ou des bouquets.

4 Sédum réfléchi

Sedum rupestre (*S. reflexus*)

10-30 cm juillet-août ♃ [20]

Identification : feuilles de 10-15 mm, linéaires-lancéolées, extrémité en petite pointe.

Répartition : assez commun, absent localement. Rochers, murs, pelouses sablonneuses.

Biologie : certaines stations de cette plante sont probablement dues à des sujets échappés des jardins. Également appelé Orpin, comme les autres sédums, tel *Sedum album* (Trique-Madame).

5 Saxifrage faux-aizoon

Saxifraga aizoides

5-25 cm juin-août ♃ [21]

Identification : plante gazonnante (tiges rampantes, pousses ascendantes très feuillées). Feuilles charnues demi-circulaires ; pas de feuilles en rosettes.

Répartition : Jura, Alpes, Pyrénées. En montagne : éboulis, rochers humides, bords des torrents.

1
2
3a
3b
4
5

1 Dorine à feuilles alternes

Chrysosplenium alternifolium

5-20 cm mars-juin ♃ [21]

Identification : feuilles alternes. Tiges triangulaires, contrairement à la Dorine à feuilles opposées (*C. oppositifolium*), qui a des feuilles opposées et des tiges quadrangulaires.

Répartition : essentiellement dans l'Est de la France; rare ou absente ailleurs. Forêts de feuillus humides, forêts riveraines, sources, bords des ruisseaux, lieux ombragés, souvent en colonies importantes.

Biologie : les petites fleurs et leurs bractées ressortent bien sur le vert des feuilles. Selon la théorie des signatures, cette plante passait pour guérir les affections de la rate à la fin du Moyen Âge, car ses feuilles ont la forme de cet organe. Le nom scientifique du genre est tiré du grec *chrysos*, doré et *splen*, rate.

2 Benoîte commune

Geum urbanum

20-70 cm mai-septembre ♃ [24]

Identification : feuilles caulinaires inférieures pennées et lyrées, les supérieures à trois divisions moins découpées, stipules toujours très grandes.

Répartition : dans toute la France sauf Midi méditerranéen, vallée du Rhône et une partie des Alpes et des Pyrénées. Forêts de feuillus, lisières, chemins des bois, talus. Sur sol frais et riche.

Biologie : Plante médicinale; on utilisait sa souche pour traiter les coliques et autres troubles digestifs. A été employée comme succédané de la Girofle, comme condiment et aussi en gargarisme en raison de ses propriétés antiseptiques, pour calmer les maux de dents et de gorge.

3 Aigremoine

Agrimonia eupatoria

30-100 cm juin-août ♃ ✿ [24]

Identification : feuilles pennées à 5-9 segments ovales, dentés, séparés par d'autres plus petits. Fleurs en grappe allongée, étroite.

Répartition : commune dans toute la France mais rare dans le Midi méditerranéen et en Corse. Prairies, bords des chemins, lisières des bois, haies. Sur sols secs ou frais, riches en bases.

Biologie : fruits pourvus de crochets qui les fixent facilement au pelage des animaux ou aux vêtements, assurant ainsi leur dispersion. Plante médicinale, employée pour les gargarismes et aussi pour traiter les maux d'estomac, du foie, de la vésicule biliaire et de l'intestin.

4 Tormentille

Potentilla erecta

10-50 cm mai-septembre ♃ [24]

Identification : quatre pétales (contrairement à la majorité des Rosacées qui en ont cinq). Feuilles à 3 divisions, sessiles, avec de grandes stipules (les feuilles paraissent avoir davantage de folioles).

Répartition : dans toute la France, sauf une partie du Midi méditerranéen. Prairies, bois clairs, coupes, pelouses. Sur sols calcaires, mais aussi acides.

Biologie : la souche rampante, rougeâtre à l'intérieur, est encore employée en pharmacie en raison de sa forte teneur (plus de 15 %) en tanins, notamment comme dentifrice et comme hémostatique. *Potentilla* signifie petite puissante ou petite efficace (diminutif de *potens*, puissant).

5 Potentille ansérine, Argentine

Potentilla anserina

5-20 cm mai-août ♃ [24]

Identification : tiges rampantes atteignant 1 m de long, s'enracinant aux nœuds. Feuilles imparipennées, velues-argentées dessous.

Répartition : commune en plaine et en montagne sauf dans le Midi méditerranéen. Prairies humides, fossés, bords de l'eau, terrains temporairement inondés.

Biologie : espèce pionnière, qui occupe aussi bien les gazons piétinés que les terrains riches en nitrates (parcs à volailles, etc.).

1
2
4
3a
5
3b

1 Potentille argentée

Potentilla argentea

10-30 cm juin-août ♃ 24

Identification : feuilles à 5 folioles, enroulées au bord. Tige et dessous des feuilles feutrés-argentés (nom).

Répartition : assez commune en France. Terrains sablonneux, bois clairs, bords des chemins, pelouses, rochers. Sur sols peu profonds, à tendance siliceuse.

Biologie : la forte pilosité du dessous des feuilles les fait paraître blanches ; elle sert à réduire la transpiration, ce qui est nécessaire chez cette espèce vivant sur des sols qui se dessèchent vite.

2 *Potentilla norvegica*

30-70 cm juin-septembre ⊙ ou ♃ 24

Identification : l'une des plus grandes potentilles non ligneuses. Fleurs (1 cm) à pétales plus courts que les sépales. Feuilles velues, à 3 folioles.

Répartition : terrains incultes et humides, bords des eaux et des chemins.

Biologie : espèce originaire du nord de l'Europe (de l'Angleterre et de la Scandinavie à la Sibérie occidentale). Depuis 1880, s'avance vers le sud. Présente localement en France, par exemple en Bourgogne, en Alsace, etc.

3 *Potentilla verna*

5-15 cm mars-avril ♃ 24

Identification : l'une des plus précoces parmi les potentilles. Tige couchée, ascendante à l'extrémité ; pousses en forme de rejets qui produisent des rosettes de feuilles. Ces dernières sont palmées, à 3-7 divisions.

Répartition : commune en France jusque vers 1 000 m. Pelouses, coteaux, contreforts des montagnes. Sols riches en bases. Pentes exposées au sud.

Biologie : fait figure d'exception dans les pelouses maigres où la végétation se développe assez tardivement, puisqu'elle ouvre ses fleurs jaunes dès le mois de mars alors que tout autour il n'y a que des tiges desséchées et grises.

4 Potentille rampante

Potentilla reptans

10-20 cm juin-août ♃ 24

Identification : feuilles toutes longuement pétiolées, à 5-7 divisions digitées. Fleurs (15-30 mm) jaune d'or.

Répartition : dans toute la France sauf la région méditerranéenne et la Corse (rare). Prairies, bords des chemins, bords des eaux, fossés.

Biologie : mérite son nom, car ses rejets atteignent 150 cm de long ; ils s'enracinent au niveau des nœuds et produisent des rosettes de feuilles. Feuilles digitées comme chez les autres potentilles à l'exception de quelques espèces (p. ex. *Potentilla anserina*, p. 178).

5 Potentille droite

Potentille recta

30-70 cm mai-juillet ♃ 24

Identification : feuilles radicales palmées à 5-7 divisions ; folioles ovales, faiblement velues. Fleurs généralement d'un jaune très pâle, atteignant 25 mm de diamètre.

Répartition : rare (Est, Midi, Corse). Rocailles, garrigues du Midi, terrains secs, sablonneux ou caillouteux, déblais.

Biologie : parfois cultivée dans les jardins. Il n'est pas exclu que certaines stations soient formées par des sujets échappés des cultures.

1
2
3a
3b
4
5

1 Réglisse sauvage

Astragalus glycyphyllos

30-120 cm mai-juin ♃ 25

Identification : tiges anguleuses, couchées et ascendantes, dépassant 1 m de long. Feuilles (jusqu'à 15 cm de long), imparipennées, à 9-13 paires de folioles. Fleurs groupées par 8-25 en grappes axillaires, jaune-verdâtre.

Répartition : dans la moitié est de la France jusqu'au centre des Pyrénées. Rare ou absente à l'Ouest et dans une partie du Midi. Présente en Corse. Bois, haies, broussailles, peuplements de Chênes pubescents.

Biologie : fruits : gousses de 3-4 cm, un peu incurvées. Les feuilles ont un goût sucré et constituent un bon fourrage pour le bétail; elles sont à l'origine du nom scientifique d'espèce (du grec *glykys*, doux et *phyllon*, feuille). Des bourdons et des papillons à grande trompe les visitent régulièrement. Les abeilles atteignent le nectar en perçant le tube de la corolle.

2 Gesse des prés

Lathyrus pratensis

20-120 cm mai-août ♃ 25

Identification : plante grimpante. Tiges quadrangulaires. Feuilles à une seule paire de folioles opposées et une vrille entre elles.

Fleurs en grappes de 3-10, longuement pédonculées.

Répartition : dans toute la France, Corse incluse. Prairies, talus, bords des chemins, lisières.

Biologie : les longues tiges ne peuvent se tenir dressées et ont besoin d'un support fourni par d'autres plantes auxquelles elles se fixent par leurs vrilles terminales. Les gousses, noires à maturité, sont étroites ; quand il fait bien sec, elles s'ouvrent en deux valves qui s'enroulent en spirale ; les graines, plus plates que celles des pois (du grec *lathyros*, aplati) peuvent être projetées à plusieurs mètres.

3 Mélilot jaune

Melilotus officinalis

30-250 cm mai-septembre ♃ ✿ 25

Identification : feuilles à 3 folioles ovales. Fleurs nombreuses, réunies en grappes étroites. Gousses très petites (3-5 mm).

Répartition : très commun en France. Terrains incultes, bords des chemins, talus, friches industrielles.

Biologie : son agréable odeur est due à la présence de coumarine, qui lui confère des propriétés médicinales pour traiter la fragilité des vaisseaux sanguins et les troubles veineux. Plante mellifère, ce que traduit le nom scientifique de genre (du grec *meli*, miel et *lotos*, trèfle).

4 Anthyllide vulnéraire

Anthyllis vulneraria

30-60 cm mai-septembre ♃ ✿ 25

Identification : feuilles imparipennées, foliole terminale plus grande que les autres. Fleurs jaunes ou crème à orange, en têtes ; calice renflé à la base.

Répartition : commune en France. Prairies sèches, bords des chemins. Sur sols calcaires.

Biologie : présente surtout dans les terrains pauvres en azote ; après leur eutrophisation et l'emploi d'engrais, elle disparaît car elle est évincée par d'autres espèces. C'est ainsi qu'elle ne se maintient que peu de temps sur les talus récents où elle s'est installée en compagnie d'autres plantes. Jadis, la racine écrasée servait de vulnéraire, ce que rappelle le nom français et le nom scientifique d'espèce (qui guérit les blessures).

1

2

3a

3b

4a

4b

1 Minette

Medicago lupulina

20-60 cm mai-septembre ⊙-♃ 25

Identification : très petites fleurs jaunes (2 mm) groupées par 10 à 50 en grappes ovoïdes denses (**1b**). Fruits tordus (en forme de reins).

Répartition : très commune en France. Bords des chemins, prairies, lieux herbeux, champs, sols secs, calcaires.

Biologie : cette petite Papilionacée pousse surtout sur les sols riches en éléments nutritifs et constitue un bon fourrage, c'est pourquoi on l'a cultivée. Ses dimensions sont faibles sur les pelouses maigres. Au Moyen Âge, une plante fourragère était connue sous le nom de Medicago. En Europe centrale, l'espèce était présente dès l'Âge du bronze.

2 Luzerne en faucille

Medicago falcata

20-60 cm mai-août ♃ 25

Identification : plante couchée. Extrémité des tiges ascendante. Feuilles à 3 folioles, celles-ci étroitement lancéolées. Fleurs (environ 10 mm) groupées par 5-20 en grappes globuleuses. Fruits : gousses en forme de faucille (nom de l'espèce).

Répartition : absente dans l'Ouest de la France. Bords des chemins, pelouses, talus ; lieux chauds. Sur sol calcaire.

Biologie : considérée par certains botanistes comme une sous-espèce de *Medicago sativa*, la Luzerne. À la différence de celle-ci, à fleurs violettes, qui est cultivée, n'a pas été employée comme plante fourragère en raison de son faible rendement. Les gousses falciformes lui ont donné son nom spécifique (du latin *falcatus*).

3 Lotier

Lotus corniculatus

10-30 cm mai-septembre ♃ 25

Identification : feuilles à 5 folioles lancéolées, les deux inférieures étant en réalité des stipules non soudées au pétiole. Tiges ascendantes ou dressées. Fleurs groupées par 3-7 en petites têtes parfois teintées de rouge sur l'étendard et la carène (**3a**).

Répartition : commun en France. Prairies, friches, talus, bords des chemins. Milieux secs ou humides.

Biologie : le nom scientifique d'espèce (du latin *corniculatus*, corné) fait allusion à la forme de la carène, qui est incurvée. Les gros Hyménoptères qui se posent sur la carène et l'abaissent, heurtent d'abord les anthères, qui sont ainsi dégagées, et ensuite le stigmate ; étant donné que les anthères s'ouvrent avant que le stigmate soit complètement développé, l'autopollinisation est impossible. Les papillons saupoudrés de pollen touchent peut-être d'abord le stigmate d'une fleur déjà épanouie. Avec la pointe d'un crayon on peut faire basculer l'extrémité de la carène et simuler le processus de la pollinisation.

4 Lotier des marais

Lotus uliginosus

20-60 cm mai-juillet ♃ 25

Identification : diffère de (**4**) par ses fleurs groupées par 8-12, ses tiges creuses (et non pas pleines) et ses dimensions supérieures.

Répartition : rare dans la région méditerranéenne ; répandu ailleurs.
Prairies humides, marécages.

Biologie : plante fourragère appréciée et même semée localement.

1a
1b
2
3a
3b
4

1 *Oxalis fontana* (*O. stricta*)

10-30 cm juin-octobre ⊙-♃ 35

Identification : tiges ascendantes. Fleurs (15 mm). Feuilles à 3 folioles, comme celles des trèfles.

Répartition : plus ou moins répandue selon les régions. Jardins, champs de plantes sarclées. Sols riches, mais généralement pauvres en calcaire.

Biologie : cette espèce thermophile a été introduite en Europe en 1658 (originaire d'Amérique du Nord) et n'est parvenue en Europe centrale qu'au début du XIXe siècle. Mauvaises herbes des jardins, qu'il est difficile d'éradiquer, car elle se reproduit non seulement par graines, mais aussi par les plus petits fragments de ses racines et de sa souche.

2 Impatiente, Balsamine des bois

Impatiens noli-tangere

20-80 cm juin-septembre ⊙ 38

Identification : fleurs jaunes (2a, 2b) protégées de la pluie par une feuille bractéale (**2b**); sépale inférieur très grand, en forme d'éperon incurvé.

Répartition : Centre et Est de la France, Pyrénées; rare ou absente ailleurs. Bois humides de feuillus, lieux ombragés, bords des ruisseaux, chemins.

Biologie : les noms français et scientifique ont la même signification (*noli tangere*, ne me touchez pas, *impatiens*, qui ne supporte pas). En réalité, un contact avec cette plante lui est profitable; en effet ses fruits (capsules allongées) s'ouvrent quand ils sont touchés par d'autres plantes sous l'effet du vent ou si l'homme ou encore des animaux la heurtent. Aussitôt, les fruits s'enroulent et projettent les graines à distance, parfois jusqu'à 3 m. Cette plante d'ombre a des tiges translucides, fragiles, où l'on peut voir les vaisseaux conducteurs de la sève; si l'on trempe la base d'une tige coupée dans l'encre rouge, on verra le liquide monter jusqu'aux feuilles.

3 Impatiente à petites fleurs

Impatiens parviflora

20-60 cm mai-novembre ⊙ 38

Identification : éperon des fleurs à peine recourbé. Fleurs d'un jaune plus pâle que celui de (**2**), elles sont situées à l'extrémité des tiges.

Répartition : présente dans plusieurs régions de la France (Est, Bassin Parisien, etc.). Terrains vagues, bois frais, jardins, haies, parcs.

Biologie : espèce originaire d'Asie (Sibérie). Échappée du jardin botanique de Berlin en 1837. Graines projetées au loin comme chez l'espèce précédente (**3b**).

4 Onagre

Oenothera biennis

60-150 cm juin-septembre ⊙ 28

Identification : grandes fleurs (5-6 cm), à 4 pétales, tube du calice très long, sépales rabattus.

Répartition : en France, plus ou moins fréquent selon les régions. Terrains vagues, bords des voies ferrées, friches industrielles, lieux sablonneux.

Biologie : les premiers exemplaires du genre *Oenothera*, originaire d'Amérique du Nord, se seraient échappés du jardin botanique de Padoue en 1619. Les sujets que l'on trouve actuellement en Europe sont issus, au cours des siècles qui suivirent, de croisements entre espèces et ont fait l'objet d'études génétiques. Les fleurs s'ouvrent seulement au crépuscule et pendant deux nuits.

1

2a

3a

2b

3b

4

1 Millepertuis commun

Hypericum perforatum

25-100 cm juin-septembre ♃ ✿ 51

Identification : feuilles opposées, ovales, avec ponctuations translucides. Tiges à deux côtes saillantes. Fleurs jaune d'or, sépales lancéolés.
Répartition : dans toute la France sauf une partie des Pyrénées et des Alpes, rare dans le Midi méditerranéen. Chemins forestiers et des champs, lisières, prairies. Sur sols secs à frais.
Biologie : plante médicinale connue depuis longtemps. Employée autrefois pour soigner les plaies, aujourd'hui comme stimulant du système nerveux. Pressés, les boutons floraux laissent une marque rouge au bout des doigts. Cette plante tient encore localement une place dans le folklore religieux. Sa floraison vers la Saint-Jean (24 juin) est à l'origine de l'un de ses noms. Les espaces clairs, bien visibles sur les feuilles tenues vers la lumière, sont dus à de petites glandes contenant une substance huileuse (elles paraissent percées, d'où le nom de la plante, pertuis, porte en vieux français).

2 Millepertuis élégant

Hypericum pulchrum

20-60 cm juin-septembre ♃ 51

Identification : tige grêle, peu ramifiée, ronde et glabre. Feuilles en cœur, presque triangulaires.
Répartition : dans toute la France sauf le Sud-Est et la Corse. Clairières, lisières, notamment sur les collines et en basse montagne. À l'ombre, sur sols à tendance acide.
Biologie : le nom de cette espèce (*pulcher*, beau) paraît justifié.
Avec son inflorescence étagée, ses fleurs jaune d'or souvent teintées de rouge quand elles sont en bouton, elle fait partie des plus beaux millepertuis.

3 Millepertuis couché

Hypericum hemifusum

5-20 cm juillet-septembre ⊙-♃ 51

Identification : tiges couchées, ascendantes à l'extrémité, très fines. Fleurs petites (1 cm).
Répartition : surtout dans la moitié ouest de la France, rare ou absent à l'est, mais existe en Corse. Bords des chemins forestiers, fossés, rives des eaux douces. Sur sols frais-humides, plutôt acides.

4 Violette à deux fleurs

Viola biflora

5-20 cm juin-août ♃ 52

Identification : feuilles réniformes à cordiformes, dentées. Fleurs jaunes, généralement groupées par deux (nom).
Répartition : en montagne, entre 700 et 2 900 m d'altitude : Jura, Alpes, Massif central, Pyrénées, Corse. Forêts de montagne, mégaphorbiaies.
Biologie : la répartition de cette espèce, présente en Scandinavie et dans les montagnes situées plus au sud (Alpes, etc.) suggère qu'elle était plus répandue à l'époque glaciaire.

5 *Viola arvensis*

5-40 cm avril-novembre ⊙ 52

Identification : fleurs petites (10-15 mm), avec un pétale dirigé en bas et quatre autres tournés vers le haut (chez les autres espèces, trois en bas et deux en haut). Coloration très variable, souvent bleu-violet (**5b**), crème à jaune en général.
Répartition : commune en France. Bords des champs, terrains vagues, chemins.
Biologie : feuilles oblongues en forme de spatules, dentées. Stipules digitées à la base. Tiges pourvues de poils réfléchis. Les graines (il peut y en avoir 2 000 par pied) gardent leur pouvoir germinatif jusqu'à 10 ans dans la terre. Elles sont disséminées surtout par des fourmis. Plante médicinale employée pour traiter des maladies de peau.

1a

2

1b

4

3

5a

5b

1 Hélianthème vulgaire

Helianthemum nummularium

10-50 cm juin-août ♃ [53]
(souche ligneuse)

Identification : plante très rameuse. Feuilles ovales-lancéolées, grises ou blanchâtres-laineuses, coriaces, souvent enroulées au bord, munies de stipules lancéolées. Fleurs peu nombreuses, en grappe terminale

Répartition : en France, manque localement. Pelouses maigres, talus.
Lieux secs, ensoleillés ; sur sols calcaires.

Biologie : on peut considérer cette plante comme faisant partie des sous-arbrisseaux, puisque sa souche est ligneuse. Boutons floraux penchés ; les fleurs ne s'ouvrent que par temps chaud (plus de 20 degrés), ensoleillé et seulement durant une journée. Les noms français et scientifique évoquent cette particularité (du grec *helios*, soleil et *anthemos*, fleur). Les très nombreuses anthères (plus de 100) sont issues de la multiplication d'anthères primaires.

2 *Helianthemum alpestre*

5-15 cm juin-août ♃ [53]
(sous-arbrisseau)

Identification : plante gazonnante, en touffes. Feuilles sans stipules.

Répartition : plante de montagne (Alpes, Pyrénées) présente entre 1 500 et 2 800 m environ. Pelouses sèches, rocailles, landes. Sur sols riches en calcaire.
Également considérée comme une sous-espèce de *H. italicum.*

3 Panais

Pastinaca sativa

30-100 cm juin-septembre ⊙ [41]

Identification : Ombellifère à fleurs jaunes, sans involucre (bractées et bractéoles rapidement caduques). Feuilles inférieures à 5-11 folioles dentées.

Répartition : commun en France sauf par endroits. Bords des chemins, prairies, jachères.

Biologie : jadis cultivé pour l'obtention de sa racine, qui était consommée (elle atteignait 1,5 kilo chez certaines variétés). Était également utilisé comme fourrage pour le bétail. Les jeunes feuilles et les boutons peuvent servir de légume. Les fruits ailés, elliptiques peuvent servir de condiment. Le Panais répand une odeur assez forte.

4 Pirole unilatérale

Orthilia secunda

5-20 cm juillet-août ♃ [60]

Identification : feuilles persistantes, ovales-lancéolées, à court pétiole. Fleurs en grappe unilatérale, penchées, blanc-verdâtre.

Répartition : hêtraies, pinèdes et pessières de montagne (Massif central, Pyrénées). Rare dans les montagnes de l'Est et du Sud-Est, absente en Corse.

Biologie : largement répandue dans les peuplements d'Épicéas (pessières) de l'hémisphère boréal. En Europe centrale, favorisée par l'enrésinement des forêts (plantation d'Épicéas). Ses minuscules graines sont transportées par le vent.

5 Lysimaque nummulaire, Herbe aux écus

Lysimachia nummularia

10-20 cm juin-août ♃ [64]

Identification : tiges couchées, rampantes, atteignant 50 cm. Feuilles opposées, ovales-orbiculaires (contrairement à celles de la Lysimaque des bois, *L. nemorum*, qui sont plus ovales).

Répartition : dans toute la France, sauf le Sud-est et une partie des Pyrénées (rare ou absente). Prairies, chemins forestiers, bord de l'eau. Sur sols humides, plus ou moins ombragés.

Biologie : espèce autostérile comme d'autre Primulacées ; se reproduit donc surtout au moyen de rejets. Cultivée dans les jardins, car elle couvre bien le sol. Son nom français évoque la forme de ses feuilles, semblable à celle de pièces de monnaie.

1
2
3a
3b
4
5

1 Primevère élevée

Primula elatior

10-30 cm mars-mai ♃ [64]
Identification : feuilles vertes des deux côtés, en rosette radicale. Fleurs jaunes soufre (12-18 mm de diamètre).
Répartition : manque dans l'Ouest de la France, le Midi méditerranéen et la Corse ; rare dans le Sud-Est et une partie du Sud-Ouest. Existe dans les Pyrénées, le Massif central. Forêts de feuillus, à l'ombre. Sur sols frais, riches en bases.
Biologie : les primevères se distinguent par l'hétérostylie de leurs fleurs, c'est-à-dire l'existence de styles de longueur différente, structure qui empêche la pollinisation par du pollen étranger. Chez une partie des plantes, le stigmate se trouve sur un style long à l'entrée de la corolle et les anthères sont très au-dessous; chez d'autres plantes, c'est exactement l'inverse. Bourdons et papillons qui avaient visité une fleur à anthères supérieures, déposent plus facilement le pollen sur les fleurs à style long où il pourra germer. Les fleurs à style long ne peuvent pas se croiser et il en est de même pour celles à style court.

2 Primevère officinale, Coucou

Primula veris

10-30 cm avril-mai ♃ [64]
Identification : feuilles brusquement rétrécies sur le pétiole. Fleurs odorantes, jaune vif avec 5 taches orangées en haut du tube de la corolle.
Répartition : très commune dans le Nord, l'Est, une partie de l'Ouest le Sud-Ouest et le Sud-Est de la France; rare ailleurs. Existe en Corse. Talus herbeux, bords des routes et des chemins, lisières, clairières des forêts, prairies.
Biologie : plante médicinale, dont les racines étaient employées pour soigner le rhume et pour préparer de la poudre à éternuer. Les fleurs odorantes servaient à préparer des substances expectorantes. Primevère : ce nom rappelle que ces fleurs paraissent tôt en saison (*prima*, premier, *veris*, du printemps).

3 Primevère acaule, Primevère à grandes fleurs

Primula vulgaris

5-15 cm mars-avril ♃ [64]
Identification : grandes (2-3 cm) fleurs solitaires, jaune pâle, à long pédoncule, issues de la rosette de feuilles (ces dernières sont velues).
Répartition : dans le quart Nord-Ouest de la France et le Sud-Est, rare ailleurs, absente dans l'Est et une partie du Centre. Chemins des bois, haies, prairies, forêts de feuillus.
Biologie : des primevères cultivées sont issues de cette espèce.

4 Lysimaque commune

Lysimachia vulgaris

40-150 cm juin-août ♃ ✿ [64]
Identification : feuilles lancéolées, disposées en verticilles par 3-5, à pétiole très court. Tige dressée. Fleurs jaunes d'or, en grappe terminale ou en panicule.
Répartition : dans toute la France, mais rare dans une partie du Sud-Est et dans le Midi. Bords des eaux, fossés, aulnaies, mégaphorbiaies.
Biologie : vit sur des sols mouillés, plus ou moins riches en bases. Son nom évoque celui d'un médecin grec de l'Antiquité.

5 *Lysimachia punctata*

50-120 cm juin-août ♃ [64]
Identification : fleurs jaunes ponctuées de rouge, groupées par 1-4 à l'aisselle des feuilles caulinaires. Fleurs (35 mm, à pétales velus-glanduleux) et inflorescence sont plus grandes que chez l'espèce précédente.
Répartition : naturalisée localement. Bords des rivières et des chemins, fosses, lieux marécageux.
Biologie : espèce cultivée, qui s'est échappée des jardins. Originaire des Balkans.

1

2

3

4

5a

5b

1 Gentiane jaune, Grande Gentiane

Gentiana lutea

50-200 cm juin-août ♃ [72]

Identification : très grandes feuilles glauques, opposées, atteignant 30 cm de long. Fleurs en verticilles terminaux, serrées, à l'aisselle de feuilles sessiles. Grosse tige ronde.

Répartition : Vosges, Jura, Alpes, Massif central, Pyrénées, Corse, plateau de Langres. Alpages, clairières, friches, bois clairs (pinèdes).

Biologie : facilement reconnaissable à ses dimensions et à ses grandes feuilles opposées, aux nervures très marquées. Ses grosses racines renferment des substances amères utilisées depuis longtemps pour leurs propriétés apéritives. Elles sont employées pour la préparation de liqueurs. Espèce localement menacée par des arrachages abusifs et, à la limite de son aire de répartition, par divers travaux (élargissement des chemins, etc.). Protégée dans certains pays.

2 Petit Nénuphar

Nymphoides peltata

5-120 cm juillet-septembre ♃ [71]

Identification : plante flottante aquatique ressemblant aux nénuphars par la forme de ses feuilles qui mesurent seulement 8 cm environ.

Fleurs jaunes d'or (3 cm de diamètre) groupées par 2-5, submergées, à l'aisselle des feuilles, s'épanouissant à la surface de l'eau.

Répartition : en plaine, rare localement. Étangs, rivières lentes.

Biologie : vit dans des eaux ayant au maximum 150 cm de profondeur; tiges atteignant 150 cm de long. Les graines peuvent flotter et sont propagées aussi par des oiseaux aquatiques. Les cils présents au bord de la gorge de la corolle renforcent peut-être l'effet attractif des fleurs vis-à-vis des insectes.

3 Gaillet vrai

Galium verum

10-80 cm mai-septembre ♃ [75]

Identification : feuilles larges de 1-2 mm, longues de 1-3 cm, groupées en verticilles de 8-12. Fleurs très nombreuses, disposées en panicules terminales et denses (elles sont petites : 2-3 mm).

Répartition : dans toute la France, Corse incluse. Forêts de feuillus, pinèdes, dans les chemins, sur les lisières, talus, pelouses sèches.

Biologie : en raison de sa teneur en enzymes du type de la présure, a été employé pour faire cailler le lait et on le cultivait à cette fin. Avec les racines, on peut colorer des fromages en rouge. Les boissons dans lesquelles on fait macérer cette plante (pousses florifères) sont également colorées et ont un arôme particulier. Les vertus médicinales supposées de cette espèce n'ont pas été confirmées.

4 Croisette, Gaillet croisette

Cruciata laevipes

20-50 cm avril-juin ♃ [75]

Identification : feuilles ovales (atteignent 2 cm), en verticilles par 4. Tige velue-rude, dressée. Fleurs par 3-8 à l'aisselle des feuilles supérieures. Tige et feuilles garnies de poils (longs et blancs sur la tige).

Répartition : dans toute la France sauf le Midi méditerranéen. Lisières, talus, chemins, haies, forêts riveraines.

Biologie : espèce placée dans un genre différent des autres gaillets. Doit son nom (latin *cruciatus*, en croix) aux feuilles, qui dans les verticilles, sont opposées deux à deux.

1a

2a

1b

2b

3

4

1 Galéopsis versicolore

Galeopsis speciosa (*G. versicolor*)

30-100 cm juillet-août ⊙ 91

Identification : fleurs de couleur inhabituelle : lèvre supérieure et lobes latéraux de la lèvre inférieure jaune soufre ; lobe central violet avec taches jaunes et blanches. Deux plis saillants sur la lèvre inférieure.

Répartition : rare en France (plaine et collines). Lisières des bois, bords des champs, haies, décombres. Sur sols riches en azote, pas trop secs.

Biologie : port dressé comme chez les autres espèces du genre. Calice à dents très épineuses. Tige renflée au-dessous des feuilles opposées et garnie de poils raides. Cette espèce tient une place particulière en raison de la coloration de ses fleurs, ce que rappelle son nom scientifique (du latin *speciosus*, qui a un bel aspect).

2 Ortie jaune, Lamier jaune

Lamiastrum galeobdolon

20-60 cm avril-juin ♃ 91

Identification : Labiée aux fleurs jaunes, plus ou moins marquées de rougeâtre ; lèvre inférieure à trois lobes (et non pas deux).

Répartition : dans toute la France, sauf la Corse, une partie du Sud-Est et du Sud-Ouest. Forêts de feuillus, à l'ombre ; talus, coupes.

Biologie : feuilles persistantes, avec taches claires plus ou moins apparentes. Souche émettant des rejets et des tiges florifères. Ces dernières apparaissent au bout de 2 ou 3 ans ; les feuilles des rejets et celles des tiges florifères sont de forme différente et n'ont pas la même taille.

3 Bouillon blanc

Verbascum thapsiforme (*V. densiflorum*)

100-200 cm juin-septembre ⊙ 85

Identification : tige peu rameuse, sauf parfois dans sa partie supérieure. Fleurs (3-4 cm) jaune pâle, en long épi dense (**3b**).

Répartition : manque localement en France. Bords des chemins, jachères terrains vagues, lieux sablonneux.

Biologie : cette belle plante ne fleurit qu'une seule fois : la première année, elle produit une rosette radicale de feuilles et la seconde année la tige florifère ; elle meurt après la floraison et la maturation des graines. Son épais duvet cotonneux réduit la transpiration.

4 Molène, Bouillon blanc

Verbascum thapsus

80-200 cm juin-septembre ⊙ 85

Identification : ressemble à l'espèce précédente, mais fleurs plus petites (12-15 mm de diamètre ou plus). Feuilles elliptiques à oblongues, décurrentes. Poils blancs sur le filet des étamines.

Répartition : commun en plaine et jusque vers 1 500 m en montagne. Bords des chemins, prairies sèches, broussailles, friches.

Biologie : jadis, on plongeait les tiges de cette plante (et de la précédente) dans la cire pour en faire des torches. Plante médicinale employée autrefois en infusions pour ses vertus adoucissantes (était utilisée pour soulager la toux).

5 Molène noire

Verbascum nigrum

50-150 cm juin-septembre ⊙-♃ 85

Identification : étamines pourvues de poils violets (**5a**). Fleurs jaunes à gorge violette. Tige robuste, anguleuse dans sa partie supérieure, souvent teintée de brun-rougeâtre, presque glabre.

Répartition : dans toute la France sauf le Nord-Ouest, une partie de l'Ouest, du Sud-Ouest et la région méditerranéenne, où elle est plus rare. Bords des chemins, terrains vagues, coupes en forêt. Sur sols riches en bases.

Biologie : les trois espèces de molènes peuvent être cultivées dans les jardins pour leur aspect décoratif, mais la première année, il faut se contenter de voir seulement une rosette de feuilles ; on attendra la suivante pour obtenir les fleurs.

1
2
3a
3b
4
5a
5b

1 Jusquiame

Hyoscyamus niger

30-80 cm juin-octobre ⊙ [83]

Identification : plante velue-visqueuse. Feuilles inférieures pétiolées, les supérieures à demi-embrassantes. Fleurs (3-4 cm) jaune pâle à gorge noire et veines violettes sur les lobes.

Répartition : rare ou assez fréquente selon les régions. Bords des chemins, décombres, littoral de l'Ouest. Terrains pierreux ou sablonneux.

Biologie : originaire de la région méditerranéenne et de l'Orient; présente depuis longtemps en Europe. Toute la plante est très toxique. Depuis le Moyen Âge, utilisée comme plante médicinale; les sorciers s'en servaient pour préparer des poisons et autres philtres. Graines narcotiques. C'est surtout dans la racine que se trouvent les substances toxiques (atropine, scopolamine et hyoscyanine).

2 Linaire vulgaire

Linaria vulgaris

30-90 cm juillet-octobre ♃ ✿ [85]

Identification : feuilles alternes, sessiles, linéaires ou elliptiques étroites, semblables à celles des lins (nom). Fleurs en grappe dense, à 2 lèvres, jaunes avec tache orange sur la lèvre inférieure et long éperon.

Répartition : commune en France. Bords des chemins, talus. Sur sols sablonneux.

Biologie : la tache foncée de la lèvre inférieure ferme l'accès à la corolle; seuls les gros Hyménoptères comme les bourdons peuvent, par leur poids, abaisser suffisamment la lèvre inférieure pour que la gorge s'entrouvre.

3 Mélampyre des prés

Melampyrum pratensis

10-50 cm juin-août ⊙ [85]

Identification : feuilles opposées, entières, sessiles. Fleurs sans éperon, généralement opposées par deux, en grappe feuillée.

Répartition : dans toute la France sauf le Midi méditerranéen, la Corse; rare dans une partie des Alpes. Forêts de feuillus claires, bords des chemins, coupes, lisières, landes. Terrains assez secs ou humides, plutôt acides.

Biologie : cette espèce et la suivante sont des hémi-parasites, qui puisent la sève dans les racines des plantes voisines (espèces herbacées, mais aussi arbres et arbrisseaux). Le nom de genre fait allusion à la forme des graines, semblable à celles du Blé (du grec *melas*, noir *pyros*, blé). Les graines sont recherchées par des fourmis car elles ont des appendices (élaiosomes) que ces insectes apprécient.

4 Rhinanthe

Rhinanthus minor

10-50 cm mai-septembre ⊙ ✿ [85]

Identification : feuilles opposées, dentées, lancéolées. Fleurs comprimées, à deux lèvres (supérieure et inférieure), tube rectiligne. Elles sont disposées en épi feuillé, lâche (**4b**) mais souvent serrées vers l'extrémité.

Répartition : prairies, pelouses maigres, bords des champs de céréales sur les sols calcaires.

Biologie : le calice renflé facilite la dispersion des graines par le vent; sèches, les graines font du bruit quand on secoue le calice.

5 Utriculaire vulgaire

Utricularia vulgaris

50-100 cm juin-août ♃ [87]

Identification : plante submergée, flottante. Feuilles finement découpées, leur extrémité est pour partie transformée en vésicules (**5b**). Fleurs aériennes, jaune d'or, en grappe lâche.

Répartition : assez rare en France. Eaux stagnantes (étangs) riches en éléments nutritifs.

Biologie : les vésicules (5 mm) servent à la capture de petits crustacés aquatiques et larves d'insectes, qui sont digérés et améliorent la nutrition azotée de la plante.

1
2
3
4a
4b
5a
5b

1 Verge d'or

Solidago virgaurea

15-90 cm juillet-octobre ♃ 94

Identification : nombreux capitules groupés en grappes, nettement plus grands que ceux des deux espèces suivantes.

Répartition : dans toute la France sauf une partie du Midi et en Corse. Bois clairs, coupes, pelouses.

Biologie : le nom scientifique de l'espèce est issu du latin (*virga*, verge, *aureus*, en or); celui du genre vient aussi du latin (*solido*, affermir); il évoque la propriété de la plante dont on tire un extrait utilisé comme diurétique lors des affections rénales, mais aussi pour traiter les rhumatismes. À l'extérieur, cette plante servait aussi à faciliter la guérison des blessures. On peut l'employer pour teindre la laine en jaune ou en vert foncé après addition de 2 % de sulfate de fer.

2 Verge d'or du Canada

Solidago canadensis

50-200 cm juillet-septembre ♃ ✿ 94

Identification : comme l'espèce précédente, attire les regards par sa belle taille et ses fleurs jaunes en grappes étalées. Fleurs femelles ligulées, aussi longues que les fleurs hermaphrodites tubuleuses. Tiges en grande partie velues, vertes.

Répartition : naturalisée en France. Décombres, terrains vagues, friches industrielles. Souvent en grands massifs.

Biologie : introduite en 1648 comme plante ornementale dans les jardins européens (originaire du Canada). De là, elle s'est propagée dans la nature. Il s'agit donc d'une néophyte, c'est-à-dire d'une plante introduite par l'homme dans une région où elle n'existait pas auparavant et cela après la découverte de l'Amérique. C'est une espèce pionnière qui colonise très rapidement les terres nues (remblais, talus), grâce notamment à ses rejets souterrains ; elle forme des peuplements denses au sein desquels peu d'autres plantes peuvent prospérer. En raison de leur teneur élevée en latex (jusqu'à 4 % dans les feuilles) des Solidago ont été cultivés expérimentalement. Ce sont des plantes médicinales, dont le contenu en substances utiles serait plus élevé que chez *S. virgaurea* (**1**).

3 *Solidago gigantea*

50-150 cm juillet-septembre ♃ ✿ 94

Identification : ressemble beaucoup à l'espèce précédente, mais a des fleurs ligulées plus longues que les fleurs tubuleuses. Tige en grande partie glabre et rougeâtre.

Répartition : naturalisée en France. Introduite en 1758. Habitat semblable à celui de l'espèce précédente qu'elle remplace çà et là, mais toutes deux peuvent cohabiter.

Biologie : a été également introduite comme plante d'ornement dans les jardins et s'en est échappée. Malgré son nom, est généralement un peu plus petite que la Verge d'or du Canada.

4 Inule

Inula conyza

30-90 cm juillet-octobre ⊙-♃ 94

Identification : tige dressée, un peu ligneuse à la base. Capitules disposés en corymbe. Fleurs ligulées généralement absentes.

Répartition : dans toute la France sauf une partie de l'Ouest, du Centre, des Pyrénées et des Alpes. Lisières des forêts de feuillus et des pinèdes, coupes ; sur sols secs.

Biologie : espèce placée auparavant dans un genre particulier. Une espèce voisine, l'Aunée (*I. helenium*) est médicinale et l'inuline qu'elle contient est employée en cas de diabète. On retrouve cette substance dans d'autres Composées, surtout dans le Topinambour et les bulbes de dahlias.

1
2
3a
3b
4a
4b

1 Bident, Chanvre d'eau

Bidens tripartita

20-120 cm juillet-octobre ⊙ 94

Identification : capitules (environ 2 cm de diamètre et de haut) dépourvus de fleurs ligulées. Feuilles généralement trilobées.

Répartition : commun en France, sauf dans la région méditerranéenne. Bords des étangs, fossés humides, terrains vagues, souvent en nombre.

Biologie : près des agglomérations, sa présence trahit souvent celle de l'eau et d'une pollution (par exemple par les circuits d'eaux usées). Sur les sols vaseux, forme souvent des massifs d'importance variable selon la richesse en éléments nutritifs (dépasse parfois 1 m de haut). Le nom du genre décrit les fruits, qui ont généralement deux arêtes (parfois aussi 3 à 5), qui s'accrochent facilement aux vêtements, au pelage des mammifères sauvages et au plumage des oiseaux, ce qui facilite leur dispersion. Le nom scientifique du genre vient du latin *bis*, deux fois et *dens*, dent. Le nom français lui correspond.

2 Œil-de-bœuf

Anthemis tinctoria

20-60 cm juillet-août ♃ ✿ 94

Identification : capitules jaunes (3 cm), solitaires, longuement pédonculés. Feuilles glauques, velues-laineuses grises, divisées deux fois.

Répartition : assez rare en France selon les régions. Terrains vagues, pelouses sèches, talus des voies ferrées.

Biologie : les graines se trouvent souvent dans les mélanges vendus pour créer des massifs multicolores dans les jardins, c'est pourquoi on le trouve près des habitations. Le nom scientifique évoque l'utilisation de la plante pour teindre des tissus (du latin *tinctorius*, apte à colorer); pour un kilo de laine à colorer en jaune foncé, on prendra au moins un kilo de fleurs fraîches ou séchées.

3 Tanaisie

Tanacetum vulgare

40-120 cm juillet-septembre ♃ ✿ 94

Identification : capitules groupés en corymbe. Feuilles vert foncé (**3b**) très découpées (environ 12 paires de segments oblongs et dentés).

Répartition : commune sauf dans l'Ouest et la région méditerranéenne. Bords des routes, talus, terrains vagues.

Biologie : fréquente sur les sols riches en azote, où elle peut se maintenir longtemps. Plante médicinale aux propriétés vermifuges et toniques (a été aussi employée comme vermifuge pour les chiens et les vaches). Les feuilles répandent une odeur pénétrante.

4 Tussilage, Pas d'âne

Tussilago farfara

10-30 cm mars-avril ♃ 94

Identification : capitules jaunes d'or paraissant avant les feuilles; celles-ci sont arrondies à cordiformes, anguleuses, velues-blanches dessous (du latin *farfarus*, couvert de farine).

Répartition : commun dans toute la France. Bords des routes et des chemins, talus. Sur sols frais et limoneux.

Biologie : la présence de cette espèce révèle une certaine humidité. Elle se distingue des autres Composées car ses capitules comportent environ 300 fleurs femelles ligulées et 30-40 fleurs mâles tubuleuses. Les feuilles (**4c**) sont depuis fort longtemps employées en médecine populaire pour lutter contre la toux, ce que révèle le nom scientifique (du latin *tussis*, toux, *ago*, chasser, mettre en mouvement) Fruits pourvus d'aigrettes blanches (**4b**).

1
2
3a
4a
3b
4b
4c

1 Séneçon

Senecio inaequidens

20-50 cm août-décembre ♃ ✿ 94

Identification : feuilles alternes, linéaires, presque entières.

Répartition : bords des routes, talus des voies ferrées, zones portuaires.

Biologie : espèce « néophyte », très récemment introduite en Europe centrale et en expansion rapide. Originaire d'Afrique du Sud, a sans doute été importée avec des ballots de laine. On a pu suivre sa progression d'année en année (en Europe centrale) le long des autoroutes. Localement, elle forme des peuplements purs d'autant plus remarquables qu'elle fleurit jusqu'en hiver.

2 Séneçon de Fuchs

Senecio fuchsii

40-180 cm juillet-septembre ♃ ✿ 94

Identification : feuilles lancéolées, alternes, dentées. Capitules ayant généralement seulement cinq fleurs ligulées (parfois 3-4).

Répartition : dans l'Est, le Sud-Est et le Centre de la France, en montagne, jusque vers 1 700 m d'altitude. Forêts mixtes, coupes, en sol frais.

Biologie : dédié à Léonard Fuchs (1501-1566), médecin allemand de Tübingen, auteur d'un ouvrage de botanique.

3 Jacobée, Herbe de saint Jacques

Senecio jacobaea

30-100 cm juin-septembre ♃ ✿ 94

Identification : feuilles pennées, profondément divisées. Capitules à 12-15 fleurs ligulées, jaunes, étalées (**3b**).

Répartition : commune en France, plaines et montagnes. Prairies, bords des chemins, talus, terrains vagues.

Biologie : comme les autres *Senecio*, contient des alcaloïdes toxiques pour l'homme et les animaux ; le bétail l'évite et on l'a toujours considérée comme une mauvaise herbe dans les pâturages. Si le bétail l'absorbe, il est gravement empoisonné et les petites espèces peuvent mourir. Le nom fait allusion à l'époque de la floraison en plein été, vers le 25 juillet.

4 Senecio viscosus

10-50 cm juin-octobre ⊙ 94

Identification : plante glanduleuse-visqueuse (**4b**). Feuilles vert foncé. Odeur désagréable. Fleurs ligulées généralement rabattues.

Répartition : assez fréquent, mais plus rare dans le Midi. Décombres, terrains vagues, bois clairs, coupes.

Biologie : plante pionnière, qui occupe souvent la première les terres remuées. Ses tiges visqueuses rebutent les fourmis et autres insectes pollinisateurs potentiels et les empêchent d'atteindre les fleurs.

5 Séneçon commun

Senecio vulgaris

10-30 cm toute l'année ⊙ 94

Identification : capitules peu apparents, presque toujours exclusivement formés de fleurs tubuleuses (fleurs ligulées généralement absentes) réunies en inflorescence serrée.

Répartition : très commun en France. Jardins, champs, bords des chemins terrains vagues, décombres.

Biologie : feuilles lancéolées, pennées, à lobes dentés, les inférieures pétiolées, les supérieures embrassantes. Capitules petits (4-5 mm de diamètre) ; involucre formé de bractées disposées sur un rang, souvent noirâtres. Fruits pourvus d'une aigrette. *Senecio* est tiré du latin *senex*, vieux, allusion à la couleur de l'aigrette des fruits.

1
2
3a
3b
4a
4b
5

1 Carline vulgaire

Carlina vulgaris

10-40 cm juillet-octobre ⊙ 94

Identification : plusieurs capitules (2-3 cm) jaunâtres sur la tige. Feuilles lancéolées, dentées-piquantes.

Répartition : assez commune en France. Terrains sablonneux, friches, bois clairs, pelouses maigres, terrains calcaires, stations chaudes.

Biologie : sa parenté avec le Baromètre (p. 152) n'est pas évidente et pourtant cette espèce, beaucoup plus répandue, mais qui a régressé à la suite de l'intensification des pratiques agricoles, a beaucoup de points communs avec *Carlina acaulis*, notamment l'adaptation aux milieux secs, l'hygroscopie des bractées, qui s'écartent ou se replient et la présence de piquants qui la protègent de la dent des herbivores. Elle est présente encore régulièrement sur les friches calcaires.

2 Arnica

Arnica montana

20-60 cm juin-août ♃ 94

Identification : fleurs au nombre de 1 à 3 par pied (environ 5 cm de diamètre). Feuilles en rosette radicale ; seulement une ou deux paires de feuilles caulinaires.

Répartition : Vosges, Jura, Alpes, Massif central, Pyrénées, Morvan et localement en plaine et sur les collines. Prairies en terrain pauvre en calcaire et en éléments nutritifs, à tendance siliceuse. Bois clairs, alpages.

Biologie : employé depuis fort longtemps comme plante médicinale à titre de vulnéraire. Menacé localement ; en régression surtout à cause de l'emploi d'engrais et de l'exploitation intensive des prairies. Il vaut mieux employer les teintures d'Arnica vendues en pharmacie que de les préparer soi-même, car les plantes proviennent de culture.

3 Cirse maraîcher

Cirsium oleraceum

30-150 cm juin-octobre ♃ 94

Identification : capitules blanc-jaunâtre, terminaux, proches, entourés par des feuilles entières. Feuilles caulinaires embrassantes, garnies de cils non piquants.

Répartition : seulement dans le Nord, le Nord-Est, le Bassin Parisien et le Jura. Absent du Midi et du Sud-Ouest, rare ailleurs. Prairies, fossés, aulnaies. Sur sols humides, riches en éléments nutritifs.

Biologie : favorisé par l'emploi d'engrais et par l'eutrophisation des prairies. N'est guère apprécié par le bétail, aussi bien à l'état frais que séché. Le nom scientifique d'espèce (du latin *oleraceus*, herbe, légume) n'a rien à voir avec son utilisation mais se rapporte plutôt à l'aspect de son inflorescence.

4 Porcelle enracinée

Hypochaeris radicata

20-50 cm juin-septembre ♃ 94

Identification : contient un suc laiteux, blanc. Fleurs toutes ligulées. Feuilles velues-ciliées, en rosette radicale, dentées ou lobées. Hampe garnie seulement d'écailles. Capitules mesurant 36-40 mm de diamètre.

Répartition : commune, en plaine et en montagne. Prairies, bords des chemins ; souvent sur sols sablonneux.

Biologie : le nom scientifique du genre est tiré du grec (*hypo*, sous et *choiros*, porcelet) ; *radix*, racine, *radicatus*, appartenant à la racine étant tiré du latin. Une espèce voisine, *H. maculata*, a les feuilles souvent tachetées de noir violacé.

1a

1b

2

3a

3b

4

1 Pissenlit

Taraxacum officinale

10-50 cm mars-octobre ♃ 94

Identification : espèce très connue. Feuilles en rosette radicale, découpées en lobes à pointe tournée vers la base. Un seul gros capitule à l'extrémité d'une hampe nue et creuse. Au bout de quelques jours, la fleur est remplacée par l'ensemble des graines pourvues d'aigrettes blanches, qui s'envolent au moindre souffle de vent (**1b**).

Répartition : très commun partout en France. Lieux herbeux de toute nature, aussi en haut des vieux murs, pierraille, etc.

Biologie : bien qu'il n'ait pas besoin d'insectes pour sa pollinisation, le Pissenlit attire les abeilles et d'autres espèces qui y trouvent pollen et nectar. Il s'agit là d'un rare cas d'apomixie, c'est-à-dire d'une production de graines sans fécondation préalable. C'est la raison pour laquelle on observe une si grande variabilité de la forme des feuilles chez des plantes même voisines. Cette diversité résulte de mutations et se maintient, alors que chez les plantes dioïques elle est généralement atténuée par le croisement des patrimoines génétiques. Un capitule de Pissenlit se compose d'environ 200 fleurs au maximum. Malgré l'abondance du nectar, il faudrait qu'une abeille visite près de 125 000 capitules pour obtenir un kilo de miel. Jadis, on se servait des fleurs pour colorer le beurre. Le Pissenlit est une plante médicinale aux propriétés diurétiques. C'est une salade très recherchée malgré une certaine amertume.

2 Liondent d'automne

Leontodon autumnalis

20-60 cm juillet-octobre ♃ 94

Identification : tige rameuse. Feuilles semblables à celles du Pissenlit, glabres et lobées mais moins profondément et donc plus dentées. Capitules ne comportant que des fleurs ligulées ; bractées linéaires-lancéolées, écailleuses.

Répartition : commun en France sauf dans le Midi et la Corse. Prairies, bords des chemins.

Biologie : la forme des feuilles est l'élément qui réunit plusieurs espèces de Composées voisines. Le nom scientifique reflète cette particularité : il est tiré du grec *leon*, lion et *odous*, dent, *autumnalis* (latin), fait référence à la période de floraison, plus tardive que celle du Pissenlit.

3 Picride fausse-épervière

Picris hieracioides

30-100 cm juillet-octobre ♃ 94

Identification : feuilles rugueuses, ciliées, étroites, lancéolées ou ovales, entières ou dentées. Contient un suc laiteux. Capitules formés de fleurs ligulées jaunes à jaune d'or, disposés en inflorescence lâche.

Répartition : commun sauf dans le Midi et çà et là. Bords des chemins et des champs, prairies.

4 Salsifis des prés

Tragopogon pratensis

30-80 cm mai-août ⊙ ou ♃ 94

Identification : feuilles lancéolées, acuminées, entières. Bractées lancéolées, dépassant nettement le capitule qui mesure de 30 à 50 mm de diamètre.

Répartition : commun en France. Prairies, bords des champs et des chemins. Sur sols riches en éléments nutritifs.

Biologie : feuilles supérieures embrassantes. Fruits pourvus d'une aigrette à soies plumeuses ; ces soies sont à l'origine du nom scientifique de genre (du grec *tragos*, bouc et *pogon*, barbe).

1a

1b

3a

2

3b

4

1 Laiteron maraîcher

Sonchus oleraceus

30-150 cm juin-août ⊙ 94

Identification : tige rameuse. Feuilles glauque pâle, molles, glabres, les caulinaires embrassantes par des oreillettes. Fleurs jaune clair (diamètre : 40-50 mm).
Répartition : commun en France. Jardins, bords des champs et des chemins. Toujours sur des sols riches en éléments nutritifs.
Biologie : tige contenant un suc laiteux. Cette espèce était déjà présente en Europe centrale au cours de la Préhistoire où elle a été largement propagée par l'homme. En outre, sa dispersion est facilitée par ses fruits pourvus d'aigrette et que le vent entraîne parfois jusqu'à plus de 10 km. Ses racines s'enfoncent jusqu'à plus d'un mètre, ce qui est remarquable chez une plante qui n'est pas vivace. Jadis, était probablement consommé par l'homme et ses animaux (du latin *oleraceus*, herbacé, légume), par exemple les oies, car ses feuilles ne sont pas piquantes.

2 Laiteron des champs

Sonchus arvensis

50-150 cm juillet-octobre ♃ 94

Identification : tige simple sauf à l'extrémité, très velue-glanduleuse. Feuilles lancéolées, pennées, lobes denticulés; piquants sessiles. Capitules jaune d'or.
Répartition : champs, jardins, décombres, bords des cours d'eau, dunes du littoral. Commun en France, mais rare dans le Midi, le Sud-Ouest.
Biologie : on ignore encore si les poils glanduleux de la tige freinent la transpiration ou écartent les « visiteurs » importuns. Il est vraisemblable que ces structures ont été avantageuses pour l'espèce. Celle-ci est vivace, contrairement à la précédente.

3 Scariole, Laitue sauvage

Lactuca serriola (*L. scariola*)

50-200 cm juillet-septembre ⊙ 94

Identification : feuilles glauques, les inférieures pennées, les supérieures moins divisées, nervure centrale épineuse dessous (du latin *serrulus*, denticulé). Petits capitules formés d'un faible nombre de fleurs, toutes ligulées.
Répartition : commune en France, sauf dans le Nord. Bords des chemins, terrains vagues, talus, murailles.
Biologie : cette espèce réagit nettement à l'intensité du rayonnement solaire, qu'elle essaye d'éviter. Quand l'astre brille, la surface de ses feuilles est verticale et leur pointe est tournée vers le nord et le sud ; ce mouvement et la racine qui s'enfonce jusqu'à 2 m de profondeur, montrent que la Scariole fut jadis une plante des steppes, originaire du sud-est. Le nom scientifique du genre fait allusion au suc laiteux, blanc et abondant (du latin *lac*, lait).

4 Laitue des murailles

Mycelis muralis

40-90 cm juin-septembre ♃ 94

Identification : plante glabre. Feuilles très découpées, lobe terminal le plus grand. Capitules généralement à 5 fleurs jaune pâle (maximum : 15) disposés en panicule lâche.
Répartition : dans toute la France sauf le Midi méditerranéen et la Corse où elle est rare. Forêts de feuillus et de résineux (chemins, coupes), murailles, décombres.
Biologie : contient, elle aussi, un suc laiteux, qui justifie son nom français. Vit sur des sols riches en bases. En plaine et jusque vers 1 600 m en montagne. Son abondance en forêt témoigne d'une perturbation du milieu ambiant.

1

2

3a

3b

4a

4b

1 Crépide bisannuel

Crepis biennis

50-120 cm juin-août ⊙ 94

Identification : plante de prairie. Tige rameuse ; dressée, Feuilles radicales dentées ou pennées, comme celles du Pissenlit, à lobes latéraux faibles. Capitules jaune d'or (3 cm de diamètre).

Répartition : commun, sauf dans le Midi méditerranéen et çà et là. Prairies grasses, bords des chemins.

Biologie : peu apprécié par les éleveurs car il donne un foin dur, que le bétail évite en général. Feuilles caulinaires linéaires à lancéolées, entières ou pennées, sessiles, velues-rudes.

2 Lampsane, Poule grasse

Lapsana communis

30-120 cm juin-octobre ⊙ 94

Identification : tige dressée, rameuse, contenant un sud laiteux. De haut en bas, les feuilles sont successivement lancéolées, elliptiques, pennées. Capitules jaune pâle formés de 8-12 fleurs, disposés en panicule lâche.

Répartition : commune sauf dans le Midi méditerranéen. Jardins, champs, bords des chemins, lisières, terrains vagues, souvent dans les lieux ombragés.

Biologie : les capitules ne s'épanouissent que dans la matinée et restent fermés si le ciel est couvert. Le nom de genre tiré du grec, désigne une plante alimentaire inconnue.

3 Piloselle

Hieracium pilosella

5-30 cm mai-septembre ♃ 94

Identification : feuilles ovales-oblongues, en rosette, velues-blanchâtres sur la face inférieure. Capitules jaune soufre, solitaires, sur une hampe sans feuilles, non rameuse.

Répartition : dans toute la France, bords des chemins, pelouses, friches, pinèdes claires. Sols secs, neutres à acides.

Biologie : bien adaptée aux milieux secs, assez ensoleillés ; protégée contre le dessèchement, entre autres adaptations, par ses feuilles qui peuvent s'enrouler vers le haut, présentant ainsi leur face inférieure, claire, vers la lumière ; en outre sa pilosité constitue une autre défense. Émet des stolons feuillés, qui contribuent à rendre ses colonies plus denses (multiplication végétative).

4 Épervière des murs

Hieracium sylvaticum (*H. murorum*)

30-60 cm juin-août ♃ 94

Identification : feuilles dentées, molles, vert foncé, sans taches. Inflorescence corymbiforme mais avec tout au plus 10 capitules aux pédoncules glanduleux.

Répartition ; dans toute la France, sauf le Midi méditerranéen (rare), absente en Corse. Forêts de feuillus et de résineux, talus, murailles, bords des chemins. Sur sols pauvres en calcaire.

Biologie : les épervières forment un genre très riche en espèces. Cette abondance est due à des mutations, à des croisements et au maintien ultérieur des combinaisons génétiques. Cela a été facilité par la reproduction unisexuée (apomixie ; voir le Pissenlit, p. 208), observable chez de nombreuses épervières. On a ainsi décrit plus de 300 formes d'*Hieracium sylvaticum.*

5 Épervière en ombelle

Hieracium umbellatum

20-120 cm juillet-octobre ♃ 94

Identification : tige très feuillée (généralement plus de 20 feuilles). Feuilles radicales précocement fanées ; feuilles linéaires-lancéolées, alternes, sessiles, peu dentées, souvent enroulées au bord. Fleurs disposées en corymbe.

Répartition : dans toute la France mais rare dans le Midi méditerranéen et en Corse. Forêts sur sols acides, broussailles, lisières, pelouses, bords des chemins.

Biologie : le nom scientifique du genre est tiré du grec *hierax*, épervier, et le nom français vient de sa traduction.

1
2
3
4a
4b
5

1 Asphodèle

Narthecium ossifragum

10-45 cm juillet-août ♃ 100

Identification : feuilles en forme de glaives, allongées, radicales (**1b**). Fleurs disposées en grappe terminale lâche ; en forme d'étoile, anthères rouge brique (**1b**).

Répartition : essentiellement dans l'Ouest, rare dans le Centre et les Pyrénées, absente ailleurs. Landes humides, tourbières, marécages.

Biologie : cette espèce est l'exemple d'une plante dont la répartition est limitée aux régions bien arrosées, aux hivers doux, donc ayant un climat de type atlantique. Les principales stations se trouvent dans des tourbières bombées et des landes humides de plaine (localement en montagne, en Europe centrale), milieux qui sont menacés par le drainage ou l'eutrophisation. Le nom scientifique de l'espèce (*ossifragum*, du latin, qui brise les os, ou qui guérit les os brisés) n'est pas du tout clair, ce qui pourrait être une explication de son origine. Le nom scientifique de genre (du grec *narthex*, canne) évoquerait la rigidité des tiges.

2 Verâtre, Varaire

Veratrum album

50-150 cm juin-août ♃ 100

Identification : plante très robuste, dressée, aux fleurs verdâtres, souvent aussi blanchâtres, disposées en panicules denses (**2b**). Feuilles ovales-larges, plissées, alternes contrairement à celles de la Grande Gentiane.

Répartition : en montagne, à partir de 800 m environ et jusqu'à plus de 2 000 m d'altitude. Alpages humides ; commune dans les mégaphorbiaies.

Biologie : plante très toxique, qui a été retirée de la liste des plantes médicinales en Europe centrale. L'alcaloïde le plus actif (protovératrine) a des effets sur la pression sanguine et la fréquence des battements du cœur. Le bétail qui connaît cette plante l'évite et facilite sa propagation en broutant la végétation qui l'entoure. On a constaté des empoisonnements chez les moutons, chèvres et veaux, il n'y a donc rien d'étonnant à ce qu'on l'ait considérée comme une plante à éradiquer et que l'on ait essayé de la détruire en arrachant ses racines. Elle est aussi mortelle pour les insectes et les acariens, et on l'a utilisée pour lutter contre ces invertébrés dans les maisons. Était déjà connue des Romains.

3 Gagée jaune

Gagea lutea

10-30 cm avril-mai ♃ 100

Identification : une seule feuille radicale large de presque un cm, dressée, lancéolée, se terminant en pointe acuminée (effilée). Fleurs à l'extrémité de la hampe, longuement pédonculées, en ombelle.

Répartition : rare en France (moitié Est, Massif central, une partie de la Corse et des Pyrénées). Forêts de feuillus, sur sols riches en éléments nutritifs.

Biologie : parmi les huit espèces du genre présentes en France, c'est l'une des plus largement répandues. Plante à floraison précoce, mais isolée parmi les espèces plus sociales et qui disparaît dès le début de l'été ; auparavant, elle a amassé des substances de réserve dans ses bulbes (gaines foliaires charnues et renflées). Le genre *Gagea* est dédié à sir Thomas Gage (1781-1820), promoteur des sciences en Angleterre.

1a
1b
1c
2a
2b
3a
3b

1 Jonquille

Narcissus pseudo-narcissus

10-40 cm mars-mai ♃ 101

Identification : forme sauvage de la plante cultivée. Fleurs généralement solitaires, penchées ; enveloppe florale (6 divisions) prolongée par une couronne jaune, cylindrique, entourant les étamines et le style. Feuilles (2-4) glauques, étroites, allongées.

Répartition : Massif central, Vosges, Jura, nord des Alpes, Pyrénées et aussi ailleurs, mais plus rare et absente localement. Forêts de feuillus, prairies. Abondante localement.

Biologie : fait partie des Amaryllidacées les plus appréciées dans les jardins et les parcs. On l'appelle localement Pâquette, car elle fleurit aux environs de Pâques, ou encore Narcisse trompette à cause de sa couronne jaune. Sa floraison massive offre un spectacle unique dans les prairies où elle abonde (ex. : région de Gérardmer, dans les Vosges, où se déroule une fête des jonquilles). Ce sont surtout des bourdons, qui la visitent pour obtenir le nectar situé au fond de la corolle. Les graines sont dispersées par des fourmis et les tubercules ovoïdes (4 cm) contribuent au maintien de l'espèce. N'est pas protégée en France.

2 Iris des marais, Iris jaune

Iris pseudacorus

50-120 cm mai-juin ♃ 102

Identification : grandes fleurs (8-10 cm) jaunes, comportant trois divisions internes dressées et trois externes, étalées ou rabattues (**2b**). Très longues feuilles en glaives. Ne peut être confondu.

Répartition : dans toute la France, sur les collines et en plaine. Mares, fossés, étangs, bords des rivières, ruisseaux.

Biologie : pour comprendre la structure des fleurs de cet iris, il faut savoir que les 3 stigmates ont l'aspect de pétales ; avec les sépales externes, ils forment trois tubes dans lesquels seuls des insectes à longue trompe (surtout des bourdons) peuvent atteindre le nectar. En pénétrant dans les tubes, ils touchent une structure qui, en bougeant, rend l'autopollinisation par le pollen des anthères tout à fait impossible. Les graines (**2c**), contenues dans des capsules oblongues, sont disposées comme des rouleaux de pièces de monnaie et peuvent flotter jusqu'à un an avant de germer. L'Iris jaune est issu d'un gros rhizome dont la croissance annuelle est reconnaissable à un rétrécissement à la fin de la période de végétation. Plante toxique. Le nom scientifique d'espèce évoque la ressemblance avec les feuilles de l'Acore (latin, *pseudacorus*) et le nom de genre rappelle celui de la déesse de l'arc-en-ciel, Iris.

3 Sabot de Vénus

Cypripedium calceolus

20-50 cm mai-juillet ♃ 103

Identification : grande fleur, dont le labelle, en forme de sabot jaune, est entouré par 4 divisions brun-pourpré. Ne peut pas être confondu.

Répartition : dans le Nord-Est, les Alpes, les Cévennes, les Pyrénées. Collines et montagnes. Clairières et lisières des forêts de feuillus et des pinèdes. Sur sols calcaires, riches en bases. Protégé en France.

Biologie : les Hyménoptères qui tombent dans le sabot ne peuvent en sortir que par une seule issue car ses parois sont lisses ; ils touchent le stigmate, le pollen, et assurent donc la pollinisation. La rareté de cette orchidée est due pour partie au pillage de certaines stations surtout celles qui sont à faible altitude. Le Sabot de Vénus est d'autant plus vulnérable qu'il ne fleurit qu'au bout de 16 ans, à la suite d'une longue symbiose avec un champignon. Son nom se compose de *sypria*, surnom de Vénus, du grec *pedion*, chaussure et du latin *calceolus*, petit soulier.

1a
1b
2a
2c
2b
3

1 Persicaire

Polygonum persicaria

10-60 cm juin-octobre ⊙ 69

Identification : tige rameuse. Feuilles lancéolées, généralement avec une tache foncée sur le limbe. Pédoncules floraux lisses.

Répartition : dans toute la France. Champs, jardins, lieux humides, bords des étangs, décombres.

Biologie : tous les *Polygonum* ont des tiges noueuses à l'aisselle des feuilles. Le nom scientifique du genre évoque la production de graines (du grec *polys*, beaucoup et *genos*, graine). Jadis, on aurait employé cette plante pour éloigner les puces.

2 Renouée amphibie

Polygonum amphibium

15 cm juin-septembre ♃ 69

Identification : dans l'eau, la tige est glabre et allongée ; à terre, elle est veluecollante et porte des feuilles plus étroites que celles à l'air libre (ces dernières sont larges et flottantes).

Répartition : dans toute la France, mais plus rare dans le Midi méditerranéen. Étangs, mares, rivières lentes, fossés ; parfois prairies humides.

Biologie : cette espèce s'adapte facilement aux conditions ambiantes. Elle peut vivre dans l'eau ou à terre, d'où la dualité de son aspect. La forme aquatique s'enracine dans la vase du fond.

3 Renouée bistorte

Polygonum bistorta

30-80 cm mai-août ♃ ✿ 69

Identification : tige non rameuse. Inflorescence dense, cylindrique, atteignant 9 cm de long et 1-3 cm de diamètre.

Répartition : dans le Nord-Ouest, l'Est, le Sud-Est, le Centre, les Pyrénées, rare ou absente ailleurs. Prairies de montagnes, forêts riveraines, fossés, mégaphorbiaies.

Biologie : le nom scientifique de l'espèce évoque un caractère important, à savoir l'épaisseur de la souche qui est tordue — autrefois, elle était censée protéger contre les morsures de serpents et les guérir (théorie des signatures). Ce nom vient du latin *bis*, deux fois et *tortus*, tordu. Les touffes isolées proviennent de rejets (multiplication végétative). Les bestiaux les évitent mais les consomment sous forme de foin. Cette plante contient des tanins, qui réduisent les inflammations et qui sont hémostatiques et vulnéraires. Pousses et jeunes feuilles sont comestibles.

4 Renouée à feuilles de patience

Polygonum lapathifolium

20-80 cm juillet-octobre ⊙ 69

Identification : semblable à *P. persicaria*, mais bord des gaines foliaires à peine cilié (longuement cilié chez *P. persicaria*). Pédoncules floraux pourvus de glandes jaunes.

Répartition : commune en France. Bords des étangs, sols humides riches en éléments nutritifs ; terrains vagues.

Biologie : considérée comme efficace pour éloigner les puces.

5 Renouée des oiseaux

Polygonum aviculare

Atteint 30 cm juin-novembre ⊙ 69

Identification : tige rameuse, souvent couchée (**5a**) ou ascendante. Fleurs roses, petites, solitaires ou en courtes grappes, à l'aisselle des feuilles (**5b**).

Répartition : très commune en France. Décombres, jardins, bords des champs, terrains vagues.

Biologie : graines employées depuis longtemps comme nourriture pour les oiseaux de cage, ce qu'évoque le nom scientifique (du latin *avis*, oiseau, *aviculare*, qui a trait aux oiseaux). Les graines se fixent sur les chaussures, les pattes des mammifères et sont ainsi propagées. Espèce typiquement cosmopolite.

1
2
3a
3b
4
5a
5b

1 Patience aquatique

Rumex hydrolapathum

80-250 cm mai-septembre ♃ 69

Identification : très grande espèce. Feuilles radicales atteignant 50-100 cm, lancéolées, pointues, rétrécies progressivement à la base (**1a**)

Répartition : présente dans le Nord, le Nord-Ouest, le Nord-Est, une partie de l'Est et du Sud-Ouest de la France, rare dans le Midi. Bords des étangs, rivières lentes, zones d'atterrissement, roselières. Sur sols vaseux.

Biologie : c'est une géante parmi les *Rumex*. Plus sensible au froid que d'autres espèces. Présente parfois aussi en milieu asséché, pourvu qu'il soit riche en éléments nutritifs.

2 Petite Oseille

Rumex acetosella

5-50 cm avril-septembre ♃ 69

Identification : feuilles en forme de fer de hallebarde. Fleurs en panicules terminales. Tiges et feuilles souvent rougeâtres.

Répartition : dans toute la France. Champs, landes, coupes forestières. Sur sols acides, riches en éléments nutritifs.

Biologie : espèce typique des sols acides, pionnière des milieux pauvres. Peut fixer le sable grâce à son système racinaire étalé. Sa teneur en acide oxalique ne le cède presque pas à celle de l'espèce suivante, bien que son nom scientifique (*acetosella*) soit un diminutif d'*acetosa* qui signifie aigre.

3 Oseille

Rumex acetosa

30-100 cm mai-septembre ♃ ✿ 69

Identification : feuilles en forme de fer de flèche, les supérieures embrassantes, les inférieures longuement pétiolées.

Répartition : dans toute la France. Prairies, coupes en forêt.

Biologie : a été cultivée comme légume (ses feuilles ont un goût acide, ce que rappelle le nom latin d'espèce). Du point de vue botanique, cette plante est dioïque. En mai et en juin, elle produit tant de pollen, que les personnes allergiques peuvent en être incommodées. Les jeunes feuilles constituent un condiment apprécié dans les potages et les plats de légumes. Toutefois, en raison de sa teneur en acide oxalique, il convient de ne pas employer de grandes quantités ni de mâcher des feuilles fraîches.

4 Spergulaire marine

Spergularia salina (*S. marina*)

10-30 cm juin-août ⊙ 65

Identification : tige étalée. Feuilles linéaires, charnues, aux bords enroulés au-dessous. Petites fleurs rose-rouge, parfois aussi blanches.

Répartition : littoral de la Manche, de l'Atlantique et de la Méditerranée. Marais salants, prés salés, dunes humides. Sols salés à l'intérieur des terres.

Biologie : espèce discrète, remarquable par le fait qu'elle supporte le piétinement ; pousse sur les chemins et dans les prés salés, essentiellement formés de puccinellies.

5 Spergulaire rouge

Spergularia rubra

5-25 cm mai-octobre ⊙-♃ 65

Identification : tiges dressées. Feuilles opposées, linéaires, non charnues, pointues à l'extrémité.

Répartition : en plaine et en montagne (étages montagnard et subalpin). Prairies, landes, bords des chemins. Sur terrains siliceux.

Biologie : tiges souvent couchées. N'est pas liée aux sols salés. Fleurs nombreuses, disposées en cymes.

1a
2
1b
3a
3b
4
5

1 Fleur de coucou

Lychnis flos-cuculi

30-80 cm mai-juillet ♃ ✿ 65

Identification : pétales divisés en quatre lanières découpées jusqu'au-delà du milieu (**1b**). Feuilles caulinaires opposées, lancéolées-étroites.

Répartition : dans toute la France sauf une partie du Sud-Est. Prairies humides, lisières.

Biologie : de nombreuses Caryophyllacées sont caractérisées par leurs inflorescences du type cyme bipare. La tige principale se termine par une fleur et de l'aisselle des deux feuilles situées au-dessous sortent deux pousses latérales qui croissent en hauteur, prennent la fonction de la principale et se terminent aussi par une fleur. Cette division peut se répéter deux ou trois fois et cela est particulièrement visible chez les grands pieds de la Fleur de coucou. De même, la division des cinq pétales en quatre lanières est remarquable; elle augmenterait le pouvoir attractif à l'égard des insectes. On observe souvent en haut de cette plante des amas d'écume blanche, produits par des larves de cicadelles et qui les protègent. On les appelle couramment « crachats de coucou », sans doute parce que jadis on s'expliquait mal le phénomène et qu'on lui attribuait une origine diabolique. Le nom de la plante n'est guère compréhensible (c'est la traduction du nom scientifique, du latin *flos*, fleur et *cuculus*, coucou).

2 Lychnide viscaire

Lychnis viscaria

15-90 cm mai-juillet ♃ 65

Identification : pétales légèrement échancrés à l'extrémité. Feuilles opposées, linéaires-lancéolées. Tige glabre, visqueuse sous les nœuds

Répartition : rare ou peu commune selon les régions. Prairies sèches, ensoleillées, pelouses maigres, lieux rocheux.

Biologie : l'anneau foncé et visqueux situé au-dessous des nœuds est un détail remarquable puisqu'il a donné son nom à l'espèce (du latin *viscarius*, collant). Il est vraisemblable qu'il doit rebuter certains insectes comme les fourmis.

3 Nielle des blés

Agrostemma githago

50-100 cm mai-août ⊙ 65

Identification : plante velue-grisâtre. Tige peu ou pas ramifiée. Fleurs (3-4 cm) généralement solitaires, plus rarement par deux-trois, longuement pédonculées, à 5 pétales rouge-pourpre, dominées par les cinq dents du calice (**3a**).

Répartition : jadis très répandue dans les champs de céréales, aujourd'hui devenue rare.

Biologie : autrefois, jetait des taches de couleur dans les champs de céréales, tout comme le Bleuet et le Coquelicot. Ces espèces se sont raréfiées ou même ont disparu localement depuis l'emploi massif et permanent des herbicides. La Nielle des blés poussait en compagnie des céréales car ses ces graines ne sortaient des fruits qu'au moment du battage (avant les méthodes modernes de nettoyage des semences).

4 Silène acaule

Silene acaulis

1-5 cm juillet-septembre ♃ 65

Identification : plante gazonnante, formant des touffes denses de petites fleurs roses brièvement pédonculées. Feuilles en rosettes, imbriquées, linéaires, ciliées.

Répartition : en montagne (Alpes et Pyrénées), au-dessus de 1 500 m. Rochers, éboulis, pelouses caillouteuses. Surtout en terrain calcaire.

Biologie : malgré sa forte odeur, cette plante ne peut attirer beaucoup d'insectes car elle vit dans un milieu souvent froid et très éventé

1a
1b
2
3a
3b
4

1 Œillet superbe, Œillet à plumet

Dianthus superbus

20-70 cm juin-septembre ♃ 65

Identification : fleurs roses (3-4 cm); pétales fendus en lanières irrégulières au-delà du milieu.

Répartition : seulement dans le Nord-Est, l'Est, le Centre et une partie du Sud-Est de la France où il est rare. Pelouses, bois de Chênes pubescents, mais aussi prairies humides.

Biologie : le nom scientifique du genre signifie « fleur des dieux » (du grec *dios*, divin et *anthos*, fleur) ou « fleur de Jupiter » et en outre fier (*superbus*, orgueilleux). D'après des études expérimentales, les pétales profondément découpés en lanières seraient particulièrement attractifs pour les abeilles. Le parfum vanillé, très agréable, explique que cette plante soit si appréciée des promeneurs, au point qu'il paraisse nécessaire de la protéger au moins localement.

2 Œillet à delta

Dianthus deltoides

10-45 cm juin-septembre ♃ 65

Identification : fleurs (environ 15 mm) solitaires, rouge pourpre ponctué de blanc. Plante formant des touffes lâches.

Répartition : en montagne (Vosges, Jura, Massif central, Alpes, Pyrénées), rare ailleurs. Prairies sèches.

Biologie : parmi les œillets (genre *Dianthus*), cette espèce est l'une des plus répandues en Europe centrale. La disposition des marques blanches qui, chez de nombreuses fleurs, dessinent un triangle ou la lettre grecque delta, serait à l'origine du nom de l'espèce (*deltoides*, qui ressemble à delta ou triangulaire). Le calice tubuleux cache la base de la corolle, qui ne devient visible que si l'on coupe la fleur dans le sens de la longueur ou si on la dissèque.

3 Œillet velu

Dianthus armeria

20-50 cm juin-juillet ⊙ 65

Identification : fleurs groupées en têtes (jusqu'à 10), à l'extrémité de la tige; écailles du calice vertes. Tige et feuilles velues-rudes.

Répartition : dans toute la France, sauf une partie des Alpes et des Pyrénées. Coupes en forêt, lisières, pelouses sur terrains sablonneux, broussailles.

Biologie : le nom d'espèce vient du mot celtique *armeria*, qui signifie bord de la mer (*ar mor*). La production de graines, qui assure le maintien de cette espèce annuelle, est assurée par autofécondation.

4 Œillet des chartreux

Dianthus cartusianorum

20-50 cm mai-août ♃ 65

Identification : fleurs groupées par 4-6 en têtes terminales; leur base est entourée par les écailles brunes du calice.

Répartition : rare dans l'Ouest et le Midi méditerranéen. Lieux herbeux, secs, bois clairs, milieux ensoleillés, talus. Sur sols calcaires.

Biologie : on écrit le nom scientifique avec th ou avec t, car Linné a pu dédier cette espèce aux frères Karthauser ou aux moines chartreux. La seconde version est plus vraisemblable parce que ces moines cultivaient la plante dans leurs jardins.

1
2a
2b
3
4a
4b

1 Compagnon rouge, Silène dioïque

Silene dioica

20-90 cm mai-octobre ♃ 65

Identification : ressemble fortement au Compagnon blanc (p. 106), mais en diffère par ses fleurs rose foncé.

Répartition : manque dans le Midi méditerranéen et en Corse ; assez rare localement. Prairies humides, bords des routes, talus, forêts de feuillus (lisières, coupes). Sur sols riches en éléments nutritifs.

Biologie : si les fleurs sont rose pâle ou blanches, cette décoloration témoigne de croisements avec le Compagnon blanc ; les deux espèces sont dioïques, ce que rappelle le nom scientifique (du grec *dioikos*). Étant donné qu'il y a des plantes mâles, des plantes femelles et d'autres encore qui sont hermaphrodites, on pourrait, au sens strict, parler d'espèce trioïque. Chez les deux espèces, on peut distinguer extérieurement les fleurs mâles des fleurs femelles d'après la forme du calice : chez les fleurs mâles, il est étroit, à 10 nervures, alors que les fleurs femelles ont un calice renflé à 20 nervures. Contrairement au Compagnon blanc, qui est odorant et attire les papillons nocturnes, le Compagnon rouge, inodore, est visité par des papillons et d'autres gros insectes diurnes. Ses fruits (capsules) portent une bonne dizaine de dents rabattues.

2 Gypsophile des murailles

Gypsophila muralis

5-25 cm juin-septembre ⊙ 65

Identification : petites fleurs sans écailles sur le calice. Tige dressée, rameuse. Feuilles linéaires, glauques.

Répartition : manque dans une partie du Midi méditerranéen et en Corse. Terrains sablonneux, sols siliceux. Prairies, bords des champs.

Biologie : plante pionnière. Le nom scientifique et le nom français du genre signifient « qui vit sur les lieux où il y a du gypse » ou « sur les murailles » (du grec *gypsos*, chaux et *philos*, ami).

3 Saponaire

Saponaria officinalis

30-70 cm juin-septembre ♃ 65

Identification : fleurs en cymes denses (par 3-5) ; tube du calice atteignant 20 mm. Feuilles opposées, sessiles, lancéolées (**3a**).

Répartition : dans toute la France, mais rare dans une partie de l'Ouest et des Alpes. Bords des cours d'eau, des chemins, talus des voies ferrées, décombres, forêts riveraines.

Biologie : les papillons crépusculaires et nocturnes visitent ses fleurs odorantes. Pendant des siècles, on a récolté cette plante dont les gros rhizomes contiennent de la saponine, employée pour nettoyer les tissus de laine (les feuilles moussent un peu quand on les écrase dans l'eau). Le nom scientifique de genre évoque cet usage (du latin *sapo*, savon). Plante médicinale aux propriétés dépuratives et expectorantes en cas de bronchite.

4 Adonis d'été

Adonis aestivalis

20-50 cm juin-juillet ⊙ 6

Identification : grandes fleurs rouges (2-3 cm) avec, en général, une tache noire au centre. Feuilles divisées trois fois, à segments étroits et pointus.

Répartition : rare dans le Midi, l'Ouest et les Pyrénées. Champs cultivés, sur terrains calcaires. En régression.

Biologie : cette espèce des moissons, éliminée par les herbicides et les méthodes modernes de nettoyage des semences, subsiste encore çà et là. En laissant des bandes de 3-5 m de large exemptes de traitements on pourrait maintenir cette plante au bord des champs. Les graines, dormantes dans la terre sont placées en condition favorable par les façons culturales et peuvent encore germer au bout de deux ou trois décennies.

1a

2

1b

3b

3a

4

1 Coquelicot

Papaver rhoeas

30-80 cm mai-août ⊙ [8]

Identification : fleurs d'un beau rouge vif (6-8 cm) avec tache noire à la base des pétales. Fruit (capsule) globuleux à ovoïde, glabre, à 5-18 rayons sur le disque situé à sa partie supérieure.

Répartition : en principe partout en France, mais devenu rare en certains endroits (éliminé des champs de céréales). Bords des cultures, bords des chemins, décombres.

Biologie : pendant plus de 4 000 ans (soit depuis l'Âge de pierre), le Coquelicot a caractérisé les champs. C'est depuis quelques décennies qu'on ne le voit plus guère dans les cultures (cela n'est pas valable partout...). Les anthères de ses nombreuses étamines (jusqu'à 164) produisent beaucoup plus de pollen que d'autres fleurs. Les insectes qui se posent sur l'ovaire épais, entouré par les côtes des divisions du stigmate, ne peuvent venir le manger que de bon matin. Jadis, les fleurs étaient ajoutées aux infusions ou aux plats pour les colorer. Plante médicinale employée pour traiter bronchites et enrouements.

2 Pavot douteux

Papaver dubium

30-60 cm avril-juillet ⊙ [8]

Identification : fleurs (3-6 cm) d'un rouge plus pâle que celles de (**1**), souvent sans tache noire à la base des pétales. Capsule allongée, glabre, avec moins de 10 rayons sur le disque, deux-trois fois plus longue que large.

Répartition : était répandu dans toute la France dans les champs cultivés. Se raréfie aujourd'hui.

Biologie : pousse de préférence en terrain calcaire. Diffère aussi du Coquelicot par ses 4 pétales, qui ne se recouvrent pas ou à peine (chez le Coquelicot, ils se superposent nettement sur le bord). Ses fleurs sont encore plus éphémères que celles du Coquelicot et leurs pétales tombent généralement au bout de quelques heures après l'épanouissement, le plus souvent avant le milieu de la journée.

3 Pavot argémone

Papaver argemone

10-40 cm mai-juillet ⊙ [8]

Identification : c'est le plus petit des trois pavots décrits ici. Fleurs (3-6 cm) rouge écarlate avec tache noire sur les pétales; ces derniers sont rétrécis à la base mais ne se touchent pas. Capsule cylindrique-oblongue, couverte de poils raides, à 4-8 rayons sur le disque renflé — aplati chez (**2**).

Répartition : assez rare en France. Terrains vagues, sablonneux, bords des champs, sols non calcaires, légers mais riches en éléments nutritifs.

Biologie : les soies raides de la capsule se dressent quand celle-ci est à maturité. *Argemone* est le nom latin de l'espèce; *papaver* était également le nom latin du pavot.

4 Fumeterre officinale

Fumaria officinalis

10-30 cm avril-octobre ⊙ [9]

Identification : petite plante glauque. Fleurs à 2 lèvres, pourpres-violettes, en grappe où il y en a jusqu'à 50. Feuilles très découpées

Répartition : dans toute la France. Mauvaise herbe des jardins; décombres, bords des champs, terrains vagues.

Biologie : le nom du genre vient du latin *fumus*, fumée. Au Moyen Âge, on l'appelait *fumus terrae*. Plante médicinale, employée depuis l'Antiquité pour traiter diverses affections des yeux et aujourd'hui pour celles de la peau mais aussi du foie et de la vésicule biliaire.

1a
1b
1c
2
3
4

1 Orpin, Sédum reprise

Sedum telephium (*S. maximum*)

30-60 cm juillet-septembre ♃ 20

Identification : plante aux feuilles charnues, sessiles, ovales, planes, glabres, atteignant 8 cm. Fleurs rougeâtres ou blanchâtres.

Répartition : dans toute la France. Bords des chemins, rochers, éboulis, rocailles. Plutôt dans les terrains pauvres en calcaire.

Biologie : plante médicinale qui était employée pour guérir les brûlures et les cors. En Allemagne, elle passait pour écarter la foudre et le tonnerre.

2 Joubarbe des toits

Sempervivum tectorum

10-50 cm juillet-septembre ♃ 20

Identification : plante grasse. Rosette de feuilles dépassant 10 cm de large; feuilles vertes, souvent rouges à l'extrémité, glabres sauf sur les bords qui sont ciliés.

Répartition : sur les murailles, les toits où on la plante. De préférence substrats pauvres en calcaire. Commune en France.

Biologie : ses tissus emmagasinent l'eau et limitent la transpiration, ce qui lui permet de résister longtemps sur des substrats qui se dessèchent vite et où la terre est rare. Le nom scientifique du genre rappelle cette propriété (du latin *semper*, toujours et *vivus*, vivant). Toutefois, la longévité de la hampe florale est relativement brève, car elle meurt aussitôt après la floraison. Auparavant, plusieurs rosettes-filles se sont formées. Poussant sur de longs pétioles, elles atteignent 10 cm et peuvent se détacher. Les jeunes rosettes de feuilles sont parfois emportées par le vent, la pluie ou des animaux, ou encore peuvent tomber et parvenir à un autre endroit, mais ce mode de dispersion est secondaire par rapport à la dissémination des graines, qui est assurée par le vent.

3 Sanguisorbe

Sanguisorba officinalis

30-100 cm juin-septembre ♃ ✿ 24

Identification : fleurs rouge foncé, très petites, groupées en têtes atteignant 3 cm de long, ovoïdes, à l'extrémité de la tige (**3a**). Feuilles imparipennées.

Répartition : rare dans le Midi, absente en Corse. En montagne et aussi localement en plaine. Prairies humides, tourbeuses.

Biologie : les très petites fleurs sont visitées par de nombreux insectes. Elles n'ont pas de pétales mais seulement des sépales colorés. Jadis, on croyait que cette plante avait un pouvoir hémostatique (théorie des signatures) à cause de la couleur de ses fleurs, ce que traduisent les noms français et scientifique (du latin *sanguis*, sang et *sorbere*, aspirer).

4 Pimprenelle

Sanguisorba minor

20-40 cm mai-septembre ♃ 24

Identification : têtes florales globuleuses (1 cm), colorées en rouge par les filets des anthères et les styles, le reste étant vert-jaunâtre.

Répartition : dans toute la France. Bords des chemins, prairies, talus, lieux secs. Sur sols calcaires.

Biologie : dans les têtes florales, les fleurs femelles se trouvent au-dessus des fleurs mâles. Pollinisation assurée par le vent (cas particulier chez les Rosacées). Espèce employée depuis longtemps dans les jardins comme condiment ou même comme salade.

5 Benoîte des ruisseaux

Geum rivale

20-50 cm avril-juillet ♃ 24

Identification : fleurs en cloche, penchées; sépales brun-rouge, recouvrant partiellement les pétales.

Répartition : Nord, Est, Centre, Sud-Est, Pyrénées. Prairies humides, mégaphorbiaies, bords des ruisseaux, forêts de Chênes pédonculés.

1

2

3a

3b

4a

5

4b

1 Comaret

Potentilla palustris (*Comarum palustre*)

20-50 cm mai-juillet ♃ 24

Identification : fleurs étoilées, pétales et sépales rouge foncé. Feuilles à 5-7 folioles, presque palmées.

Répartition : rare en France. Marais, eaux tourbeuses pauvres en bases, prairies marécageuses non fumées, tourbières, landes.

Biologie : les sépales dominent largement les pétales et grandissent encore après la floraison. Étant donné qu'ils sont aussi rouge foncé, la fleur a l'aspect d'une tache de cette couleur. Fruit composé, semblable à une fraise, mais non charnu.

2 Vesce

Vicia angustifolia

20-60 cm mai-juillet ⊙ 25

Identification : fleurs rougeâtres à rouge-violacé, solitaires ou par deux à l'aisselle des feuilles, au sommet de la tige. Feuilles à 3-7 paires de folioles, avec une vrille à l'extrémité.

Répartition : au bord des chemins, talus, terrains vagues, pelouses assez sèches.

Biologie : considérée comme la forme sauvage (sous-espèce) de la Vesce cultivée (*Vicia sativa*), qui a l'étendard bleuâtre et les ailes rouge violacé.

3 Gesse du printemps

Lathyrus vernus

20-50 cm avril-mai ♃ 25

Identification : fleurs d'abord rougeâtre violacé, devenant bleues à bleu violet. Feuilles imparipennées à 2-3 paires de folioles, sans vrilles; folioles ovales-lancéolées, atteignant 3 cm de large, longuement pointues (acuminées).

Répartition : Est et Sud-Est de la France, Cévennes, Pyrénées, rare ailleurs çà et là. Forêts de feuillus, lisières. Sur sols calcaires principalement.

Biologie : en raison du changement de coloration de ses fleurs, fait partie des espèces (peu nombreuses) qu'il est difficile de classer selon leur couleur. Quelques insectes peuvent distinguer les fleurs jeunes des plus âgées et gagnent directement les premières, dont la teinte leur signale une plus grande abondance de nectar.

4 Gesse des montagnes

Lathyrus linifolius (*L. montanus*)

10-40 cm juin-août ♃ 25

Identification : fleurs d'abord rose pâle, devenant bleuâtres. Tiges ascendantes, faiblement ailées. Feuilles imparipennées, à 2-3 paires de folioles étroitement lancéolées, larges de 5-10 mm, sans vrilles.

Répartition : dans toute la France sauf l'extrême Nord et une partie du Midi méditerranéen. Prairies, landes, forêts de feuillus (lisières, chemins). Sur sols plus ou moins acides.

Biologie : cette espèce et la suivante ont des rejets souterrains pourvus de renflements. Ce sont des plantes qui fleurissent tôt dans les forêts, la première préférant les sols calcaires, la seconde, ceux à tendance acide.

5 Gland de terre, Gesse tubéreuse

Lathyrus tuberosus

20-120 cm juin-août ♃ 25

Identification : feuilles à 2 paires de folioles elliptiques et vrilles ramifiées. Fleurs par 2-5, en grappes longuement pédonculées,rose vif, parfumées.

Biologie : il s'agit d'une espèce relicte dans les champs de céréales. Jadis, on la cultivait pour ses tubercules, auxquels elle doit son nom (du latin *tuberosus*, tuberculeux). Si on la trouve encore dans les champs traités avec des herbicides, cela vient du fait que sa croissance est tardive et que ses racines s'enfoncent souvent hors de portée du soc des charrues.

1

2

3

4a

5

4b

1 Gesse sauvage

Lathyrus sylvestris

20-200 cm juin-août ♃ 25

Identification : tiges couchées ou grimpantes, largement ailées. Feuilles à une paire de folioles et vrille ramifiée, folioles dépassant 10 cm de long. Fleurs en grappes longuement pédonculées, rose vif, verdâtres à l'extérieur.

Répartition : dans presque toute la France (rare dans le Midi méditerranéen et dans une partie des Alpes). Lisières des forêts, haies, buissons; souvent en terrain pierreux, calcaire.

Biologie : jadis plus cultivée qu'aujourd'hui dans les jardins, mais y est encore présente.

2 Ononis

Ononis spinosa

20-80 cm mai-septembre ♃ 25

Identification : sous-arbrisseau épineux, tige ligneuse à la base, racine enfoncée profondément. Feuilles généralement à 3 folioles obtuses, dentées. Fleurs solitaires ou par deux, rarement par trois, sur de courts pédoncules.

Répartition : dans toute la France. Pelouses calcaires, bords des chemins, prairies sèches.

Biologie : n'a pas de nectar mais est visitée par des bourdons et des abeilles qui recherchent son pollen. L'espèce la plus proche, le Bugrane ou Arrête-bœuf (*Ononis repens*) a des poils glanduleux, peu ou pas d'épines et des fleurs rose-mauve, solitaires. Cette espèce a presque les mêmes exigences en ce qui concerne le milieu. Les racines sont employées comme diurétique (maladies des reins et de la vessie).

3 Trèfle des champs, Pied de lièvre

Trifolium arvense

5-30 cm juin-septembre ☉ ✿ 25

Identification : têtes florales oblongues, denses, paraissant argentées. Fleurs très petites, roses, entourées par les cils argentés du calice.

Répartition : dans toute la France. Terrains secs, bords des chemins, lieux sablonneux. Sur sols acides.

Biologie : les noms de plantes associés à ceux d'animaux ne traduisent pas toujours une relation étroite. Il est possible que le deuxième nom français évoque l'aspect de l'inflorescence. Plante médicinale utilisée en médecine populaire contre la diarrhée. Aurait donné de bons résultats lors d'épidémies de dysenterie.

4 Trèfle des prés

Trifolium pratense

10-40 cm mai-octobre ♃ ✿ 25

Identification : inflorescence globuleuse. Une marque claire sur les folioles.

Répartition : dans toute la France. Prairies, pâturages. Cultivé car c'est un fourrage de bonne qualité.

Biologie : seuls des insectes ayant une longue trompe peuvent prélever le nectar au fond du tube floral (1 cm environ). Les bourdons sont les plus assidus, mais aussi les plus exposés car là où le Maïs a remplacé le Trèfle des prés, leur source de nourriture s'est tarie. La raréfaction — localement importante — de certaines espèces de bourdons dans la campagne cultivée, est due pour partie à ce changement de culture.

5 Trèfle intermédiaire

Trifolium medium

20-45 cm mai-août ♃ 25

Identification : ressemble au Trèfle des prés, mais têtes florales généralement solitaires (par deux chez *T. pratensis*). Folioles elliptiques plus étroites. Tiges ascendantes, ramifiées, segments en zigzag (tiges flexueuses).

Répartition : dans presque toute la France, mais rare dans certaines régions. Prairies, bois clairs de Chênes pubescents, lisières, pelouses maigres. Sur sols basiques.

1

2

3

4a

5

4b

1 Coronille, Coronille bigarrée

Coronilla varia

25-90 cm juin-septembre ♃ 25

Identification : fleurs en ombelles de 15-20, à coloration très variable (ce que reflète le nom scientifique d'espèce) : elles sont panachées de rose, mauve, blanc-jaunâtre et seule l'extrémité de la carène est toujours rougeâtre.

Répartition : manque en Corse ; absente ou rare dans le Midi méditerranéen, une partie de l'Ouest et du Nord. Bords des chemins, talus, lisières des bois, pelouses. Sur sols calcaires.

Biologie : l'inflorescence est d'abord étalée comme une couronne et ensuite globuleuse. Les nombreuses folioles font des mouvements « de sommeil » et se replient vers le haut. Les fruits (gousses) sont remarquables eux aussi, car ils présentent des étranglements (**1b**), sont dressés et se terminent par une longue pointe.

2 Sainfoin, Esparcette

Onobrychis vicifolia (*O. sativa*)

30-60 cm mai-août ♃ ✿ 25

Identification : fleurs (jusqu'à 50) en grappe serrée, longuement pédonculée. Elles sont roses avec des veines foncées ; leurs ailes sont très courtes.

Répartition : prairies sèches, friches, bords des chemins, talus. Sur sols calcaires. Rare ou absent localement.

Biologie : cultivé car c'est un excellent fourrage. Cette plante n'est arrivée en Europe occidentale et centrale qu'au XVIe siècle (origine : le sud-est du continent). Le nom de genre rappelle ses qualités fourragères (du grec *onos*, âne et *brychein*, manger). Aujourd'hui on l'apprécie davantage pour ses qualités mellifères, mais elle améliore les sols, les retient et enfin, elle est belle. Grâce à ses racines qui s'enfoncent jusqu'à 4 m de profondeur, le Sainfoin réussit à pousser dans des terrains calcaires très secs.

3 Géranium sanguin

Geranium sanguineum

15-50 cm mai-juillet ♃ 37

Identification : feuilles profondément divisées en 7 lobes à 2 ou 3 pointes. Grandes fleurs (jusqu'à 3 cm), toujours solitaires, longuement pédonculées.

Répartition : dans presque toutes les régions de France, mais rare ou absent localement. Terrains secs, forêts claires de feuillus et de résineux (pins), lisières, talus, pelouses, sur sols riches en bases.

Biologie : cette espèce a des fleurs rouge pourpre ou carmin. Ses feuilles rougissent en automne. Ses tanins ont des propriétés hémostatiques (elle était jadis employée en médecine populaire). On la rencontre souvent davantage dans les jardins qu'en nature.

4 Géranium des marais

Geranium palustre

30-70 cm juillet-août ♃ 37

Identification : grandes fleurs rouge pourpre clair, toujours par deux. Tiges et feuilles velues (poils réfléchis, glanduleux). Pédoncules floraux rabattus après la floraison.

Répartition : assez rare en France (Vosges, Jura, Alpes, Pyrénées). Prairies humides de montagne. Aussi en plaine localement (par exemple en Alsace). On le trouve aussi au bord des ruisseaux.

5 Géranium des Pyrénées

Geranium pyrenaicum

20-70 cm mai-septembre ♃ 37

Identification : feuilles globalement arrondies, mais divisées jusqu'aux deux tiers en lobes crénelés. Tiges garnies de poils mous. Fleurs mesurant 2 cm environ.

Répartition : rare en France (Est, Sud-Est, Centre). Bois clairs, bords des chemins, décombres, prairies, talus, broussailles, haies.

Biologie : espèce originaire de l'ouest de la région méditerranéenne ; naturalisée en Alsace depuis 1808 et en Europe centrale vers 1800.

1a

1b

2

3

4

5a

5b

1 Géranium mou

Geranium molle

10-40 cm mai-septembre ⊙ 37

Identification : cette espèce et les deux suivantes font partie des géraniums à petites fleurs. Tige garnie de poils mous. Feuilles arrondies-réniformes, divisées en lobes profonds (jusqu'à la moitié du limbe). Fleurs groupées par deux.

Répartition : commun en France. Bords des chemins, jachères, terrains vagues, dunes. Sols riches en éléments nutritifs, sableux.

Biologie : préfère nettement les terres légères, c'est pourquoi ce géranium fait partie des espèces indicatrices de terrains sablonneux.

2 Géranium disséqué

Geranium dissectum

10-60 cm mai-septembre ⊙ 37

Identification : feuilles découpées jusqu'à la base; segments linéaires. Fleurs groupées par deux, sur un pédoncule commun; sépales très velus. Fruits (**2b**) : les pistils soudés se détachent partiellement et restent fixés au bec en se recourbant.

Répartition : commun en France. Jardins, champs de plantes sarclées, décombres. Sur sols riches en bases et en azote, absent sur les sols sablonneux.

3 Géranium herbe-à-Robert

Geranium robertianum

10-50 cm mai-septembre ⊙ 37

Identification : le plus connu et le plus répandu des géraniums sauvages. Fleurs roses (3 lignes sur chaque pétale). Répand une odeur peu agréable. Tiges, et parfois aussi feuilles, rougeâtres. Tiges fragiles.

Répartition : dans toute la France, mais rare dans le Midi méditerranéen. Jardins, lieux incultes, décombres, lisières des bois, coupes, talus, murailles.

Biologie : espèce remarquable par la grande variété des habitats où elle vit, de l'ombre des forêts aux jardins ensoleillés et des sols humiques aux bords de route pierreux. Ses fruits peuvent se disperser jusqu'à 6 m. Ils contiennent une seule graine. Par temps sec, ils se détachent du bec et sont catapultés (voir aussi **2b**). Leur long bec est si remarquable que le nom scientifique évoque ce détail (du grec *geranos*, grue); en effet, ils simulent la forme du bec d'une grue (voir aussi **4**).

4 Bec-de-grue

Erodium cicutarium

10-60 cm avril-octobre ⊙ 37

Identification : feuilles imparipennées, en rosette, à folioles très découpées. Fruits (4 cm), groupés par 3-6, insérés à angle droit sur la tige.

Répartition : largement répandu en France. Pelouses et champs, terrains vagues. Sur terrains sablonneux.

Biologie : les noms scientifique et français font référence à la forme des fruits (du grec *erodios*, héron).

5 Fraxinelle, Dictame blanc

Dictamnus albus

60-120 cm mai-juillet ♃ 31

Identification : feuilles imparipennées, semblables à celles du Frêne. Fleurs (4-5 cm) irrégulières, roses veinées de violet (**5b**), parfois blanches, disposées en grappe.

Répartition : répand une forte odeur de cannelle. Plante rare, mais qui, en France, n'est pas encore protégée à l'échelon national, seulement au niveau régional (par ex. en Bourgogne). Plante médicinale dont les racines ont des propriétés stimulantes.

1
2a
3
2b
4
5a
5b

1 Balsamine géante

Impatiens glandulifera

50-200 cm juin-octobre ⨀ [38]

Identification : pétioles foliaires et moitié inférieure des feuilles pourvus de glandes longuement pédicellées (1-3 mm). Feuilles supérieures généralement réunies par trois en verticilles. Tiges rougeâtres, translucides, charnues.

Répartition : très localisée : Bassin parisien, Alsace, Centre, Pyrénées. Bords des eaux, forêts riveraines, fossés, marais, canaux.

Biologie : plante originaire de l'Himalaya, cultivée comme espèce ornementale. S'est propagée dans la nature à partir du milieu du XXe siècle. Souvent en massifs. Localement, évince des espèces spontanées, surtout au bord de l'eau. En quelques mois, ses tiges peuvent atteindre 5 cm de diamètre. Les graines sont catapultées jusqu'à 6 m, de la même façon que celles de l'Impatiente ne-me-touchez-pas (p. 186).

2 Mauve alcée

Malva alcea

50-100 cm juin-septembre ♃ [58]

Identification : feuilles caulinaires supérieures divisées jusqu'à la base. Fleurs solitaires à l'aisselle des feuilles, seules les plus hautes sont serrées ; divisions du calicule ovales.

Répartition : partout mais rare dans le Midi méditerranéen. Surtout dans les pentes ensoleillées, sur les talus, bords des chemins.

Biologie : souvent cultivée dans les jardins comme plante d'ornement. Aspect variable.

3 Mauve musquée

Malva moschata

20-80 cm juin-septembre ♃ ✿ [58]

Identification : ressemble à (**2**), mais plus petite. Folioles du calicule linéaires-elliptiques. Fruits velus-blanchâtres.

Répartition : assez commune en France. Prairies maigres, haies, talus, sur sols meubles, riches en éléments nutritifs.

Biologie : doit ses noms français et scientifique à son odeur. Se répand le long des routes. Certaines colonies sont dues à des sujets échappés des jardins.

4 *Malva sylvestris*

20-150 cm juin-septembre ⨀-♃ [58]

Identification : feuilles caulinaires profondément divisées. Fleurs réunies par deux et davantage, à l'aisselle des feuilles.

Répartition : assez commune en France. Bords des chemins, décombres, surtout dans les lieux chauds. Sur sols riches en azote.

Biologie : cette espèce vit à côté de l'homme depuis l'Âge de pierre ; elle fut d'abord sauvage et ensuite cultivée. Plante médicinale : ses fleurs et ses feuilles sont employées pour lutter contre les bronchites, la toux, les enrouements, les laryngites et aussi à cause de leurs propriétés calmantes. Enfin, elle exerce une action bénéfique sur les inflammations de l'intestin.

5 Petite Mauve

Malva neglecta

10-60 cm juin-septembre ⨀ [58]

Identification : feuilles arrondies à réniformes, lobées. Fleurs lilas clair.

Répartition : assez commune mais rare dans le Midi méditerranéen. Murailles, terrains vagues, bords des chemins. Jusque sur les tas de fumier. Sur sols riches en éléments nutritifs.

Biologie : plante indicatrice des sols riches en azote (espèce nitrophile), mais vit aussi dans les terres cultivées. Comme les autres mauves, possède une columelle, tube résultant de la soudure des étamines (voir aussi **3b**), et des fruits orbiculaires (carpelles disposés en cercle) que l'on mangeait jadis.

1
2
3a
3b
4
5

1 Laurier de saint Antoine, Épilobe en épi

Epilobium angustifolium

60-150 cm juin-septembre ♃ ⚘ [28]

Identification : feuilles alternes, lancéolées, sessiles, rappelant celles des saules. Fleurs rose foncé, en longues grappes.

Répartition : répandu dans toute la France, mais rare ou absent dans le Sud-Ouest et le Midi méditerranéen. En forêt : coupes, lisières; décombres, bords des cours d'eau.

Biologie : cette espèce se propage rapidement et a vite fait de coloniser les sols nus grâce à ses milliers de graines pourvues de soies, que le vent disperse à des kilomètres (**1c**). En outre, comme elles gardent leur pouvoir germinatif pendant longtemps, l'espèce peut profiter de conditions favorables (ouverture d'une clairière à la suite de chablis, etc.). Cet épilobe n'est pas très répandu dans certaines forêts car le Chevreuil le consomme volontiers. Son abondance peut donner une idée de la densité de cet ongulé : si on ne la trouve pas en dehors des zones entourées de grillage, cela montre que la densité des Chevreuils est élevée. Ce qui semble, au premier abord, être un pédoncule floral, est en réalité et pour partie l'ovaire, étroit, allongé et infère (**1b**).

2 Épilobe hérissé

Epilobium hirsutum

50-150 cm juin-septembre ♃ [28]

Identification : les inflorescences ont moins de fleurs que (**1**). Feuilles et tiges très velues.

Répartition : dans toute la France sauf le Midi méditerranéen où il est rare. Bords des eaux douces (rivières, étangs, fossés).

Biologie : se propage par ses graines et sa tige souterraine, qui produit des stolons. C'est ainsi qu'il colonise, avant la floraison, les prairies humides où on le considère comme indésirable; d'ailleurs, le bétail ne mange ni ses tiges ni ses feuilles, à l'état frais ou sec. Plante protégée par ses poils glanduleux et des cristaux aigus présents dans ses cellules.

3 Épilobe des montagnes

Epilobium montanum

30-80 cm juin-septembre ♃ [28]

Identification : feuilles presque sessiles. Tige dressée, lisse. Fleurs petites, solitaires; stigmates en croix.

Répartition : dans toute la France, mais plus rare dans une partie du Sud-Ouest et le Midi méditerranéen. Coupes et lisières des forêts (peuplements de feuillus ou mixtes), chemins. En plaine et jusque vers 1 800 m en montagne.

4 Épilobe à petites fleurs

Epilobium parviflorum

20-80 cm juin-septembre ♃ [28]

Identification : tige ronde, hérissée de longs poils. Feuilles à demi-embrassantes à subsessiles. Fleurs d'un rouge violacé clair; stigmates à 4 branches.

Répartition : espèce commune au bord des ruisseaux, rivières, fossés. Aussi dans les chemins forestiers humides. Parfois en zones inondables. Sur sols calcaires, riches en éléments nutritifs.

Biologie : les infusions de cette plante auraient des effets bénéfiques sur les affections de la prostate, toutefois cela est contesté.

5 Épilobe des marais

Epilobium palustre

10-70 cm juillet-septembre ♃ [28]

Identification : feuilles supérieures presque entières. Stigmate colonnaire, entier. Tige ronde.

Répartition : assez rare selon les régions. Prairies humides, tourbières plates, marais, fossés.

Biologie : produit des rejets fins après la floraison. Le nom du genre évoque la disposition des fleurs au-dessus des ovaires infères, allongés (du grec *epi*, sur et *lobos*, gousse).

1a
2
1b
1c
3
4
5

1 Salicaire

Lythrum salicaria

50-150 cm juin-septembre ♃ ✿ [26]

Identification : feuilles lancéolées, opposées ou en verticilles par trois. Fleurs à 6 pétales, sessiles, disposées en verticilles et longs épis terminaux.

Répartition : commune dans toute la France sauf le Midi méditerranéen. Au bord des rivières, étangs, mares ; forêts riveraines, aulnaies.

Biologie : trois types de fleurs aux styles et étamines de longueurs différentes favorisent la fécondation croisée. Le mucus qui entoure les graines, facilite leur fixation sur le bec des oiseaux aquatiques. Jadis, on employait l'extrémité des pousses comme remède pour guérir les coliques. Le nom de genre évoque la couleur des fleurs (du grec *lythron*, sang). Le nom d'espèce rappelle la forme des feuilles lancéolées, semblables à celles des saules (du latin *salicarius*, semblable au saule).

2 Primevère farineuse

Primula farinosa

10-15 cm mai-juillet ♃ [64]

Identification : dessous des feuilles farineux-blanchâtre. Corolle des fleurs mesurant environ 10-15 mm de diamètre.

Répartition : Jura, Alpes, Pyrénées. Prairies humides, tourbières plates. Sols calcaires, pierreux mais aussi sur sols acides.

Biologie : dans les Alpes, s'élève jusqu'à 3 000 m. Des glandes sécrètent la poussière blanche des feuilles, d'où dérivent les noms français et scientifique d'espèce.

3 Hottonie des marais

Hottonia palusris

20-40 cm mai-juillet ♃ [64]

Identification : plante aquatique. Feuilles submergées pennées, à segments linéaires. Inflorescence aérienne, dressée ; fleurs groupées en verticilles.

Répartition : rare et localisée en France. Étangs et autres eaux stagnantes, bras morts, fossés. Généralement dans les eaux peu calcaires.

Biologie : les nombreuses ramifications des feuilles accroissement leur surface, ce qui facilite l'absorption des sels minéraux et du gaz carbonique ainsi que le rejet d'oxygène. Le nom scientifique du genre rappelle la mémoire du médecin et botaniste hollandais Pieter Hotton (1648-1709).

4 Cyclamen

Cyclamen purpurascens (= *C. europaeum*)

5-15 cm juin-septembre ♃ [64]

Identification : feuilles persistantes, rougeâtres dessous, avec taches claires dessus. Fleurs solitaires, à long pédoncule sans feuilles, penchées, les pétales sont typiquement rabattus.

Répartition : Jura, Alpes, naturalisé ailleurs. Forêts claires de montagne. Surtout en sols calcaires.

Biologie : fleurs très parfumées, pollinisées par des bourdons. Les fruits (capsules) sur les pédoncules spiralés, couchés et tordus, s'ouvrent seulement l'année suivante ; les graines, pourvues d'appendices (élaiosomes) sont propagées par des fourmis.

5 Mouron, Morgeline

Anagallis arvensis

2-10 cm mai-octobre ☉ [64]

Identification : tiges couchées-ascendantes. Fleurs solitaires sur de longs pédoncules très fins, à l'aisselle des feuilles.

Répartition : commun. Jardins, champs, vignobles, décombres. Mauvaise herbe des cultures. Sur sols riches en éléments nutritifs.

Biologie : c'est l'une des plus belles mauvaises herbes des terres cultivées. Originaire de la région méditerranéenne. Contient des saponines toxiques et des tanins. Jadis, on croyait qu'elle guérissait les troubles psychiques. Les fleurs peuvent être aussi bleues. Les fruits sont des capsules qui s'ouvrent par un couvercle.

1a

1b

2

3

4

5

1 Armeria maritime, Jonc marin

Armeria maritima

5-30 cm mai-juin (septembre) ♃ 70

Identification : feuilles linéaires, en coussinets (1-3 mm de large). Fleurs en têtes globuleuses.

Répartition : côtes de la Manche et de l'Atlantique. Rochers, pelouses des bords de mer ; aussi en montagne (prairies rocailleuses, landes, jusqu'à près de 3 000 m). Espèce collective comprenant diverses formes apparentées.

Biologie : on le trouve aussi parfois sur des déblais de mines de métaux lourds (en Europe centrale).

2 Petite Centaurée

Centaurium erythraea

10-60 cm juillet-octobre ⊙ 72

Identification : feuilles inférieures ovales, en rosette, feuilles caulinaires opposées. Fleurs à l'extrémité des tiges, disposées en cymes ressemblant à des corymbes.

Répartition : chemins forestiers, clairières, lisières, pelouses. Sur sols riches en éléments nutritifs.

Biologie : plante médicinale employée pour ses propriétés fébrifuges, apéritives et aussi pour traiter les troubles digestifs, car elle contient des substances amères.

3 Custute majeure

Cuscuta europaea

20-100 cm juin-octobre ⊙ 81

Identification : plante entièrement parasite, dépourvue de racines et de feuilles. Pousse sur les orties, le Houblon et d'autres espèces.

Tiges filiformes (environ 1 mm de diamètre), verdâtres à rouge vineux, s'enroulant à gauche. Fleurs groupées en têtes globuleuses denses (10 à 40 dans chacune).

Répartition : largement répandue en France mais pas partout (assez rare localement). Touffes d'orties et d'autres végétaux. Bois, lieux humides.

Biologie : quand les conditions lui sont favorables, cette plante peut prospérer et restreindre la croissance des orties et des autres espèces parasitées. Sa production de graines doit être très importante car sa survie dépend de la capacité de ses pousses très fines à atteindre un hôte en faisant des mouvements circulaires, ce qui relève du hasard. Après avoir rencontré une tige, la Cuscute applique ses suçoirs et dissout les cellules épidermiques de l'hôte. Elle se nourrit à ses dépens en absorbant de l'eau et des substances nutritives.

4 Liseron des champs

Convolvulus arvensis

20-80 cm juin-septembre ♃ 81

Identification : tiges rampantes ou s'enroulant autour d'un support. Fleurs (diamètre : 2-3 cm) en entonnoir, à pétales soudés.

Répartition : très commun en France. Mauvaise herbe des jardins et des champs. Bords des chemins, terrains vagues.

Biologie : espèce dont il est difficile de se débarrasser car en labourant ou en bêchant on morcelle ses rhizomes qui se multiplient et produisent de nouveaux pieds. Là où il est très abondant, ce liseron peut favoriser la verse des céréales, c'est-à-dire le renversement des chaumes après une forte pluie accompagnée de vent violent.

5 Cynoglosse, Langue de chien

Cynoglossum officinale

30-60 cm mai-juillet ⊙ 82

Identification : fleurs à tube court, en entonnoir. Feuilles elliptiques-lancéolées, velues, à faible odeur de souris.

Répartition : plus ou moins répandu selon les régions, absent localement. Terrains secs, pierreux ; sur sols calcaires.

Biologie : contient des alcaloïdes toxiques (surtout dans ses graines), qui ont des propriétés paralysantes. A été employé comme plante médicinale. Le nom scientifique du genre a la même signification que l'un des noms français (du grec *kyon*, chien et *glossa*, langue).

1a

1b

2

3

4

5

1 Galéopsis, Ortie royale

Galeopsis tetrahit

20-100 cm juillet-septembre ⊙ 91

Identification : fleurs à 2 lèvres, l'inférieure ayant à sa base deux plis saillants. Tige ramifiée, quadrangulaire, renflée au-dessous des nœuds, garnie de soies raides. Fleurs généralement roses, parfois jaunâtres ou blanches.

Répartition : dans toute la France sauf le Midi méditerranéen et la Corse. Haies, talus, jardins, bords des champs, décombres, coupes forestières. Toujours sur sols riches en éléments nutritifs.

Biologie : les insectes nectarivores sont guidés vers les nectaires par les deux plis de la lèvre inférieure ; à la fin de la floraison, les dents du calice deviennent très épineuses ; les insectes les touchent et les rabattent, ce qui fait sortir les graines. La présence de cette plante dans les sites préhistoriques est considérée comme un indice d'agriculture.

2 Ortie rouge, Lamier maculé

Lamium maculatum

20-75 cm avril-septembre ♃ 91

Identification : feuilles tachetées de blanc. Fleurs à deux lèvres, rouge pourpre ; lèvre inférieure plus claire que l'autre, tachetée de rouge (latin *maculatus*, tacheté).

Répartition : présent dans une grande partie de la France, sauf l'Ouest et le Nord-Ouest. Forêts de feuillus, lisières, haies, broussailles, décombres.

Biologie : on retrouve chez cette espèce toutes les caractéristiques typiques des Labiées : tige quadrangulaire, feuilles opposées, fleurs à deux lèvres ayant deux étamines longues et deux plus courtes, enfin, des fruits comprenant quatre parties contenant chacune une graine. Le nom fait référence à la ressemblance des feuilles avec celles des orties, mais elles ne sont pas urticantes. Le nom de genre est tiré du grec *lamion*, gorge, gosier, allusion à la forme de la fleur. Le nectar, très riche en sucres, est surtout récolté par des bourdons, qui, avant de pénétrer dans la gorge, touchent le stigmate avec leurs poils dorsaux et ensuite les anthères, ce qui accroît les chances de pollinisation croisée. Des rejets souterrains et aériens contribuent aussi à la propagation de cette plante, que l'eutrophisation des terres favorise.

3 Lamier pourpre

Lamium purpureum

10-40 cm janvier-décembre ⊙ 91

Identification : plus petit que (**2**). Feuilles brièvement pétiolées, très serrées sous les fleurs groupées en verticilles au sommet de la tige. Lèvre inférieure des fleurs peu tachetée.

Répartition : répandu dans toute la France. Jardins, champs, bords des chemins, haies, décombres, coupes en forêt.

Biologie : en dehors de la période principale de floraison (l'été), on trouve aussi des pieds fleuris en hiver, car peut produire deux générations en une année (de légères gelées ne l'empêchent pas de fleurir). Le stigmate peut recevoir du pollen même si la fleur ne s'ouvre pas (cléistogamie), ce qui permet de se passer des insectes, très rares en hiver.

4 Lamier amplexicaule

Lamium amplexicaule

10-30 cm mars-septembre ⊙ 91

Identification : feuilles arrondies à réniformes, profondément échancrées, les supérieures embrassantes et sessiles.

Répartition : commun en France. Terres cultivées, décombres.

Biologie : mauvaise herbe des jardins. Là où la terre est recouverte par une végétation clairsemée, cette espèce trouve des possibilités de propagation, ce qui est le cas dans les champs. Par temps défavorable, il arrive qu'elle ait des fleurs plus petites, qui ne s'ouvrent même pas et qui néanmoins produisent des graines viables. C'est un autre cas de cléistogamie comme chez l'espèce précédente ; ce mode de reproduction n'est pas rare dans notre flore spontanée et revient à une autofécondation et à la fructification sans ouverture des fleurs.

1a

1b

2a

2b

3

4

1 Ballote

Ballota nigra

50-130 cm juin-septembre ♃ 91

Identification : fleurs à lèvre inférieure comportant des lobes latéraux larges et obtus. Fleurs pourpres, en verticilles, à l'aisselle des feuilles opposées (inflorescence terminale).

Répartition : assez commune en France selon les régions. Décombres, bords des champs, terrains vagues, haies, villages.

Biologie : cette espèce disparaît des cours et autres surfaces recouvertes de bitume. Odeur désagréable, couleur sombre (feuilles vert foncé), ce qui ne la rend pas attrayante. Plante médicinale encore employée pour ses vertus calmantes, antispasmodiques, dans les troubles nerveux légers.

2 Bétoine

Betonica officinalis (*Stachys o.*)

20-70 cm juillet-septembre ♃ 91

Identification : feuilles surtout radicales. Fleurs disposées en épi dense, à l'extrémité de la tige (**2b**). Feuilles crénelées, pétiolées, oblongues et velues.

Répartition : dans presque toute la France, mais rare dans le Midi méditerranéen. Chemins des bois, prairies, landes, lisières, alpages. Sur sols frais ou secs, siliceux ou basiques.

Biologie : espèce dépourvue de valeur indicatrice particulière. Auparavant placée dans le genre *Stachys*. Plante médicinale employée jadis à cause de ses propriétés apéritives, dans le traitement des bronchites, de l'asthme, mais aussi comme vulnéraire. Encore utilisée en homéopathie comme cicatrisant (*Herba Betonicae*).

3 Épiaire des bois

Stachys sylvatica

30-100 cm juin-août ♃ ✿ 91

Identification : feuilles ovales, effilées, en cœur à la base, longuement pétiolées. Plante velue-rude, répandant une odeur désagréable.

Répartition : dans toute la France, mais rare dans le Midi méditerranéen. Forêts humides (chemins, lisières), forêts riveraines. À l'ombre. Sur sols riches en éléments nutritifs.

Biologie : fleurs disposées en épi, ce que souligne le nom de genre (du grec *stachys*, épi). Floraison estivale. Supporte l'ombrage des chênes mais pas celui, trop épais, des hêtres. Étant donné qu'elle produit beaucoup de nectar, elle est visitée par des papillons diurnes, des mouches (syrphes) et des Hyménoptères.

4 Épiaire des marais

Stachys palustris

30-100 cm juillet-septembre ♃ 91

Identification : feuilles plus étroites et nettement plus brièvement pétiolées que celles de (**3**), mais lui ressemble quelque peu. Fleurs roses tachetées de blanc, disposées en épi terminal. Feuilles sessiles.

Répartition : présente surtout dans la moitié nord de la France. Fossés, bords des eaux, roselières, prairies humides.

Biologie : outre ses graines, se multiplie aussi de façon végétative par des rejets souterrains, qui se renflent à l'extrémité en organes de réserve et de survie pour l'hiver. Ils contiennent des hydrates de carbone et auraient un goût agréable si on les prépare comme des pommes de terre ou des asperges. Les Sangliers les consomment après les avoir déterrés.

1

2a

3b

2b

4a

3a

4b

1 Clinopode, Calament clinopode

Clinopodium vulgare

20-70 cm juillet-septembre ♃ 91

Identification : plante velue (poils mous). Fleurs en verticilles, disposées à plusieurs niveaux à l'aisselle des 2-4 paires de feuilles supérieures.

Répartition : dans toute la France. Lisières des bois, haies, pelouses sèches, bois clairs, terrains incultes. Commun.

Biologie : plante faiblement odorante, contrairement à nombre d'autres Labiées. Visitée par des papillons et des bourdons, qui recherchent son nectar.

2 Marjolaine, Origan sauvage

Origanum vulgare

20-80 cm juillet-septembre ♃ ✿ 91

Identification : plante velue (poils mous). Fleurs en épis à l'aisselle de bractées ovales. Feuilles ovales. Répand une odeur aromatique.

Répartition : surtout sur sols calcaires. Dans toute la France. Talus, ensoleillés, broussailles, pelouses.

Biologie : utilisée comme condiment. Plante médicinale employée en homéopathie comme sédatif nerveux. Également utilisée pour le bain. Une espèce voisine, la véritable Marjolaine (*Origanum majorana*) est cultivée pour l'obtention d'une essence.

3 Serpolet petit-chêne

Thymus pulegioides (*T. chamaedrys*)

5-30 cm mai-octobre ♃ 91

Identification : tiges ascendantes à dressées, ligneuses, quadrangulaires. Feuilles ovales à arrondies, répandant une odeur aromatique. Fleurs en têtes allongées, sous lesquelles un autre verticille peut être présent à quelque distance.

Répartition : très commun en France. Pelouses sèches, bords des chemins, rocailles. Sur sols siliceux.

Biologie : espèce adaptée aux milieux secs. Ses feuilles persistantes, pourvues de glandes, produisent une huile éthérée. Plante gazonnante dont les graines sont propagées par des fourmis.

4 Digitale pourpre

Digitalis purpurea

40-200 cm juin-août ⊙-♃ 85

Identification : feuilles en rosette basale (le premier hiver), les caulinaires sont alternes, presque sessiles, les inférieures étant pétiolées. Robuste tige creuse. Grandes fleurs penchées, en tube (**4b**) disposées en longue grappe unilatérale.

Répartition : répandue en France, manque dans le Midi méditerranéen et dans une partie du Sud-Ouest. Sur sols pauvres en calcaire, acides. En forêt : coupes, chemins, clairières, aussi dans les landes.

Biologie : la forme des fleurs évoque un doigt, d'où le nom de Gant de Notre-Dame. Toute la plante est très toxique. Plante médicinale figurant dans la pharmacopée moderne et employée comme médicament dans les troubles du système circulatoire (contient des glycosides qui ralentissent les battements du cœur).

5 Mélampyre des champs

Melampyrum arvense

10-30 cm mai-septembre ⊙ 85

Identification : feuilles lancéolées, entières ou dentées. Bractées ovales-lancéolées. Fleurs disposées en épi cylindrique, remarquables par leur coloration rouge pourpre et jaune, situées à l'extrémité des tiges.

Répartition : commun ou absent selon les régions. Talus, bords des champs, des chemins, pelouses sèches. Sur sols calcaires.

Biologie : comme les autres espèces du même genre, plante semi-parasite sur les racines d'autres végétaux (graminées, y compris les céréales).

1
2a
2b
3
4a
5
4b

1 Odontite

Odontites rubra (*O. verna*)

10-50 cm juin-septembre ⊙ 85

Identification : plante rameuse, très velue dans sa partie supérieure. Fleurs en grappes unilatérales (**1b**), très brièvement pédonculées ; lèvre supérieure entière, l'inférieure trilobée.

Répartition : commune en France. Chemins, prairies, talus. Sur sols marneux, argileux.

Biologie : manifeste une préférence pour les sols argileux et les lieux où l'humidité de l'air est importante. Fait partie des espèces semi-parasites, capables d'effectuer la photosynthèse (feuilles larges de 1 cm, lancéolées), mais qui prélèvent l'eau et les sels minéraux dans les racines de leurs hôtes. Jadis, on la recommandait pour soigner les maux de dents, ce que suggèrent ses noms français et scientifique (du grec *odous*, *odontos*, dent).

2 Pédiculaire des marais

Pedicularis palustris

20-60 cm mai-septembre ⊙-♃ 85

Identification : tige rameuse dans sa partie inférieure. Feuilles très découpées, pennées. Fleurs à deux lèvres (la supérieure en forme de casque), disposées en grappes brièvement pédonculées. Goût brûlant (toxique).

Répartition : rare dans plusieurs régions de France. Tourbières plates et intermédiaires, marais, landes, prairies humides.

Biologie : espèce qui est devenue rare à la suite du drainage de nombreuses prairies humides. Semi-parasite comme tous les autres membres du même genre ; puise des éléments nutritifs dans les racines de plantes voisines. L'aucubine, toxique pour les insectes et d'autres animaux, est présente dans toutes ses parties, mais surtout dans les graines, c'est pourquoi la Pédiculaire était employée pour écarter les poux sur les animaux et l'homme. Cet usage ancien est évoqué par les noms français et scientifique du genre (*pedicularis*, du latin *pediculus*, pou).

3 Valériane officinale

Valeriana officinalis

60-200 cm juin-août ♃ 78

Identification : feuilles imparipennées, les inférieures à 11-23 paires de folioles. Plante robuste, plus grande que les autres espèces du même genre.

Répartition : dans toute la France sauf le Midi méditerranéen. Bords des rivières, ruisseaux et torrents, fossés, eaux stagnantes, prairies humides, forêts riveraines.

Biologie : la teinture de Valériane est extraite des gros rhizomes. L'action sédative de cette plante est bien connue (elle est toujours appréciée pour traiter les troubles du sommeil et les convulsions). Répand une odeur voisine de celle qui attire les chats et les excite (cette odeur est obtenue en froissant les feuilles ou en faisant sécher les parties souterraines de la plante). Les noms français et scientifique viennent du latin *valere*, être en bonne santé. Il s'agit, en fait, d'une espèce collective que les spécialistes divisent en plusieurs formes.

4 Valériane dioïque

Valeriana dioica

10-40 cm avril-juin ♃ 78

Identification : dimensions inférieures à celles de (**3**). Floraison plus précoce. Feuilles radicales ovales à arrondies, les caulinaires pennées, à segment terminal plus grand que les autres.

Répartition : rare dans une partie de l'ouest et du sud de la France. Prairies humides, fossés, aulnaies.

Biologie : comme le précise son nom scientifique d'espèce (et son nom français aussi), cette plante est dioïque ; les fleurs mâles, roses ont environ 3 mm et sont plus visibles que les fleurs femelles (1,5 mm), qui sont blanchâtres. Cette espèce contient les mêmes substances que (**3**), mais en moindre quantité.

1a

1b

2

4

3a

3b

1 Lathrée écailleuse

Lathraea squamaria

5-30 cm mars-mai ♃ 84

Identification : plante dépourvue de feuilles vertes. Feuilles écailleuses, charnues, blanchâtres. Fleurs roses, penchées, en grappe unilatérale.

Répartition : rare en France, absente dans plusieurs régions. Forêts de feuillus, en plaine et en montagne, forêts riveraines. Sur sols riches en bases et en éléments nutritifs.

Biologie : plante entièrement parasite, l'une des plus remarquables en Europe. Parasite les racines des aulnes et des saules, souvent aussi des noisetiers, peupliers, ormes. Enfonce ses suçoirs (haustoriums) dans les vaisseaux conducteurs de sève (xylème des arbres). Durant sa période de croissance et de floraison, puise non seulement de l'eau et des sels minéraux mais aussi des substances organiques (sucres). Son nom d'espèce (du latin *squamarius*, écailleux) se rapporte aux écailles charnues de son rhizome, qui sont des feuilles transformées (cataphylles). Les feuilles caulinaires écailleuses, rosées, servent à la transpiration. Une partie de cette plante — et souvent aussi une partie de ses fleurs — est souterraine, ce que rappelle le nom scientifique du genre (du grec *lathraios*, caché).

2 Pétasite officinal, Pétasite hybride

Petasites hybridus

10-100 cm mars-avril ♃ 94

Identification : fleurs paraissant avant les feuilles, groupées en nombreux capitules rougeâtres disposés en grappe épaisse et ovoïde.

Feuilles atteignant 1 m de long et plus de 60 cm de large.

Répartition : rare dans de nombreuses régions (surtout dans le Midi méditerranéen). Bords des ruisseaux et des torrents, broussailles, prairies très humides.

Biologie : ses feuilles géantes (**2b**) sont parmi les plus grandes chez nos plantes indigènes et peuvent servir de parasols, ce que rappelle le nom scientifique du genre (du grec *petasos*, parasol). La croissance de l'inflorescence et de son pédoncule est remarquable : au début, pendant la floraison, le premier est court et ne mesure que 30 cm environ, plus tard, il atteint 1 m, en sorte que l'inflorescence domine les feuilles et est exposée au vent, qui emporte les petits fruits, pourvus d'une couronne de soies.

3 Grande Bardane

Arctium lappa

80-150 cm juillet-septembre ⊙ 94

Identification : grande plante rameuse. Grandes feuilles arrondies-en cœur, basales. Fleurs en capitules globuleux ; bractées à pointe verte, crochue ; pétioles foliaires pas nettement creux.

Répartition : assez commune, mais rare dans une partie du Midi. Bords des chemins, décombres, terrains vagues, talus.

Biologie : après la maturation des fruits, les crochets des bractées les fixent sur le pelage des mammifères et les vêtements, et ils sont propagés à plus ou moins grande distance. Plante médicinale, employée pour traiter les affections de la peau (acné, eczéma, furoncles).

4 *Arctium tomentosum*

60-120 cm juillet-août ⊙ 94

Identification : ressemble à (**3**), mais un peu plus petite. Capitules garnis de poils laineux (**4a**).

Répartition : rare ou absente en mainte région de France. Fréquente les mêmes stations que la Grande Bardane. Terrains vagues, chemins.

Biologie : la présence de poils laineux autour des capitules, les protège du rayonnement solaire et sert à la dispersion des têtes après la floraison, car ils s'accrochent au pelage et aux vêtements. Les bractées externes, crochues, servent aussi à fixer les fruits.

1

2a

2b

4a

3

4b

Chardons et Cirses

(*Carduus* et *Cirsium*)

La séparation de ces deux genres de Composées (voir p. 21) n'est pas toujours aisée, car de nombreuses espèces ont en commun des feuilles pennées et épineuses. La différence de forme entre les capitules des Chardons (*Carduus*) généralement plutôt hémisphériques et ceux des Cirses (*Cirsium*) plus cylindriques, est généralement insuffisante pour une identification précise. Plus sûr est l'aspect des soies de l'aigrette des fruits (*pappus*), qui sert à faciliter leur transport par le vent. Chez les cirses, ces soies sont ramifiées et plumeuses, alors qu'elles sont simples chez les chardons.

1 Chardon penché

Carduus nutans

30-150 cm mai-août ⊙ 94

Identification : un seul capitule (rarement deux), longuement pédonculé, incliné, globuleux à hémisphérique (3-6 cm de diamètre). Feuilles profondément échancrées, crépues et épineuses au bord.
Répartition : assez rare en mainte région de France. Bords des chemins talus, prairies, terrains vagues. Sur sols calcaires.
Biologie : ce beau chardon envahit parfois les prairies maigres, quand le nombre de bestiaux à l'hectare est trop élevé. Dans ces conditions, les autres plantes sont broutées, le sol peut être érodé et les circonstances deviennent idéales pour les chardons, que le bétail ne mange pas. Les capitules comprennent souvent plus de 100 fleurs, qui répandent une odeur agréable.

2 Chardon crépu

Carduus crispus

50-140 cm juin-octobre ♃ 94

Identification : tige crépue, ailée-épineuse. Capitules brièvement pédonculés, groupés par 3-6 à l'extrémité de la tige.
Répartition : rare en plusieurs régions de France. Bords des champs, des chemins et des rivières. Sur sols riches en éléments nutritifs. On le trouve aussi dans les vieilles prairies.
Biologie : à côté des fleurs pourpres, il y a aussi des fleurs blanc-crème. Les Romains appelaient déjà cette plante *carduus*.

3 Cirse acaule

Cirsium acaule

5-25 cm juin-septembre ♃ 94

Identification : capitules solitaires (rarement par deux ou trois), sessiles ou à pédoncule très court, au centre d'une rosette de feuilles piquantes, profondément divisées.
Répartition : commun en France. Prairies maigres, sèches, pâturages. Sur sols calcaires.
Biologie : les rosettes de ce cirse ressemblent à celles de la Carline (*Carlina acaulis*), ce que rappelle le nom scientifique de l'espèce (du latin *caulis*, tige et *a*, privatif, *acaulis*, sans tige).

4 Cirse des marais

Cirsium palustre

50-200 cm juin-octobre ⊙ ✿ 94

Identification : capitules pourpres, serrés, groupés par 2-8 à l'extrémité des tiges ; celles-ci sont presque entièrement ailées et couvertes de très nombreux piquants.
Répartition : partout en France, mais rare dans le Midi méditerranéen. Chemins forestiers, lisières, coupes, fossés, décombres.
Biologie : les graines sont appréciées par des petits passereaux granivores, surtout les Chardonnerets, qui se posent souvent dessus pour les exploiter.

1

2a

2b

3

4a

4b

1 Eupatoire

Eupatorium cannabinum

60-150 cm juillet-octobre ♃ 94

Identification : tiges rougeâtres. Feuilles à 3-5 folioles. Fleurs en capitules disposés en corymbe, comportant des fleurs tubuleuses peu nombreuses.

Répartition : dans toute la France. Au bord des eaux, fossés, aulnaies, lisières. Sur terrains humides.

Biologie : le petit nombre de fleurs (en général seulement 4 à 10) dans chaque capitule, est interprété comme un caractère primitif. Des espèces analogues apparurent probablement dès le début de l'évolution des Composées, et sont encore nombreuses aujourd'hui sous les tropiques, où certaines sont des arbres. Fleurs visitées par des papillons diurnes. Par leur forme lancéolée et leurs dents, les feuilles ressemblent à celles du Chanvre (*cannabinus*, latin, semblable au chanvre, de *cannabis*, chanvre). Plante médicinale, qui était utilisée pour ses vertus purgatives et diurétiques. De nos jours, encore employée en homéopathie pour les bronchites et fortifier l'organisme. L'un de ses noms, Herbe de sainte Cunégonde, évoque l'épouse du roi Henri II, morte en 1033, enterrée dans la cathédrale de Bamberg (Allemagne) et qui était considérée comme la patronne des enfants malades.

2 Centaurée scabieuse

Centaurea scabiosa

30-120 cm juillet-septembre ♃ 94

Identification : capitules (3-5 cm) ayant plus de 2 cm de haut, exclusivement formés de fleurs tubuleuses ; fleurs de la périphérie plus grandes que les autres ; extrémité des écailles de l'involucre brune, en fer à cheval, pectinée, membraneuse.

Répartition : commune ou rare selon les régions. Bords des chemins, talus, lisières, haies. Sur sols calcaires.

Biologie : cette espèce doit son nom à sa ressemblance avec la Scabieuse ; elle a des feuilles profondément découpées, aux divisions lancéolées, ce qui la distingue nettement des autres centaurées, bien plus fréquentes dans les prairies. Sur les tiges de ces dernières, on remarque assez souvent des renflements dus aux piqûres de petites guêpes (Cynipides) et aux larves qui y vivent en parasites.

3 Centaurée jacée

Centaurea jacea

20-70 cm juin-septembre ♃ ✿ 94

Identification : feuilles lancéolées à ovales. Capitules bien plus petits que ceux de (**2**) ; écailles pourvues d'une pointe bien distincte (aspect d'appendice).

Répartition : très commune en France. Prairies, bords des chemins.

Biologie : les fleurs de la périphérie sont nettement plus grandes et servent d'appâts pour les insectes pollinisateurs (elles sont stériles). Une centaurée aurait guéri les blessures d'un centaure, être mythique (moitié homme, moitié cheval) de la mythologie grecque, d'où le nom, employé dès le Moyen Âge.

4 Épervière orangée

Hieracium aurantiacum

20-40 cm juin-août ♃ 94

Identification : jusqu'à 10 capitules à l'extrémité de la tige, qui porte des glandes foncées à ce niveau. Émet des stolons. Renferme un suc laiteux.

Répartition : prairies de montagne : Vosges, Jura, Alpes, une partie du Massif central. Jusqu'à 2 500 m d'altitude. Sur sols siliceux.

Biologie : c'est une exception parmi les nombreuses épervières qui ont des fleurs jaunes. Échappée des jardins dans certaines régions.

1

2a

2b

3a

3b

4

1 Lis martagon

Lilium martagon

30-150 cm juin-juillet ♃ 100

Identification : Liliacée aux fleurs penchées, rose-mauve, aux sépales enroulés (**1b**).

Répartition : Vosges, Jura, Alpes, Massif central, Pyrénées, Corse et dans quelques régions de l'Est (Bourgogne par exemple). Forêts de feuillus et de résineux, alpages, mégaphorbiaies. Sols riches en bases

Biologie : ses fleurs parfumées attirent des papillons de nuit, qui font du vol sur place devant leur corolle. Les insectes qui essayent de se poser sur les pièces florales (tépales), glissantes et grasses, ne peuvent souvent s'y maintenir. Belle espèce méritant d'être protégée. En certaines régions d'Europe centrale, le Chevreuil mange ses feuilles et ses fleurs et contribue à sa raréfaction.

2 Colchique, Veilleuse

Colchicum autumnale

10-40 cm août-octobre ♃ 100

Identification : fleurs mauves, semblables à celles des crocus, paraissant à la fin de l'été. Les feuilles sortent de terre au début du printemps ; elles sont très grandes, lancéolées, dressées, disposées en touffe.

Répartition : commune en France, mais rare dans le Midi méditerranéen. Prairies, bords herbeux des routes, forêts riveraines.

Biologie : cette espèce se distingue des autres plantes de notre flore par ses fleurs automnales et ses feuilles printanières (**2b**) ainsi que ses fruits (capsules). Le bulbe, souvent enfoncé à 20 cm dans la terre, stocke les hydrates de carbone provenant des feuilles. Après la pollinisation, le tube pollinique doit souvent s'allonger sur 30 cm entre le stigmate et l'ovaire, situé près du bulbe, à l'abri des gelées. Au printemps suivant, le pédoncule du fruit commence à se développer et soulève la capsule, souvent à plus de 20 cm au-dessus du sol. Les graines sont très toxiques (1 à 5 peuvent être mortelles pour l'homme). La colchicine, qui a fait l'objet d'études pour son action mutagénique, est employée en pharmacie comme décontractant musculaire. Elle inhibe les divisions cellulaires et simultanément favorise la formation de cellules ayant une formule chromosomique élevée (polyploïdie).

3 Butome, Jonc fleuri

Butomus umbellatus

60-150 cm juin-août ♃ 96

Identification : plante aquatique. Fleurs en ombelle, à l'extrémité d'une grande hampe (sans feuilles). Fleurs à 6 divisions, roses. Feuilles étroites, coupantes.

Répartition : manque localement en France. Dans les eaux peu profondes, au bord des étangs et des rivières lentes. Jusqu'à 1 000 m d'altitude environ. Eaux riches en éléments nutritifs.

Biologie : c'est l'une des rares plantes, dont les fleurs attirent les insectes dans les roselières. Souvent concurrencée par d'autres végétaux de grande taille. Supporte mal la pollution de l'eau et la destruction des phragmites, quand on faucarde la végétation palustre pour faciliter les sports nautiques ou d'autres activités.

4 Ail des vignes

Allium vineale

30-70 cm juin-août ♃ 100

Identification : feuilles linéaires, creuses, à demi-cylindriques, engainantes. Fleurs disposées en ombelle globuleuse (20-50 mm), avec bulbilles pouvant tomber pour produire de nouveaux pieds. Considéré comme une plante typique des vignobles.

Répartition : répandu en France. Vignobles, prairies sèches, bords des routes et des champs.

Biologie : se multiplie non seulement au moyen des graines, mais aussi des bulbes souterrains et des bulbilles, qui résultent de la transformation de pièces florales.

1a

1b

3a

2b

2a

3b

4

Les Orchidées font partie des fleurs les plus remarquables de nos régions, mais celles des pays tropicaux les surpassent par leurs dimensions et leur beauté. En Europe, le nombre des espèces augmente nettement du nord vers le sud. Presque partout, ces plantes sont menacées, non seulement par ceux qui les arrachent, mais aussi et surtout par la destruction de leur habitat, due à l'intensification de l'agriculture et aux grands travaux. De nombreuses espèces ont besoin d'un milieu qui ne soit pas perturbé pendant plus d'une dizaine d'années pour que leurs minuscules graines, pauvres en substances de réserve, puissent produire de nouvelles plantes. En outre, elles dépendent de la présence de champignons vivant en symbiose avec leurs racines. Les trois planches suivantes illustrent douze espèces aux fleurs rouges ou roses.

1 Helléborine à larges feuilles

Epipactis helleborine

30-80 cm juin-septembre ♃ 103

Identification : fleurs sans éperon, inodores, rouge purpurin, souvent aussi pâles ou vertes, disposées en grappe unilatérale. Feuilles larges, ovales, embrassantes, pointues.

Répartition : dans toute la France, mais plus rare dans l'Ouest, le Sud-Ouest et le Midi méditerranéen. Forêts de feuillus et leurs lisières, à l'ombre. Sur sols basiques.

Biologie : les très petites graines entraînées à des kilomètres par le vent, peuvent parvenir un peu partout, même dans des petits parcs boisés ou au bord des chemins forestiers. Contrairement à presque tous les autres membres de la famille, cette espèce trouve encore des milieux favorables dans les terres cultivées et est, localement, en expansion. Elle n'est pas protégée en France.

2 Épipactis rouge

Epipactis atrorubens

20-50 cm juin-août ♃ 103

Identification : fleurs souvent très nombreuses, presque unilatérales. Feuilles ovales-lancéolées, souvent teintées de rougeâtre comme la tige (**2a**).

Répartition : dans toute la France au-dessous de 2 000 m d'altitude. Pentes des collines sèches, lieux boisés. Sur sols calcaires, maigres.

Biologie : localement présent dans les dunes du littoral de la Manche. En Allemagne, ses stations côtières semblent avoir disparu. Fleurs répandant un léger parfum de vanille.

3 Céphalanthère rouge

Cephalanthera rubra

20-60 cm mai-juillet ♃ 103

Identification : fleurs sans éperon, remarquables par leurs pétales assez grands (**3b**). Tige dressée, plus ou moins incurvée dans les deux sens.

Répartition : manque dans certaines régions de la France (surtout dans le Nord-Ouest). Forêts claires (essences feuillues et pinèdes). Sur sol sec, riche en bases.

Biologie : contrairement aux céphalanthères blanches, n'offre pas de nectar aux insectes, mais ceux-ci la visitent quand même, sans doute par confusion avec d'autres espèces analogues. Avec ses deux pétales écartés, elle ressemble à un petit oiseau aux ailes déployées.

4 Orchis moustique

Gymnadenia conopsea

30-60 cm juin-juillet ♃ 103

Identification : fleurs nombreuses en épi assez lâche (jusqu'à 25 cm de haut); labelle trilobé, éperon étroit, atteignant 2 cm (**4b**). Feuilles lancéolées, non tachetées (**4a**).

Répartition : dans toute la France sauf le littoral de la Méditerranée. Friches calcaires boisées, talus, tourbières plates ; sur sols assez humides.

Biologie : avec son long éperon, évoque un moustique, d'où son nom scientifique d'espèce (*conopsea*, comme une mouche). Tubercule palmé, différant nettement de celui (bilobé) des espèces du genre *Orchis*. Le nom de genre vient du grec *gymnos*, nu et *aden*, glande.

1a
1b
2a
3a
2b
3b
4a
4b

1 Nigritelle, Orchis vanillé

Nigritella nigra

10-30 cm juin-août ♃ **103**

Identification : fleurs pourpre-noir, en épi serré globuleux ou conique, à forte odeur persistante de vanille. Feuilles très étroites. Tige non rameuse.

Répartition : Jura, Alpes, Massif central, Pyrénées. Prairies, entre 1 000 et 2 500 m. Sur sols calcaires, pauvres en azote.

Biologie : le nom dérive du latin *nigra*, noir et fait référence à la couleur des fleurs, différente de celles de la Nigritelle rouge, souvent considérée comme une simple sous-espèce. Toutes deux disparaissent dès que les prairies sont fumées. La Nigritelle noire a parfois des fleurs rouge clair, voire blanchâtres et il est alors difficile de la distinguer de la Nigritelle rouge.

2 Orchis à larges feuilles

Dactylorhiza majalis

20-60 cm mai-juillet ♃ **103**

Identification : inflorescence dense, plutôt cylindrique. Fleurs avec éperon, labelle trilobé, sépales externes réfléchis ou étalés (**2b**). Tige creuse portant 4-6 feuilles, celles-ci le plus larges au milieu, nettement tachetées comme celles de (**3**).

Répartition : Est, Sud-Est, Pyrénées, plus rare ailleurs. Prairies humides, forêts riveraines claires; toujours en stations humides, sur sols acides, pauvres en éléments nutritifs.

Biologie : le genre *Dactylorhiza* a été séparé assez récemment du genre *Orchis*. Il se caractérise par ses tubercules palmés (organes de réserve) et non pas globuleux, d'où le nom scientifique du genre (du grec *dactylos*, doigt, *rhiza*, racine). Il n'y a pas de nectar dans l'éperon, mais un tissu comestible, riche en sucres, tout aussi attractif pour les insectes. Le pollen n'est pas dispersé mais forme deux amas (pollinies), qui se fixent sur la tête des insectes (abeilles par exemple).

3 Orchis tacheté

Dactylorhiza maculata

20-70 cm mai-juillet ♃ **103**

Identification : feuilles comme celles de (**2**), tachetées de brun. Tige pleine, portant 5 à 10 feuilles. Inflorescence généralement un peu pyramidale (**3b**).

Répartition : présent dans toute la France jusque vers 2 000 m d'altitude en montagne. Pinèdes, pelouses, landes; sols tourbeux, humides.

Biologie : le drainage a fait disparaître cet orchis qui n'est pas très exigeant par ailleurs puisqu'il pousse sur des sols basiques ou acides. Aucune espèce du genre *Dactylorhiza* n'est protégée en France au niveau national; il n'en est pas de même en Allemagne.

4 Orchis bouffon

Orchis morio

10-30 cm avril-juin ♃ **103**

Identification : petite espèce aux feuilles lancéolées non tachetées. Labelle trilobé, plus large que long, éperon trapu, horizontal ou incurvé.

Répartition : dans toute la France, en altitude dans la région méditerranéenne. Prairies, bois clairs. Sur sols calcaires ou un peu acides.

Biologie : chez cette espèce ainsi que chez les autres *Orchis* de la page suivante, les tépales sont généralement souvent colorés. Les deux tubercules sont employés pour la préparation de substances destinées, chez les enfants, à protéger les muqueuses en cas de diarrhée. Seule la culture permet de les obtenir puisque les Orchidées sauvages méritent protection, même si cette espèce ne l'est pas au niveau national en France.

1
2a
3a
3b
2b
3c
4a
4b

1 Orchis mâle

Orchis mascula

20-50 cm avril-juin ♃ 103

Identification : chez cette espèce et la suivante, les fleurs sont disposées en épi cylindrique ; labelle trilobé, éperon assez épais, en forme de sac ; les deux tépales latéraux sont étalés ou réfléchis, le supérieur étant recourbé en avant.

Répartition : dans toute la France, mais rare dans le Midi méditerranéen. Forêts claires de Chênes pubescents, prairies d'altitude, pelouses. Sur sols secs, riches en bases.

Biologie : nos ancêtres étaient plus intéressés par la forme des tubercules des Orchidées que par la beauté de leurs fleurs. Les deux tubercules évoquent la forme des testicules, d'où les noms français et scientifique du genre et celui de la famille (du grec *orchis*, testicule). L'un de ces tubercules fournit les substances nutritives pour la formation de la plante et de ses fleurs, l'autre accumule des réserves pour l'année suivante.

2 Orchis militaire

Orchis militaris

20-60 cm mai-juin ♃ 103

Identification : contrairement à l'espèce précédente, toutes les divisions de la fleur sont recourbées en casque et seul le labelle, à 4 lobes, est libre et incliné vers le bas (**2a**).

Répartition : surtout dans la moitié nord de la France, mais manque localement. Pelouses, bois clairs, pentes ensoleillées, talus. Sur sols calcaires.

Biologie : doit son nom à la forme de ses fleurs, qui simulent un casque. Comme d'autres Orchidées, souffre de l'altération de son habitat et, localement en Europe centrale, de la récolte pour la préparation du salep. Au Moyen Âge, la théorie des signatures lui attribuait des vertus aphrodisiaques.

3 Ophrys mouche

Ophrys insectifera

10-50 cm mai-juin ♃ 103

Identification : fleurs sans éperon, labelle long, brun-noir velouté, trilobé, lobe médian avec une marque bleue, rectangulaire, au milieu, tépales filiformes (**3b**).

Répartition : présent ou absent selon les régions. Friches boisées, pentes ensoleillées, pinèdes claires, broussailles. Sur sols calcaires.

Biologie : le genre *Ophrys* occupe une place particulière non seulement parmi les Orchidées mais aussi dans le monde des plantes car ses fleurs imitent des insectes et servent d'appâts sexuels pour les insectes mâles (forme, pilosité et peut-être aussi odeur). En essayant de copuler, les insectes mâles transportent les pollinies d'une fleur à l'autre. Chez cette espèce, ce sont surtout des Hyménoptères qui se laissent abuser ; toutefois et au moins localement, l'autofécondation joue manifestement un rôle plus important.

4 Ophrys abeille

Ophrys apifera

10-50 cm mai-juillet ♃ 103

Identification : tépales larges, roses ; labelle plus long que large, brun avec dessin jaunâtre (**4b**).

Répartition : croît dans les mêmes lieux que (**3**), mais manque en certaines régions. Pelouses sèches ; falaises et dunes sur les côtes de l'Ouest.

Biologie : les fleurs, plus grandes que celles de l'Ophrys mouche, seraient visitées par certains Hyménoptères, mais en Europe centrale, l'autofécondation est la règle car il y a manifestement peu de pollinisateurs.

1a
1b
2a
3a
2b
3b
4a
4b

1 Aconit napel

Aconitum napellus

50-150 cm juin-septembre ♃ 6

Identification : fleurs à symétrie bilatérale, en forme de casque, disposées en grappe. Feuilles palmées, composées de 5 à 7 segments étroits.

Répartition : manque dans l'Ouest et le Midi méditerranéen. Surtout en montagne, jusque vers 2 500 m. Prairies, bois humides, mégaphorbiaies, bords des marais, prairies tourbeuses. La sous-espèce de Corse (également considérée comme une espèce à part) est protégée.

Biologie : c'est l'une des plantes les plus toxiques d'Europe. L'aconitine, présente non seulement dans les grosses racines mais aussi dans les parties aériennes de la plante, peut même pénétrer dans l'organisme humain à travers la peau saine, c'est pourquoi les personnes ayant une peau fragile ne doivent pas toucher les feuilles ni la tige. Quelques grammes de cette plante peuvent provoquer un abaissement de la température et une paralysie, voire la mort. L'aconitine est encore employée dans des préparations homéopathiques pour lutter contre la phase initiale de la grippe et les rhumatismes. La structure des fleurs est remarquable : les deux pétales transformés en nectaires sont fortement renflés. Cette plante est également appelée Char de Vénus. Son nom scientifique (du latin *napellus*, de *napus*, navet) évoque la forme des racines tuberculées.

2 Dauphinelle, Pied d'alouette

Consolida regalis (*Delphinium consolida*)

20-50 cm juin-septembre ⊙ 6

Identification : plante très rameuse. Fleurs à long éperon étroit et incurvé (25 mm). Feuilles divisées en segments linéaires.

Répartition : absente de certaines régions. Bords des champs de céréales, décombres. Surtout sur sols calcaires.

Biologie : plante toxique, contenant les mêmes alcaloïdes que l'Aconit napel, mais beaucoup moins dangereuse. Ainsi, les fleurs sont dépourvues de ces substances et ont été employées comme diurétique, dans les affections des reins et de la vessie. Les insectes pollinisateurs ont une trompe d'au moins 15 mm de long, car eux seuls peuvent atteindre le nectar. Il s'agit donc de bourdons, qui ne peuvent toutefois enfoncer leur tête dans l'ouverture de l'éperon.

3 Hépatique

Hepatica nobilis

5-20 cm mars-avril ♃ 6

Identification : feuilles persistantes, entières, trilobées, coriaces ; leur forme évoque celle du foie.

Répartition : surtout Vosges, Jura, Alpes, Cévennes, Pyrénées, Corse, localement en Bourgogne. Bois de hêtres, de chênes, sapins, épicéas. Sur sol basique ou acide.

Biologie : les fleurs, épanouies dans la journée, se ferment et s'inclinent le soir. Elles offrent du nectar et beaucoup de pollen aux insectes. Le nom (du grec *hepatos*, foie) fait allusion à la forme des feuilles et jadis (théorie des signatures), on croyait que la plante avait des propriétés médicinales pour guérir les maux de cette glande et de la vésicule biliaire, ce que les recherches scientifiques n'ont pas confirmé.

4 Ancolie vulgaire

Aquilegia vulgaris

30-80 cm mai-juillet ♃ 6

Identification : grandes fleurs violettes, penchées, avec long éperon incurvé, formé de 5 nectaires pétaloïdes (= en forme de pétales).

Répartition : manque dans les Landes, le Midi méditerranéen et en Corse. Plaine et montagne : prairies, bords des chemins, lisières des forêts. Sur sols basiques surtout.

Biologie : comme celles de la Dauphinelle, les fleurs ont des nectaires accessibles seulement aux insectes qui ont une longue trompe (bourdons). Cultivée depuis longtemps pour sa beauté et ses vertus médicinales (on en a obtenu diverses variétés). Son efficacité pour les affections du foie et les abcès de la peau n'a pas été prouvée. Plante toxique (feuilles, fleurs, graines).

1a

1b

2

3

4

1 Géranium des prés

Geranium pratense

30-60 cm mai-septembre ♃ [37]

Identification : feuilles profondément divisées en 5-7 segments. Grandes fleurs bleu violet (2-3 cm de diamètre), pédoncules inclinés après la floraison.

Répartition : prairies de montagne. Assez rare ou très rare selon les régions.

Biologie : les fruits, non ridés, se divisent en cinq éléments, dont chacun porte un appendice en forme de bec issu du style allongé. Ces fruits se détachent de la colonne centrale et projettent les graines jusqu'à 2 m. Toutes les espèces du genre ont des pistils soudés, prolongés en bec. Le Géranium des prés est indicateur de prairies riches en éléments nutritifs et il peut couvrir de vastes surfaces. Espèce cultivée, qui se propage souvent fortement et devient localement subspontanée.

2 Polygala commune

Polygala vulgaris

5-35 cm mai-août ♃ [39]

Identification : fleurs à deux ailes bleues ou violettes, qui sont des sépales en forme de pétales (sépales pétaloïdes).

Répartition : plaines et montagnes de France, jusque vers 2 000 m. Prairies maigres, friches, landes, bords des chemins. Sur sols pauvres, acides

Biologie : la structure particulière des fleurs ne se révèle qu'après un examen attentif. Le genre *Polygala* est représenté par environ 600 espèces dans le monde (en France, une quinzaine environ). Contrairement à celles de la Polygala commune, les feuilles d'une espèce voisine (*Polygala amara*) n'ont pas un goût amer quand on les mâche.

3 Chardon bleu, Panicaut de mer

Eryngium maritimum

20-50 cm juin-octobre ♃ [41]

Identification : feuilles raides, piquantes. Tiges et feuilles glauques-bleuâtres. Fleurs groupées en têtes (3-5 cm) hémisphériques.

Répartition : en France, sur les côtes de l'Ouest, du Nord-Ouest et de la Méditerranée. Sur les dunes, les lieux sablonneux.

Biologie : étant donné que ses feuilles, adaptées aux milieux secs, ne se racornissent pas après avoir été coupées, cette espèce est souvent cueillie et s'est raréfiée. Elle mériterait d'être protégée partout. L'urbanisation des côtes l'a fait disparaître ou presque en maint endroit. Avec ses racines qui s'enfoncent jusqu'à 2 m de profondeur, elle se contente des faibles quantités d'eau présentes dans le sous-sol dunaire. Le sable vif, que le vent déplace, peut la recouvrir en partie mais cela ne lui nuit pas et son enracinement lui permet de résister aux mouvements de la dune. Enfin, ses feuilles piquantes la protègent contre la dent des mammifères herbivores.

4 Soldanelle des Alpes

Soldanella alpina

5-15 cm avril-août ♃ [64]

Identification : fleurs en cloche, réunies par 2 ou 3. Pétales divisés en lobes étroits, fendus en segments linéaires.

Répartition : Jura, Alpes, Massif central, Pyrénées. Entre 1 000 et 3 000 m. Prairies humides, combes à neige. Sur sols calcaires, contrairement à *Soldanella pusilla*, qui pousse sur les sols pauvres en calcaire.

Biologie : le nom scientifique fait allusion aux feuilles arrondies, semblables à de petites pièces de monnaie (mot italien, *soldo*, désignant une pièce de faible valeur).

1a

1b

2

3a

3b

4

Les Gentianes (genres *Gentiana* et *Gentianella*) sont des plantes appréciées par les touristes et les naturalistes en raison de la beauté de leurs fleurs bleues. Le fait qu'elles conservent leur couleur même si elles sont pressées et cela contrairement à d'autres « fleurs » leur a été souvent fatal. L'information des touristes et des mesures de protection sont donc nécessaires pour que ces fleurs ne soient pas pillées par les amateurs de souvenirs (quatre espèces vivant en France sont protégées à l'échelon national).
Il existe environ 500 espèces de gentianes dans les régions tempérées du globe, dont plus d'une vingtaine en France. La plupart vivent en montagne, mais plusieurs sont présentes sur les collines et même en plaine. Toutes croissent dans les lieux ensoleillés, dégagés, et sont donc menacées par les activités agricoles, les reboisements, mais les phénomènes naturels de succession des associations végétales leur sont aussi, localement, fatals. Le drainage, l'emploi d'engrais détruisent des stations de plaine et les gentianes sont devenues souvent rares; on ne peut donc les sauver que par des mesures de protection.
Le mot gentiane vient du latin *gentiana*, qui selon Pline est issu de Gentilus, qui vivait vers l'an 100 avant notre ère; c'était un roi d'Illyrie qui aurait recommandé une espèce de gentiane pour guérir la peste. On a séparé récemment le genre *Gentianella* sur la base de ses fleurs, dont la corolle est frangée au bord.

1 Gentiane pneumonanthe, Pulmonaire des marais

Gentiana pneumonanthe

20-60 cm juillet-octobre ♃ 72
Identification : fleurs sessiles, en cloche, peu nombreuses à l'extrémité de la tige, généralement à 5 sépales linéaires et 5 pétales rayés de vert; elles mesurent de 3 à 5 cm de long. Feuilles opposées, étroitement lancéolées, entières.
Répartition : espèce rare, absente de Corse et du Midi méditerranéen. Tourbières, landes, prairies humides.
Biologie : était jadis employée comme plante médicinale mais ses propriétés supposées n'ont pas été confirmées.

2 Gentiane croisette

Gentiana cruciata

10-50 cm juillet-octobre ♃ 72
Identification : fleurs à 4 lobes courts. Feuilles opposées, en croix.
Répartition : prairies maigres, friches boisées. Surtout en terrain calcaire. Principalement dans le sud et l'est de la France. Jusqu'à 2 000 m d'altitude en montagne.
Biologie : avec la Gentiane pneumonanthe, fait partie des quelques espèces qui vivent sur les collines et en plaine.

3 Gentiane printanière

Gentiana verna

5-15 cm mars-août ♃ 72
Identification : fleurs solitaires à l'extrémité de la tige; elles ont 5 lobes, un tube étroit, un stigmate blanc, central; entre les lobes il y en a d'autres, petits et bifides (**3b**).
Répartition : prairies de montagne (Jura, Alpes, Massif central, Pyrénées). Aussi dans les rocailles, sur les terrains acides et alcalins. En touffes.
Biologie : cette gentiane a deux périodes de floraison, la première au moment de la fonte des neiges et la seconde en plein été.

4 Gentiane de Clusius

Gentiana clusii et *G. acaulis*

5-10 cm mai-août ♃ 72
Identification : feuilles en rosette. Tige courte. Grande fleur qui, chez *G. acaulis*, est tachetée de vert à l'intérieur, alors que chez *G. clusii* il n'y a pas ou peu de taches vertes.
Répartition : Gentiane de Clusius : Jura et Alpes (plante calcicole). Gentiane acaule : Jura, Alpes, Cévennes, Pyrénées (plante calcifuge).

1

2a

3a

2b

3b

4

1 Gentiane des neiges

Gentiana nivalis

5-20 cm juin-août ⊙ [72]

Identification : très petite. Une fleur à l'extrémité de chaque tige. Fleur à 5 lobes pointus, triangulaires, diamètre inférieur à 10 mm (**1b**).

Répartition : Jura, Alpes, Pyrénées. Jusqu'à 3 100 m. Pelouses alpines maigres, rocailles. Généralement en terrain calcaire.

Biologie : cette gentiane occupe une place à part à l'étage alpin, puisqu'elle est annuelle. Rares en effet sont les espèces qui, à ce niveau, peuvent en une seule saison (4 mois en général) se développer complètement et produire des graines et cela en raison des conditions très rudes du climat montagnard.

2 Gentiane ciliée

Gentianella ciliata (*Gentiana ciliata*)

5-20 cm août-octobre ♃ [72]

Identification : fleurs à 4 lobes dont le bord est nettement frangé.

Répartition : Jura, Vosges, Alpes, Pyrénées, Alsace, Bourgogne. Friches, espaces herbeux des bois, prairies. Sur sols calcaires.

Biologie : cette espèce présente les caractères qui ont conduit à distinguer le genre *Gentianella*, dont fait aussi partie la Gentiane d'Allemagne (*Gentianella germanica*). Ces deux espèces montrent que les gentianes ne sont pas uniquement des plantes de montagne mais sont aussi présentes à basse altitude.

3 Petite Pervenche

Vinca minor

10-25 cm mars-avril ♃ [73]

Identification : plante rampante. Feuilles coriaces, persistantes. Fleurs mauves, pédonculées, solitaires, à l'aisselle des feuilles.

Répartition : dans toute la France, mais rare dans le Midi méditerranéen. Plaines, collines et jusqu'à 1 200 m d'altitude environ. Bois de feuillus, haies. Couvre souvent de vastes surfaces.

Biologie : cette espèce, membre d'une famille surtout représentée dans les tropiques, était déjà cultivée au Moyen Âge dans les jardins des monastères et ceux des châteaux (culture des « simples »). Elle s'en est échappée et c'est pourquoi, aujourd'hui encore sa présence est sporadique et fréquente autour des ruines et des vieux châteaux, où elle est devenue spontanée. Émet des stolons. Plante médicinale employée pour traiter les troubles circulatoires et d'autres dus au vieillissement ; la racine est toxique et contient une substance qui abaisse la tension. Très appréciée dans les parcs et les jardins pour couvrir le sol, d'autant plus qu'il lui arrive de fleurir une seconde fois à la fin de l'été.

4 Vipérine

Echium vulgare

20-90 cm juin-septembre ⊙ [82]

Identification : tiges et feuilles couvertes de poils raides. Inflorescence d'abord enroulée. Fleurs d'abord rougeâtres, puis bleu violacé.

Répartition : dans toute la France. Bords des chemins, jachères, terrains vagues, décombres, friches, talus, murailles.

Biologie : sa pilosité la protège des mammifères herbivores. La fleur épanouie, avec son style proéminent ou le fruit triangulaire ont été comparés à la tête d'un serpent, c'est pourquoi, jadis, on croyait que cette plante guérissait les morsures des serpents. Les abeilles visitent de préférence les jeunes fleurs rougeâtres, qui ont encore du nectar.

1a
2
1b
4a
3
4b

1 Grémil rouge-bleu

Lithospermum purpureocaerulea

10-60 cm mai-juin ♃ [82]

Identification : plante très velue. Fleurs (10-15 mm) d'abord rouges puis bleues (**1b**). Tiges florifères dressées, tiges sans fleurs couchées, rampantes. Feuilles lancéolées.

Répartition : assez fréquent en France. Lisières des forêts, bois clairs, broussailles. Sur sols riches en bases et en éléments nutritifs

Biologie : son nom scientifique lui convient parfaitement (du grec *lithos*, pierre et *sperma*, graine ; du latin *purpureus*, pourpre et *caeruleus*, bleu). En effet, les fruits sont durs comme la pierre et les fleurs passent régulièrement du rouge au bleu. Comme chez d'autres Boraginacées, ce changement est dû à une différence du degré d'acidité du contenu cellulaire des pétales (c'est un signe de vieillissement de la fleur). Le Grémil des champs (*Lithospermum arvense*), plus commun en France, a de petites fleurs blanchâtres et ses racines renferment un pigment rouge (lithospermine) que, à la campagne, les jeunes filles utilisaient jadis comme fard.

2 Lycopsis des champs

Anchusa arvensis

15-60 cm mai-septembre ⊙ [82]

Identification : fleurs groupées à l'extrémité de la tige et à l'aisselle des feuilles. Tube de la corolle incurvé. Feuilles hérissées de poils, irrégulièrement dentées, ondulées au bord.

Répartition : commun ou rare selon les régions. Mauvaise herbe des terres cultivées. Champs de plantes sarclées. Sols riches en éléments nutritifs mais pauvres en calcaire.

Biologie : le nom scientifique du genre vient du grec *lycos*, loup et *opsis*, œil, référence à la couleur bleu pâle des fleurs. La grappe florale, d'abord serrée, s'allonge par la suite.

3 Myosotis intermédiaire

Myosotis arvensis

10-60 cm avril-octobre ♃ [82]

Identification : plante gris-verdâtre, couverte de poils raides. Inflorescence dense, sans feuilles.

Répartition : commun en France jusqu'à 2 000 m d'altitude. Bords des champs, jachères, décombres, bords des chemins. Sur sols riches en bases et en éléments nutritifs.

Biologie : cette espèce et la suivante sont parmi les plus répandus de nos myosotis indigènes (une dizaine en France). Le nom scientifique, tiré du grec (*mys*, souris et *otis*, oreille) fait allusion à la forme et à la pilosité des feuilles. Les poils ne piquent pas.

4 Myosotis des marais

20-80 cm mai-octobre ♃ [82]

Identification : plante des lieux humides. Fleurs d'abord rougeâtres, devenant bleu clair ensuite. Feuilles ovales (1-2 cm de large) couvertes de poils appliqués, mais souvent aussi glabres.

Répartition : dans toute la France mais rare dans le Midi méditerranéen. Bords des rivières, étangs, mares, prairies, lisières, forêts, plantations de peupliers.

Biologie : la gorge de la corolle est garnie d'écailles, qui forment un anneau jaune (**4a**) ; elle est si étroite que les petits insectes ne peuvent y pénétrer. Seuls abeilles, papillons et quelques mouches à longue trompe sont capables d'exploiter ces fleurs. Les fruits peuvent flotter ; en outre, la multiplication végétative joue un rôle important (souche rampante). Des espèces voisines sont cultivées depuis des siècles dans les jardins comme plantes d'ornement bisannuelles. Leurs fleurs bleues sont associées à l'un de leurs noms courants : « Ne-m'oubliez-pas… »

1a
1b
2
3
4a
4b

1 Bugle

Ajuga reptans

10-40 cm mai-juin ♃ 91

Identification : fleurs très brièvement pédonculées, groupées par 2-6 à l'aisselle des feuilles. Corolle comportant seulement une lèvre inférieure trilobée ; lèvre supérieure absente ou esquissée.

Répartition : dans toute la France, mais rare dans le Midi méditerranéen. Chemins des bois, bords des eaux, lieux humides, prairies.

Biologie : les stolons, issus d'une rosette de feuilles, atteignent 20 cm de long. Jadis employé comme plante médicinale à titre de vulnéraire et dans les inflammations de la gorge en raison de sa teneur en tanins.

2 Scutellaire

Scutellaria galericulata

10-80 cm juin-septembre ♃ 91

Identification : fleurs généralement réunies par deux à l'aisselle des feuilles, tournées d'un seul côté ; calice pourvu d'un renflement en forme d'écusson ; sur la lèvre inférieure, une tache blanche et guides à nectar violets.

Répartition : répandue dans toute la France, mais rare dans le Midi méditerranéen. Prairies humides, fossés, bords des rivières et des étangs.

Biologie : le renflement du calice est un détail typique auquel la plante doit ses noms français et scientifique (du latin *scutellum*, écuelle et *galea*, casque, *galericulata* étant un diminutif).

3 Sauge des prés

Salvia pratensis

30-60 cm mai-août ♃ 91

Identification : feuilles dentées, ridées, en rosette radicale. Fleurs groupées par 6-10, en verticilles superposés formant une grappe lâche (**3a**).

Répartition : commune, rare ou absente selon les régions. Prairies sèches, bords des chemins et des routes, friches. Sur sols calcaires.

Biologie : la Sauge employée en phytothérapie est une espèce voisine (Sauge officinale, *Salvia officinalis*), cultivée, qui a donné son nom au genre (*salvia* vient du latin *salvare*, sauver, guérir). En appuyant avec la pointe d'un crayon sur la plaque qui obture la gorge de la corolle, celle-ci joue le rôle de levier, presse les anthères fixées sur un long filet et les fait sortir de la lèvre supérieure où elles étaient appliquées. Quand un bourdon visite la fleur, il fait jouer ce mécanisme et les anthères frottent son dos.

4 Mors du diable

Succisa pratensis

20-100 cm juillet-octobre ♃ 79

Identification : feuilles lancéolées. Fleurs en têtes hémisphériques (capitules) de 2-3 cm de diamètre.

Répartition : dans toute la France, mais rare dans le Midi méditerranéen. Prairies, chemins des bois. Atteint 2 000 m d'altitude en montagne

Biologie : c'est l'une des nombreuses plantes dont les racines étaient jadis parées de vertus médicinales et on lui avait donné son nom car on croyait qu'elles avaient été coupées par le diable (elles sont tronquées à l'extrémité).

5 Raiponce noire

Phyteuma nigrum

20-60 cm mai-juin ♃ 92

Identification : fleurs groupées en épi, celles du milieu étant incurvées vers le haut avant leur épanouissement. Feuilles linéaires ou oblongues selon leur position.

Répartition : surtout dans l'Est de la France. En montagne, atteint 2 000 m d'altitude. Prairies, forêts de feuillus. Sur sols frais, pauvres en calcaire.

1

3a

2

3b

4

5

Les véroniques font partie de la famille des Scrophulariacées ; on en compte environ 300 espèces dans le monde. Linné a sans doute nommé le genre d'après sainte Véronique, qui vécut dans la seconde moitié du XVe siècle. Ces plantes ont des feuilles entières, alternes ou opposées, des fleurs comportant 4 lobes inégaux ; elles sont solitaires ou réunies en épi et n'ont que deux étamines. Les fruits sont le plus souvent aplatis.

1 Véronique petit-chêne

Veronica chamaedrys

10-50 cm mai-juin ♃ 85

Identification : sur la tige, deux rangées de poils opposés, visibles quand on la tient contre la lumière et qu'on la presse entre les doigts.

Répartition : dans toute la France mais elle est rare dans le Midi méditerranéen. Lisières, prairies sèches, talus, bords des chemins.

Biologie : les petites fleurs ont des traits bleu foncé qui montrent le centre et l'anneau blanc situé à l'entrée du tube floral **(1b)**.

2 Cresson de cheval

Veronica beccabunga

20-60 cm mai-septembre ♃ 85

Identification : plante des marais, charnue, glabre. Fleurs (10-25) en grappes, à l'aisselle des feuilles supérieures.

Répartition : dans toute la France, jusqu'à plus de 2 000 m d'altitude. Marécages, fossés, prairies humides.

Biologie : le nom scientifique, *beccabunga*, est issu d'un mot allemand ancien, *Bachbunge*, qui a été latinisé. Cette plante était employée jadis comme salade et comme plante médicinale, c'est pourquoi on la cultivait dans les jardins.

3 Véronique à feuilles de Lierre

Veronica hederifolia

5-60 cm mars-mai ⊙ 85

Identification : tiges couchées ou à peine ascendantes. Feuilles arrondies, à 3-7 lobes, ressemblant à celles du Lierre (p. 84). Fleurs solitaires à l'aisselle des feuilles.

Répartition : dans les plaines et sur les collines de presque toute la France. Haies, lisières, coupes en forêt ; mauvaise herbe des jardins et des champs.

4 *Veronica filiformis*

5-20 cm avril-mai ♃ 85

Identification : tige filiforme, rampante. Fleurs (plus de 10 mm de diamètre) solitaires à l'aisselle des feuilles, plus grandes que celles ci, longuement pédonculées.

Répartition : très localisée en France. Gazons des parcs, bords des chemins ; souvent en massifs.

Biologie : plante ornementale, originaire du Caucase et du nord de la Turquie. Échappée des jardins, naturalisée çà et là (depuis 1930 en Europe centrale où elle s'est propagée très rapidement bien qu'elle ne se reproduise que par multiplication végétative). Chaque fragment de tige resté sur une tondeuse à gazon peut s'enraciner et donner une nouvelle plante qui embellira le gazon.

5 Véronique de Perse

Veronica persica

10-40 cm mars-octobre ⊙ 85

Identification : tiges couchées, robustes, ne s'enracinant pas. Grandes feuilles à huit encoches et plus. Fleurs solitaires, à l'aisselle des feuilles.

Répartition : répandue dans les jardins et les autres terres cultivées.

Biologie : originaire du Proche-Orient ; introduite en Europe au début du XIXe siècle. Souvent commune localement. C'est fréquemment l'une des véroniques les plus répandues.

1a
1b
2
3
4
5

Les campanules (genre *Campanula*) sont presque sans exception des plantes de belle apparence, aux fleurs généralement assez grandes et bleues ; les cinq pétales sont soudés mais encore bien reconnaissables (5 lobes). Leur forme d'entonnoir ou de cloche constitue un caractère qui les distingue et leurs noms français et scientifique le soulignent. Le premier est un diminutif du latin *campana*, cloche. Entre autres caractères, on peut encore noter que les feuilles sont alternes, simples et dépourvues de stipules.

1 Campanule à feuilles de pêcher

Campanula persicifolia

30-80 cm mai-août ♃ 92

Identification : feuilles radicales et caulinaires lancéolées, étroites. Fleurs groupées par 3-8 à l'extrémité de la tige, pédiculées, en grappe à l'aisselle de bractées linéaires.
Répartition : rare dans le Midi méditerranéen, l'Ouest et d'autres régions. Friches boisées, talus, lisières, haies, forêts claires. Généralement sur sols calcaires et secs.
Biologie : cette espèce, dont les fleurs atteignent 3-4 cm, est également cultivée dans les jardins comme plante ornementale.

2 Campanule agglomérée

Campanula glomerata

30-80 cm juin-septembre ♃ 92

Identification : remarquable par ses fleurs groupées en têtes au sommet de la tige et mesurant 2-3 cm.
Répartition : commune en France, mais manque localement. Jusque vers 1 600 m d'altitude. Lieux chauds, friches boisées, coteaux, bords des broussailles. Sur sols secs, calcaires.
Biologie : les fleurs, parfois au nombre de plus de 30, en font l'une des espèces les plus belles du genre, c'est pourquoi elle est souvent cultivée dans les jardins. Cette caractéristique est soulignée par les noms français et scientifique (du latin *glomeratus*, en boule, en pelote).

3 Campanule gantelée

Campanula trachelium

30-100 cm juillet-août ♃ 92

Identification : tige et feuilles garnies de poils raides. Feuilles ressemblant un peu à celles des orties. Grandes fleurs (3-5 cm) disposées en grappe.
Répartition : dans presque toute la France, mais rare dans l'Ouest et une partie du Sud-Ouest. Bords des chemins et des routes en forêt, haies, talus. Sur sols frais, riches en éléments nutritifs.
Biologie : quand il pleut, les fleurs peuvent servir d'abri aux insectes ; les abeilles grimpent le long du style pour atteindre les nectaires.

4 Campanule à feuilles rondes

Campanula rotundifolia

10-50 cm juin-octobre ♃ 92

Identification : tiges fines, raides, inclinées. Feuilles caulinaires lancéolées-étroites, les radicales arrondies mais généralement déjà fanées à la floraison. Fleurs progressivement penchées. Fruits (capsules) finalement pendants.
Répartition : rare dans une partie de l'Ouest et du Sud-Ouest, du Midi méditerranéen et du Centre de la France. Pelouses, talus, haies, bords des broussailles, murailles et leurs cavités, prairies, pinèdes, chênaies.
Biologie : les fruits (capsules) sont percés à leur base de trous par lesquels les graines sortent et comme ils sont pendants, les orifices se trouvent en haut.

5 Campanule étalée

Campanula patula

20-80 cm mai-juillet ⊙ 92

Identification : fleurs bleu violet, à long pédoncule dressé, disposées en panicule peu fournie ; corolle profondément divisée jusqu'au milieu. **Répartition :** rare dans la moitié nord et dans le Midi méditerranéen. Prairies rases, bords des chemins, bois clairs ; jusque vers 1 300 m en montagne. Sur sols riches en éléments nutritifs.
Biologie : le soir et quand il pleut, les fleurs s'inclinent, en sorte que l'eau et les gouttes de rosée ne peuvent atteindre le pollen.

1a
1b
2
3
4
5

1 Jasione des montagnes

Jasione montana

10-50 cm juin-septembre ⊙ 92

Identification : feuilles petites, lancéolées, couvertes de poils raides. Fleurs nombreuses, groupées en capitule hémisphérique (1-2 cm de diamètre), à l'extrémité d'une tige dressée.

Répartition : rare dans le Midi méditerranéen et dans une partie de l'Est. Pelouses, friches, landes, forêts claires de feuillus. Sur sols secs, acides, dans les lieux ensoleillés.

Biologie : plante typique des terrains sablonneux, qui sèchent rapidement. Au bord des chemins et sur les digues, elle enfonce ses racines jusqu'à 1 m à la recherche de l'eau. La petitesse de ses feuilles et ses poils raides sont des adaptations aux sécheresses passagères.

2 Lobélie de Dortmann

Lobelia dortmanna

30-60 cm juillet-août ♃ 93

Identification : plante aquatique. Rosette de feuilles submergées. La tige florifère émerge de l'eau et porte jusqu'à 10 fleurs blanc-bleuâtre, disposées en grappe lâche.

Répartition : Ouest et Sud-Ouest de la France. Bords des étangs aux eaux acides, pauvres en éléments nutritifs.

Biologie : l'eutrophisation des eaux stagnantes les plus isolées a, localement, entraîné une raréfaction de cette espèce, qui ne subsiste que dans les eaux pauvres et peu profondes (jusqu'à 30 cm). Un examen attentif des fleurs, montre qu'elles présentent des ressemblances avec celles de *Lobelia erinus*, espèce cultivée dans les jardins.

3 Échinops à tête ronde

Echinops sphaerocephalus

50-200 cm juin-août ♃ **94**

Identification : aspect de « chardon ». Tige anguleuse, sillonnée. Inflorescence globuleuse, bleu acier.

Répartition : surtout dans la moitié sud de la France. Terrains vagues, talus, carrières. Sur sols riches en éléments nutritifs et rocailleux.

Biologie : cette belle plante est originaire du sud-est de l'Europe. C'est une espèce cultivée dans les jardins et qui s'est naturalisée localement. Son nom scientifique décrit ses caractères essentiels (du grec *echinos*, hérisson, du latin *sphaera*, boule et du grec *kephale*, tête).

4 Centaurée des montagnes

Centaurea montana

30-70 cm mai-septembre ♃ **94**

Identification : semblable à un grand Bleuet, mais de couleur différente. Fleurs élémentaires tubuleuses, très allongées (**4a**).

Répartition : localisée en France : Est, Centre, Sud-Est, Sud-Ouest, Midi. Prairies, forêts de montagne, mégaphorbiaies, pentes boisées.

Biologie : se multiplie rapidement dans les jardins où elle est cultivée et s'en échappe parfois.

5 Bleuet

Centaurea cyanus

30-60 cm juin-août ⊙ **94**

Identification : reconnaissable à ses fleurs bleu roi, réunies en capitules ; bractées frangées sur les bords. Feuilles supérieures surtout linéaires à lancéolées.

Répartition : autrefois, était très commun dans les champs de céréales. Devenu rare en mainte région et relégué sur les bords des cultures.

Biologie : jadis, avec le Coquelicot, agrémentait les champs de céréales. Le nettoyage des semences, l'emploi généralisé des herbicides ont entraîné sa quasi-disparition. Les fleurs périphériques de cette Composée attirent les insectes vers les fleurs centrales, tubuleuses, peu visibles.

1
2
3
4a
4b
5a
5b

1 Chicorée sauvage

Cichorium intybus

50-120 cm juin-septembre ♃ [94]

Identification : feuilles supérieures lancéolées, les inférieures pennées. Capitules (3-4 cm de diamètre) bleu clair (**1b**). Tiges raides, peu feuillées, rameuses.

Répartition : commune en France. Bords des chemins, terrains vagues, carrières, prairies sèches.

Biologie : les capitules de cette espèce sont formés uniquement de fleurs ligulées et ne s'épanouissent complètement que vers le milieu de la journée. On a obtenu des variétés cultivées comme salade (endive, barbe de capucin), pour la production de racines servant à obtenir la chicorée à café (après torréfaction). Les racines contiennent environ 20 % d'inuline et sont recommandées comme légume aux diabétiques.

2 Laitue des Alpes

Cicerbita alpina

50-150 cm juillet-septembre ♃ [94]

Identification : fleurs bleu violet en capitules disposés en grappe à l'extrémité de la tige ; toutes les fleurs sont hermaphrodites et ligulées. La plante contient un suc laiteux. Tiges garnies de poils rougeâtres, glanduleux. Feuilles inférieures pennées, à lobe terminal large.

Répartition : forêts de montagne, mégaphorbiaies. Vosges, Jura, Alpes, Massif central, Pyrénées. De 800 à 2 200 m environ.

Biologie : les stations actuelles de cette plante sont considérées comme des vestiges d'une distribution qui était beaucoup plus vaste à l'époque des glaciations.

3 Scille à deux feuilles

Scilla bifolia

10-20 cm mars-avril ♃ [100]

Identification : plante à bulbe. En général, seulement deux feuilles linéaires, engainantes. Deux à sept fleurs bleu clair sur une hampe ronde.

Répartition : dans l'est et le centre de la France, rare ou absente ailleurs. Bois de feuillus (hêtraies, hêtraies-chênaies) ; sur sols frais, riches en éléments nutritifs. Souvent en colonies assez denses.

Biologie : les bulbes mesurent 2-3 cm de diamètre et sont donc relativement gros. De chacun sortent seulement deux feuilles et une hampe florifère.

4 *Muscari botryoides*

10-30 cm mars-mai ♃ [100]

Identification : plante à bulbe. Deux ou trois feuilles raides et dressées, linéaires-lancéolées. Fleurs globuleuses, inodores, groupées en grappe serrée, terminale, atteignant 6 cm de long (**4b**).

Répartition : rare ou absente de mainte région française. Champs, prairies, bois clairs. Sur sols riches en éléments nutritifs. Jusqu'à 2 000 m d'altitude en montagne.

5 Iris de Sibérie

Iris sibirica

30-60 cm mai-juin ♃ [102]

Identification : fleurs typiques : stigmates pétaloïdes, 3 pétales dressés, internes, étroitement elliptiques et 3 autres externes, rabattus, ces derniers veinés de bleu violet sur un fond plus clair.

Répartition : subsiste dans quelques régions : Alsace, Midi-Pyrénées, Poitou-Charentes, Aquitaine et Rhône-Alpes. Protégé à l'échelon national en France. Prairies marécageuses, rieds alsaciens, zones d'atterrissement des fleuves.

Biologie : la survie de cette plante suppose une exploitation traditionnelle des prairies, l'abandon de leur drainage ; leur remplacement par des champs lui a été fatal.

1a

1b

2

4a

3

4b

5

1 Anémone pulsatille, Coquelourde

Pulsatilla vulgaris

10-40 cm mars-mai ♃ 6

Identification : feuilles radicales paraissant en même temps que les fleurs mais complètement développées après la floraison, finement divisées 2-4 fois, soyeuses ; feuilles caulinaires en verticille sous la fleur, soyeuses aussi. Fleurs d'abord en cloche puis étalées et dressées (6-8 cm de diamètre).

Répartition : répandue en France, mais absente localement. Surtout dans les friches boisées, sur les pelouses maigres, en terrain calcaire.

Biologie : c'est l'une des premières plantes à fleurir dans les pelouses maigres. Fruits (**1b**) secs, à long bec (style) plumeux. Plante toxique, médicinale, employée en homéopathie pour traiter certains troubles de la circulation veineuse. Le nom scientifique vient du latin *pulsare*, heurter, frapper.

2 Pigamon à feuilles d'Ancolie

Thalictrum aquilegifolium

50-150 cm mai-juillet ♃ 6

Identification : feuilles divisées 2-3 fois, glauques, semblables à celles des ancolies. Fleurs remarquables par leurs étamines violet clair, touffues, très évidentes car les pétales tombent précocement.

Répartition : Jura, Alpes, Massif central, Pyrénées. Mégaphorbiaies, prairies de montagne, bois humides. Jusqu'à 2 500 m d'altitude.

Biologie : les fleurs semblent formées par les étamines très visibles, qui offrent aux insectes leur pollen ; les étamines dissimulent d'abord les stigmates et c'est seulement après que l'accès à ces derniers devient libre.

3 Corydale creuse

Corydalis cava (*C. bulbosa*)

20-30 cm avril-mai ♃ 9

Identification : fleurs ayant deux lèvres et un éperon, groupées par 20-30 en grappe terminale ; bractées des fleurs, ovales, entières (**3b**).

Répartition : espèce rare. Manque dans le Nord-Ouest, une partie de l'Ouest, du Sud-Ouest et sur le littoral méditerranéen. Forêts de feuillus, forêts riveraines, haies ; sur sols plutôt basiques.

Biologie : les fleurs sont de deux types, rouge-violacé ou blanc, qui, assez souvent, se trouvent sur un même pied, les violacées étant les plus nombreuses. Leur long éperon est souvent percé par des insectes qui ne peuvent atteindre facilement le nectar ; elles ne sont donc pas pollinisées. Le tubercule, profondément enfoncé dans le sol, est creux (du latin *cavus*, creux) ; c'est la partie la plus toxique de cette plante.

4 Corydale solide

Corydalis solida

10-30 cm mars-mai ♃ 9

Identification : contrairement à l'espèce précédente, les bractées des fleurs sont découpées-digitées ; le tubercule est plein (du latin *solidus*, ferme).

Répartition : rare ou absente selon les régions. Jusqu'à 2 000 m en montagne. Bois de feuillus, haies, parfois en colonies importantes. Sur sols frais, riches en éléments nutritifs.

Biologie : graines propagées par des fourmis. Quand elle s'installe dans un jardin, cette espèce ne tarde pas à se propager rapidement.

5 Julienne

Hesperis matronalis

40-120 cm mai-août ⊙-♃ 54

Identification : fleurs violacées ou plus rarement blanches, en grappes terminales ; répandent un parfum agréable.

Répartition : localisée en France, rare dans le Midi méditerranéen. Forêts riveraines, prairies humides, haies, décombres. Naturalisée à partir des jardins.

Biologie : c'est surtout la nuit que les fleurs répandent leur parfum assez fort, qui attire des papillons. Le nom scientifique du genre est révélateur (du grec *hespera*, nuit).

1a
2
1b
3a
4
5
3b

1 Lunaire vivace

Lunaria rediviva

40-140 cm mai-juin ♃ [54]

Identification : fleurs violettes (1-2 cm). Feuilles en cœur, dentées, opposées. Silicules elliptiques, pointues aux deux extrémités (contrairement à celles de l'espèce cultivée sous le nom de Monnaie du pape, qui sont plus arrondies).

Répartition : dans l'Est, le Nord-Est, le Massif central, les Alpes et les Pyrénées. Collines et étage montagnard (forêts de feuillus, ravins ombragés). Sur sols frais, riches en éléments nutritifs et basiques.

Biologie : la fausse cloison médiane, typique chez les fruits des Crucifères et qui subsiste après leur ouverture, est d'un blanc soyeux (**1b**). Chez la Monnaie du pape (*Lunaria annua*), des jardins, elle est appréciée pour son aspect décoratif. Le nom scientifique du genre évoque sa forme (du latin *luna*, lune).

2 Dentaire

Dentaria bulbifera

30-50 cm avril-mai ♃ [54]

Identification : feuilles caulinaires supérieures entières, avec, à l'aisselle, un bulbille ; violet-noirâtre. Fleurs (environ 2 cm) violettes à blanchâtres.

Répartition : rare en France. Hêtraies, forêts mixtes en montagne (jusque vers 1 600 m).

Biologie : la formation des graines est manifestement inhibée au profit de la multiplication végétative, qui se fait grâce à des rhizomes et aussi des bulbilles, qui commencent à se développer à l'aisselle des feuilles ; ils tombent à terre et sont, pour partie, transportés par des fourmis. Le nom de cette espèce fait allusion à la forme des écailles des rhizomes (était jadis employée pour traiter les maux de dents).

3 Cardamine des prés

Cardamine pratensis

20-50 cm avril-juin ♃ [54]

Identification : feuilles radicales en rosette, les caulinaires pennées (folioles étroites, linéaires). Fleurs mauves, disposées en grappe terminale.

Répartition : dans toute la France mais rare dans le Midi méditerranéen et en Corse. Prairies humides, bords des chemins, bois clairs de feuillus, rives. Sur sols humides ou frais.

Biologie : on voit assez souvent sur cette plante les amas spumeux dans lesquels vivent les larves de certaines cicadelles. Plante aux feuilles comestibles en salade, au goût assez amer.

4 Arabette des sables

Cardaminopsis arenosa

20-50 cm avril-mai ⊙ [54]

Identification : feuilles radicales pennées, très découpées, les caulinaires moins divisées. Fleurs mauves ou blanches (1 cm de diamètre).

Répartition : seulement dans une partie du Nord-Est (jusqu'en Bourgogne) et du Nord. Bois de Chênes pubescents, éboulis, terrains sablonneux, jachères, bords des champs. Plutôt sur sols calcaires.

5 Roquette de mer, Cakilier maritime

Cakile maritima

10-40 cm juin-septembre ⊙ [54]

Identification : tiges très rameuses, étalées-ascendantes. Feuilles épaisses. Fleurs mauves ou blanchâtres.

Répartition : littoral du Nord-Ouest, de l'Ouest et de la Méditerranée ; à la partie supérieure des plages de sable, dunes.

Biologie : fait partie des plantes adaptées à la vie dans le sable, à la présence de sel, à la sécheresse et aux mouvements du substrat. A une très grande racine pivotante. Présente à la limite de la zone atteinte par les marées de vive-eau.

1a

1b

2

3a

3b

4

5

Les vesces (genre *Vicia*) ont des feuilles composées de nombreuses paires de folioles (6 et plus) avec, à l'extrémité, une vrille ramifiée. Cette dernière peut faire des mouvements circulaires et réagit dès qu'elle rencontre un support (tige, chaume). Les vesces se distinguent des gesses, entre autres par leurs tiges non ailées. Fleurs disposées en grappes pédonculées ou en têtes, insérées à l'aisselle des feuilles. Les Romains distinguaient déjà ces plantes sous le nom de « vicia ».

1 Vesce cracca, Jarosse

Vicia cracca

30-200 cm juin-septembre ♃ 25

Identification : feuilles à 6-15 paires de folioles. Fleurs (jusqu'à 50) en grandes grappes, à long pédoncule.

Répartition : dans toute la France. Prairies, lisières des forêts, bords des routes forestières, haies, talus.

Biologie : constitue un bon fourrage pour le bétail. Plante mellifère. Comme beaucoup d'autres Papilionacées (= Fabacées, Légumineuses), contribue à l'amélioration des sols grâce aux bactéries symbiotiques présentes dans les nodosités de ses racines.

2 Vesce des forêts

Vicia sylvatica

50-150 cm juillet-août ♃ 25

Identification : feuilles à 6-9 paires de folioles. Fleurs blanchâtres-violettes, en grappes longuement pédonculées, moins régulièrement disposées unilatéralement que celles de (**1**).

Répartition : Jura, Alpes, Corse. En montagne, entre 1 000 m et 2 000 m d'altitude. Bois ; sur sols riches en éléments nutritifs.

Biologie : à la différence de la plupart des vesces, préfère l'ombrage modéré des forêts claires, notamment sur les pentes raides des ravins, les talus et dans les chemins. On peut la cultiver en respectant cette exigence.

3 Vesce hérissée

Vicia hirsuta

20-70 cm mai-août ⊙ 25

Identification : fleurs en grappes de 3-8, pédonculées, très petites, blanchâtres à mauves (3-4 mm de long). Fruits (gousses) velus, contenant seulement deux graines.

Répartition : prairies, bords des champs, jachères. Jusqu'à 1 800 m en montagne.

Biologie : par temps sec, on entend au bord des champs de céréales, le craquement des gousses des vesces, mûres, noires, qui s'ouvrent.

4 Vesce à quatre graines

Vicia tetrasperma

20-60 cm juin-août ⊙ 25

Identification : petites grappes florales (1-3 fleurs qui sont violet pâle). Gousses glabres, contenant quatre graines.

Répartition : assez fréquente en France. Bords des champs, prairies, jachères.

Biologie : comme *Vicia hirsuta*, accompagne l'homme depuis l'Âge de pierre en Europe centrale. Le caractère qui est à l'origine de ses noms scientifique et français est évident quand on regarde les gousses contre la lumière.

5 Vesce des haies

Vicia sepium

20-70 cm avril-août ♃ 25

Identification : fleurs violacé sale, réunies par 2-5 en grappes très brièvement pédonculées.

Répartition : dans toute la France, mais rare dans le Midi méditerranéen. Prairies, lisières et clairières des forêts. Sur sols frais, riches en éléments nutritifs.

Biologie : comme chez quelques autres vesces, on trouve sur la face inférieure des stipules des taches noires qui sont de petits nectaires visités par des fourmis. Plante fourragère de bonne qualité, en raison de sa teneur en protéines.

1a

2

1b

3

5

4

1 Luzerne

Medicago sativa

30-80 cm juin-octobre ♃ 25

Identification : fleurs disposées en grappes courtes. Feuilles à trois folioles. Gousses spiralées (deux ou trois tours).

Répartition : bords des chemins, talus, terrains vagues et surtout les champs, où elle est cultivée en grand.

Biologie : originaire du sud-ouest de l'Asie. Introduite en France au XVIe siècle. Peut-être fauchée plusieurs fois dans l'année pour donner un fourrage souvent ensilé et séché. Le nom indique qu'elle serait originaire de Médie. Servait déjà de fourrage dans l'Antiquité. Actuellement, cultivée un peu partout dans le monde.

2 Géranium des bois

Geranium sylvaticum

30-80 cm juin-août ♃ 37

Identification : fleurs plus bleu-violet que bleues, différant de celles de *G. pratense* (p. 272) par ce détail et aussi par leurs dimensions inférieures. Feuilles moins profondément divisées que celles de cette espèce.

Répartition : Vosges, Jura, Alpes, Massif central, Pyrénées. Plante de montagne, vivant jusqu'à 2 400 m environ. Alpages, mégaphorbiaies, lisières des bois. Sur sols siliceux.

Biologie : le mécanisme de propulsion des graines semble être encore plus efficace chez cette espèce que chez *G. pratense* : elles sont projetées jusqu'à trois mètres.

3 Lavande de mer, Statice, Saladelle

Limonium vulgare

20-60 cm juillet-septembre ♃ 70

Identification : tige rameuse au-dessus de son milieu. Feuilles en rosette radicale, oblongues, à une seule nervure, progressivement rétrécies en pétiole à leur base. Fleurs petites, en épis unilatéraux denses, formant une inflorescence fournie.

Répartition : côtes de la Manche, de l'Atlantique et de la Méditerranée. Vases et marais salés.

Biologie : plante typique des substrats salés, rejette des cristaux de sel sur ses feuilles. Localement (par exemple en Allemagne), cette espèce a fortement régressé en raison de l'utilisation intensive des zones endiguées. Vendue comme souvenir quand elle est séchée. Le nom scientifique fait référence aux prairies salées (du grec *leimon*, prairie).

4 Gentiane d'Allemagne

Gentianella germanica

10-40 cm juin-septembre ⊙ 72

Identification : feuilles radicales fanées à la floraison, les caulinaires ovales ou ovales-triangulaires. Fleurs violet rose, à 5 divisions (25-30 mm) ; corolle frangée à la gorge.

Répartition : localisée en France. Pelouses, talus, lisières, friches. Sur sols calcaires ou argileux-limoneux.

Biologie : les franges situées à la gorge de la corolle (caractère typique du genre *Gentianella*) empêchent l'accès des petits insectes ; seules les espèces à longue trompe peuvent atteindre les nectaires.

5 Shérardie des champs

Sherardia arvense

5-20 cm mai-septembre ⊙ 75

Identification : tige couchée et ascendante. Feuilles en verticilles de 4-6, atteignant 15 mm de long. Fleurs (5 mm) réunies en têtes (5-15) à l'extrémité de la tige et de ses rameaux.

Répartition : en plaine et jusque vers 400 m. Prairies, gazons, bords des champs, champs de céréales. Sur sols calcaires.

Biologie : les herbicides ont raréfié cette espèce. Plante peu visible sauf quand elle croît en colonies importantes. Le nom scientifique du genre évoque la mémoire du diplomate anglais William Sherard (1658-1728), qui herborisa au cours de ses voyages.

1a

1b

2

3

4

5

Les violettes (*Viola*) sont des plantes dont les fleurs ont une symétrie bilatérale et cinq pétales inégaux, l'inférieur étant prolongé en éperon ; deux pétales sont dressés, trois sont inclinés vers le bas, mais chez certaines espèces il y en a quatre tournés vers le haut et un seul vers le bas. Les feuilles, dentées, sont généralement en cœur et ont de grandes stipules. Le nom latin, *viola*, signifie violette.

1 Violette des marais

Viola palustris

5-15 cm avril-juillet ♃ 52

Identification : fleurs mauve pâle. Feuilles plutôt en forme de rein.

Répartition : Bretagne, Centre-Est, Bourgogne, Alpes, Pyrénées, Vosges, etc. Tourbières et marais de montagne (de 1 200 à 2 600 m), et aussi en plaine dans les prairies tourbeuses. Sur sols siliceux.

2 Violette odorante

Viola odorata

5-15 cm mars-mai ♃ 52

Identification : feuilles en rosette radicale ; la souche émet des stolons. Fleurs solitaires, longuement pédonculées, parfumées, violettes, radicales (2 cm).

Répartition : dans toute la France ; en plaine et en montagne jusqu'à 1 000 m. Forêts de feuillus, forêts riveraines, haies, lisières.

Biologie : plante dont l'origine semble être méridionale (sud de l'Europe). Cultivée depuis longtemps dans les jardins et, de là, s'est naturalisée. On tirait de ses fleurs un remède émollient. Bien que son parfum attire des insectes qui prélèvent son nectar, ces visites ne sont guère suivies de pollinisation effective et les graines se développent généralement à la suite d'une autofécondation dans les fleurs d'été, qui sont inaccessibles aux insectes, car elles sont fermées (autogamie).

3 Violette des bois

Viola reichenbachiana (*V. sylvestris*)

5-30 cm avril-mai ♃ 52

Identification : dans toute la France, en plaine et jusque vers 2 500 m en montagne. Forêts de feuillus et de résineux, haies, à l'ombre. Sur sols riches en éléments nutritifs.

Biologie : chez cette espèce, on remarque la différence entre les fleurs de printemps et celles de l'été, car les premières, étant ouvertes, sont visitées par des insectes et produisent des graines.

4 Violette de Rivin

Viola riviniana

5-20 cm avril-mai ♃ 52

Identification : ressemble à l'espèce précédente, mais éperon plus renflé, blanc-jaunâtre.

Répartition : dans toute la France, en plaine et jusque vers 1 800 m en montagne. Forêts de feuillus et de résineux, haies, broussailles. Plutôt sur sols acides.

Biologie : cette espèce et la précédente ont été dédiées à deux botanistes allemands, August Quirinus Rivinus (1652-1722) et Heinrich Gottlieb Reichenbach (1793-1879).

5 Violette des chiens

Viola canina

5-30 cm mai-juin ♃ 52

Identification : espèce dépourvue de rosette de feuilles radicales. Les fleurs ont un éperon de 5-6 mm, un pétale inférieur blanchâtre à la base, veiné de violet foncé (**5b**).

Répartition : dans toute la France sauf le Midi méditerranéen. En plaine et sur les collines. Prairies, pelouses maigres, landes. Sur sols acides, sablonneux.

Biologie : espèce inodore, qui a besoin de lumière pour se développer.

1

2

3

4

5a

5b

1 Pulmonaire

Pulmonaria officinalis

10-30 cm mars-juin ♃ 82

Identification : feuilles ovales-étroites, couvertes de poils raides, tachetées de blanc (*P. obscura* a des feuilles non tachetées). Fleurs d'abord rose rouge puis bleu violet.

Répartition : largement répandue en France. Lisières des bois, haies, bois clairs de feuillus. Sur sols riches en éléments nutritifs, de préférence calcaires.

Biologie : quand les fleurs vieillissent, la teneur en bases de leur contenu cellulaire change et entraîne la remarquable modification de leur couleur. La forme et la coloration des feuilles sont à l'origine du nom des pulmonaires (employées jadis pour traiter les affections des poumons, la toux et la bronchite).

2 Consoude officinale

Symphytum officinale

30-100 cm mai-juillet ♃ 82

Identification : feuilles décurrentes, ouvertes de poils, les inférieures très grandes. Fleurs rose violet ou blanc-jaunâtre, en cloche, penchées.

Répartition : dans toute la France, rare localement dans le sud. En plaine et jusqu'à 1 500 m en montagne. Bords des cours d'eau, prairies humides, aulnaies, plantations de peupliers.

Biologie : plante médicinale employée jadis pour ses propriétés adoucissantes dans les maux de gorge, mais aussi pour traiter les blessures et les fractures, ce que rappellerait le nom scientifique (du grec *symphein*, se souder, se joindre).

3 Verveine officinale

Verbena officinalis

30-80 cm juillet-septembre ♃ 90

Identification : tige quadrangulaire, dressée. Feuilles supérieures petites, sessiles, les inférieures opposées, découpées 1-2 fois. Fleurs petites, lilas, en long épi étroit, terminal (**3b**).

Répartition : commune en France. Bords des chemins, prairies sèches, terrains vagues.

Biologie : plante médicinale employée autrefois pour soigner diverses affections. Selon une vieille tradition, elle guérirait les blessures dues aux armes blanches.

4 Lierre terrestre

Glechoma hederacea

10-40 cm mars-mai ♃ 91

Identification : fleurs à l'aisselle des feuilles, tournées d'un même côté. Feuilles opposées, en cœur ou en rein, crénelées. Les tiges stériles, rampantes, s'enracinent, les tiges fertiles sont dressées.

Répartition : dans toute la France sauf le Midi méditerranéen où il est rare. Sols frais ou humides des bois, chemins forestiers, forêts riveraines, prairies humides. Sols riches en éléments nutritifs.

Biologie : plante médicinale qui était employée pour traiter les affections de l'appareil digestif (estomac, intestin) et comme tonique. Les jeunes feuilles et pousses sont comestibles en salade.

5 Brunelle commune

Prunella vulgaris (*Brunella v.*)

5-40 cm juillet-octobre ♃ 91

Identification : feuilles opposées. Fleurs de 10-14 mm, violettes, en épis courts, denses, ovales, à l'extrémité des tiges. Les deux lèvres du calice se rapprochent après la floraison. Tiges rampantes et ascendantes.

Répartition : commune dans toute la France. Chemins des bois, talus, pelouses. A besoin de lumière. Sur sols frais-humides.

Biologie : échappe en partie au fauchage en raison de son port demi-couché. Peut aussi se multiplier de façon végétative. Doit son nom à la couleur brune de ses sépales. Plante médicinale, qui était employée comme vulnéraire et astringente.

1
2
3a
3b
4b
4a
5

1 Calament acinos

Acinos arvensis (*Calamintha acinos*)

10-40 cm mai-septembre ⊙ 91

Identification : plante couchée-ascendante. Fleurs violettes, marquées de blanc sur la lèvre inférieure, généralement groupées par 3 à l'aisselle des feuilles supérieures.

Répartition : commun en France. Prairies sèches, broussailles, talus, bords des champs. Sur sols calcaires le plus souvent. Manque localement.

2 Menthe des champs

Mentha arvensis

10-30 cm juillet-septembre ♃ 91

Identification : fleurs dans le tiers supérieur de la tige et de ses rameaux; elles sont nombreuses, serrées, à l'aisselle des feuilles et simulent des verticilles. Tiges terminées par des feuilles.

Répartition : dans toute la France, mais rare dans le Midi méditerranéen. Prairies humides, bord de l'eau, fossés.

Biologie : autrefois, était utilisée comme la Menthe aquatique et la Menthe poivrée à titre de calmant pour guérir les troubles digestifs.

3 *Mentha longifolia* (*M. silvestris*)

20-100 cm juillet-septembre ♃ 91

Identification : fleurs disposées en longues grappes coniques à l'extrémité des tiges. Feuilles glabres dessus, couvertes de poils denses et courts dessous.

Répartition : largement répandue en France, mais absente localement. Lieux humides, fossés, bord de l'eau, prairies, terrains vagues.

Biologie : les différentes espèces de menthes ont une forte tendance à se croiser, si bien que les formes intermédiaires sont difficilement identifiables.

4 Menthe aquatique

Mentha aquatica

10-80 cm juillet-octobre ♃ 91

Identification : fleurs disposées en têtes globuleuses denses, à l'extrémité des tiges, moins nombreuses à l'aisselle des feuilles supérieures. Tiges souvent violacées.

Répartition : bords des étangs, cours des ruisseaux, fossés en eau, prairies humides. Dans toute la France, en plaine et en montagne jusqu'à 1 800 m environ.

Biologie : cette menthe répand un parfum particulièrement fort, même si ses feuilles ne sont pas froissées. Son efficacité pour soigner les maux d'estomac, favoriser la sécrétion biliaire, ne le cède guère aux vertus de la Menthe poivrée. Cette espèce et la Menthe verte (*M. spicata*) ont été croisées en Angleterre en 1696 dans un jardin et on en a obtenu la Menthe poivrée, stérile, qui se reproduit uniquement par multiplication végétative et est l'une des plantes médicinales les plus appréciées. En plus de son goût agréable, son action décontractante, apéritive et digestive la font consommer par de nombreuses personnes; toutefois, il est conseillé de ne pas l'employer longuement et à forte dose. Le menthol est aussi employé pour l'hygiène buccale en raison de son rôle désinfectant. Enfin, l'espèce sert aussi de condiment.

5 Linaire cymbalaire

Cymbalaria muralis

3-5 cm (hauteur) avril-novembre ♃ 85

Identification : les très fines tiges atteignent 60 cm de long et sont rampantes. Fleurs violet pâle sauf gorge blanche et deux taches jaunes (**5b**). Feuilles en cœur ou réniformes.

Répartition : commune en France, mais rare localement. Sur les murs, les rochers.

Biologie : originaire du sud de l'Europe, introduite comme plante ornementale dans les jardins au XVe siècle et naturalisée ensuite. Quand les fruits mûrissent, le pétiole des feuilles se rétracte et appuie sur les capsules qui s'enfoncent dans les fentes des murs. Cette plante est l'une des rares espèces adaptées à vivre dans un tel milieu.

1
2
3
4
5a
5b

1 Véronique officinale

Veronica officinalis

15-40 cm juin-août ♃ 85

Identification : plante velue, couchée sauf rameaux ascendants. Fleurs mauves, à veines foncées, disposées en grappes denses à l'extrémité des tiges.

Répartition : forêts claires de feuillus, coupes, landes. Sur sol acide.

Biologie : plante indicatrice de sols pauvres, qui subsiste péniblement dans nos campagnes cultivées où l'emploi des engrais s'est généralisé. En régression. Autrefois, on employait ses parties aériennes, séchées, en homéopathie notamment, pour lutter contre la toux, ce que soulignent les noms français et scientifique (*officinalis*, utilisé en médecine).

2 Bartsie des Alpes

Bartsia alpina

5-15 cm juin-août ♃ 85

Identification : tige non rameuse. Fleurs situées à l'extrémité, disposées en grappes courtes ; bractées violacées ; fleurs brun violet à l'aisselle des feuilles ; calice violet. Feuilles crénelées, opposées, sessiles.

Répartition : en montagne (Vosges, Jura, Alpes, Pyrénées). Alpages, lieux humides. Jusque vers 2 700 m d'altitude.

Biologie : malgré sa faible taille (environ 10 cm en général), elle attire l'attention par ses grappes de fleurs violettes (15-20 mm). Par contre, on ne s'aperçoit pas qu'il s'agit d'une plante semi-parasite, dont les racines se fixent sur celles de graminées et d'autres végétaux herbacés du voisinage. Son nom évoque la mémoire du médecin et botaniste allemand Johann Bartsch (1710-1738).

3 Grassette vulgaire

Pinguicula vulgaris

5-20 cm mai-juillet ♃ 87

Identification : feuilles en rosette étalée, elliptiques, entières, s'enroulant sur leurs bords. Fleurs violettes à gorge blanche, à deux lèvres et éperon, solitaires sur une hampe.

Répartition : en montagne et dans plusieurs régions de plaine. Lieux très humides, marécages, landes, tourbières.

Biologie : feuilles luisantes, paraissant grasses. C'est l'une des rares plantes carnivores de notre flore (du latin *pinguiculus*, très gras). La surface supérieure des feuilles, qui attire les petits insectes, doit son aspect gras à des sécrétions glandulaires. Les bestioles qui se posent dessus restent fixées par la sécrétion collante des glandes pédicellées, tandis que d'autres glandes sécrètent des enzymes qui les décomposent. Étant donné que les feuilles s'enroulent, le contact entre les insectes et les glandes se trouve renforcé. Avec les droséras et les utriculaires, les grassettes sont des plantes carnivores qui assurent leur nutrition azotée en absorbant des insectes.

4 Cardère, Cabaret des oiseaux

Dipsacus fullonum (*D. silvestris*)

80-150 cm juillet-août ⊙-♃ 79

Identification : tige et feuilles très épineuses. Fleurs groupées en têtes ovales entourées de longues bractées épineuses et pointues (**4a**).

Répartition : largement répandu en France. Bords des chemins, jachères, terrains vagues, décombres, lieux ensoleillés.

Biologie : tiges et fruits, desséchés et brunâtres, sont visibles tout l'hiver. Les feuilles caulinaires, opposées, ménagent à leur base un espace creux où l'eau de pluie s'accumule. C'est là l'origine de l'un des noms de la plante. Une espèce proche, le Cardère à foulon, était et est encore cultivée pour carder la laine et pour d'autres usages (ses épines sont recourbées en forme de crochets).

1

3

2

4a

4b

1 Scabieuse

Knautia arvensis

30-100 cm juillet-août ♃ 79

Identification : semblable à l'espèce suivante, sauf corolle à 4 lobes et tige velue sous les têtes florales. Fleurs de la périphérie plus grandes que les fleurs centrales.

Répartition : commune en France. Prairies, talus, pelouses maigres. Sur sols calcaires.

Biologie : le nom évoque la mémoire du médecin et botaniste allemand Ch. Knaut (1654-1716). Les inflorescences (3-4 cm de diamètre) ressemblent à des fleurs de Composées d'autant plus qu'elles comprennent environ 50 fleurs. À la différence des Composées, les étamines sortent très nettement de la corolle et ne sont pas soudées en tube, mais restent libres.

2 Scabieuse colombaire

Scabiosa columbaria

30-60 cm juin-novembre ♃ 79

Identification : semblable à (**1**), mais en diffère par sa corolle à 5 lobes, ses tiges couvertes de poils appliqués sous les inflorescences. Ses tiges sont aussi plus fortement rameuses.

Répartition : commune en France. Jusqu'à 1 500 m en montagne. Prairies, pelouses maigres, landes, bois clairs. Sur sols calcaires.

Biologie : espèce adaptée à l'existence en terrain sec car sa racine s'enfonce jusqu'à 1,50 m de profondeur. Toutefois, ne supporte pas la concurrence des plantes qui profitent de l'azote dans les prairies où l'on répand des engrais, c'est pourquoi elle s'est raréfiée au cours des dernières décennies.

3 Miroir de Vénus

Legousia speculum-veneris

10-30 cm juin-août ⊙ 92

Identification : Campanulacée à fleurs violet vif (**3b**), étalées, mesurant environ 2 cm de diamètre.

Répartition : en plaine et sur les collines. Terrains vagues, bords des champs de céréales. Surtout sur sols calcaires.

Biologie : il y a quelques décennies, cette plante était une espèce typique des champs de céréales; aujourd'hui, elle a disparu de mainte région. Localement aussi, elle peut revenir si on laisse au bord des champs une bande large de 3 à 5 m où l'on ne pulvérisera pas d'herbicides. Des graines en dormance, remontées en surface par les socs des charrues, ont ainsi produit des plantes là où il n'y en avait plus.

4 Aster des Alpes

Aster alpinus

5-20 cm et plus juillet-août ♃ **94**

Identification : feuilles entières, velues. Fleurs solitaires (3-4 cm de diamètre), à l'extrémité des tiges.

Répartition : Jura, Alpes, Cévennes, Pyrénées. Prairies de montagne, rocailles, pelouses sèches. Sur sols calcaires.

Biologie : ce bel aster aux grandes fleurs, vit entre 800 et 3 200 m d'altitude. Localement, il forme d'importantes colonies.

5 Aster maritime

Aster tripolium

20-80 cm juin-septembre ⊙-♃ **94**

Identification : tige rameuse, glabre. Feuilles charnues, plus ou moins dentées, lancéolées. Capitules (10-30 mm de diamètre) comprenant 10 à 30 fleurs ligulées (qui peuvent manquer) et des fleurs tubuleuses jaunes, violettes ou mauves.

Répartition : littoral de la Manche, de l'océan Atlantique et de la Méditerranée. Aussi en Lorraine. Prés salés, mares salées, vases côtières.

Biologie : ne peut pousser que dans les terrains salés, ce qui limite sa distribution.

1
3a
2
3b
4
5

1 Érigéron âcre

Erigeron acris

10-50 cm juin-septembre ⊙-♃ **94**

Identification : capitules (6 à 13 mm) disposés en corymbe. Fleurs ligulées mauves, fleurs tubuleuses jaunâtres ; bractées linéaires, brunes.

Répartition : répandu en plaine et jusque vers 1 700 m en montagne. Terrains secs, caillouteux ; terrains vagues, murailles. Sur sols calcaires.

Biologie : les érigérons se distinguent des asters par leurs fleurs ligulées, qui dépassent de peu les fleurs tubuleuses.

2 Érigéron annuel

Erigeron annuus

40-120 cm juin-octobre ⊙-♃ **94**

Identification : tige très rameuse. Feuilles lancéolées, dentées. Bractées toutes de la même longueur, formant un involucre régulier.

Répartition : localisé en France. Terrains vagues, bords des eaux, friches, jachères, champs.

Biologie : autrefois, cette espèce était appelée *Stenactis annua*. Elle était alors plus fréquente que de nos jours dans les jardins où on la cultivait comme plante ornementale. Elle s'est naturalisée depuis le XVIIIe siècle. Originaire d'Amérique du Nord.

3 Cirse lancéolé

Cirsium vulgare

60-150 cm juin-octobre ⊙-♃ **94**

Identification : capitules (3-4 cm de diamètre) à involucre ovoïde, très volumineux ; bractées épineuses, foncées, à pointe plus claire.

Répartition : commun en France. Terrains vagues, bords des chemins et des champs, haies.

Biologie : plus encore que les autres cirses, cette espèce est indicatrice de sols riches en azote ou devenus eutrophes par l'emploi d'engrais.

4 Cirse des champs

Cirsium arvense

40-150 cm juin-septembre ♃ **94**

Identification : tige rameuse. Feuilles caulinaires très épineuses, rarement avec de petites feuilles décurrentes comme chez *Cirsium palustre*.

Répartition : dans toute la France sauf la Corse. Prairies, bords des champs, jachères, décombres, coupes forestières.

Biologie : mauvaise herbe des pâtures et des prairies, qu'il est difficile d'éliminer, car les engrais la favorisent. Chaque plante produit jusqu'à 6 000 fruits, tous pourvus d'une aigrette qui facilite leurs déplacements à des kilomètres, ce qui explique l'omniprésence de l'espèce. Les racines s'enfoncent jusqu'à 2,5 m de profondeur et leurs fragments peuvent reconstituer des pieds entiers. Papillons et bourdons visitent les fleurs et des passereaux (Chardonnerets) profitent des graines.

5 Prénanthe pourpré

Prenanthes purpurea

40-150 cm juillet-août ♃ **94**

Identification : capitules violets à rougeâtres formés de 5 fleurs et 6-10 bractées (fleurs pendantes) (**5a**). La plante entière contient un suc laiteux.

Répartition : en montagne (Vosges, Jura, Alpes, Massif central, Pyrénées, Morvan, Corse). Forêts mixtes, mégaphorbiaies, bords des torrents. Sur sols acides.

Biologie : le nom scientifique du genre, qui vient du grec (*prenes*, incliné en avant, et *anthos*, fleur) décrit la position des capitules qui sont inclinés ou pendants.

1

2

3

4

5a

5b

1 Houblon

Humulus lupulus

Atteint 6 m de long juin-septembre ♃ [15]

Identification : plante grimpante. Feuilles semblables à celles de la Vigne. Tiges pourvues de crochets.

Répartition : dans toute la France, mais rare dans le Midi méditerranéen. Haies, broussailles, forêts riveraines, bords des rivières et des ruisseaux. Sur sols humides, riches en éléments nutritifs.

Biologie : les parties aériennes sont renouvelées chaque année. Les tiges s'enroulent dans le sens des aiguilles d'une montre. Les fleurs femelles (cônes pendants) (**1b**) contiennent des huiles, une résine et des acides, qui donnent à la bière son amertume et assurent sa stabilité. Ces substances sont sécrétées par des glandes situées à la base des cônes. Le Houblon est cultivé dans des régions aux étés chauds (en France, surtout en Alsace). Les pieds mâles (**1a**) ne sont pas tolérés dans les houblonnières.

2 Ortie dioïque

Urtica dioica

30-150 cm juin-octobre ♃ [16]

Identification : espèce très connue à cause de ses feuilles, dont le contact provoque sur la peau une sensation de brûlure et des démangeaisons. Feuilles vert foncé, dentées, opposées. Fleurs petites, en grappes pendantes, jaunâtres.

Répartition : dans toute la France mais plus rare dans le Midi méditerranéen. En plaine et en montagne. Haies, terrains vagues, fossés, décombres, jardins, murailles. Favorisée par l'eutrophisation des terres cultivées.

Biologie : les poils urticants, qui garnissent feuilles et tiges provoquent des irritations de la peau, rougeurs et même la formation d'ampoules; ils protègent la plante contre les mammifères herbivores mais pas contre les insectes phytophages. En effet, les chenilles de plusieurs de nos plus beaux papillons diurnes vivent sur les orties (toutefois, pas exclusivement). Plante employée autrefois pour fabriquer des textiles (utilisation de ses fibres). Les pieds mâles (**2b**) et les pieds femelles (**2a**) se distinguent facilement.

3 Petite Ortie

Urtica urens

10-50 cm juin-septembre ⊙ [16]

Identification : plus petite que l'espèce précédente. Feuilles ovales dentées, vert clair.

Répartition : commune en France. Jardins, bords des chemins, terrains vagues, décombres.

Biologie : provoque des irritations de la peau encore plus fortes que (**2**). Le nom scientifique souligne cette particularité à deux reprises (du latin *urere*, brûler). Plante monoïque, mais fleurs femelles plus nombreuses que les fleurs mâles.

4 Asaret

Asarum europaeum

5-20 cm mars-mai ♃ [10]

Identification : feuilles arrondies-réniformes, d'un vert foncé brillant, généralement persistantes.

Répartition : localisé dans le Nord-Est, le Nord, le Centre et les Pyrénées. Bois de feuillus, à l'ombre. Sur sols neutres à basiques, frais.

Biologie : rhizome toxique. Les fleurs, brun-rougeâtre (**4b**), peu apparentes, en cloche, sont souvent cachées sous les feuilles et couchées. Il est possible que des fourmis et des limaces assurent la pollinisation, mais l'autogamie est prépondérante. En hiver, les feuilles profitent de la lumière puisque la cime des arbres est dépouillée.

5 Vrillée sauvage

Fallopia convolvulus

10-100 cm juillet-octobre ♃ [69]

Identification : plante grimpante. Tiges fines, anguleuses. Feuilles en fer de flèche. Petites fleurs disposées en grappes peu fournies.

Répartition : commune ou rare selon les régions. Bords des champs de céréales, jardins, terrains vagues, décombres.

Biologie : plante qui accompagne les cultures depuis fort longtemps; précédemment appelée *Polygonum convolvulus.*

1a
2a
2b
1b
3
4a
4b
5

1 Renouée Poivre d'eau

Polygonum hydropiper

20-60 cm juillet-septembre ⊙ 69

Identification : fleurs généralement peu apparentes, verdâtres. Reconnaissable surtout au goût poivré de ses feuilles quand on les mâche.

Répartition : commune en France dans les lieux humides : chemins forestiers, bords des eaux, fossés.

Biologie : plante indicatrice des milieux humides, riches en éléments nutritifs et des sols quelque peu acides. On fera attention en goûtant ses feuilles, car leur contenu est légèrement toxique.

2 Patience à feuilles obtuses

Rumex obtusifolius

50-100 cm juillet-août ♃ 69

Identification : grandes feuilles radicales, obtuses à l'extrémité (latin *obtusifolius*), en cœur à la base. Verticilles de fleurs sans bractées.

Répartition : dans toute la France. Prairies, lisières, fossés, décombres, coupes, chemins, forêts riveraines.

Biologie : la présence de cette espèce montre que le sol est riche en éléments azotés et souvent qu'il est trop engraissé. Enfonce ses racines jusqu'à 2 m de profondeur ; il est donc difficile de l'extirper par un simple labourage. Les racines de cette espèce et de la suivante étaient jadis employées comme laxatifs et les fruits comme antidiarrhéiques en raison de leur teneur en tanins.

3 Parelle

Rumex crispus

50-100 cm juin-septembre ♃ 69

Identification : semblable à (**2**), mais feuilles plus étroites et ondulées sur les bords.

Répartition : commun en France. Décombres, terrains vagues, bords des champs et des chemins.

Biologie : le nom scientifique de l'espèce souligne son principal caractère, à savoir ses feuilles au bord ondulé (du latin *crispus*, crépu). C'est une mauvaise herbe des prairies. Son identification précise n'est pas toujours facile pour deux raisons ; d'une part, elle présente de fortes variations d'aspect et d'autre part elle se croise avec d'autres *Rumex*.

4 Patience agglomérée

Rumex conglomeratus

30-80 cm juillet-septembre ♃ 69

Identification : plante rameuse. Inflorescence ramifiée, comportant des bractées. Fleurs rougeâtres, disposées en verticilles. Feuilles radicales ovales-allongées ; obtuses ou légèrement en cœur à la base.

Répartition : assez répandue en France. Lieux humides de la campagne cultivée, terrains vagues. Sur sols riches en azote.

Biologie : cette espèce peut coloniser très rapidement des terres fraîches labourées. Toutefois, contrairement à *Rumex obtusifolius* et à *Rumex crispus*, elle peut manquer localement.

5 Oseille sanguine

Rumex sanguineus

50-100 cm juin-septembre ♃ 69

Identification : semblable à (**4**), mais inflorescences pourvues de bractées tout au plus dans leur partie inférieure. Tiges souvent (mais pas toujours) rougeâtres ; ce détail n'est donc pas un caractère distinctif fiable (nom scientifique du latin *sanguineus*, rouge sang).

Répartition : dans presque toute la France. Forêts riveraines, bois de feuillus humides, coupes. Sur sols légèrement acides. Plante d'ombre plus ou moins épaisse.

Biologie : contrairement aux trois espèces précédentes, celle-ci est plus fréquente dans les lieux humides, surtout dans les forêts riveraines et dans les broussailles des berges.

1
2
4
3
5

1 Bon Henri, Épinard sauvage

Chenopodium bonus-henricus

10-50 cm mai-août ♃ [67]

Identification : feuilles triangulaires à sagittées, ayant jusqu'à plus de 10 cm de long, d'abord un peu farineuses. Fleurs vertes, insignifiantes, en glomérules formant un épi terminal ou à l'aisselle des feuilles (**1b**).

Répartition : commun en France. Décombres, terrains vagues, bords des routes. Sur sols riches en azote.

Biologie : la petitesse et la couleur de ses fleurs expliquent pourquoi la disparition locale de cette plante n'a pas attiré l'attention. Mauvaise herbe des cultures, qui a reculé depuis que l'on recouvre les cours de ferme de bitume dans un souci d'hygiène. Jadis, elle faisait partie du décor naturel aux abords des bâtiments agricoles. Chénopode vient d'un mot grec signifiant patte d'oie, allusion à la forme de certaines feuilles. Bon, rappelle que cette plante fut jadis consommée comme légume.

2 Chénopode blanc

Chenopodium album

20-100 cm juin-octobre ⊙ [67]

Identification : tiges dressées, souvent rougeâtres, très rameuses (**2a**) Feuilles longuement pétiolées, lancéolées à rhombiques. Fleurs insignifiantes, disposées en glomérules denses qui forment un épi, farineuses comme les autres parties de la plante (coloration générale gris vert).

Répartition : très commun en France. Décombres, bords des chemins, jardins, champs.

Biologie : les feuilles de cette espèce ressemblent encore moins à une patte d'oie que celles de (**1**), du même genre. Le nom scientifique du genre vient du grec *chenos*, oie et *pous*, *podos*, pied. Le Chénopode blanc est considéré comme le meilleur équivalent de l'Épinard cultivé. Jadis, ses graines étaient écrasées pour donner une farine (comme on le fait encore en Inde). Elles sont consommées par des oiseaux. Le poudrage blanc est dû à de petits poils vésiculeux et fragiles.

3 Chénopode rouge

Chenopodium rubrum

20-100 cm juillet-octobre ⊙ [67]

Identification : plante aux tiges couchées ou ascendantes. Tiges et feuilles souvent teintées de rougeâtre. Fleurs insignifiantes, disposées en glomérules formant des épis terminaux ou axillaires séparés par des bractées (**3a**).

Répartition : peu fréquent en France. Vase au bord des étangs, terrains vagues, marais salés et saumâtres au bord de la mer.

Biologie : supporte bien la présence de sel, puisqu'on le trouve assez communément sur les côtes de Picardie et d'une partie de la Normandie, plus rarement sur celles de l'océan Atlantique.

4 Chénopode hybride

Chenopodium hybridum

30-100 cm mai-septembre ⊙ [67]

Identification : plante dressée. Feuilles vert foncé, pointues, avec, de chaque côté, 3-4 grandes dents triangulaires. Odeur désagréable.

Répartition : localisé, rare en mainte région. Décombres, champs de plantes sarclées, jardins. Espèce thermophile.

Biologie : le nom pourrait faire croire qu'il s'agit d'un hybride issu d'autres chénopodes ; en réalité, il a été donné par Linné, qui croyait effectivement que c'était un hybride entre *C. album* et la Datura stramoine, surtout à cause de son odeur, semblable à celle de cette dernière.

1a
2a
1b
2b
3a
4
3b

1 Arroche étalée

Atriplex patula

30-150 cm juillet-octobre ⊙ 67

Identification : plante très rameuse. Feuilles atteignant 10 cm de long et 4 cm de large, lancéolées à ovales, les inférieures bidentées, les supérieures entières. Fleurs disposées en glomérules axillaires.

Répartition : commune en France. Décombres, champs de plantes sarclées, terrains riches en substances nutritives.

Biologie : la pollinisation des fleurs minuscules est assurée par des insectes et par le vent.

2 Arroche hastée

Atriplex hastata

30-100 cm juillet-septembre ⊙ 67

Identification : feuilles de la moitié inférieure triangulaires ou en fer de hallebarde (latin, *hasta*, javelot), lancéolées dans la partie supérieure (**2b**), vert clair, d'abord un peu farineuses et nues ensuite.

Répartition : commune en France. Mauvaise herbe des cultures. Décombres, bords des routes, vase des étangs. En plaine et en basse montagne. Sur les côtes, dans les dunes au voisinage des maisons et terrains salés.

Biologie : dès le Moyen Âge, on appelait atriplex une plante voisine (*Atriplex hortensis,* la Bonne-Dame ou Arroche des jardins), qui a des feuilles inférieures triangulaires-cordiformes, les caulinaires étant rhombiques. Cette espèce dépasse 1 m de haut et était cultivée depuis l'Antiquité. Subspontanée, elle a été complètement évincée par l'Épinard.

3 Arroche du littoral

Atriplex littoralis

50-100 cm juillet-août ⊙ 67

Identification : feuilles linéaires-lancéolées, atteignant 8 cm de long et 4-5 mm de large, un peu farineuses sur la face inférieure. Fleurs disposées en glomérules formant un épi peu feuillé.

Répartition : littoral de la Manche, de l'océan Atlantique et de la Méditerranée. Prés salés, marais salants, terrains vagues sablonneux.

Biologie : comme de nombreuses autres plantes du littoral, cette espèce a des feuilles assez charnues, vert clair à glauques. Fleurs groupées en inflorescences denses (**3b**). Seules les fleurs mâles ont cinq sépales (calice normal), alors que les fleurs femelles en ont seulement deux, mais plus grands, soudés à la base. Ces sépales grandissent après la floraison, entourent le fruit et lui servent d'aile (il s'agit de faux fruits). Les dimensions et la forme des sépales varient beaucoup chez les *Atriplex* et facilitent la distinction avec les chénopodes (*Chenopodium*), qui leur ressemblent fortement en partie.

4 Arroche faux-pourpier

Halimione portulacoides (*Obione p.*)

20-80 cm juillet-octobre ♃ 67
sous-arbrisseau

Identification : tige ligneuse à la base, couchée, très rameuse, formant des touffes vert clair à blanchâtre. Feuilles oblongues à ovales, opposées, coriaces, généralement entières.

Répartition : littoral de la Manche, de l'océan Atlantique et de la Méditerranée. Vases, prés salés, marais salants, falaises.

Biologie : son habitat n'est recouvert par l'eau de mer que lors des fortes marées de vive-eau. Ses graines peuvent flotter et sont dispersées par l'eau ; en outre, elle se multiplie de façon végétative grâce à ses tiges latérales qui s'enracinent.

1
2a
3a
2b
3b
4

1 Salicorne d'Europe

Salicornia europaea

5-40 cm août ⊙ 67

Identification : tiges charnues, articulées, sans feuilles, portant des rameaux en forme de massue. Fleurs très petites, cachées entre les écailles charnues, disposées en épis terminaux.

Répartition : littoral de la Manche, de l'océan Atlantique et de la Méditerranée, mares salées de Lorraine. Terrains salés, vaseux, marais salants, prés salés (**1b**).

Biologie : plante caractérisée par ses tiges divisées en segments, ramifiées, couvertes d'écailles charnues, d'abord vert foncé puis passant au vert-jaunâtre et pouvant être teintées de rouge à l'extrémité. Présente les caractéristiques des plantes xérophytes : tiges épaisses (tissus capables de stocker l'eau), contenant un fort pourcentage de sel (dans le protoplasme des cellules ; 75 % dans les cendres), et une forte réduction des feuilles. Les racines fixent le sol et les rameaux freinent les mouvements de l'eau, facilitant ainsi la sédimentation. C'est pour cette dernière raison que la Salicorne est parfois plantée. Le nom scientifique du genre évoque le sel (du latin *sal*, sel) et l'extrémité cornue des rameaux (latin *cornus*, corne).

2 Soude maritime

Suaeda maritima

50-100 cm juillet-septembre ⊙ 67

Identification : plante couchée, sauf extrémité des tiges ascendante ; charnue, glauque, souvent teintée de rougeâtre. Feuilles linéaires (jusqu'à 4 cm de long), demi-cylindriques (face supérieure aplatie). Fleurs insignifiantes, groupées par trois à l'aisselle des feuilles.

Répartition : littoral de la Manche, de l'océan Atlantique et de la Méditerranée. Prés et vases salés.

Biologie : comme les salicornes, fait partie des plantes pionnières du littoral. Elle présente aussi les caractères des espèces halophiles. Vit de préférence aux endroits riches en éléments nutritifs, là où se trouvent des débris pourrissants de plantes et d'animaux.

3 Claytonie perfoliée

Claytonia perfoliata

10-30 cm avril-juin ⊙ 66

Identification : aspect insolite puisque au-dessous de l'inflorescence, la tige porte deux feuilles soudées, formant un disque creux ; feuilles inférieures en rosette, ovales, longuement pétiolées. Fleurs blanches, en grappe courte.

Répartition : côtes de la Manche et de Bretagne (espèce rare). Terrains sablonneux, murailles, bords des chemins.

Biologie : originaire de la côte occidentale de l'Amérique du Nord, introduite au XIXe siècle comme légume, s'est échappée des jardins et est naturalisée localement. Son nom évoque la mémoire du médecin et naturaliste américain John Clayton (1694-1773).

4 Amarante réfléchie

Amaranthus retroflexus

20-150 cm juillet-septembre ⊙ 68

Identification : inflorescence touffue (ensemble de glomérules réunis en grappe). Petites fleurs vertes.

Répartition : présente dans certaines régions seulement, rare ailleurs. Mauvaise herbe des cultures ; terrains vagues, bords des chemins.

Biologie : originaire d'Amérique du Nord. Espèce voisine des amarantes cultivées dans les jardins, dont les inflorescences leur ont valu le nom de queue-de-renard. Elles ont été introduites sans doute avec des marchandises, comme le prouvent quelques stations qui se trouvent dans les gares. Parvenues en Europe sous forme de graines.

1a

1b

2a

2b

3

4

1 Scléranthe annuel

Scleranthus annuus

2-25 cm mai-octobre ⊙ 65

Identification : fleurs verdâtres, en glomérules à l'extrémité des tiges ; sépales triangulaires, aussi longs que les étamines. Tiges très rameuses. Aspect général hérissé.

Répartition : commun en France. Terrains sablonneux et secs, bords des champs et des chemins, décombres, sable au bord des fleuves.

Biologie : localement abondant dans les champs de céréales en terrain siliceux. Annuel ou bisannuel.

2 Herniaire

Herniaria glabra

5-15 cm juillet-septembre ⊙-♃ 65

Identification : tige vert clair, couchée, rameuse (**2b**). Feuilles opposées, mesurant seulement 1 cm de long. Petites fleurs verdâtres, généralement groupées par 10 en glomérules à l'aisselle des feuilles (chacune mesure seulement 5 mm de long).

Répartition : répandue mais absente localement. Bords des chemins, sable le long des fleuves et rivières, bords des champs, jachères, lieux sablonneux où la végétation est clairsemée.

Biologie : le nom scientifique du genre vient du latin *hernia*, hernie (autrefois, l'espèce était censée guérir les hernies). Toutefois, l'efficacité des saponines et des huiles éthérées contenues dans la plante fleurie et desséchée, est surtout confirmée pour le traitement des coliques néphrétiques et des inflammations de la vessie.

3 Sagine couchée

Sagina procumbens

1-7 cm mai-octobre ♃ 65

Identification : plante naine, en coussinets comportant de nombreuses tiges couchées et ascendantes, rameuses. Feuilles opposées, lancéolées (1 cm de long, 1 mm de large). Très petites fleurs (3-4 mm), à 4 pétales et sépales blanc-verdâtres, solitaires.

Répartition : assez commune en plaine et jusqu'à 2 600 m en montagne. Talus herbeux, terrains humides, rochers, bords des chemins, lieux piétinés, gazons, jusqu'au milieu des villes.

Biologie : dans les jardins on arrache souvent cette petite plante sans la connaître. Étant donné que les tiges couchées peuvent s'enraciner, les gazons qu'elle forme deviennent très denses et ressemblent à de la mousse. De nombreuses tiges ne portent pas de fleurs, mais cela n'est guère apparent. Les graines, minuscules, adhèrent aux semelles, aux pattes des mammifères ; elles sont aussi dispersées par les gouttes de pluie.

4 Cératophylle

Ceratophyllum demersum

– juillet-septembre ♃ 5

Identification : plante aquatique submergée. Tiges atteignant souvent 1-2 m de long, rameuses, très fragiles hors de l'eau. Feuilles vertes, finement divisées, raides, atteignant 2 cm de long, disposées en verticilles de 3-8.

Répartition : assez commune, mais manque localement, rare dans le Midi méditerranéen. Eaux riches en éléments nutritifs, chaudes ; fonds vaseux (rivières lentes, étangs, marais).

Biologie : fait partie des quelques plantes aquatiques qui fleurissent sous l'eau et dont le pollen est apporté sur les stigmates par les mouvements de l'onde. Les fruits, pourvus de trois pointes, sont également dispersés par l'eau, mais aussi par des oiseaux aquatiques et des mammifères tel le Rat musqué. La plante se multiplie également de façon végétative par des fragments de tiges véhiculés de la même façon. Parmi les autres caractères typiques, on notera l'absence de racines, la réduction des tissus de soutien et des vaisseaux ligneux, mais la présence d'un cordon central de vaisseaux conducteurs ; en effet, la résistance à la traction est importante chez une espèce submergée, soumise aux mouvements de l'eau, souvent très forts.

1a
1b
2a
2b
3
4

1 Hellébore fétide

Helleborus foetidus

30-60 cm mars-avril ♃ 6

Identification : espèce qui reste verte toute l'année. Feuilles composées, à 3-9 folioles lancéolées, dentées (**1a**).

Répartition : présente presque partout en France mais absente de Bretagne et çà et là. Friches calcaires, talus caillouteux, forêts claires de feuillus, pelouses, haies.

Biologie : avec la Rose de Noël (*Helleborus niger*) (p. 108), et l'Hellébore vert, cette espèce fleurit précocement. Au printemps, les feuilles qui ont passé l'hiver se distinguent des nouvelles par leur couleur d'un vert foncé. Espèce citée comme exemple du passage progressif des feuilles aux pétales et aux sépales (la forme de ces pièces change et il y a des intermédiaires entre elles). Le pollen collant ne pouvant tomber des fleurs penchées (**1b**) est dispersé par des insectes. Plante toxique (peut provoquer un arrêt cardiaque si elle est absorbée à forte dose).

2 Hellébore vert

Helleborus viridis

20-40 cm mars-avril ♃ 6

Identification : contrairement à celles de l'espèce précédente, les fleurs sont peu nombreuses (2-3) étalées, vertes et non pas pendantes et nombreuses (1b, 2b).

Répartition : rare en France sauf dans une partie du Sud-Ouest (Pyrénées notamment). Forêts de feuillus et mixtes, à l'ombre. Sur sols riches en bases.

Biologie : jadis cultivé à la campagne comme plante médicinale. On utilise encore la souche souterraine (appelée *Rhizoma Hellebori*) en homéopathie dans les affections cardiaques mais à faible dose en raison de l'action irritante des saponines sur les muqueuses. Cette plante était également employée en médecine vétérinaire pour traiter des maladies du porc. Toxique, la consommation des graines peut entraîner de graves troubles chez les enfants. Il est probable que certaines stations isolées de cette espèce soient dues à des plantes échappées d'anciens jardins et devenues subspontanées.

3 Queue de souris

Myosurus minimus

5-15 cm mars-juin ⊙ 6

Identification : feuilles glabres, linéaires, en rosette radicale. Fleurs solitaires, petites, vert-jaunâtre, à l'extrémité d'une hampe (5-12 cm).

Répartition : assez rare. Terrains humides, inondables, bord de l'eau ; sur sols non calcaires.

Biologie : c'est vers la fin de la période de floraison que l'on remarque les fleurs de cette petite plante discrète. Les fruits imbriqués (jusqu'à 50) forment un très long épi à l'extrémité des hampes, d'où les noms français et scientifique (du grec *mys*, souris et *oura*, queue).

4 Passerage des décombres

Lepidium ruderale

10-30 cm mai-septembre ⊙ 54

Identification : feuilles radicales pennées-lobées, les caulinaires linéaires. Fleurs verdâtres, généralement sans pétales, disposées en longue grappe. Répand une odeur désagréable si on la froisse. Fruits : silicules ovales à presque elliptiques, nettement échancrées, un peu ciliées.

Répartition : plus ou moins commune selon les régions. Terrains vagues, friches industrielles, gares de marchandises, lieux où la végétation est clairsemée. Sur sols riches en éléments nutritifs, secs.

Biologie : se répand dans les terrains bouleversés par les grands travaux. Avec son odeur particulière et ses fleurs insignifiantes, c'est l'exemple d'une plante rudérale.

1a
1b
2a
2b
3
4

1 Alchémille vulgaire

Alchemilla vulgaris

10-40 cm mai-septembre ♃ 24

Identification : feuilles radicales palmées, à 7-13 lobes. Fleurs verdâtres sans pétales, groupées en cymes denses ou lâches.

Répartition : assez commune. En plaine et jusqu'à 3 000 m en montagne. Prairies humides, alpages, bois clairs. Sur sols riches en éléments nutritifs.

Biologie : espèce remarquable par sa très grande variabilité. Il s'agit d'une « espèce collective » où l'on a distingué plus de 60 sous-espèces, ce qui s'explique par son mode de reproduction apomictique (unisexué). Ses feuilles sont souvent photographiées car, quand l'atmosphère est très humide, des gouttes d'eau apparaissent sur leur limbe (**1b**). Elles proviennent des stomates (hydathodes), qui les exsudent (phénomène de guttation). Jadis, ces gouttes étaient considérées par les alchimistes comme capables de faire des prodiges et elles étaient recueillies pour obtenir des effets « surnaturels ». Les feuilles plissées ont été comparées au manteau de la Vierge et, selon la théorie des signatures elles auraient eu des vertus médicinales pour guérir des troubles gynécologiques.

2 Alchémille des Alpes

Alchemilla alpina

5-20 cm juin-août ♃ 24

Identification : contrairement à l'espèce précédente, dont les feuilles sont relativement peu découpées, celle-ci a des feuilles généralement divisées jusqu'à la base en 5-7 lobes lancéolés ; en outre, elles sont très velues.

Répartition : Vosges, Alpes, Massif central, Pyrénées, Corse. Rocailles, prairies, bois clairs, jusqu'à 2 600 m d'altitude. Sur sols acides.

Biologie : cette espèce se reproduit aussi de façon apomictique et produit de nombreuses sous-espèces (les spécialistes en ont distingué au moins dix). En raison de la forte pilosité argentée du dessous des feuilles, on l'appelle aussi Alchémille argentée.

3 Mercuriale annuelle

Mercurialis annua

20-40 cm mai-novembre ⊙ 49

Identification : plante dioïque. Fleurs des pieds mâles en glomérules disposés en épis longuement pédonculés ; fleurs des pieds femelles réunies par 1-3 à l'aisselle des feuilles, presque sessiles.

Répartition : très commune. Mauvaise herbe des champs et des jardins ; décombres, jachères, terrains vagues. Sur sols secs, argileux ou plus ou moins sablonneux.

Biologie : espèce originaire de la région méditerranéenne, cultivée à l'époque préhistorique. Chez cette plante dioïque, les pieds mâles se distinguent aussi des pieds femelles par des caractères purement morphologiques, ainsi, ils ont des feuilles nettement plus larges. On trouve souvent des fleurs mâles et des fleurs femelles sur le même pied.

4 Mercuriale vivace

Mercurialis perennis

10-40 cm avril-mai ♃ 49

Identification : diffère de l'espèce précédente par ses tiges quadrangulaires, son habitat et sa période de floraison plus courte.

Répartition : dans presque toute la France. Forêts de feuillus et mixtes jusque vers 1 800 m d'altitude. Bords des routes forestières. Surtout en terrain calcaire.

Biologie : se reproduit aussi par multiplication végétative car ses rhizomes émettent des tiges non ramifiées, annuelles. Plante dioïque (4a, pied mâle ; 4b pied femelle). On trouve des colonies exclusivement composées de sujets d'un même sexe. Les noms scientifique et français font allusion à Mercure, qui aurait appris aux hommes les propriétés médicinales de la plante (plante médicinale diurétique et purgative).

1a

1b

2

3

4a

4b

1 Euphorbe réveille-matin

Euphorbia helioscopia

5-30 cm avril-octobre ⊙ 49

Identification : plante non rameuse. Feuilles ovales, finement dentées dans leur partie antérieure. Fleurs généralement disposées en ombelle (5 rayons primaires) avec, à leur base, des bractées ovales en verticille.

Répartition : commune en plaine et jusque vers 1 500 m en montagne. Jardins, champs, bords des vignobles, terrains incultes.

Biologie : comme les autres euphorbes, contient un suc laiteux, blanchâtre, qui, sous pression dans les canaux, sort aussitôt à la moindre blessure des tissus. Il protège ces plantes contre la dent des herbivores. Autrefois, était employée pour enlever les verrues, mais cette pratique est dangereuse car le suc renferme des substances toxiques (notamment esters de diterpènes), qui ont une action très irritante pour la peau et encore plus pour les muqueuses. En aucun cas ce suc ne doit entrer en contact avec les yeux. L'absorption du suc provoque vertiges, crampes, douleurs dans le tube digestif, etc. L'inflorescence se tourne vers le soleil, d'où le nom scientifique (*helios*, soleil, *scopein*, regarder).

2 Euphorbe exiguë

Euphorbia exigua

5-35 cm mai-septembre ⊙ 49

Identification : plante très rameuse. Feuilles linéaires, précocement fanées. Plante glabre, légèrement glauque.

Répartition : commune en France. Décombres, terrains vagues, champs, jachères. Principalement dans les lieux chauds.

Biologie : c'est l'une des plus petites euphorbes vivant en France parmi les quelque 50 espèces indigènes. On fait souvent dériver le nom de celui du roi Juba II, de Mauritanie, qui vécut au début de notre ère. Le nom d'espèce fait référence à la faible taille de la plante (du latin *exiguus*, petit, insignifiant).

3 Euphorbe petit-cyprès

Euphorbia cyparissias

10-40 cm mai-août ♃ 49

Identification : feuilles linéaires (seulement 3 mm de large), glabres. Inflorescence en ombelle terminale, généralement à 15 rayons; ramifications stériles en bas de la tige.

Répartition : rare dans l'Ouest, largement répandue ailleurs. Friches, forêts claires de feuillus, pinèdes, pelouses. Sur sols secs à tendance calcaire.

Biologie : l'emploi ancien de cette plante comme purgatif et vomitif a entraîné des empoisonnements. Aujourd'hui, il ne faut plus l'utiliser, même pas pour essayer d'enlever des verrues.

4 Euphorbe peplus

Euphorbia peplus

5-30 cm juin-août ⊙ 49

Identification : plante couchée. Feuilles obovales, souvent presque circulaires, très brièvement pétiolées. Inflorescences solitaires, axillaires, lâches. Ombelles à 3 rayons.

Répartition : jardins, bords des champs, terrains vagues, décombres. Mauvaise herbe des cultures. Sur sols frais, meubles, généralement sans calcaire.

Biologie : plante discrète. Souvent encore verte en hiver, elle attire l'attention à cette saison. Comme beaucoup de mauvaises herbes des champs et des jardins, elle est parvenue en Europe centrale au cours de la préhistoire ou peu après. Il ne faut pas confondre *Euphorbia peplus* avec *Euphorbia peplis*, espèce typique des sables du littoral.

5 Euphorbe commune

Euphorbia esula

30-90 cm mai-juillet ♃ 49

Identification : feuilles lancéolées (atteignent 6 mm de large), finement dentées à l'extrémité. Inflorescence formée d'une ombelle terminale à 8-16 rayons primaires et jusqu'à 20 rayons secondaires.

Répartition : présente dans toute la France. Prairies, forêts riveraines, bords des rivières, talus.

Biologie : fait partie des plus grandes espèces du genre. Aussi toxique que les autres euphorbes.

1

2

3a

3b

4

5

1 Chardon roulant, Chardon Roland

Eryngium campestre

20-50 cm juillet-août ♃ 41

Identification : plante très piquante, rameuse. Fleurs petites, blanc-verdâtre, groupées en têtes globuleuses (15 mm de diamètre), entourées de 5-8 longues bractées épineuses, terminées en pointe aiguë. Feuilles glauques.

Répartition : commun en France sauf localement. Friches, terrains vagues, jachères, pelouses, lieux secs.

Biologie : plante d'origine méditerranéenne, adaptée à l'existence dans des milieux arides, ouverts. L'adaptation concerne aussi le mode de dispersion des graines : la plante entière est arrachée par le vent et roule, d'où son nom, et pendant ce temps, ses graines tombent.

2 Bryone, Navet du diable, Couleuvrée

Bryonia dioica (*B. cretica*)

100-400 cm juin-août ♃ 57

Identification : plante grimpante grâce à des vrilles non ramifiées. Feuilles à 3-5 lobes. Fruits : baies rouges à maturité (**2b**).

Répartition : dans toute la France mais rare dans le Midi méditerranéen. Haies, lisières des bois, jardins, décombres.

Biologie : organes de réserve, les grosses racines renflées comme des betteraves étaient employées jadis à titre de purgatif en association avec celles de la Mandragore. Les baies sont mangées impunément par les oiseaux mais sont très toxiques pour l'homme (en absorber une quinzaine peut entraîner la mort chez les enfants). Le nom vient du grec *bryein*, pousser vigoureusement ; *dioica* fait allusion au caractère dioïque de l'espèce.

3 Myriophylle

Myriophyllum spicatum

– juin-août ♃ 30

Identification : plante aquatique submergée ayant des tiges qui dépassent 1 m de long. Feuilles pectinées, en verticilles de 4. Épis floraux terminaux, émergeant à la surface de l'eau.

Répartition : assez fréquente mais manque localement. Eaux stagnantes (mares, étangs, fossés) riches en substances nutritives.

Biologie : doit son nom aux nombreux éléments de ses feuilles (du grec *myrios*, innombrable et *phyllon*, feuille). Flotte librement dans l'eau ou s'enracine dans la vase ; jusque dans les eaux qui ont plusieurs mètres de profondeur.

4 Pesse, Hippuris

Hippuris vulgaris

20-50 cm juin-août ♃ 89

Identification : plante aquatique aérienne et dressée (**4a**) ou bien submergée (**4b**). Feuilles en verticilles de 16 au maximum, linéaires-lancéolées. Fleurs sans pétales, minuscules, peu visibles, à l'aisselle des feuilles supérieures. Tige creuse, non ramifiée.

Répartition : commun ou rare selon les régions. Eaux dormantes ou lentes, froides, calcaires, riches en éléments nutritifs.

Biologie : fleurit à l'air libre et se multiplie aussi au moyen de rejets et bourgeons d'hiver.

5 Écuelle d'eau

Hydrocotyle vulgaris

5-15 cm juin-août ♃ 41

Identification : plante à tige rampante. Feuilles crénelées, orbiculaires (pétiole inséré au milieu du limbe).

Répartition : présente ou absente selon la région. Marécages, tourbières, prairies tourbeuses. Sur sols pauvres en calcaire.

Biologie : la forme insolite de ses feuilles a entraînµé une comparaison avec le nombril, d'où le nom de genre tiré du grec *hydro*, eau et *kotyle*, nombril. Fleurs très petites, disposées en glomérules.

1
2a
3
2b
4a
5
4b

1 Monotrope sucepin

Monotropa hypopitys

10-40 cm juin-août ♃ [61]

Identification : plante dépourvue de feuilles vertes. Tige revêtue d'écailles brun-jaunâtre. Fleurs en grappe penchée, terminale (10-20).

Répartition : dans toute la France, mais rare dans une partie de l'Ouest, le Midi méditerranéen et la Corse. Forêts de feuillus, de pins et d'épicéas. À l'ombre. Sur sols secs ou frais.

Biologie : plante parasite d'un champignon qui, à son tour, puise sa nourriture dans les racines des arbres et dans le bois pourri. L'association étroite avec les résineux est soulignée par les noms français et scientifique (du grec *hypo*, sous et *pitys*, épicéa, pin). Les tiges, semblables à des asperges, sont dépourvues de chlorophylle.

2 Germandrée scorodoine

Teucrium scorodonia

30-75 cm juin-septembre ♃ [91]

Identification : fleurs blanc-verdâtre ou jaunâtres pourvues d'une corolle à une lèvre (inférieure), disposées en grappe terminale. Feuilles opposées, ovales, crénelées, ridées, à nervures en réseau.

Répartition : dans toute la France sauf le sud des Alpes et le Midi méditerranéen. Forêts de chênes et de hêtres. Sur sols acides, secs à frais.

Biologie : particulièrement commune dans les peuplements de Chêne rouvre. Appréciée par les apiculteurs en raison de sa longue période de floraison.

3 Belladone

Atropa belladonna

50-150 cm juin-août ♃ [83]

Identification : grande espèce velue. Feuilles entières, simples. Fleurs en cloche, brun-violacé, solitaires ou par deux. Fruits brillants, noirs (**3b**).

Répartition : surtout dans l'est de la France ; absente du Midi méditerranéen. En forêt, lisières, coupes, chemins.

Biologie : plante très toxique, dangereuse car ses fruits ont un bel aspect et un goût qui n'est pas désagréable (prévenir les enfants). L'absorption de quelques-uns de ces fruits nécessite l'intervention d'un médecin car elle entraîne vomissements et troubles circulatoires (dose mortelle : environ 10 baies pour un adulte). Au Moyen Âge, des femmes en prenaient une faible quantité pour faire briller leurs yeux et agrandir leurs pupilles. L'atropine est employée à cet effet en ophtalmologie.

4 Scrophulaire noueuse

Scrophularia nodosa

50-120 cm juin-septembre ♃ [85]

Identification : fleurs brun-rougeâtre, à deux lèvres, petites, disposées en panicule terminale. Tige non ailée. Feuilles ovales-lancéolées, opposées, dentées.

Répartition : dans toute la France, mais rare dans le Midi méditerranéen. Bois de feuillus, coupes, chemins forestiers, déblais. À l'ombre. Sur sols frais.

Biologie : rhizome noueux, c'est pourquoi en raison de sa ressemblance avec les enflures des scrofuleux on l'employa pour traiter ces malades (nom tiré du latin *scrofulae*, scrofules). Aujourd'hui, cette plante est considérée comme toxique. Ses fleurs peu apparentes sont visitées par des guêpes.

5 Scrophulaire aquatique

Scrophularia umbrosa

50-120 cm juin-septembre ♃ [85]

Identification : semblable à l'espèce précédente mais tiges nettement ailées.

Répartition : dans toute la France mais rare dans le Midi méditerranéen. Lieux humides, bords des eaux, fossés, prairies.

Biologie : les feuilles caulinaires, décurrentes, contribuent à former les côtes ailées de la tige, qui peuvent représenter un tiers de son diamètre.

1
2
3a
3b
4
5

1 Orobanches

Genre *Orobancha*

10-60 cm mai-septembre ⊙-♃ [86]

Identification : plantes sans feuilles vertes. Tiges garnies d'écailles ovales, lancéolées ou pointues, jaunâtres, rougeâtres ou violacées selon l'espèce. Fleurs à deux lèvres, peu colorées comme le reste de la plante, disposées en grappes dressées.

Répartition : environ 25 espèces en France, irrégulièrement réparties, certaines étant rares. Leur présence dépend de celle de la plante-hôte (les orobanches sont entièrement parasites).

Répartition : pelouses maigres, prairies, champs de plantes sarclées, champs de trèfles, broussailles, lisières des bois, parcs, ravins boisés, sols sablonneux. Parasitent une ou plusieurs espèces.

Biologie : parasitent les racines de leur hôte, ce qui peut faciliter l'identification de l'orobanche. Parmi les plantes parasitées, on trouve aussi bien des Papilionacées, l'Épine-vinette, des Composées, le Lierre, le Chanvre, les thyms, des Ombellifères et même le Tabac.

2 Grand Plantain

Plantago major

10-40 cm juin-octobre ♃ [88]

Identification : feuilles plus ou moins glabres, en rosette radicale, ovales-elliptiques, à nervures parallèles mais reliées. Fleurs très petites, en épi terminal. Fruits comportant souvent moins de 12 graines.

Répartition : commun en France. Prairies, chemins et leurs abords, terrains incultes. Jusqu'à 2 800 m d'altitude.

Biologie : la cuticule des graines devient collante à l'humidité et elles se fixent facilement sur les pattes des animaux, les souliers. Les personnes allergiques savent que les plantains produisent un pollen propagé par le vent. Comme d'autres plantes, cette espèce n'apprécie pas le piétinement et la compacité du sol qui en résulte, mais elle réussit quand même à le supporter et, du même coup, la dispersion de ses graines est assurée. Les graines de plantain sont employées comme nourriture pour les petits oiseaux de cage. Le fruit est une capsule qui s'ouvre par un couvercle.

3 Plantain bâtard

Plantago media

10-40 cm mai-juillet ♃ [88]

Identification : à la différence de celles du Grand plantain, ses feuilles sessiles sont un peu moins larges, brièvement pétiolées et velues-duveteuses. Hampe florale plus longue que les feuilles (celles-ci sont également disposées en rosette radicale). Fleurs plus longues, blanchâtres, en épi terminal.

Répartition : commun sauf dans plusieurs régions (Midi méditerranéen, etc.). Pelouses sèches, alpages (jusqu'à 2 400 m d'altitude) terrains incultes, rocailles. Surtout sur sols calcaires et riches en éléments nutritifs.

Biologie : parmi les plantains, cette espèce occupe une position intermédiaire en ce qui concerne la largeur de ses feuilles, d'où son nom et aussi une place à part en raison de ses fleurs peu apparentes mais odorantes et qui ont des étamines aux filets de couleur lilas.

4 Plantain lancéolé, Herbe à cinq côtes

Plantago lanceolata

10-40 cm mai-septembre ♃ [88]

Identification : feuilles lancéolées, à 5-7 nervures, généralement dressées. Épis floraux ovoïdes, hampes très sillonnées.

Répartition : commun en montagne jusqu'à plus de 2 000 m. Prairies et autres lieux herbeux, gazons des parcs, bords des chemins.

Biologie : plante médicinale comme le Grand Plantain ; toutes deux ont des propriétés astringentes. La racine séchée était employée, jadis et aujourd'hui encore comme remède contre certaines affections des voies respiratoires (rhinites, sinusites) en raison de son action calmante. Les feuilles fraîches et le suc que l'on en tire en les pressant sont également utilisés pour adoucir les irritations des muqueuses (gorge, estomac, intestin). Les substances présentes dans cette plante servent pour diverses préparations pharmaceutiques.

1a
1b
2
3a
3b
4

1 Adoxe

Adoxa moschatellina

5-20 cm mars-mai ♃ [77]

Identification : en général, les cinq fleurs vert-jaunâtre forment une petite inflorescence cubique (**1b**) ; deux feuilles radicales longuement pétiolées, à trois folioles découpées.

Répartition : manque en Bretagne, dans le Sud-Ouest et dans le Midi méditerranéen. À l'ombre ; bois frais de feuillus, forêts riveraines, haies. Jusqu'à 1 600 m en montagne.

Biologie : ses feuilles fanées répandent une odeur faible ; celle des fleurs est légèrement musquée, d'où le nom scientifique d'espèce. Le nom de genre fait allusion à l'aspect de la plante et de ses fleurs (du grec *adoxos*, effacé, ignoré). La fleur située sur le dessus de l'inflorescence se distingue des autres car elle a quatre lobes et un calice à deux lobes, alors que toutes les autres ont une corolle à cinq lobes et un calice à trois lobes. Les fruits, verts, mesurent environ 5 mm et sont entourés par les lobes allongés du calice ; ils reposent à terre avec le pédoncule enroulé.

2 Gnaphale des bois

Gnaphalium sylvaticum

10-50 cm juillet-septembre ♃ [94]

Identification : plante non rameuse, cotonneuse-grisâtre. Capitules groupés par 1-5 à l'aisselle des feuilles caulinaires supérieures (**2b**). Feuilles à une nervure, linéaires-lancéolées, généralement plus fortement cotonneuses sur la face inférieure que dessus.

Répartition : commun en France jusque vers 2 500 m d'altitude. Landes, prairies, bois clairs. Sur sols acides, sablonneux-pierreux.

Biologie : plusieurs espèces de ce genre ont une forte teneur en tanins, mise à profit pour traiter les affections intestinales (diarrhée). Le revêtement cotonneux de ces plantes est évoqué dans le nom scientifique de genre (du grec *gnaphalon*, laine, feutre).

3 Gnaphale fangeux

Gnaphalium uliginosum

5-25 cm juillet-août ⊙ [94]

Identification : plante cotonneuse. Petits capitules groupés en têtes compactes, terminales, entourées de bractées qui les surmontent.

Répartition : commun sauf dans le Midi méditerranéen et la Corse. Lieux humides (prairies, champs), fossés, bords des étangs.

Biologie : cette espèce est souvent d'occurrence passagère, notamment les années où il pleut beaucoup. Sa présence révèle que le sol est humide, compact, peu aéré et plus ou moins acide. Les bractées velues, cotonneuses-blanches à grises, qui entourent les capitules ressemblent quelque peu aux grandes bractées feutrées des fleurs de l'Edelweiss. Ce gnaphale est éliminé par les façons culturales modernes.

4 Matricaire

Matricaria discoidea

5-25 cm mai-août ⊙ [94]

Identification : odeur typique de camomille. Têtes florales coniques mais sans fleurs ligulées, jaune-verdâtre.

Répartition : en plaine. Terrains vagues, talus, chemins et même dans les rues (fentes du revêtement). Introduite en Europe depuis 150 ans environ (vers 1860) et naturalisée depuis.

Biologie : espèce originaire d'Asie orientale et de l'ouest de l'Amérique du Nord, devenue cosmopolite. Propagation assurée par ses graines collantes, un peu comme celles du Grand Plantain (p. 332), qu'elle accompagne souvent sur les pelouses piétinées, mais son expansion s'est faite en sens contraire. Propriétés médicinales inférieures à celles de la Camomille (*Matricaria chamomilla*), puisqu'elle est dépourvue de substances anti-inflammatoires.

1a
2a
1b
2b
3a
4
3b

1 Armoise

Artemisia vulgaris

50-150 cm juillet-septembre ♃ 94

Identification : tige anguleuse, souvent teintée de rougeâtre. Feuilles profondément divisées, glabres, vert foncé dessus, laineuses-blanches dessous. Fleurs disposées en petits capitules ovoïdes, réunis en une longue grappe pyramidale.

Répartition : commune sauf dans une partie du Midi. Terrains vagues, friches industrielles, talus, bords des chemins.

Biologie : cette plante favorise la digestion et est parfois employée comme condiment des plats de viande. Elle a des propriétés toniques, antispasmodiques. Sa teneur en huiles éthérées et son action sont bien plus faibles que celles de l'espèce suivante. La Tanaisie et l'Armoise sont fréquentes sur les terrains vagues des villes.

2 Absinthe

Artemisia absinthium

30-100 cm juillet-août ♃ 94

Identification : semblable à l'espèce précédente mais pilosité argentée. Capitules jaune clair, penchés. Base de la tige souvent ligneuse.

Répartition : plus ou moins répandue selon les régions. Bords des chemins, talus, terrains vagues ; proximité des habitations (parfois cultivée), naturalisée.

Biologie : connue depuis longtemps comme plante médicinale et condimentaire. Originaire de l'est de la région méditerranéenne. Souvent échappée des jardins. Aujourd'hui, l'usage de boissons alcoolisées contenant de l'absinthe est fortement déconseillé à cause des substances toxiques présentes dans cette plante (les liqueurs d'absinthe sont interdites dans de nombreux pays, en revanche, les vermouths, dépourvus d'huiles éthérées, sont considérés comme sans danger).

3 Armoise maritime, Sanguenite

Artemisia maritima

30-60 cm août-octobre ♃ 94

Identification : plante dressée, rameuse ; souche ligneuse. Feuilles blanchâtres-laineuses sur les deux faces, devenant souvent glabres ensuite, très finement divisées (segments mesurant environ 1 mm de large). Tiers inférieur des tiges lignifié. Très petits capitules (2-3 mm) disposés en grappe.

Répartition : littoral de la Manche, de l'océan Atlantique et de la Méditerranée. Prés salés, marais salants, falaises côtières.

4 Élodée du Canada, Peste d'eau

Elodea canadensis

– mai-août ♃ 97

Identification : plante aquatique submergée. Tiges flottantes, atteignant parfois 3 m de long, souvent vertes tout l'hiver. Feuilles lancéolées à étroitement ovales, groupées par trois, en verticilles, finement dentelées. Fleurs aériennes rares en Europe.

Répartition : eaux stagnantes ou lentes, eutrophes ; parmi les nénuphars et les potamots.

Biologie : originaire d'Amérique du Nord, cette plante s'est échappée du jardin botanique de Berlin dans la seconde moitié du XIXe siècle et s'est répandue rapidement et massivement au point de devenir gênante pour la pêche et pour la navigation. Elle est devenue une véritable « peste » comme le prouve l'un de ses noms français. Aujourd'hui, elle fait partie des associations végétales aquatiques. Elle s'est raréfiée localement. En Europe, elle se multiplie uniquement de façon végétative.

5 Zostère

Zostera marina

– juin-septembre ♃ 99

Identification : plante marine submergée. Longues feuilles (20-100 cm et plus), étroites (5-10 mm). Souche rampante, enfoncée dans la vase. Fleurit sous l'eau.

Répartition : côtes basses de la Manche, de l'océan Atlantique et de la Méditerranée. Se raréfie. Forme des prairies sous-marines (« herbiers ») ; plages de sable, vases, baies abritées, estuaires. Les tempêtes l'arrachent souvent et la rejettent sur les plages.

Biologie : jadis employée pour garnir des matelas et comme engrais. Nourriture importante pour certaines oies sauvages comme la Bernache cravant (*Branta bernicla*). Il est possible que la pollution marine contribue à sa raréfaction, devenue évidente actuellement.

1
2
3
4
5a
5b

1 Troscart maritime

Triglochin maritimum

20-60 cm juin-août ♃ 98

Identification : feuilles charnues, atteignant 5 mm de large, à moitié cylindriques. Fleurs minuscules (4 mm), verdâtres, réunies en grappe dense, rappelant l'inflorescence des plantains. Odeur de chlore.

Répartition : littoral de la Manche, de l'océan Atlantique et de la Méditerranée. Prés salés, marais côtiers, estuaires. Très localisé dans les terres et les mares salées de Lorraine.

Biologie : cette plante est broutée par le bétail dans les prés salés et les prairies marécageuses. Jadis, l'homme l'a également consommée en période de famine, mais seulement après l'avoir fait cuire longuement pour lui ôter son arrière-goût désagréable.

2 Troscart des marais

Triglochin palustre (*T. palustris*)

10-60 cm juin-septembre ♃ 98

Identification : semblable à l'espèce précédente, sauf feuilles encore plus étroites (2 mm) et grappes florales plus courtes et plus lâches.

Répartition : littoral de la Manche, de l'océan Atlantique; rare au bord de la Méditerranée. Aussi à l'intérieur des terres. Marais côtiers prairies humides, polders.

Biologie : les fleurs ont seulement trois stigmates (six chez l'espèce précédente). Souvent, les tiges florifères sont les seules à sortir de l'eau, les feuilles radicales étant submergées.

3 Potamot flottant

Potamogeton natans

– mai-septembre ♃ 99

Identification : feuilles flottantes, elliptiques, atteignant 12 cm de long, à pétiole encore plus long, fermes, base arrondie à cordiforme. Feuilles submergées molles.

Répartition : en plaine et jusqu'à plus de 2 000 m en montagne. Lacs, étangs, mares, rivières lentes.

Biologie : comme chez les feuilles d'autres espèces aquatiques, les stomates se trouvent sur la face supérieure et sont protégées par des gouttes huileuses hydrofuges. Les feuilles submergées, qui atteignent 50 cm de long, sont étroitement linéaires et meurent précocement, généralement avant la floraison. Petites fleurs verdâtres, en épi dense, dont la hampe, non renflée, émerge de l'eau. Fleurs pollinisées par le vent.

4 Potamot crépu

Potamogeton crispus

– mai-septembre ♃ 99

Identification : feuilles lancéolées-linéaires, toutes submergées, à bords ondulés-crénelés. Fleurs en épis plus courts que chez (**3**).

Répartition : dans toute la France. Eaux stagnantes à fond vaseux, rivières lentes.

Biologie : les massifs de potamots servent de sites de ponte pour plusieurs poissons. Le nom scientifique du genre vient du grec *potamos*, rivière et *geiton*, voisin.

5 Lentille d'eau mineure

Lemna minor

– avril-juillet ♃ 110

Identification : petite plante réduite à une tige à l'aspect de feuille (fronde) (2-3 mm de long), flottant à la surface de l'eau, pourvue d'une seule racine.

Répartition : dans toute la France. Très commune. Fossés, ornières remplies d'eau, mares, étangs, eaux stagnantes.

Biologie : cette plante ne possède pas de feuille ni de tige proprement dite. Elle se reproduit rarement au moyen de ses fleurs minuscules, à deux étamines, et principalement par multiplication végétative (bourgeonnement), ce qui lui permet de couvrir rapidement la surface de l'eau. Sert de nourriture aux canards et aux poissons.

1a
1b
2
3a
3b
4
5a
5b

1 Parisette à quatre feuilles

Paris quadrifolia

20-40 cm mai-juin ♃ 100

Identification : feuilles elliptiques réunies en verticilles de 4 sur la hampe nue. Une seule fleur suivie d'une seule baie noire à maturité, globuleuse.

Répartition : très rare dans le Sud-Ouest, la Bretagne et le Midi méditerranéen, plus ou moins répandue ailleurs. Forêts de feuillus, forêts riveraines, à l'ombre. Sur sols basiques ou un peu acides.

Biologie : à la différence des autres Monocotylédones, qui ont des feuilles à nervures parallèles et des divisions florales au nombre de trois, la Parisette a des feuilles aux nervures réticulées et des fleurs à 4 divisions. Les insectes pollinisateurs sont plus attirés par les étamines et le gros ovaire (**1a**) que par les pétales peu apparents, verts. La baie est toxique pour l'homme et les autres mammifères, mais pas pour les oiseaux qui la mangent et qui dispersent les graines.

2 Acore

Acorus calamus

60-140 cm mai-juillet ♃ 109

Identification : feuilles en forme de glaive comme celles des iris, mais nettement ondulées aux bords (**2b**). Fleurs verdâtres, insignifiantes, groupées en spadice (massue) de 5-9 cm, souvent incliné à 45 degrés.

Répartition : assez rare. Bords des eaux stagnantes, riches en éléments nutritifs (étangs).

Biologie : Alexandre Le Grand l'avait rapportée de l'Inde en Asie Mineure. Elle fut introduite en Europe au XVIe siècle comme plante médicinale et pour la liquoristerie. Stérile en Europe, elle ne s'y reproduit que de façon végétative par division de son rhizome épais, qui répand une odeur aromatique et contient des huiles éthérées ainsi que des substances amères. Les extraits que l'on en obtient sont apéritifs et efficaces en cas de troubles gastriques et intestinaux, mais on les trouve aussi dans des liqueurs, dentifrices et produits pour gargarismes. En Europe, toutes les stations de cette plante sont dues à des naturalisations (plantes échappées des pièces d'eau des parcs).

3 Arum, Gouet, Pied de veau

Arum maculatum

20-50 cm avril-mai ♃ 109

Identification : grande spathe vert-jaunâtre entourant le spadice (massue) brun violet. Feuilles sagittées plus ou moins tachetées de brun ou de noir, à nervures ramifiées et non point parallèles.

Répartition : répandu dans toute la France mais rare dans le Midi méditerranéen et en Corse. À l'ombre, dans les forêts de feuillus, les forêts mixtes. Commun.

Biologie : pollinisation assurée par des mouches attirées par l'odeur et qui sont temporairement prisonnières après avoir franchi la spathe lisse et la couronne de franges qui se trouve à sa base ; à l'intérieur, elles trouvent chaleur, pollen et la sécrétion sucrée de la paroi ; elles pollinisent les fleurs femelles situées à la base du spadice. Quand les franges se fanent, les insectes couverts de pollen, peuvent sortir pour gagner un autre arum. Les fruits rouges à maturité sont toxiques (**3b**).

4 Calla des marais

Calla palustris

10-40 cm mai-juillet ♃ 109

Identification : plante des marais. Feuilles arrondies-ovales, longuement pétiolées. Fleurs groupées en un spadice d'environ 2 cm, entouré d'une spathe ovale, blanchâtre (**4a**). Fruits (baies) rouges, collants (**4b**).

Répartition : devenu extrêmement rare en France : dans l'Est (Lorraine, Alsace, Jura). Protégé à l'échelon national. Bords des étangs, lacs, marais tourbeux, tourbières intermédiaires.

Biologie : le rhizome, qui rampe sur le fond de l'eau, évoque un serpent et jadis on le considérait comme un remède contre les morsures de reptiles (théorie des signatures). Contrairement à celle de l'Arum, la spathe est ouverte et ne forme donc pas un espace clos, en sorte que le spadice est immédiatement accessible aux mouches et aux Coléoptères. Plante toxique.

1a

1b

2a

3a

2b

3b

4a

4b

1 Rubanier dressé

Sparganium erectum

30-120 cm juin-août ♃ 107

Identification : plante aquatique. Tige rameuse à son extrémité. Feuilles linéaires, carénées (section triangulaire). Fleurs disposées en capitules globuleux, les mâles au-dessus des femelles (**1a**).

Répartition : commun en France. Bords vaseux des rivières lentes et des étangs, zone des phragmites et d'autres plantes amphibies (Glycérie, etc.).

Biologie : cette espèce, qui vit surtout dans les eaux ayant jusqu'à 50 cm de profondeur, est souvent étouffée par les massifs de phragmites. On la rencontre surtout là où ceux-ci sont clairsemés ou rares. Étant donné qu'elle supporte, mieux que ses concurrents, la pollution de l'eau, elle est localement en expansion. Les graines flottantes peuvent rester un an à la surface de l'eau et sont dispersées par l'eau, des oiseaux ou des mammifères.

2 Massette, Typha à larges feuilles, Quenouille

Typha latifolia

100-250 cm juin-juillet ♃ 106

Identification : feuilles linéaires (1-2 cm de large) gainées à leur base. Fleurs en épis terminaux cylindriques : épi mâle au-dessus de l'épi femelle, le plus apparent et le plus volumineux, brun marron velouté. Les deux épis sont à peine séparés (**2b**).

Répartition : commun en France. Fossés en eau, bords des étangs, rivières lentes, marécages.

Biologie : plante pionnière dans la vase au bord des eaux stagnantes, des zones d'atterrissement. En général, sa présence indique que les eaux sont eutrophes. Les épis femelles sont très appréciés pour leur aspect décoratif, mais au sec dans les maisons, ils finissent par se disloquer en innombrables petits fruits ailés. Le rhizome, riche en amidon, servait jadis de nourriture en période de famine (on le broyait pour obtenir une sorte de farine parfois ajoutée à la farine de céréales). Le Typha à feuilles étroites (*Typha angustifolia*), moins fréquent en altitude, habite les mêmes milieux (ses épis mâles et femelles sont séparés par un intervalle de 2 à 8 cm).

3 Néottie nid-d'oiseau

Neottia nidus-avis

15-40 cm mai-juillet ♃ 103

Identification : plante sans chlorophylle. Tige brune portant 20-40 fleurs brun clair disposées en épi dense (**3b**) et 4-6 écailles incolores, engainantes.

Répartition : plus ou moins répandue selon les régions. Jusqu'à 1 600 m d'altitude. Forêts de feuillus et mixtes, à l'ombre. Sur sols frais.

Biologie : plante vivant en association avec un champignon, qui pénètre dans les cellules des racines et qui se nourrit des substances organiques présentes dans le sol (saprophyte). Contrairement à ce que l'on croyait, ce n'est pas la Néottie qui est saprophyte mais bien le champignon (*Rhizoctonia neottiae*). Nom issu du grec *neottis*, nid et du latin *nidus-avis*, nid d'oiseau, référence aux racines entremêlées de la souche.

4 Listère ovale

Listera ovata

20-50 cm mai-juillet ♃ 103

Identification : seulement deux feuilles largement ovales et presque opposées. Fleurs jaune-verdâtre en longue grappe (**4b**).

Répartition : dans toute la France jusqu'à 2 000 m en montagne. Forêts de feuillus et mixtes, haies. Sur sols basiques.

Biologie : les fleurs de cette orchidée n'ont pas d'éperon ; leur lèvre inférieure (labelle) est divisée jusqu'à la moitié (**4b**). Les insectes viennent y chercher du nectar. Le nom scientifique du genre évoque la mémoire du médecin anglais Martin Lister (1638-1712), grand naturaliste et botaniste. Le nom scientifique d'espèce se réfère aux feuilles (du latin *ovatus*, ovale).

1a
2a
1b
2b
3a
4a
4b
3b

Les Graminées, les Cypéracées et les Juncacées sont réunies dans cette partie de notre guide parce que toutes ces plantes ont des fleurs très réduites, dépourvues de couleurs vives, donc peu visibles et généralement groupées en inflorescences caractéristiques. Ces plantes forment presque toujours des colonies parfois pures et confèrent un aspect particulier à certains paysages.
Toutes les espèces de la famille des Graminées (*Poaceae, Gramineae*) ont des tiges creuses, rondes (chaumes) et des feuilles alternes, qui entourent plus ou moins longuement le chaume avant de s'en écarter (gaine). Fleurs hermaphrodites en général, sans enveloppes mais entourées de glumelles et de glumes (bractées). Elles sont disposées en épis, eux-mêmes réunis — ou non — en panicules ou en grappes.

1 Fétuque géante

Festuca gigantea

60-150 cm juin-août ♃ 108

Identification : herbe robuste vivant en forêt. Panicule atteignant 40 cm de long, lâche, inclinée, aux rameaux inférieurs réunis par deux, égaux.
Répartition : dans presque toute la France sauf le Midi méditerranéen. Chemins des forêts de feuillus et mixtes, coupes, lisières, à l'ombre. Sur sols frais.
Biologie : plante indicatrice de sols riches en éléments nutritifs. Localement, peut concurrencer les plants ou les « brosses » de semis naturels d'arbres sous les ombrages.

2 Fétuque des prés

Festuca pratensis

30-100 cm juin-juillet ♃ 108

Identification : graminée très commune dans les prairies. Feuilles étroites (4 mm), planes. Rameaux de la panicule groupés par deux, l'un ayant généralement un seul épillet, l'autre trois ou quatre.
Répartition : très commune en France. Talus, prairies naturelles et artificielles, sur sols lourds. Favorisée par le chaulage et les engrais.
Biologie : excellent fourrage très productif même dans les régions au climat assez froid.

3 Fétuque rouge

Festuca rubra

20-80 cm mai-juillet 108

Identification : graminée formant des touffes et produisant des rejets. Chaumes et panicule généralement dressés. Le rameau le plus long, situé à l'extrémité inférieure de l'inflorescence, égale la moitié de celle-ci. Devient rougeâtre après la floraison.
Répartition : dans toute la France, jusqu'à plus de 2 500 m en montagne, prairies, coupes, chemins, sur sols frais.
Biologie : on cultive différentes variétés selon la nature du sol, ce qui renforce l'intérêt de cette plante fourragère.

4 Fétuque ovine

Festuca ovina

10-60 cm mai-septembre ♃ 108

Identification : forme des touffes épaisses, sans rejets. Feuilles vert-grisâtre, très fines, rudes au toucher. Le rameau inférieur de l'inflorescence n'atteint que le tiers de la longueur de celle-ci.
Répartition : dans toute la France, mais rare dans le Midi méditerranéen. Forêts claires de feuillus, landes, pelouses. En général sur sols secs et acides.
Biologie : espèce également polymorphe ; quelques sous-espèces ne sont bonnes que pour les moutons peu exigeants.

5 Ray-grass

Lolium perenne

30-90 cm mai-octobre ♃ 108

Identification : épillets à plusieurs fleurs sessiles, solitaires, disposées en épi aplati, sans arête, mesurant environ 1 cm de long.
Répartition : très commun. Largement cultivé pour ses qualités fourragères.
Biologie : doit son nom au fait qu'il fut très employé en Angleterre pour créer des prairies. Ce nom a été peu à peu utilisé en France dès le XVIIIe siècle. Vit sur les sols frais et fertiles.

1

2

3

4

5a

5b

1 Pâturin annuel

Poa annua

5-30 cm toute l'année ☉ 108

Identification : petite herbe poussant en touffes. Chaume un peu comprimé. Panicule lâche, généralement unilatérale.

Répartition : extrêmement commun partout. Jardins, allées, pelouses, prairies, bords des chemins. Mauvaise herbe des terres cultivées.

Biologie : fait partie des espèces typiques des gazons fréquemment piétinés, capables de pousser sur des sols fortement tassés. Devenu cosmopolite. Propagé par l'homme et les animaux.

2 Pâturin des prés

Poa pratensis

10-60 cm mai-juin ♃ 108

Identification : émet des rejets (stolons) par sa souche rampante. Chaumes dressés. Panicule pyramidale, lâche. Feuilles vertes ou glauques.

Répartition : très commun. Prairies fraîches, bois clairs.

Biologie : très bon fourrage. Les diverses races et les cultivars sont adaptés à des sols et à des usages variés.

3 Pâturin des Alpes

Poa alpina

5-30 cm juillet-août ♃ 108

Identification : base des chaumes renflée par les gaines des feuilles. Le pâturin le plus répandu en montagne. Rameaux de la panicule horizontaux, généralement par deux. Formation de plantules sur les épis (viviparie) ; elles se détachent et assurent la multiplication de l'espèce (**3b**).

Répartition : étages subalpin et alpin en montagne. Jura, Alpes, Massif central, Pyrénées, Corse. De 1 500 à 3 000 m d'altitude. Dans les prairies.

Biologie : chez *Poa alpina* var. *vivipara*, les plantules ne sont pas issues de graines mais de la transformation des bourgeons. Cette faculté de se multiplier de façon végétative est une adaptation à la brièveté de la saison favorable au développement en haute montagne.

4 Pâturin des bois

Poa nemoralis

30-80 cm juin-octobre ♃ 108

Identification : limbe des feuilles caulinaires perpendiculaires au chaume. Panicule étalée; épillets peu nombreux, petits, bien séparés.

Répartition : dans toute la France, mais rare dans le Midi méditerranéen. Forêts de feuillus et leurs lisières, haies, rochers en montagne.

Biologie : cette espèce n'a pas de rhizomes mais ses racines s'enfoncent assez profondément. En forêt, elle pousse aux endroits légèrement ombragés et exposés au vent.

5 Puccinellie distante

Puccinellia distans

20-50 cm juin-août ♃ 108

Identification : émet des pousses stériles à la base des chaumes. Inflorescence lâche, rameaux inclinés vers le bas après la floraison.

Répartition : côtes de la Manche, de l'océan Atlantique et de la Méditerranée. Prés salés, marais salants.

Biologie : à l'intérieur des terres, on ne la connaissait que dans les salines, mais depuis peu elle s'est répandue au bord des autoroutes où l'on répand du sel en hiver quand il y a du verglas et c'est ainsi qu'elle a, localement, atteint les Alpes.

6 Puccinellie maritime

Puccinellia maritima

20-60 cm juin-juillet ♃ 108

Identification : inflorescence lâche, rameaux inégaux, étalés pendant la période de floraison et se rapprochant du chaume après.

Répartition : côtes de la Manche, de l'océan Atlantique et de la Méditerranée. Localement, constitue l'essentiel des prés salés dans les estuaires et les grandes baies.

Biologie : les prés salés sont broutés par du bétail (moutons, etc.) et aussi par de nombreux oiseaux aquatiques (Bernaches et Canards siffleurs en hivernage sur les côtes).

1
2
3a
3b
4
5
6

1 Dactyle

Dactylis glomerata

30-120 cm mai-juin ♃ **108**

Identification : forme des touffes vert foncé. Panicule formée d'épillets groupés en amas épais (du latin *glomeratus*).

Répartition : très commun en France. Prairies, bords des chemins. En plaine et en montagne.

Biologie : excellent fourrage naturel et cultivé. L'emploi d'engrais le favorise et il peut même évincer d'autres espèces, surtout les plantes herbacées autres que les graminées, à tel point qu'il les élimine.

2 Crételle

Cynosurus cristatus

30-60 cm juin-juillet ♃ **108**

Identification : épi étroit, allongé, régulièrement denté. Inflorescence unilatérale.

Répartition : commune dans les prairies, au bord des chemins et sur les sols fertiles, là où le pâturage n'est pas intensif, mais de type extensif.

Biologie : n'est pas aussi productive que d'autres graminées fourragères ; le bétail ne mange que ses feuilles, les chaumes étant raides.

3 Brize, Amourette

Briza media

20-50 cm mai-juillet ♃ **108**

Identification : épillets en forme de cœur, à long pédicelle, formés de 6-8 fleurs. L'inflorescence est une panicule très lâche. Épillets agités par le moindre souffle d'air.

Répartition : commune en France, en plaine et en montagne. Prés secs, friches, pelouses maigres.

Biologie : graminée très décorative, employée pour agrémenter les bouquets secs. Espèce typique des prairies maigres (pelouses), qui est concurrencée et qui régresse quand on emploie des engrais ou que le sol reçoit de l'azote par voie aérienne.

4 Jouet du vent

Apera spica-venti

30-120 cm juin-juillet ⊙ **108**

Identification : inflorescence atteignant 30 cm de long (panicule lâche) ; rameaux mesurant jusqu'à 10 cm, arêtes des glumelles très longues (12 mm).

Répartition : rare dans l'Ouest et le Midi méditerranéen. Plaine et montagne jusque vers 1 500 m. Terrains sablonneux, bords des champs de céréales.

Biologie : on peut éliminer cette graminée sans employer d'herbicides : il suffit de chauler les champs car elle préfère les terrains acides. Les machines agricoles la propagent dans des cultures où elle n'existait pas auparavant. Son nom lui vient du fait que sa panicule se balance facilement dans le vent.

5 Mélique à une fleur

Melica uniflora

30-60 cm mai-juillet ♃ **108**

Identification : épillets à deux ou plusieurs fleurs, dont une seule est fertile. Panicule très lâche, fleurs espacées, peu nombreuses, ayant l'aspect de perles.

Répartition : dans toute la France mais rare dans les Alpes, les Cévennes, l'est du Massif central. Forêts de feuillus (notamment les hêtraies et les chênaies), à l'ombre. Sur sols frais à humus doux.

Biologie : dans les hêtraies, cette espèce forme souvent d'importantes colonies.

6 Mélique penchée

Melica nutans

30-60 cm mai-juillet ♃ **108**

Identification : fleurs disposées en grappe unilatérale ; elles sont peu nombreuses, inclinées et chaque épillet comprend deux fleurs fertiles.

Répartition : seulement dans la moitié est de la France et les Pyrénées, sporadique ailleurs. Forêts de feuillus, forêts mixtes, à l'ombre. Sur sols plus ou moins frais. Caractérise les forêts dont les sols sont de bonne qualité (décomposition optimale de la litière). Les épillets mûrs se détachent sans se disloquer et sont transportés par des fourmis car ils sont pourvus d'appendices gras (élaiosomes).

1
2
3a
3b
4
5
6

1 Grande Glycérie

Glyceria maxima (*G. aquatica*)
80-250 cm juillet-août ♃ 108
Identification : robuste espèce ressemblant à un phragmite (roseau); panicule lâche à nombreux épillets (elle atteint 50 cm de long), chacun ayant 5-8 fleurs; ligules atteignant 3 mm.
Répartition : en plaine, associée aux phragmites, typhas au bord des eaux lentes et stagnantes.
Biologie : la présence en grand nombre de cette espèce traduit un salissement de l'eau et son eutrophisation. Les fruits étaient jadis consommés localement car ils ont un goût agréable (du grec *glykeros*, doux). Les chaumes servaient à faire des toitures.

2 Brome mou

Bromus hordeaceus
20-100 cm mai-août ⊙ 108
Identification : panicule dressée, peu rameuse; gaines des feuilles et épillets (peu nombreux, ovoïdes) pourvus de poils mous.
Répartition : très commun. En plaine et en basse montagne. Lieux herbeux, prairies, bords des chemins. Sur sols riches en éléments nutritifs. Mauvaise herbe des jardins et des champs.
Biologie : on en distingue plusieurs formes (sous-espèces). En outre, il varie selon le milieu ambiant. Sans valeur fourragère car il se fane et jaunit précocement.

3 Brome dressé

Bromus erectus
40-120 cm mai-juillet ♃ 108
Identification : forme des touffes épaisses. Chaumes raides, dressés. Panicule peu rameuse; épillets souvent violacés. Feuilles basales ciliées.
Répartition : dans toute la France, jusqu'à 2 200 m en montagne. Prairies et pelouses calcaires, friches, forêts claires de feuillus.
Biologie : espèce dominante sur les pelouses sèches en terrain calcaire et sur celles qui sont pâturées de façon extensive, où l'on n'emploie pas d'engrais.

4 Brome stérile

Bromus sterilis
30-80 cm mai-juin ⊙ 108
Identification : rameaux de la grande panicule tournés en tous sens; arêtes des glumelles mesurant 15-40 mm de long. En général, un seul épillet par rameau.
Répartition : assez commun. Plaine et basse montagne. Terrains incultes, bords des routes et des champs, murailles.
Biologie : Malgré son nom, n'est pas stérile mais ses épillets aplatis, paraissent stériles.

5 Brachypode des bois

Brachypodium sylvaticum
40-100 cm juin-août ♃ 108
Identification : feuilles velues, retombantes. Épi étroit, allongé, à 6-12 épillets, ayant plus de 2 cm de long, insérés de part et d'autre du chaume et presque parallèles à celui-ci; arêtes des glumelles longues.
Répartition : dans toute la France, mais rare dans le Midi méditerranéen. Forêts riveraines, forêts de feuillus. Sur sols riches en éléments nutritifs et calcaires.
Biologie : à la différence de l'espèce suivante, plante indicatrice de sols forestiers de bonne qualité, où la litière se décompose bien. Ne produit pas de rejets.

6 Brachypode penné

Brachypodium pinnatum
30-90 cm juin-août ♃ 108
Identification : feuilles raides, rétrécies vers l'extrémité et la base. Inflorescence : épi allongé, formé de 6-12 épillets écartés; arête des glumelles inférieures bien plus courte que celle-ci (**5**).
Répartition : dans toute la France; en plaine et jusque vers 2 000 m en montagne. Pelouses maigres, forêts claires de feuillus, lisières. Sur sols secs ou frais, riches en bases.
Biologie : c'est l'une des espèces les plus caractéristiques des pelouses sèches, maigres, calcaires. Espèce héliophile. À l'ombre des forêts claires, forme souvent des colonies stériles.

1

2

3a

3b

4

5

6

1 Élyme des sables

Elymus arenarius

60-120 cm juillet-octobre ♃ 108

Identification : graminée des dunes, émettant de longs stolons. Chaumes épais, dressés. Limbe des feuilles glauque, large d'1 à 2 cm, glabre, enroulé au bout (extrémité piquante).

Répartition : côtes de la mer du Nord et de la Manche jusqu'au niveau de Saint-Malo environ. Dunes et sables littoraux.

Biologie : se reproduit par rejets et graines. Contribue à fixer les dunes, surtout à l'abri du vent et, pour cette raison, a été planté localement (voir Oyat, p. 356). Ses racines retiennent le sable. Inflorescence : grand épi (15-30 cm de long), à épillets serrés.

2 Chiendent

Agropyron repens

30-120 cm juin-juillet ♃ 108

Identification : se propage par ses longs rhizomes blanchâtres. Épis comportant des épillets alternes, sessiles, larges, solitaires.

Répartition : commun en France, en plaine et en montagne. Jardins, terrains incultes, champs, décombres. Mauvaise herbe dont il est difficile de se débarrasser.

Biologie : ses rhizomes peuvent s'enfoncer jusqu'à 80 cm de profondeur, c'est pourquoi il est si malaisé de l'extirper (toutefois, on pourra l'éliminer de façon assez sûre en l'ombrageant). Riches en sucres, les rhizomes furent mangés jadis sous forme de farine pendant les périodes de disette.

3 Avoine élevée, Fromental

Arrhenatherum elatius

60-120 cm juin-juillet ♃ 108

Identification : épillets à deux fleurs, longs d'1 cm. Gaines des feuilles nues; chaumes parfois bulbeux à la base. Épillet des fleurs mâles pourvu d'une longue arête formant un angle net.

Répartition : dans les prairies sèches ou drainées.

Biologie : fournit un assez bon fourrage qui est abondant.

4 Avoine jaunâtre, Avoine dorée

Trisetum flavescens

30-80 cm mai-septembre ♃ 108

Identification : panicule peu étalée, lâche, atteignant 20 cm de long (**4b**); épillets ovales, jaune pâle à jaune doré; glumelle inférieure ayant deux petites pointes en plus de la longue arête anguleuse.

Répartition : prairies sèches, sur sol calcaire. Assez rare localement. En montagne, depuis les Vosges.

Biologie : en montagne, c'est l'espèce la plus importante dans les prairies fauchées. Favorisée par un usage modéré des engrais. Semée localement. Souvent spontanée en terrain calcaire. Prairies grasses.

5 Orge queue de rat

Hordeum murinum

20-50 cm juin-septembre ⊙ 108

Identification : épis de 6-10 cm de long et 1 cm de large, denses, dressés; arête des glumelles plus longue que les glumes.

Répartition : commune en France. Bords des chemins, talus, terrains vagues, murailles.

Biologie : après maturation, les épis s'accrochent aux vêtements ou au pelage des mammifères et sont dispersés. Espèce originaire de la région méditerranéenne. Préfère les lieux secs jusque dans les banlieues.

6 Folle avoine

Avena fatua

60-120 cm juin-août ⊙ 108

Identification : ressemble à l'Avoine cultivée. Rameaux de la panicule nombreux, d'abord dressés, puis inclinés. Épillets à 3 fleurs, arête atteignant 4 cm.

Répartition : peu commune surtout dans le sud de la France. Bords des champs, terrains vagues. Sur sols basiques.

Biologie : serait l'un des ancêtres de l'Avoine cultivée et se croise avec elle. Jadis considérée comme une mauvaise herbe des champs de céréales, aujourd'hui, en régression par le nettoyage des semences. Cultivée à l'époque préhistorique.

1
2
3a
3b
4a
4b
5
6

1 Canche flexueuse

Deschampsia flexuosa (*Avenella flexuosa*)

30-80 cm juin-août ♃ 108

Identification : feuilles très fines, enroulées; extrémité des rameaux ondulée (nom). Chaumes assez souvent rougeâtres. Panicule élégante, lâche.

Répartition : commune, dans presque toute la France. Forêts de feuillus et de résineux, bords des routes et chemins, coupes, landes. Sur sols acides.

Biologie : indicatrice de sols maigres. Forme des touffes denses. Constitue souvent des colonies mais ne fleurit pas toujours. Surtout en terrain sec, à l'ombre ou bien dans les espaces dégagés.

2 Canche cespiteuse

Deschampsia cespitosa

30-180 cm juin-août ♃ 108

Identification : panicule très rameuse, atteignant 30 cm de long, rameaux rudes, écartés, en verticilles. Feuilles très rudes aux nervures saillantes, vert foncé. Épillets à 2-4 fleurs fertiles.

Répartition : dans toute la France, mais rare dans le Midi méditerranéen. Manque en Corse. Forêts de feuillus, hêtraies-sapinières, prairies humides. Sur sols argilo-siliceux. À l'ombre ou à découvert.

Biologie : dans les coupes, peut empêcher la régénération naturelle ou le succès des plantations. En général, le bétail l'évite car le bord de ses feuilles est rugueux.

3 Flouve odorante

Anthoxanthum odoratum

20-60 cm avril-juillet ♃ 108

Identification : floraison précoce; « épis » ovoïdes, qui en réalité sont des panicules quand on les regarde de près.

Répartition : dans toute la France, en plaine et jusque vers 3 000 m en montagne. Prairies, clairières des forêts de feuillus et de résineux. Sur sols acides.

Biologie : selon les lieux, la floraison est terminée à l'époque où l'on fait les foins. Séchée, répand une odeur agréable d'Aspérule, à laquelle elle doit son nom (du latin *odoratum*, parfumé).

4 Houlque laineuse

Holcus lanatus

20-100 cm juin-août ♃ 108

Identification : forme des touffes denses. Feuilles vert-blanchâtre, velues (du latin *lanatus*, laineux). Panicules molles, teintées de rougeâtre.

Répartition : dans toute la France, mais rare dans le Midi méditerranéen. Prairies, lisières, coupes, bords des chemins. Sur sols frais, plutôt acides.

Biologie : diffère de la Houlque molle (*Holcus mollis*) qui n'est fortement velue qu'aux nœuds des chaumes. Ne produit aucun rejet. La Houlque molle a la même répartition.

5 Traînasse, Agrostis

Agrostis tenuis (*A. vulgaris, A. capillaris*)

20-50 cm juin-juillet ♃ 108

Identification : panicules fines, teintées de rose-violacé; rameaux étalés à angle obtus, souvent ondulés. Épillets sans arêtes.

Répartition : très commun en plaine et en montagne. Prairies, bords des chemins, bois clairs. Sur sols humides et siliceux.

Biologie : espèce pionnière, qui s'installe sur les terres remuées et qui émet des rejets rampants. Quand il pleut ou qu'il y a de la rosée, ses panicules semblent couvertes de petites perles brillantes.

6 Canche blanchâtre

Corynephorus canescens

10-25 cm mai-août ♃ 108

Identification : touffes denses (**6a**), d'abord isolées puis formant un gazon. Feuilles glauques, courtes, enroulées. Panicules gris argenté (**6b**). Arêtes renflées en massue.

Répartition : manque dans les Alpes, le Jura; rare dans l'Est. Prairies sablonneuses, pinèdes claires. Rare sur les côtes de la Manche.

Biologie : contribue à fixer les sols sablonneux grâce à ses racines touffues. Espèce caractéristique d'une association végétale qui a reçu son nom.

1
2
3
4
5
6a
6b

1 Oyat, Gourbet

Ammophila arenaria

50-100 cm juin-juillet ♃ 108

Identification : graminée des sables. Panicule étroite, longue (7-25 cm). Feuilles d'environ 5 mm de large, jusqu'à 60 cm de long, enroulées, pointues, à ligule très longue (1-3 cm), fendue en deux à l'extrémité.

Répartition : littoral de la Manche, de l'océan Atlantique et de la Méditerranée. Dans les dunes.

Biologie : planté localement, par exemple dans les Landes, pour fixer les dunes. Maintient le sable grâce à ses rhizomes qui s'enracinent aux nœuds (rejets atteignant 5 m de long). Supporte très bien d'être enseveli sous le sable. Ses feuilles enroulées, qui réduisent l'évaporation, le protègent de la dessiccation. Plante adaptée à un milieu sec et mobile, résistant très bien au vent.

2 Calamagrostis, Roseau des bois

Calamagrostis epigeios

60-150 cm juillet-août ♃ 108

Identification : robuste espèce dont les racines s'enfoncent jusqu'à 2 m de profondeur. Panicule très rameuse, dressée (10-20 cm de long). Feuilles très longues, rudes.

Répartition : rare dans le Nord-Ouest, le Sud-Ouest, moins fréquent dans le Midi méditerranéen. Forêts riveraines, bois humides, coupes, prairies. Sur sols humides, sablonneux, limoneux.

Biologie : a besoin de lumière dans les sous-bois ombragés. Peut se multiplier de façon végétative (ne fleurit pas). Peut concurrencer sérieusement la régénération naturelle ou les plantations par sa croissance vigoureuse.

3 Baldingère, Fromenteau

Phalaris arundinacea

50-200 cm mai-juillet ♃ 108

Identification : aspect de roseau. Panicule lobée, compacte ; épillets à une seule fleur fertile. Feuilles de 8-20 mm de large ; ligule de 2,5-16 mm de long.

Répartition : dans toute la France, en plaine et en basse montagne (étage montagnard). Bords des étangs, des rivières lentes, forêts riveraines. Sur sols humides.

Biologie : utilisé comme les phragmites et la Glycérie pour couvrir les toits des cabanes. Sert de fourrage (avant la floraison). Renforce les berges grâce à ses racines profondes et étalées.

4 Roseau, Phragmite commun

Phragmites australis

100-400 cm août-octobre ♃ 108

Identification : feuilles de 1-3 cm de large, très longues (20-60 cm), raides, sans ligule (celle-ci est remplacée par une rangée de poils courts). Panicule atteignant 50 cm de long ; épillets velus-blancs à 5-7 fleurs. Inflorescence violacée-brunâtre.

Répartition : très commun dans toute la France. Jusqu'à plus de 2 000 m en montagne. Bord de l'eau (rivières, étangs, lacs), fossés. Forme de très vastes massifs (roselières) (**4b**).

Biologie : contribue à fixer les berges avec ses rejets qui atteignent 10 m de long. Employé de différentes façons : clôtures, couverture, claies, production de cellulose.

5 Molinie bleue, Guinche

Molinia cœrulea

30-150 cm juillet-octobre ♃ 108

Identification : forme des touffes épaisses. Chaumes raides, avec un seul nœud à la base. Épillets sans arête, bleutés ou violacés. Panicule allongée, dressée.

Répartition : dans toute la France, mais rare dans le Midi méditerranéen. Landes, prairies et bois humides, tourbières, marécages. Sur sols humides à mouillés, acides.

Biologie : sa présence dans les tourbières bombées est un signe d'assèchement progressif. Peut concurrencer sérieusement la régénération naturelle, les plantations de jeunes arbres. Facilite la propagation des incendies en forêt car ne pourrit pas en hiver.

1

2

3

4a

4b

5a

5b

1 Fléole

Phleum pratense

30-100 cm juin-septembre ♃ 108

Identification : herbe des prairies. Inflorescence cylindrique, allongée (jusqu'à 30 cm), dense, glauque-blanchâtre ; épillets presque horizontaux, à une fleur avec seulement de petites pointes.

Répartition : assez commune en France, mais rare localement. Prairies, gazons, bords des chemins.

Biologie : très bon fourrage cultivé. Appelée longtemps Timothy-grass, car au XVIIIe siècle a été promue au rang de plante fourragère par Timothy Hansens. Sur sols frais, argileux, riches en éléments nutritifs Spontanée en France.

2 Vulpin des prés

Alopecurus pratensis

30-100 cm mai-juillet ♃ 108

Identification : graminée des prairies. Épi dense, cylindrique, long de 6-10 cm ; épillets à pilosité molle. Feuilles de 4-8 mm de large.

Répartition : commun en plaine et jusque vers 1 800 m en montagne. Prairies ; souvent cultivé ; bords des chemins, berges.

Biologie : excellente plante fourragère. Floraison généralement plus précoce que celle de la Fléole. Doit son nom à la forme de son inflorescence, qui évoque la queue d'un renard (du grec *alopex*, renard et *oura*, queue et du latin *vulpes*, renard).

3 Millet des bois

Milium effusum

50-150 cm mai-août ♃ 108

Identification : panicules très lâches, longues (10-30 cm) ; rameaux étalés puis inclinés après la floraison. Feuilles atteignant 15 mm de large, pouvant être arquées ou retournées, la face inférieure vers le haut.

Répartition : surtout dans la moitié nord de la France. Forêts de feuillus (hêtraies), coupes, mégaphorbiaies. Jusqu'à 2 000 m en montagne. Sur sols frais et à l'ombre.

Biologie : sa présence dans les hêtraies indique une bonne qualité du sol. Si les feuilles deviennent vert-jaunâtre au printemps, cela signifie qu'il y a un manque d'azote dû à une humification insuffisante.

4 Plumet

Stipa pennata

30-70 cm mai-juin ♃ 108

Identification : chaumes rudes. Feuilles enroulées, raides. Panicule peu rameuse, étroite ; épillets à une fleur atteignant 25 mm ; arête des glumes très longue (3-5 cm) ; arête des glumelles atteignant 15-30 cm, plumeuse à l'extrémité (poils blancs, soyeux).

Répartition : espèce localisée, assez rare ; surtout dans le Midi, aussi par endroits ailleurs (Ile-de-France, etc.). Terrains secs, « pelouses » maigres.

Biologie : espèce caractérisée par la longueur de ses arêtes (**4b**), qui ont facilité sa dispersion (ses graines peuvent « voler » ou, à terre, s'enfoncer dans le sol par des mouvements hygroscopiques) ; peut être cultivée pour sa valeur décorative.

5 Nard raide

Nardus stricta

10-40 cm mai-juin ♃ 108

Identification : forme des touffes épaisses. Feuilles enroulées, fines, glauques, raides, piquantes. Épi unilatéral, grêle, violacé.

Répartition : collines et montagnes (alpages), jusque vers 3 000 m. Sols tourbeux, siliceux, acides.

Biologie : la présence de cette espèce indique un sol à humus brut, qu'elle contribue à décomposer. Régresse en maint endroit à la suite d'apports d'azote d'origine agricole.

1
2
3
4a
4b
5

La famille des *Cyperaceae* réunit surtout des espèces des milieux humides. Ces plantes ont de petites fleurs peu apparentes groupées à l'aisselle de bractées membraneuses; à leur tour, les épillets sont souvent disposés en épis, en têtes ou en panicules. Les feuilles et les tiges de ces plantes ne sont consommées ni par le bétail, ni par les ongulés sauvages sauf exception.

1 Scirpe des bois

Scirpus sylvaticus

40-120 cm mai-septembre ♃ 105

Identification : tige de section triangulaire. Inflorescence : panicule de petits glomérules de 3-5 épillets.

Répartition : dans toute la France sauf la Corse et le Midi méditerranéen. Prairies, étangs, fossés, forêts riveraines, tourbières plates. Sur sols humides à mouillés.

Biologie : au sens courant, on confond souvent joncs et scirpes, qui appartiennent pourtant à des genres différents. Les tiges de ce scirpe peuvent servir à tresser des nattes ou des corbeilles.

2 Scirpe maritime

Bolboschoenus maritimus (*Scirpus m.*)

50-100 cm juin-août ♃ 105

Identification : robuste espèce; tige de section triangulaire. Épillets ovales-allongés, longs de 1-2 cm, groupés par 5-10 en inflorescence (glomérule) terminale (**2b**).

Répartition : côtes de la Manche, de l'océan Atlantique et de la Méditerranée. Marais, rivières, eaux douces ou saumâtres. Zone littorale, localement à l'intérieur des terres le long des fleuves. Rare ou assez commun.

Biologie : dans certaines régions, sa présence dans les terres a été favorisée par l'existence d'eaux salées issues de mines ou d'eaux usées contenant des résidus d'engrais.

3 Jonc des chaisiers, Jonc des tonneliers

Schoenoplectus lacustris (*Scirpus lacustris*)

100-300 cm juin-juillet ♃ 105

Identification : très grande plante aquatique. Tige sans feuilles, ronde, contenant une moelle spongieuse.

Répartition : commun en France. Bords des étangs, lacs, rivières lentes, zones d'atterrissement. En eau plus ou moins profonde.

Biologie : peut vivre dans des eaux ayant jusqu'à 4 m de profondeur. Affermit les berges. Également apprécié pour l'épuration de l'eau. Tiges employées pour tresser, rempailler des chaises. Pourrait éventuellement fournir de la cellulose.

4 Linaigrette

Eriophorum angustifolium

20-50 cm avril-juillet ♃ 105

Identification : inflorescence en ombelle irrégulière formée d'épillets ovoïdes, groupés par 3-6, à pédoncules de longueurs différentes, d'abord dressée puis pendante. Houppes soyeuses, blanches à maturité (aigrettes des fruits), que le vent disperse (**4b**).

Répartition : localisée dans les tourbières de plaine et de montagne, milieux pauvres en éléments nutritifs et acides; prairies tourbeuses. Jusqu'à 2 500 m en montagne. Plus répandue que l'espèce suivante.

Biologie : soies des fruits longues de 2-3 cm, nombreuses, denses. Le nom scientifique du genre vient du grec *erion*, laine et *phorein*, porter. Se raréfie à la suite des drainages.

5 Linaigrette engainée

Eriophorum vaginatum

20-50 cm avril-mai ♃ 105

Identification : inflorescence à un seul épillet, située à l'extrémité de la tige.

Répartition : très localisée, rare en plaine. Jusqu'à 2 300 m environ en montagne. Tourbières bombées, marécages tourbeux.

Biologie : doit son nom aux gaines des feuilles, qui sont élargies en cornet. Pousse sur les monticules des tourbières quand ceux-ci sont devenus trop secs pour les sphaignes. Avec ces dernières, les linaigrettes sont les plantes qui participent le plus à la formation de la tourbe.

1
2a
2b
3a
3b
4a
4b
5

1 Scirpe

Eleocharis palustris (*Scirpus p.*)

10-100 cm juin-août ♃ 105

Identification : plante gazonnante, dressée, formant de petites touffes. Épis solitaires, ovales-oblongs, terminaux (jusqu'à 2 cm de long), sans grandes bractées. Tiges rondes. Émet des rhizomes.

Répartition : commun sauf dans le Midi méditerranéen. Jusque vers 1 500 m en montagne. Vases au bord des eaux stagnantes, fossés, prairies. Sur sols riches en éléments nutritifs.

Biologie : plante pionnière qui colonise parfois des sols temporairement asséchés (dans les vallées inondables par exemple). Présent dans les zones d'atterrissement des eaux stagnantes.

2 *Rhynchospora alba*

20-40 cm juillet-août ♃ 105

Identification : plante gazonnante. Inflorescence formée de plusieurs épis terminaux, blanchâtres et ensuite brunâtres (**2b**). Tiges feuillées.

Répartition : localisé dans le Midi méditerranéen. Tourbières, bords des étangs, landes tourbeuses. Sur sols acides.

Biologie : assez souvent en compagnie de *R. fusca*, qui est aussi très localisé. Ces deux espèces sont en régression par endroits en raison de l'altération de leur habitat ou de sa disparition.

Les espèces suivantes et celles de la page 364, au nombre de 9, font partie du genre *Carex*. Ce sont les laîches, carex ou encore choins. Il s'agit d'un petit échantillon d'un genre qui réunit plus de 1 500 espèces dans le monde et environ 110 en France. Leur identification précise, difficile, est l'affaire de spécialistes. En gros, on peut distinguer :

a) les espèces qui ont plusieurs épis analogues, mâles et femelles, généralement bien séparés.

b) les espèces qui ont seulement des fleurs mâles ou des fleurs femelles, les premières étant toujours terminales.

Tous les carex ont des tiges de section triangulaire et un caractère qui les distingue toujours des graminées, scirpes et joncs : leurs fleurs sont unisexuées, jamais hermaphrodites.

Le nom du genre, *Carex*, vient du grec *keiro*, couper ou directement du latin. Les carex vivent dans des lieux humides ou secs selon l'espèce (bords des eaux, forêts, friches, etc.).

3 *Carex leporina* (*C. ovalis*)

20-50 cm mai-juillet ♃ 105

Identification : inflorescence formée d'épillets mâles et femelles. Assez commun sauf dans le Midi méditerranéen. Prairies maigres sur sol acide, forêts de feuillus (chênes, charmes) en terrain pauvre.

Épis formés de 2-9 épillets serrés, qui ressembleraient à une patte de lièvre, ce que suggère le nom scientifique de l'espèce (du latin *lepus*, lièvre).

4 Laiche glauque

Carex flacca

10-60 cm avril-juillet ♃ 105

Identification : très commun en France. Prairies, coupes, forêts de feuillus, garrigues, pelouses. Sur sols alternativement humides et secs riches en éléments nutritifs et plutôt basiques. Les épis femelles (2-3 cm) sont insérés sur des axes fins, inclinés (d'où le nom scientifique de l'espèce, latin *flaccus*, flasque, pendant) Feuilles glauques et finement pointues.

Textes relatifs à 5 et 6 à la page 364.

1

2a

2b

3

4

5a

5b

6

5 Carex paniculé *(photo p. 362)*

Carex paniculata

40-120 cm mai-juillet ♃ 105

Forme de grosses touffes. Tiges robustes. Ne passe pas inaperçu. Inflorescence lâche (**5b**) en panicule, atteignant 20 cm de long, rameuse; fleurs mâles à l'extrémité. Présent dans presque toute la France mais rare dans le Midi. Supporte l'ombrage. On le trouve aussi bien dans les prairies que dans les aulnaies, les marais et au bord de l'eau.

6 Laiche hérissée *(photo p. 362)*

Carex hirta

20-70 cm mai-juillet ♃ 105

Plante gazonnante. Fait partie des espèces dont les épis mâles sont situés au-dessus des épis femelles. Feuilles inclinées, molles, leur gaine et leur limbe sont velus. Espèce présente dans toute la France mais plutôt rare. Lieux humides (fossés) et aussi friches, prairies, sur sols frais à humides ou secs, acides.

1 Laiche des sables

Carex arenaria

10-50 cm mai-août ♃ 105

L'un des carex les plus connus en raison de son aspect car il émet de très longs stolons plus ou moins disposés en rangées et issus de grands rhizomes (atteignent 10 m) (**1b**). Des racines profondes fixent les différents pieds dans le sable que le vent déplace et qui est instable tandis que des racines superficielles plus fines assurent l'absorption de l'eau. Ces adaptations permettent à ce carex de subsister dans un milieu qui se dessèche très fortement, soumis aux embruns salés de la mer et généralement pauvre en éléments nutritifs. Seulement sur les côtes de la Manche et de l'océan Atlantique, où il est commun. Jadis, dans certains pays, on employait ses longues souches pour garnir les matelas et il servait de plante médicinale à titre dépuratif car il contient des saponines et de l'acide siliceux.

2 Laiche espacée

Carex remota

30-70 cm mai-juillet ♃ 105

Identification : plante d'ombre, dont les touffes isolées, lâches, poussent dans les hêtraies, aulnaies, surtout près des ruisseaux et des chemins humides. Les tiges portent des feuilles jusqu'au niveau des épis, qui sont très distants et insérés à l'aisselle de ces feuilles. En général, les tiges s'inclinent jusqu'à terre après la floraison, ce qui attire l'attention. Vit dans les terrains lourds, humides, parfois tassés. Plante indicatrice des sols argileux ou limoneux.

3 Laiche distique

Carex disticha

30-80 cm mai-juin ♃ 105

Identification : Épis serrés, les supérieurs et inférieurs sont femelles, les médians mâles. Sur sols humides, riches en éléments nutritifs. Fossés, prairies humides. Rhizome rampant. Côtes du Nord-Ouest et de l'Ouest, ailleurs, un peu partout mais rare dans le Midi méditerranéen.

4 Laiche des bois

Carex sylvatica

30-70 cm mai-juillet ♃ 105

Identification : forme des touffes lâches. Espèce sylvestre, présente dans toute la France, mais rare dans le Midi méditerranéen. Forêts de feuillus en sol frais, de bonne qualité où la litière se décompose bien. Feuilles molles, atteignant 1 cm de large. Un épi mâle, terminal et au-dessus de 3 à 5 épis femelles pendants.

5 Laiche de Paira

Carex muricata

20-80 cm avril-juin ♃ 105

Identification : utricules (enveloppes des ovaires) verdâtres, finalement disposés en étoile, pourvus d'un bec divisé en deux. Fait partie des espèces qui ont des ligules. Prairies, forêts. Commun dans le Nord-Est, la Lorraine, l'Alsace, le Centre, etc.

1a

1b

2

3

4

5

Les joncs (*Juncus*) ont des tiges rondes, sans nœuds ni feuilles, remplies de moelle, des feuilles nues, linéaires, pliées en gouttière ou rondes. Semblables à des panicules, les inflorescences semblent sortir du côté des tiges mais en réalité se trouvent à leur extrémité ; la partie des « tiges » qui les domine est en fait une bractée. Tiges et feuilles conviennent pour la vannerie ; elles peuvent également servir de liens en raison de leur souplesse (le nom scientifique viendrait du latin *jungere*, lier). La moelle est utilisée localement, en Allemagne et en Pologne, pour décorer les œufs de Pâques et elle aurait servi jadis de mèche pour des lampes.

1 Jonc courbé

Juncus inflexus (*Juncus glaucus*)

30-60 cm juin-août ♃ 104

Espèce commune dans les lieux humides. Reconnaissable à ses tiges glauques, fortement striées, très résistantes. Moelle interrompue à l'intérieur. Sur sols argileux, limoneux, pauvres en éléments nutritifs et à tendance calcaire.

2 Jonc épars, Jonc diffus

Juncus effusus

30-100 cm juin-août ♃ 104

Le nom de cette espèce fait référence à son inflorescence (panicule), dont les rameaux, de longueur différente, sont bien distincts **(2b)**. Les tiges vertes à vert foncé, sont luisantes. Habitat semblable à celui de l'espèce précédente mais sur sols dépourvus de calcaire. Dans toute la France, jusqu'à 1 700 m en montagne, mais rare dans le Midi méditerranéen. Fossés, prairies, coupes (souvent en grand nombre) où il contribue à drainer le sol ; dès que celui-ci est asséché et convient à d'autres plantes, celles-ci l'évincent. Ne nuit pas à la régénération naturelle ni aux plantations. Localement bon indicateur du degré d'humidité du sol.

3 *Juncus tenuis*

15-30 cm juin-août ♃ 104

Pousse dans les chemins non stabilisés, peu empruntés, surtout en terrain sablonneux. Plante originaire de l'Amérique du Nord, introduite vers 1820 en Europe et qui a été signalée pour la première fois en Belgique en 1838. Depuis, a colonisé une grande partie de l'Europe. Graines incluses dans une enveloppe collante, qui se fixe sur les souliers, les pattes des mammifères ; de cette façon, elles peuvent être dispersées au loin. L'inflorescence terminale est dominée par deux ou trois bractées. Assez commun en France où il est naturalisé.

4 Jonc des crapauds

Juncus bufonius

5-35 cm mai-septembre ♃ 104

Dans toute la France sauf la Corse ; rare dans le Midi méditerranéen. Chemins, bords des étangs. Sur sols frais, vases, sables et limons. Tiges grêles. Inflorescence et bractées de longueur à peu près égale, contrairement à *Juncus tenuis* (**3**). Spontané en France, a été introduit par l'homme sur d'autres continents, notamment dans l'hémisphère Sud.

5 *Juncus articulatus* (*Juncus lamprocarpus*)

20-60 cm juillet-septembre ♃ 104

L'inflorescence est nettement terminale ; chaque glomérule comprend de trois à dix fleurs. Feuilles aplaties, arquées, paraissant articulées. Prairies humides, marais, bords des fossés. Commun en France. Peut former des massifs importants sur les sols salés et tourbeux.

1

2a

2b

3a

3b

4

5

Les luzules (*Luzula*) sont un autre genre important de l'ordre des Cypérales. Elles se distinguent des joncs (*Juncus*) par leurs feuilles aplaties, généralement pourvues de cils sur les bords. Comme les graminées, ce sont des plantes anémophiles (pollinisées par le vent), aux fleurs peu apparentes, formées de six divisions membraneuses. Ce sont, pour la plupart, des plantes d'ombre ou de demi-ombre, donc sylvestres. La majorité a des graines pourvues d'appendices, que les fourmis transportent (le vent, très ralenti sous bois n'intervient pas pour leur dispersion).

1 Luzule des champs

Luzula campestris

5-30 cm avril-juin ♃ 104

C'est l'une des rares luzules vivant en demi-ombre ou même à la lumière. On la trouve donc aussi bien sur les « pelouses » maigres, les landes, que dans les forêts claires, sur sols acides, pauvres en calcaire. Espèce largement répandue dans le monde. Inflorescence en ombelle de 2 à 6 épis ovoïdes qui, sauf le médian (sessile) ont des pédoncules plus ou moins égaux. Espèce commune en France en plaine, sur les collines et à l'étage montagnard.

2 Luzule des bois

Luzula sylvatica

30-80 cm mai-août ♃ 104

Remarquable par ses dimensions, sa densité, ses larges feuilles et surtout par sa couleur vert foncé. Les feuilles luisantes, raides, atteignent 12 mm de large et 30 cm de long. À la différence de l'espèce suivante, l'inflorescence n'est pas dominée par les bractées. Présente dans une partie de la France (rare dans le Midi méditerranéen, une partie du Sud-Ouest, du Centre-Ouest, etc.). Jusqu'à plus de 2 000 m en montagne. Forêts de feuillus et de résineux, prairies. Sur sols acides et frais. Forme de grands peuplements près des torrents, dans les pentes raides. Malgré son aspect, cette espèce n'est généralement pas consommée par le grand gibier ni par le bétail. Dans les jardins, elle peut servir à couvrir le sol, à l'ombre (sous les arbres et du côté nord des bâtiments).

3 Luzule blanchâtre

Luzula luzuloides

30-80 cm mai-août ♃ 104

Diffère de l'espèce précédente par ses feuilles de 3-6 mm de large, vert pâle, bordées de grands cils blancs. Bractées plus longues que l'inflorescence ou égales à celle-ci. Inflorescence dressée, étalée à la floraison (**3b**). Fleurs blanchâtres, rarement brunes. En France, n'existe que dans le Nord-Est (Lorraine, Vosges, Alsace, Morvan, nord des Alpes, plaine de la Saône en Bourgogne). Surtout collines et montagnes jusqu'à 2 000 m d'altitude. Forêts de feuillus et de résineux, à l'ombre, sur sols siliceux. Caractérise une association végétale sylvestre (luzulo-fagenion).

4 Luzule poilue

Luzula pilosa

15-40 cm mars-mai ♃ 104

Les feuilles, qui atteignent 10 cm de long et 10 mm de large, sont garnies de longs poils blanchâtres. Inflorescence lâche, à longs rameaux portant 1-2 fleurs et s'inclinant pour partie à la fin de la floraison (**4a**). Espèce répandue dans les trois-quarts nord de la France, plus rare au sud. Forêts de feuillus et de résineux, en plaine et jusqu'à 1 900 m en montagne. À l'ombre ou demi-ombre. Sur sols limoneux, acides. Fait partie des espèces à floraison précoce. Comme plusieurs autres luzules, reste verte en hiver.

1

2

3a

3b

4a

4b

Les Ptéridophytes n'ont pas de fleurs, mais comme les plantes à fleurs, elles possèdent des racines, une tige et des feuilles. En font partie les fougères, les lycopodes (y compris les sélaginelles) et les prêles. Les fougères sont des plantes vivaces à rhizome ou à souche permanents, d'où sortent des tiges feuillées appelées frondes. Chaque fronde, même celles très grandes de la Fougère-aigle, peut être divisée jusqu'à quatre fois, lobée ou segmentée et est supportée par un pétiole. Les fougères existent depuis la période du Dévonien (ère Paléozoïque). Dans les descriptions ci-après, les mois correspondent aux périodes de maturation des spores.

1 Ophioglosse commun, Langue de serpent

Ophioglossum vulgatum

10-30 cm mai-juillet ♃

Identification : verte en été, la fronde comporte deux parties, une inférieure stérile ayant l'aspect d'une feuille ovale à lancéolée, et l'autre, fertile et linéaire, plus longue, qui porte des sporanges disposés en épi très étroit, terminal.

Répartition : présent dans presque toute la France, mais sporadique. En plaine et jusqu'en moyenne montagne. Prairies humides, forêts riveraines.

Biologie : le nom fait allusion à la forme de la partie stérile de la fronde. Jadis employé comme vulnéraire. Aujourd'hui, a fortement régressé à la suite des drainages et de l'emploi des engrais.

2 Cétérach

Ceterach officinarum

Atteint 20 cm mai-août ♃

Identification : frondes persistantes, coriaces, découpées, en rosette, garnies sur le dessous d'écailles dorées ou roussâtres un peu proéminentes sur les bords.

Répartition : surtout dans les régions de vignoble ; vieux murs, rochers ; aussi ailleurs, mais sporadique. Originaire de la région méditerranéenne.

Biologie : quand le temps est sec, les feuilles s'enroulent en sorte que les écailles deviennent visibles ; dans cette position, l'évaporation est réduite, si bien que l'espèce peut vivre dans des milieux chauds et arides.

3 Botrychium

Botrychium lunaria

5-30 cm mai-juillet ♃

Identification : fronde unique divisée en lobes arrondis en demi-lune. Panicule de sporanges plus haute et longuement pédonculée, issue du pétiole à la base du limbe.

Répartition : surtout en montagne, jusqu'à 2 500 m d'altitude. Alpages secs, sur sols calcaires.

Biologie : au Moyen Âge, cette étrange fougère excita l'imagination et l'on crut qu'elle protégeait des sorcelleries ; les alchimistes l'employaient quand ils cherchaient à transformer divers métaux en or. Comme d'autres fougères, c'est une plante cosmopolite, capable de se propager au loin avec ses spores très fines, que le vent emporte.

4 Scolopendre

Phyllitis scolopendrium
(*Scolopendrium officinale*)

20-60 cm juillet-septembre ♃

Identification : frondes allongées, entières, avec oreillettes à la base, brièvement pétiolées, à bords plus ou moins ondulés ; sur la face inférieure, amas de sporanges (sores) linéaires, disposés obliquement **(4b)**.

Répartition : Bretagne, Normandie, montagnes et çà et là ailleurs. En montagne, jusqu'à 2 900 m. Ravins boisés, forêts, intérieur des puits, ruines, murailles. Toujours sur sols calcaires.

Biologie : au lieu de prélever cette fougère dans la nature pour la planter dans un jardin, il vaut mieux acheter des variétés cultivées. Cette espèce n'est pas protégée en France, mais une espèce voisine, *S. hemionitis*, du Midi, figure sur la liste des plantes qui le sont.

1

2a

2b

4a

4b

3

1 Osmonde royale

Osmunda regalis

60-200 cm mai-juillet ♃

Identification : très grandes frondes. Sporanges groupés à l'extrémité de la tige, en panicule. Divisions primaires de la fronde très brièvement pétiolées, les secondaires sessiles, lancéolées.

Répartition : surtout dans le moitié ouest de la France, sporadique ailleurs. Plaines et collines jusqu'à 700 m d'altitude. Forêts riveraines, marais tourbeux, localement au bord des marais du littoral. Sur sols acides.

Biologie : a disparu localement car on l'a arrachée pour la cultiver dans les jardins ou à cause de l'altération ou de la destruction de son habitat. Jadis, la souche était employée en phytothérapie.

2 Fougère-aigle

Pteridium aquilinum

40-200 cm juillet-octobre ♃

Identification : la plus grande de nos fougères et l'une des plus communes. Frondes triangulaires, divisées 3 ou 4 fois. Sporanges recouverts par les bords un peu enroulés des divisions.

Répartition : très commune en plaine et en montagne jusque vers 1 700 m. Sur sols acides, frais ou secs. Forêts de résineux, de feuillus ou mixtes, coupes, landes. Forme souvent des massifs purs, denses, étendus, évince d'autres plantes et peut gêner la régénération naturelle et les plantations forestières.

Biologie : sur une section du rhizome ou du pétiole au niveau du sol (coupe en oblique) on peut voir un dessin évoquant vaguement un oiseau à deux têtes, mais il se peut que l'espèce doive son nom à ses frondes étalées comme les ailes d'un oiseau rapace **(2b)**. Pour lutter contre cette fougère envahissante dans les plantations forestières, on la fauche, mais ses rhizomes profonds et leurs réserves nutritives lui permettent de se multiplier de façon végétative, ce qui nécessite des coupes répétées. La Fougère-aigle est répandue dans le monde entier. Sa souche, riche en amidon est utilisée par les Maoris en Nouvelle-Zélande, les Japonais dans le sud de leur archipel et aux Canaries, jadis aussi en Europe. Les frondes sèches servent de litière pour le bétail ; quand elles sont vertes, elles garnissent certains étals (poissonneries par exemple). Desséchées, ces frondes subsistent pendant tout l'hiver.

3 Polystic

Thelypteris limbosperma

Atteint 90-120 cm juillet-août

Identification : sporanges sur la face inférieure des frondes, au bord des divisions **(3a)**. Frondes disposées en rosette, deux fois pennées, rétrécies à la base. Ressemble à la Fougère mâle (p. 376), mais tige garnie d'écailles blanches.

Répartition : espèce rare. En plaine et en montagne. Sur sols pauvres en bases, humides. Forêts, surtout en altitude.

Biologie : les fréquents changements de nom des fougères sont gênants pour les utilisateurs d'ouvrages d'identification et l'on serait tenté de n'utiliser que le nom français (vernaculaire) quand il y en a un, mais c'est là une autre source de difficultés, car ce nom peut varier selon les régions. Le Polystic a été appelé précédemment *Polystichum oreopteris* et *Dryopteris oreopteris.*

4 Polystic des marécages

Thelypteris palustris (*Dryopteris p.*)

30-80 cm juin-août

Identification : fronde longuement pétiolée, divisée une à deux fois. Divisions primaires alternes, nettement séparées ; la paire la plus inférieure des divisions secondaires bien plus grande que les autres

Répartition : rare en France, manque dans plusieurs régions. Bords des tourbières plates, marais, lieux tourbeux en forêt, prairies marécageuses. Localement en grandes colonies

1

2a

2b

3a

3b

4

1 *Thelypteris phegopteris*

(*Phegopteris connectilis, Aspidium phegopteris*)

Atteint 40 cm juin-août

Identification : frondes solitaires mais plusieurs sont proches ; divisées deux fois. Pétiole au moins aussi long que le limbe. Première paire de divisions secondaires nettement séparée des autres et incurvée vers le bas, sessile comme les autres ; les premières divisions de premier ordre sont soudées deux à deux.

Répartition : surtout collines et montagnes. Sur sols acides. Hêtraies et forêts mixtes, talus boisés.

Biologie : les frondes fertiles et stériles se ressemblent, les amas arrondis de spores sont de dimensions différentes et forment deux lignes à côté de la nervure centrale des segments.

2 *Gymnocarpium dryopteris* (*Polypodium dryopteris*)

Atteint 30 cm juillet-août

Identification : frondes triangulaires **(2b)**. Paire inférieure de divisions primaires pétiolée et doublement pennée, plus grande que le reste de la fronde, dont les divisions sont sessiles ; au total, la fronde paraît composée de trois grandes divisions. Pétiole au moins deux fois plus long que le limbe. Frondes non disposées en rosette.

Répartition : surtout sur les collines et les montagnes, localement en plaine. Lieux humides des forêts de feuillus et mixtes. Sur sols siliceux mais riches en éléments nutritifs.

Biologie : les frondes fertiles ressemblent aux frondes stériles. Les limbes sont à angle droit par rapport au pétiole et s'étalent horizontalement, ce qui leur permet de profiter au mieux du peu de lumière. Cette espèce est d'un vert plus frais que les autres fougères.

3 Fougère des Chartreux

Dryopteris carthusiana
(*Polystichum spinulosum*)

Atteint 100 cm juillet-septembre

Identification : pétiole au moins aussi long que la fronde, couvert d'écailles brunes, fermes. Fronde quelque peu coriace, doublement divisée. Divisions généralement non opposées ; celles qui sont secondaires ont des segments plus ou moins nettement terminés en pointe **(3b)**, visible surtout si l'on tient la fronde devant la lumière.

Répartition : jusqu'à environ 2 300 m en montagne. Bois plus ou moins humides et sur sols plus ou moins acides, pauvres en éléments nutritifs.

Biologie : il s'agit en réalité d'un groupe comportant au moins deux sous-espèces nettement différenciées mais reliées par des intermédiaires ; c'est ainsi qu'on remarque la diversité de forme de cette fougère, qui peut constituer d'importantes colonies. De toutes les fougères, c'est celle qui vit le plus souvent au milieu des peuplements purs d'Épicéas. Elle supporte l'humus brut, acide, de la litière d'aiguilles, là où il y a quelques espaces dégagés. Elle a profité de l'éclaircissement du houppier des Épicéas atteints par les « pluies acides ». Reste souvent verte en hiver.

4 Polystic spinuleux

Dryopteris cristata

Atteint 90 cm juillet-septembre

Identification : frondes espacées, en rosette peu fournie. Pétiole aussi long que la moitié du limbe, qui est doublement divisé, glabre et assez raide.

Répartition : surtout dans la moitié est de la France, sporadique ailleurs ou même rare. Aulnaies, localement dans les tourbières bombées, souvent près de la souche des arbres morts ou cassés.

Biologie : les frondes stériles, groupées en rosette, sont inclinées vers l'extérieur, les frondes fertiles, qui portent les sporanges sont verticales et leurs divisions sont le plus souvent horizontales **(4b)**.

1
2a
2b
3a
3b
4a
4b

1 Fougère mâle

Dryopteris filix-mas

30-100 cm juillet-septembre

Identification : frondes formant souvent un entonnoir. Pétiole court, revêtu d'écailles brunes ; sores grands, arrondis, des deux côtés de la nervure centrale des divisions de second ordre **(1c)**.

Répartition : commune en France sauf dans le Sud-Ouest et le Midi méditerranéen. En montagne, jusqu'au-delà de la limite des forêts. Alpages, forêts de feuillus et de résineux. Sur sols neutres, humides.

Biologie : les frondes divisées seulement deux fois se distinguent nettement de celles, divisées trois fois, de la Fougère femelle, espèce semblable, également commune, mais qui a un aspect plus gracile. Jadis, on associait ces deux espèces, ce que reflète encore leur nom scientifique, *filix-mas*, mâle, *filix-femina*, femelle. Il arrive que la Fougère mâle révèle l'emplacement d'anciennes forêts de feuillus ou mixtes quand elle pousse dans des prairies ou des forêts de résineux. Au printemps, ses frondes qui se déploient ressemblent à des crosses **(1b)**. On la plante souvent dans les jardins où elle se multiplie facilement et durablement. La souche a, depuis longtemps, la réputation d'avoir des propriétés vermifuges, mais n'est pas inoffensive. Comme d'autres fougères, ses frondes écartent les mouches et autres insectes dans les chambres et les étables. De même, placées dans les niches à chien, elles en éloignent les « vermines ». Si l'hiver est doux, elles restent vertes jusqu'au printemps.

2 Fougère femelle

Athyrium filix-femina

Dépasse 100 cm juillet-septembre

Identification : frondes vertes seulement en été, disposées en rosette ; pétiole court ; limbe rétréci à la base et à l'extrémité, divisé jusqu'à trois fois, paraissant plus gracile que celui de la Fougère mâle Frondes stériles et fertiles semblables ; les sores, oblongs à réniformes (arrondis chez la Fougère mâle) sont un bon caractère distinctif **(2b)**.

Répartition : commune en France. Plaines, collines et jusque vers 1 600 m en montagne. Lieux plus éclairés que la Fougère mâle. Abondante dans les forêts riveraines, près des ruisseaux et sources sylvestres

Biologie : frondes plus fines que celles de la Fougère mâle, se desséchant dès les premiers froids. D'une façon générale, il s'agit d'une espèce d'aspect très variable (par exemple en ce qui concerne la disposition des segments).

3 Matteucie

Matteucia struthiopteris

Dépasse 120 cm juillet-septembre

Identification : frondes nombreuses, disposées en entonnoir ; frondes stériles et fertiles différentes et paraissant les unes après les autres. Frondes stériles grandes, doublement divisées, rétrécies aux deux extrémités ; frondes fertiles plus courtes, divisées une seule fois. Segments d'abord enroulés et verdâtres, devenant brun foncé à maturité **(3b)**.

Répartition : seulement en Alsace et en Lorraine où elle est naturalisée localement. Vers 300-400 m d'altitude. Endroits frais, humides des forêts, bords des ruisseaux. Espèce rare, protégée à l'échelon national.

Biologie : les frondes stériles peuvent être confondues avec la Fougère mâle (1). En France, seulement une station naturelle et une autre de plantes naturalisées. Les frondes stériles meurent généralement dès les premières gelées, en revanche, les frondes fertiles situées au milieu de la rosette (il y en a souvent jusqu'à 6) subsistent jusqu'au printemps **(3b)**. On peut trouver cette fougère dans le commerce et il est relativement facile de la cultiver.

1a
1c
2a
1b
3a
3b
2b

1 Rue des murailles

Asplenium ruta-muraria

Atteint 20 cm toute l'année

Identification : petite fougère des murailles et des rochers. Fronde gris-vert au contour triangulaire-losangique, divisée irrégulièrement deux ou trois fois; pétiole plus long que le limbe, gris-vert également; sores en lignes le long des nervures.

Répartition : commune en France. Rochers, vieux murs (surtout calcaires et exposés au soleil).

Biologie : espèce caractéristique des fentes des murs et des rochers, présente aussi bien sur les murailles, dans les vieux bâtiments, que sur les rochers en pleine nature. Si l'on veut créer un « jardin de fougères », il sera bon d'édifier un mur de pierres sèches ou, au moins d'employer un mortier de nature calcaire. La rosette de feuilles peut se dessécher quand il ne pleut pas pendant longtemps, mais se rétablit vite ensuite.

2 Asplenium officinal, Capillaire

Asplenium trichomanes

Atteint 35 cm juillet-août

Identification : petite fougère des rochers et des murailles, aux frondes divisées seulement une fois; segments ovales, contrastant fortement avec le pétiole et le rachis (partie de la tige portant le limbe) qui sont d'un brun noir luisant.

Répartition : commun en France jusque vers 1 800 m d'altitude. Fentes des murs et des rochers assez humides, surtout en milieu ombragé (ravins, éboulis en forêt) aussi bien sur calcaire que sur rochers non calcaires.

Biologie : les *Asplenium* avaient la réputation de guérir les maladies de langueur (du grec *splen*, rate). Tous ont des sores disposés en lignes **(2b)**. Jadis on croyait que cette fougère — et d'autres — protégeait contre les sorts jetés par les sorciers.

3 *Asplenium viride*

Atteint 20 cm juillet-septembre

Identification : ressemble à *A. trichomanes*, mais est d'un vert plus clair. Non persistant en hiver. Pétiole et rachis verts et fragiles

Répartition : en France, seulement en montagne jusque vers 2 300 m. Rochers, éboulis, ravins boisés, en terrain calcaire.

Biologie : espèce qui a une répartition arctico-alpine; ses stations européennes dispersées sont considérées comme des vestiges de sa distribution à l'époque glaciaire.

4 Cystopteris fragile

Cystopteris fragilis

Atteint 35 cm mai-septembre

Identification : frondes étroites, non disposées en rosette, vert clair, divisées deux à trois fois; segments secondaires pennés ou lobés-dentés (4b : face inférieure).

Répartition : surtout dans l'Est de la France. Collines et, de là, jusqu'à 2 400 m en montagne (étage montagnard : zone des forêts mixtes principalement). Murs, rochers, en général sites humides et ombragés.

5 Aspidium lobé

Polystichum aculeatum

20-80 cm mai-octobre

Identification : frondes disposées en rosette, fermes, persistantes, divisées deux fois; segments dentés avec pointe à l'extrémité.

Répartition : Vosges, Jura, Alpes, Pyrénées, Corse, Massif central. En montagne, rare ailleurs, manque dans une partie du Midi méditerranéen. Forêts de feuillus et mixtes, hêtraies-sapinières. À l'ombre, sur sols riches en bases et en éléments nutritifs.

Biologie : *Aspidium* vient du grec *aspidion*, bouclier, allusion à la forme de la lamelle (indusie), qui recouvre les sores (groupes de sporanges) sur la face inférieure des feuilles des fougères.

2b
1
2a
3
4b
4a
5

1 Blechnum en épi

Blechnum spicant

Atteint 70 cm juin-septembre

Identification : frondes stériles lancéolées, divisées une fois, généralement disposées en rosette ; frondes fertiles vertes seulement au printemps, brun foncé ensuite, dressées au milieu de la rosette, à segments étroits, linéaires.

Répartition : présent dans certaines régions et absent ailleurs (ex. dans une partie du Sud-Est, du Midi méditerranéen, du Sud-Ouest, etc.). Forêts de feuillus, bords des ruisseaux. Sur sols frais à humides ou même tourbeux, acides.

Biologie : espèce très décorative avec ses deux types de frondes (trophophylles pour la nutrition et sporophylles pour la reproduction). Souvent cultivée dans les jardins. Les frondes stériles restent d'un vert brillant durant tout l'hiver.

2 Polypode vulgaire

Polypodium vulgare

Atteint 50 cm décembre à janvier

Identification : pétiole des frondes bien plus court que le limbe ; celui-ci, au contour triangulaire, est divisé une fois presque jusqu'au rachis. Grands sores arrondis sur la face inférieure (**2b**), souvent perceptibles sur la face supérieure.

Répartition : commun dans toute la France, en plaine et en montagne jusque vers 2 200 m. Forêts, haies, murailles, rochers, à l'ombre. Sur sols plutôt acides.

Biologie : capable de résister aux plus grandes sécheresses, ce qui lui permet de se fixer sur des substrats tels que rochers et murs. Dans les forêts de feuillus très humides, est parfois épiphyte à l'enfourchure des grosses branches moussues des arbres. Nom de genre faisant allusion au rhizome qui produit de nombreuses racines. Plante médicinale (rhizome purgatif).

3 Pilulaire

Pilularia globulifera

Atteint 10 cm juillet-septembre

Identification : de prime abord, n'a pas l'aspect d'une fougère. Axe rampant, atteignant 50 cm de long et produisant des racines et des feuilles d'un mm de large environ (en forme de jonc) d'abord enroulées. À la base des feuilles, sporocarpe de 3-4 mm de diamètre, renfermant les spores.

Répartition : présent seulement dans quelques régions. En plaine et sur les collines. Bords des étangs côtiers, marais. Sur sols sablonneux, pauvres en éléments nutritifs.

Biologie : cette espèce et les deux suivantes appartiennent à deux familles qui diffèrent profondément de celles dont font partie les fougères précédemment décrites. Elles produisent des sporocarpes dans lesquels se forment deux types de spores, microspores et mégaspores ; il en sort des prothalles où a lieu la reproduction sexuée.

4 Salvinie flottante

Salvinia natans

5 cm août-octobre

Identification : frondes (environ 10 mm) ovales, flottantes ; frondes submergées très rameuses, ayant l'aspect de racines. Sporocarpes groupés sous les frondes flottantes.

Répartition : sporadique en France. Eaux calmes, généralement calcaires.

Biologie : cette fougère n'a pas de racines. Les frondes flottantes se maintiennent à la surface de l'eau grâce à des poches d'air.

5 Azola

Azolla filiculoides

1 cm

Identification : frondes imbriquées, à deux lobes, supérieur et inférieur (5 mm), alternes sur un axe long de 10-15 mm.

Répartition : eaux stagnantes, relativement chaudes ; çà et là en France.

Biologie : plante appréciée dans les aquariums d'où elle est parvenue dans les étangs, mares, etc. Originaire des régions chaudes de l'Amérique du Nord. Normalement, ne résiste pas aux hivers rigoureux de l'Europe. Chez nous, se reproduit uniquement par multiplication végétative (scission).

1

2a

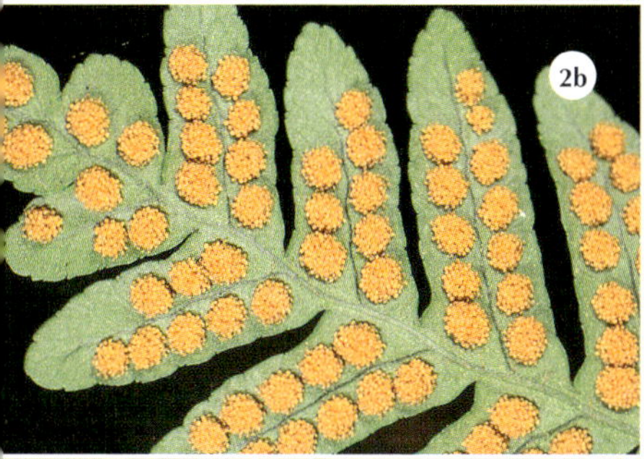
2b

3

4

5

Les lycopodes ont du mal à subsister en raison des activités humaines ; en effet, il leur faut beaucoup de temps pour se développer, et pas de perturbations (souvent pendant une à deux décennies). Leurs spores se développent au plus tôt six ans après leur maturation ; en outre pour se nourrir de l'humus, ils doivent vivre en symbiose avec certains champignons. L'homme a souvent favorisé des plantes concurrentes des lycopodes, a bouleversé leur habitat pour ses intérêts ou, à tout le moins, l'a altéré. En raison de la compétition et des inconvénients qu'elle engendre, les lycopodes devraient bénéficier d'une protection stricte. Il est en effet nécessaire de préserver ces représentants des écosystèmes forestiers primitifs. Avec leurs tiges dichotomes (divisées en deux) et leurs nombreuses petites feuilles (microphylles), ce sont des descendants d'ancêtres qui, il y a plus de 300 millions d'années, avaient les dimensions d'arbres et qui vivaient dans les forêts du Carbonifère.

1 Lycopode inondé

Lycopodium inundatum

5-20 cm

Répandu en plaine sauf dans la région méditerranéenne où il manque. Présent aussi bien sur la tourbe humide que sur des sols plus secs. Vit dans les tourbières intermédiaires, au bord des tourbières bombées et des forêts humides de résineux. Reconnaissable à ses tiges rampantes, peu rameuses et à ses feuilles orientées vers la lumière. Les sporophylles (jusqu'à 7 cm) porteurs de sporanges, sont dressés et feuillés sur toute leur surface. Sporanges groupés en épis.

2 *Lycopodium annotinum*

30-60 cm

Collines et montagnes de l'Est (Vosges, etc.) et du Centre de la France. Forêts d'Épicéas et de Sapins, forêts tourbeuses. Rejets rampants, longs de 1 à 3 m, d'où émergent les rameaux dressés. Sporophylles terminaux, sessiles, solitaires mesurant environ 4 cm de long.

3 *Lycopodium clavatum*

20-100 cm (tiges rampantes)

Espèce assez commune en France (rare en Corse et dans une partie du Midi). Vit en plaine et jusque vers 2 500 m en montagne. Reconnaissable à ses longues tiges rampantes et à ses rameaux dressés, divisés. En juillet, apparaissent les sporophylles en forme de massues situés à l'extrémité des tiges et groupés par deux ou trois. Les spores, jaune soufre, de cette espèce et de la précédente, ont joué un certain rôle dans les superstitions de nos ancêtres. Ces « farines de sorcières » étaient censées guérir les blessures, et les plantes entières, portées sur le corps, protégeaient contre sorcières et cauchemars. Les spores, facilement inflammables, ont servi à préparer des feux d'artifice.

4 *Diphasium complanatum* (*Lycopodium c.*)

Fait partie d'un groupe de petites « formes » que l'on considère parfois comme des espèces distinctes. Elles ont une tige souterraine rampante, qui produit des rameaux comprimés, dressés, dichotomes (divisés en deux). Deux à quatre épis longuement pédonculés. Rare en France (Est, Centre, etc.). Sur terrains siliceux, acides.

5 Sélaginelle

Selaginella selaginoides

Semblable aux lycopodes, cette espèce n'en est qu'une parente éloignée et nous renseigne sur l'évolution du monde végétal. Aspect de mousse. Tiges mesurant seulement 5 cm de long. Feuilles de 2-3 mm de long, finement dentées, disposées sur quatre rangs, ayant à leur base une très petite ligule. En France, dans les montagnes (Jura, Massif central, Alpes, Pyrénées). Sur les rochers humides, dans les prairies.

1
2
3
4
5

Les prêles (ou queues-de-cheval) ont une structure si particulière qu'elles sont facilement reconnaissables. Ce sont des plantes vivaces, pourvues de rhizomes souvent très profonds, qui produisent des tiges aériennes. Ces dernières sont raides, dressées, creuses, avec des nœuds, simples ou porteuses de rameaux. Au niveau des nœuds se trouvent des « dents » présentes sur les tiges fertiles et stériles et disposées en gaine. Il s'agit en fait de feuilles réduites à des écailles. Les tiges sont généralement sillonnées; leurs rameaux latéraux sont disposés en verticilles. Comme les lycopodes, les prêles ont participé à la formation de la houille à la période Carbonifère. La structure de leurs sporophylles présente des différences par rapport à celle des lycopodes.

1 Prêle d'hiver

Equisetum hyemale

Généralement non ramifiée, c'est pourquoi il faut l'examiner pour reconnaître qu'il s'agit bien d'une prêle. Reste verte en hiver. Ses tiges dressées atteignent 1 m de long et sont rugueuses. Les sporophylles situées à l'extrémité des tiges et qui, de loin, ressemblent à des joncs, empêchent toute confusion, au moins en été (**1b**). En France espèce rare en mainte région. Surtout présente dans le Centre, les Pyrénées, les Alpes, le Jura, en Alsace, etc. Sur les collines et en montagne. Forêts riveraines, forêts humides (hêtraies). Sur sols frais.

2 *Equisetum palustre*

Avec *E. fluviatilis*, forme souvent de grandes colonies. Ses tiges ont seulement 1-3 mm de diamètre et les gaines ont 6-10 dents (*E. fluviatilis* : tiges de 4-8 mm, gaines à 15-20 dents). Toutes deux vivent au bord des étangs, dans les fossés. *E. palustre* aussi dans les pâturages humides. Faiblement toxique. *E. palustre* peut provoquer des troubles intestinaux chez le bétail. Commune en France. Atteint 50-60 cm de haut.

3 *Equisetum sylvaticum*

Espèce d'aspect gracile, remarquable par ses rameaux très divisés et pendants, grêles. Atteint 80 cm de haut. Espèce rare en France (sur les collines et en montagne jusque vers 1 500-1 600 m). Préfère les forêts humides, mais croît aussi dans les prairies. Évite les sols riches en calcaire. Les trois prêles décrites ci-dessus portent des sporophylles à l'extrémité de leurs tiges vertes.

4 Prêle des champs

Equisetum arvense

C'est la plus commune des prêles, la seule du genre que l'on trouve partout dans les champs, au bord des fossés, en plaine et jusque vers 2 500 m en montagne. Présente dans toutes les régions de France. Diffère des espèces précédentes surtout par ses tiges stériles vertes, qui paraissent seulement en été, alors que les tiges fertiles, brun clair à roussâtre, ont déjà disparu. Les rhizomes, qui s'enfoncent jusqu'à plus d'un mètre dans le sol, sont inaccessibles aux charrues. Plante médicinale diurétique, actuellement employée surtout pour traiter les douleurs articulaires et reminéraliser les os. On l'a employée pour nettoyer les étains, car elle contient de la silice.

5 Prêle très élevée

Equisetum telmateia

Tiges fertiles et tiges stériles diffèrent par leur aspect et leur période d'apparition. Atteint 100-150 cm de haut. Présente dans nombre de régions françaises, mais manque localement. Plaine, collines et jusque vers 1 500 m en montagne. Forêts et prairies humides. Plante indicatrice de sols calcaires, frais et riches en humus.

1a
1b
2a
2b
3a
3b
5a
4a
4b
5b

À l'instar des plantes à fleurs, les mousses se caractérisent par une grande diversité. On en connaît environ 25 000 espèces dans le monde et plus de 1 200 en Europe centrale. Sur 5 pages de texte et d'illustrations sont présentées 30 espèces très communes ou remarquables. Pour plus de détails, on pourra consulter des guides spécialisés (v. Bibliographie, p. 428).
Dans une certaine mesure, les mousses sont intermédiaires entre d'une part les plantes supérieures ou Cormophytes qui ont une tige et des vaisseaux, dont font partie les plantes à fleurs et les Ptéridophytes (fougères et alliés) et, d'autre part, les Thallophytes (algues, lichens, champignons), ces derniers étant, actuellement, classés à part du règne végétal.
Les mousses ont une tige, des feuilles mais sont dépourvues de véritables racines; à leur place, elles possèdent des rhizoïdes peu différenciés, qui les fixent dans le sol. En outre, elles n'ont pas de vaisseaux.

1 Sphaigne

Sphagnum nemoreum

Identification : chez toutes les sphaignes, la tige, pourvue de rameaux latéraux touffus, prend fin par une « tête », qui évoque un peu l'inflorescence de l'Edelweiss. Cette espèce forme des touffes denses, souvent un peu rougeâtres; elle a des rameaux pointus et une « tête » hémisphérique.
Répartition : forêts sur sols acides, bords des tourbières, landes humides.
Biologie : comme les autres sphaignes, ne peut être identifiée avec précision qu'à l'aide d'un microscope et d'une « clé » descriptive.

2 *Sphagnum magellanicum*

Identification : forme des touffes denses couvrant souvent une grande surface. Généralement teintée de rougeâtre ou de rouge pourpré sale.
Répartition : c'est la plus importante des sphaignes dans les tourbières bombées. En France, se trouve essentiellement en montagne.
Biologie : capable d'emmagasiner ou de retenir de très grandes quantités d'eau de pluie dans ses cellules, parmi ses tiges et leurs petites feuilles, elle garantit aux tourbières bombées un apport d'eau régulier. Pousse par son extrémité et meurt à la base. Contribue au comblement des mares de tourbière et à la formation de la tourbe.

3 *Diphyscium foliosum*

Identification : mousse gazonnante très courte (1 cm). En été on remarque ses nombreuses capsules coniques-ovales, jaune pâle, sans pédicelle (soie).
Répartition : alpages de montagne, bois, lieux légèrement ombragés dans les landes. Sur sols acides.

4 Atrichie ondulée

Atrichium undulatum

Identification : mousse gazonnante, vert foncé. Feuilles supérieures triangulaires-longues, ondulées transversalement, bords dentés. Capsules sur pédicelles (soies) de 2-5 cm (**4a**) terminées par une pointe arquée.
Répartition : dans toute la France. Commune dans les forêts, haies, sur sols limoneux.

5 Polytric élégant

Polytrichum formosum

Identification : forme souvent des colonies étendues mais peu denses. Feuilles lancéolées-étroites, écartées-dressées, mais appliquées sur la tige par temps sec. Capsules sur des soies de 4-8 cm de long.
Répartition : dans toute la France sauf le Midi méditerranéen. Commune. Forêts de feuillus et de résineux, sur sols acides.

6 *Polytrichum piliferum*

Identification : colonies assez lâches, hautes de 2-5 cm. Feuilles lancéolées, leur nervure, qui les dépasse, a l'aspect d'un poil blanc. Elles sont écartées à l'état humide et imbriquées à l'état sec.
Répartition : forêts claires de résineux; rochers, landes; parfois en des sites très ensoleillés et secs. Sur sols siliceux.

1
2
4a
3
4b
5
6

1 Fissident à feuilles d'if

Fissidens taxifolius

Identification : tige couchée à dressée, plante gazonnante. Feuilles sur deux rangs opposés, alternes, à demi-embrassantes, ovales, aplaties, non ondulées.
Répartition : dans toute la France, en plaine et en montagne. Forêts de feuillus, bords des ruisseaux. Sur sols frais, riches en bases.
Biologie : les espèces du genre *Fissidens* occupent une place à part chez les mousses en raison de la disposition de leurs feuilles sur deux rangs opposés.

2 Dicrane en balai

Dicranum scoparium

Identification : en touffes espacées. Tiges feutrées-brunes, simples ou fourchues. Feuilles en forme de faucilles, à pointe allongée, souvent unilatérales (**2a**). Capsules sur des soies de 2-4 cm, rougeâtres, inclinées.
Répartition : dans toute la France sauf le Midi méditerranéen. Forêts de feuillus et de résineux, sur les souches, troncs, rochers. Sols secs ou frais, acides.
Biologie : espèce polymorphe, largement répandue. La disposition de ses feuilles explique son nom (du latin *scoparius*, balai).

3 Leucobryum glauque

Leucobryum glaucum

Identification : forme des coussinets bombés très denses, vert clair à l'état sec, atteignant 10 cm de haut.
Répartition : commun en France sauf dans le Midi où il manque. Forêts de feuillus et de résineux. En plaine et en montagne. Sur sols acides, plus ou moins secs ou humides.
Biologie : comme chez les sphaignes, les feuilles possèdent de petites cellules vivantes (chlorophylliennes) et d'autres, plus grandes, mortes, percées, qui servent à stocker de l'eau. Par temps humide, les coussinets de cette mousse sont verts ; par temps sec les grandes cellules, remplies d'air, changent la coloration de l'ensemble.

4 Mnie

Mnium undulatum

Identification : tiges fertiles dressées, hautes de 5-15 cm, issues de rejets rampants ; tiges stériles inclinées. Feuilles allongées, ondulées, arrondies à l'extrémité.
Répartition : espèce commune, vivant à l'ombre en site humide ; sans exigences particulières sur la nature du sol. Forêts, du moment que le sol est assez humide.

5 Bryum

Bryum argenteum

Identification : forme des touffes denses, argentées par temps sec, glauques par temps humide. Tiges généralement rameuses, atteignant 2 cm de haut. Feuilles imbriquées, appliquées sur la tige.
Répartition : cosmopolite. Rochers, murs, bords des chemins, toits, éboulis, en plaine et en montagne. Sur sols secs, sablonneux.
Biologie : c'est l'une des mousses les plus communes dans les villes ; elle réussit à vivre dans les milieux bouleversés par l'homme, sur les terrains traités avec des herbicides, dans les champs de maïs d'où toute autre végétation a disparu et dans les pépinières forestières.

6 Grimmie en coussinet

Grimmia pulvinata

Identification : forme de petits coussinets glauques à noirâtres. Feuilles lancéolées avec longs poils hyalins, bords enroulés jusqu'à plus de la moitié. Capsules ovoïdes, brunes, sur soies courtes, horizontales ou un peu inclinées.
Répartition : murs et rochers ensoleillés, secs, toits, éboulis ; en plaine et en basse montagne.
Biologie : pour cette plante des milieux secs, la rosée qui se condense sur les poils des feuilles a souvent une importance vitale.

1
2a
3
2b
4
5
6

1 Mousse de source

Fontinalis antipyretica

Identification : d'un vert foncé brillant. Mousse aquatique, dont les tiges très rameuses atteignent 10-50 cm de long. Feuilles carénées, disposées sur trois rangs. Tiges à trois angles.
Répartition : plante submergée, flottante. Eaux courantes surtout mais aussi stagnantes, du moment qu'elles sont assez claires et propres. En plaine et en montagne.
Biologie : le nom scientifique d'espèce évoque l'usage ancien de cette mousse : on la suspendait sur les maisons et les granges, car on croyait qu'elle protégerait des incendies.

2 Thuidie à feuilles de tamaris

Thuidium tamariscinum

Identification : tiges rampantes (5-20 cm) s'enracinant souvent à l'extrémité, elles sont bi- ou tripennées ; la plante évoque un petit thuya.
Répartition : dans toute la France, sauf le Midi méditerranéen. En plaine et en montagne. Forêts de feuillus et de résineux, prairies, haies. Sur sols variés.
Biologie : son nom évoque son aspect qui est si décoratif qu'on l'utilise pour agrémenter des maquettes de paysages.

3 Hypne de Schreber

Pleurozium schreberi

Identification : mousse dressée (5-15 cm). Tiges rougeâtres, très ramifiées, couvertes de feuilles appliquées. Forme souvent des tapis étendus.
Répartition : dans toute la France sauf le Midi méditerranéen ; en plaine et en montagne. Forêts de résineux et de feuillus, landes. Sur sols acides.
Biologie : fructifie en hiver. Espèce intéressante puisqu'elle stocke l'eau, mais d'un autre côté, elle produit un humus brut.

4 Hypne cyprès

Hypnum cupressiforme

Identification : mousse rampante (3-10 cm), irrégulièrement pennée. Feuilles très serrées, imbriquées, cachant la tige.
Répartition : dans toute la France, en plaine et en montagne. Sur sols frais. Forêts de feuillus et de résineux, sur souches, troncs couchés, rochers, murs.
Biologie : peu exigeante en ce qui concerne la nature du sol, qui est frais en général.

5 Hypne squarreux

Rhytidiadelphus triquetrus

Identification : mousse vert pâle à vert-jaunâtre, atteignant 30 cm de haut. Tiges ascendantes, ramifiées, en forme d'étoile à l'extrémité supérieure. Extrémité des feuilles rétrécie en longue pointe, base embrassante.
Répartition : commune en France sauf dans le Midi méditerranéen où elle manque. Prairies, forêts de feuillus, en plaine et en montagne. Sur sols acides ou calcaires.
Biologie : a souffert de l'acidification du sol due aux « pluies acides ». Dans le nord de l'Allemagne, elle s'est raréfiée sauf sur les sols très riches en calcaire.

6 Hylocomie brillante

Hylocomium splendens

Identification : mousse gazonnante, vert-jaunâtre, luisante par temps sec. Tiges pennées deux-trois fois. Mousse étagée car les nouvelles pousses se développent sur celles de l'année précédente.
Répartition : commune dans toute la France sauf dans le Midi où elle est rare. Sur sols acides, frais à secs. Forêts de feuillus, mixtes et de résineux, landes. En plaine et en montagne.
Biologie : grâce à sa structure étagée, cette mousse perce facilement la litière de feuilles ou d'aiguilles.

1
2
4
3
5
6

Chez les hépatiques, les espèces qui ont l'aspect d'une lame foliacée (thalle) couchée sur le substrat et qui paraissent primitives (v. p. 394), diffèrent de celles qui ont des feuilles. Les hépatiques feuillées ont, à l'origine, trois rangées de feuilles, mais elles sont souvent réduites à deux. Les feuilles situées sur la face inférieure des tiges, plus petites, sont appelées amphigastres. À la différence des mousses, les hépatiques ont des feuilles dépourvues de nervure centrale et dont la disposition confère à ces plantes une symétrie bilatérale.

1 Lophocolée

Lophocolea heterophylla

Identification : tiges rampantes (2-10 cm de long) appliquées sur le substrat, souvent rameuses ou pennées. Feuilles sur 2 rangs des deux côtés de l'axe longitudinal, imbriquées (bord supérieur d'une feuille recouvert par le bord inférieur de celle qui est au-dessus) ; celles qui sont situées à la base de la tige ont deux pointes (**1b**). Capsules arrondies, brun foncé, sur une tige dépassant 1 cm.
Répartition : surtout sur le bois pourri en forêt et aussi sur l'humus. Plus rare sur les sols acides.

2 Plagiochile faux-asplenium

Plagiochila asplenoides

Identification : forme des coussinets. Tiges de 5-10 cm. Feuilles ovales, sur deux rangs, superposées comme celles de l'espèce précédente.
Répartition : dans toute la France, mais rare dans le Midi méditerranéen. Forêts de feuillus et mixtes, fossés. Sur sols frais.
Biologie : c'est l'une des plus grandes hépatiques de nos régions. Elle est donnée comme exemple d'hépatique feuillée dans certains ouvrages de botanique.

3 *Calypogeia muelleriana*

Identification : tiges couchées sur le substrat. Feuilles sur deux rangs, parallèles à l'axe longitudinal de la tige ; bord supérieur d'une feuille recouvrant le bord inférieur de celle qui est au-dessus. Feuilles ovales, faiblement échancrées.
Répartition : forêts, bords des ruisseaux, talus, bois pourri. Sur sols pauvres en calcaire.

4 *Trichocolea tomentella*

Identification : espèce plus ou moins couchée, d'aspect plumeux, vert-blanchâtre. Tiges pennées deux-trois fois. Feuilles profondément incisées.
Répartition : sur les collines et les montagnes basses. Tourbières, sources, aulnaies, forêts riveraines, ravins.

5 *Scapania nemorosa*

Identification : plante gazonnante vert foncé à brun rouge. Feuilles sur deux rangs, d'environ 2 mm de long seulement. À l'extrémité des tiges, feuilles pourvues de nombreux bulbilles brun rouge.
Répartition : dans les Alpes, jusqu'à l'étage subalpin. Forêts sur humus acide, rochers ombragés.

6 *Frullania dilatata*

Identification : hépatique rampante. Aspect de collier de perles vert foncé à noirâtre. Feuilles très serrées, sur deux rangs.
Répartition : plus fréquente en montagne qu'en plaine. Forêts de types variés ; surtout sur l'écorce des hêtres et des érables. Sur sols calcaires, riches en éléments nutritifs, aussi sur rochers calcaires.
Biologie : comme la plupart des lichens, cette hépatique réagit souvent très fortement aux « pluies acides », qui altèrent le substrat où vit cette espèce calciphile (le calcaire est « lessivé »). Espèce jadis largement répandue, devenue très rare localement, voire disparue.

1a
1b
2
3
5
4
6

1 *Phaeoceros (Anthoceros) laevis*

Identification : thalle en forme de rosette de 5-15 mm de diamètre, profondément divisé, vert, sans taches noires. Capsules protégées à leur base par une enveloppe dressée sur le thalle, longue de 1-3 cm.
Répartition : champs récoltés ou en jachère, non sablonneux, sans calcaire. Souvent très serrées, ses rosettes attirent l'attention.
Biologie : cette espèce fait probablement partie du groupe des plus anciennes plantes terrestres, qui ont survécu jusqu'à présent et qui sont à l'origine des mousses, des hépatiques et des Psilophytes (Ptéridophytes primitives).

2 *Riccia glauca*

Identification : thalle de 1-2 cm de diamètre, glauque, arrondi. Lames appliquées sur le sol, en lobes 1-3 fois fourchus, élargis à l'extrémité. Capsules visibles en coupe dans le thalle (taches vertes ou noires).
Répartition : champs argileux et limoneux, tant que la terre est nue, talus récents, étangs à sec.
Biologie : avec les autres espèces de cette page, fait partie des hépatiques chez lesquelles il n'y a ni feuilles ni tiges.

3 Hépatique des fontaines

Marchantia polymorpha

Identification : thalle de 1-2 cm de large et 10-20 cm de long, divisé plusieurs fois, dichotome, ondulé au bord. Face supérieure réticulée (hexagones), généralement avec corbeilles de propagules (**3b**), thalle femelle avec archégones, pourvu d'un « chapeau » en étoile à 9-11 rayons ; anthéridiophores (mâles) (**3a**) pédonculés, extrémité en forme d'ombrelle (**3a**).
Répartition : peu exigeante. Sur la terre, les rochers. Fréquente dans les lieux humides, souvent sur sols riches en azote, brûlis, champs de maïs, chemins, dans les jardins.
Biologie : espèce dioïque, c'est-à-dire que les archégones et les anthéridies se trouvent sur des thalles distincts. Les propagules situées dans les corbeilles rondes servent à la multiplication végétative.

4 *Conocephalum conicum*

Identification : taille voisine de celle de (**3**). Thalle faiblement ondulé sur les bords, sans corbeilles de propagules. Archégonophores et anthéridiophores rarement très développés, ces derniers sans pédoncule.
Répartition : plus fréquente dans les régions calcaires que l'espèce précédente. Bords des eaux, rochers humides.

5 *Pellia epiphylla*

Identification : plante gazonnante. Thalle vert, souvent un peu brunâtre, rubané, mesurant environ 1 cm de large, sans structure réticulée évidente sur la face supérieure. Espèce monoïque, anthéridies enfoncées à la surface. Capsules longuement pédonculées (jusqu'à 10 cm).
Répartition : forêts, bords des ruisseaux, fossés, pierres inondées passagèrement (lieux humides, pauvres en calcaire).

6 *Metzgeria furcata*

Identification : forme des rubans de 2,5 cm de long et 1 mm de large, fourchus. Thalle appliqué sur le substrat ou légèrement écarté.
Répartition : sur l'écorce des arbres, rochers, lieux humides, ombragés ; aussi sur les murs dans la même ambiance.
Biologie : comme les lichens et les mousses, qui vivent sur les arbres, cette espèce est sensible à l'acidité de l'eau de ruissellement due à la pollution de l'air.

1
2
3a
3b
3c
4a
5
4b
6

1 Champignon de la tannée

Fuligo septica

Les champignons inférieurs, dont on connaît environ 2 000 espèces, ne seront représentés que par deux espèces dans ce guide. La première fait partie des Myxomycètes, dont l'appareil végétatif se compose d'une masse de protoplasme à nombreux noyaux, capable de se déplacer. Vivent sur les débris organiques, surtout le bois pourri et les feuilles mortes de la litière en forêt. Parmi les quelques espèces remarquables par les dimensions et la couleur de leurs fructifications, on peut citer *Fuligo septica*, qui atteint 15 cm de diamètre et une hauteur de 2 cm (**1b**). En vieillissant, sa couleur passe du jaune citron au jaune d'or et au brunâtre. À la fin des étés pluvieux et chauds, cette espèce commune apparaît en forêt sur le bois mort.

2 *Phytophthora infestans*

Cette autre espèce de Myxomycètes fait partie de la classe des *Phycomyceti*. Ses dimensions sont microscopiques. Ce n'est pas le champignon parasite lui-même qui est redouté mais plutôt les conséquences visibles de sa présence sur son hôte. Cette espèce est, en effet, l'agent du Mildiou de la Pomme de terre. Chez les plants infestés, le bord des feuilles présente des taches brunes, premier signe de l'attaque et sur les tubercules, on remarque des macules grises, un peu en creux ; au-dessous, les tissus de réserve brunissent. Chez ces tubercules colorés en brun, un épais mycélium blanc se développe au bout de deux jours (visible sur une coupe). Jadis, l'agent de ce mildiou a anéanti des récoltes entières, ce qui a eu des répercussions au niveau mondial : famine en Irlande suivie d'une émigration massive vers l'Amérique du Nord entre 1845 et 1847. En Allemagne, en 1917, la Pomme de terre fut remplacée par le Navet. Aujourd'hui encore, cette maladie de la Pomme de terre n'a pas disparu.

3 Pézize orangée

Aleuria aurantia

Cette espèce, ainsi que les deux suivantes et les cinq de la page 398, fait partie du groupe et de la classe la plus riche en espèces dans le vaste ensemble des champignons (les Ascomycètes, 45 000 espèces), auquel fait pendant la classe des Basidiomycètes à laquelle appartiennent les espèces les plus grandes et les plus consommées. Les Ascomycètes, dont les spores se développent dans des asques, sortes de sacs allongés, sont généralement plus petits et moins visibles que les Basidiomycètes. Les espèces présentées ici sont parmi les plus grosses et les plus remarquables. C'est le cas de la Pézize orangée, dont le carpophore en forme de coupe atteint 8 cm de diamètre. On la trouve sur le sol dans les bois, au bord des chemins forestiers, près des maisons (jardins, parcs). Espèce comestible en salade.

4 Gyromitre comestible

Gyromitra esculenta

Ce champignon printanier des forêts de résineux est un sosie toxique des morilles. Il est mortel dans certains pays, comestible dans d'autres (c'est le cas en France). Le chapeau (5-15 cm de haut) a l'aspect d'une cervelle (nombreuses circonvolutions) et est porté par un pied court, gris-blanchâtre ; il distingue l'espèce des morilles au chapeau bosselé par des alvéoles. Malgré son nom scientifique et son nom français, ce champignon doit être cuit longuement et consommé à intervalles.

5 Helvelle crépue

Helvella crispa

Apparaît en automne. Atteint 15 cm de haut. Reconnaissable à sa coloration blanchâtre et à sa forme très variable, irrégulière (chapeau plus ou moins en forme de selle). Le pied est creux et percé de fossettes. On le trouve à partir du mois d'août dans les forêts, parcs et prairies. Non comestible.

1a

1b

2

3

4

5a

5b

1 Morille conique

Morchella conica

Cette morille comestible apparaît en même temps que la Gyromitre (p. 396). Son chapeau présente des alvéoles délimités par des côtes plus ou moins parallèles et d'autres, transversales (ils sont presque quadrangulaires). Le chapeau mesure 3-12 cm de haut, soit le double du pied. Il faut bien distinguer cette espèce de la Gyromitre comestible. On la trouve en avril-mai dans les forêts de feuillus et de résineux sur sols calcaires, riches en éléments nutritifs.

2 Morille comestible, Morille commune

Morchella esculenta

Caractérisée par son chapeau alvéolé (4-12 cm de haut), brunâtre, plus ou moins teinté d'ocre, de gris ou d'olive, assez arrondi ou légèrement conique (**2b**). Chapeau et pied sont creux et soudés. On trouve cette espèce dans les bois de feuillus, les lieux herbeux, les haies, sous les frênes et les peupliers. Comme ses proches parentes, elle fait partie des champignons du printemps (avril-mai). Espèce utilisable de plusieurs façons. On ne doit pas manger les morilles à l'état cru; il est préférable de les ébouillanter au préalable et de jeter l'eau de cuisson. On peut les sécher sans les découper; ultérieurement, en les trempant dans le lait ou l'eau, elles retrouveront leur fraîcheur. Espèce commune.

3 Monilie

Monilinia (Sclerotinia) fructigena

Ce champignon parasite les pommes et les poires. Ses spores, véhiculées par le vent, parviennent sur les fleurs et les feuilles des arbres, développent un mycélium et pénètrent dans leur hôte. Des feuilles et des fleurs sèches, voire des rameaux entiers qui dépérissent sont les premiers symptômes de l'attaque. Plus tard, des pustules blanches, souvent disposées en cercles concentriques, apparaissent sur les fruits atteints. Il s'agit de conidies, organes d'une forme particulière de multiplication asexuée de ce champignon ascomycète. L'alternance entre zones couvertes et zones libres de pustules vient du fait que ces dernières sont formées suivant un rythme jour-nuit. Les fruits contaminés tombent ou se dessèchent en restant sur l'arbre. Actuellement, une espèce voisine (*Monilia*) est encore plus redoutée, car elle affecte les fruits à noyau (cerises) et peut tuer des arbres entiers si l'infestation est forte ou seulement l'extrémité des branches.

4 Xylaire du bois, Xylaire

Xylaria hypoxylon

Espèce commune, visible toute l'année sur les branches mortes, les souches des essences feuillues. Mesure 3-5 cm de haut. Ramifications larges d'environ 5 mm, souvent en forme de bois de cerf (**4b**). Quand ils sont nombreux, ces champignons évoquent des lichens (**4a**).

5 Ergot du seigle

Claviceps purpurea

Les formations cornées (sclérotes) noirâtres, qui apparaissent sur les épis de Seigle n'ont pas été correctement identifiées pendant longtemps et l'on ignorait qu'elles provoquaient chez l'homme des maladies graves à caractère épidémique. Jadis et surtout au Moyen Âge la maladie tua des milliers de personnes, principalement durant les famines où l'on consommait du pain fait avec de la farine « ergotée ». Les alcaloïdes de ce champignon très toxique provoquent des vertiges, vomissements, crampes et d'autres atteintes durables ainsi que la mort. Ce « mal des ardents » provoquait le noircissement et la gangrène des membres. La maladie fit mourir encore des hommes au XIXe siècle; c'est seulement depuis peu que l'on a constaté que le seul fait d'inhaler de la farine de Seigle ergoté pouvait entraîner des maux chroniques. L'Ergot du Seigle a aussi un intérêt médicinal puisqu'il provoque la contraction des muscles lisses.

1
3
2a
4a
2b
4b
5

1 Oreille de Judas

Auricularia auricula (*A. auricula-judae*)

Ce champignon a une forme insolite. Son carpophore brun, ondulé, qui mesure 3-10 cm, a la face externe veloutée ; la face interne, qui porte les spores, est gris violet, brillante, lisse et présente des arêtes saillantes. Espèce comestible. Sa chair élastique, inodore et sans saveur, se ratatine par temps sec et devient cornée, mais placée dans l'eau ou le lait, elle reprend vite sa forme et sa consistance normales. Cette espèce vit sur le tronc des vieux Sureaux mourants et sur d'autres arbres. Elle apparaît principalement entre septembre et mars, en groupes. Ce champignon est cultivé en Asie orientale et on l'emploie largement dans la cuisine chinoise d'autant plus qu'on peut le conserver à l'état sec, ce qui permet de l'utiliser n'importe quand.

2 Gyrocéphale roux

Tremiscus helvelloides

Carpophore remarquable par sa forme de spatule ou de langue, puis en entonnoir fendu latéralement, mesurant 6-12 cm de haut et 4-7 cm de large. Vit dans les forêts sur sols calcaires ; à terre, dans les clairières, au bord des fossés et des chemins, sur les talus. Visible de juillet à octobre, surtout en montagne, plus rare en plaine.

3 Clavaire en pilon

Clavariadelphus pistillaris

Atteint 25 cm de haut et 5 cm de diamètre. Chair ferme, un peu fibreuse. C'est la plus grande des clavaires simples. Vit dans les hêtraies, sur sols calcaires, là où pousse aussi la Mélique. Visible de la fin d'août à la fin de l'automne. Généralement solitaire. N'est pas comestible en raison de son amertume.

4 Sparassis crépu

Sparassis crispa

Comme l'espèce précédente, fait partie de la famille des Clavariacées dont il est le plus gros représentant : on a trouvé des exemplaires de 40 cm de diamètre et pesant 6 kilos. Carpophore constitué de ramifications très nombreuses, rubanées, lobées. L'aspect général est celui d'une éponge de toilette. Espèce parasite, qui pousse sur les pins vivants, les Épicéas ou qui est saprophyte sur le bois mort, les souches. Généralement solitaire. Visible en été et en automne. Comestible estimé à l'état jeune seulement.

5 Clavaire jolie

Ramaria formosa

Les espèces du genre *Ramaria* ont un aspect typique de corail. Celle-ci est tricolore, blanche à la base, rose saumon au niveau des ramifications et jaune à la pointe de ces dernières. Espèce purgative, légèrement toxique. Comme ses parentes, elle paraît çà et là sur le sol des forêts. En raison des risques de confusion, de sa beauté et de sa relative rareté, il vaut mieux ne pas la récolter (précaution valable aussi pour les clavaires comestibles).

6 Girolle, Chanterelle

Cantharellus cibarius

Espèce très recherchée au point que localement elle s'est fortement raréfiée. Jadis présente en grand nombre, est devenue sporadique en mainte région. Reconnaissable à sa couleur jaune pâle à jaune-orangé et a ses plis souvent fourchus, descendant sur le pied. Odeur agréable, saveur douce ou un peu piquante ou amère. L'un des champignons les plus consommés et les plus vendus. De juin à novembre, dans les forêts de feuillus et de résineux. Excellent comestible.

1
2
3
4
5
6

1 Trompette des morts, Corne d'abondance

Craterellus (*Cantharellus*) *cornucopioides*

Ce champignon vit en colonies dans la litière des forêts de feuillus (chênes, hêtres), sur sols plus ou moins acides ou calcaires. Sa coloration noirâtre ou gris-brunâtre est sans doute à l'origine de l'un de ses noms. « Chapeau » en entonnoir, atteignant 10 cm de haut ; carpophore creux jusqu'à la base, sans pied distinct. Peut être desséchée et employée comme condiment. Bon comestible.

2 Pied de mouton

Hydnum repandum

Face inférieure du chapeau couverte d'aiguillons fragiles, là où l'on s'attendrait à voir des lames ou des tubes. Chapeau atteignant 15 cm (parfois 25 cm), bosselé, avec le centre déprimé, assez irrégulier, souvent soudé à celui d'un exemplaire voisin. Champignon comestible quand il est jeune. Paraît en été et en automne (juillet-novembre) dans les forêts de résineux et de feuillus, très abondant certaines années.

3 Hydne imbriqué

Sarcodon imbricatus (*S. imbricatum*)

Face inférieure du chapeau couverte d'aiguillons, ce qui rend la détermination facile. Ces aiguillons très denses et cassants, atteignent 1 cm et sont d'abord gris-blanchâtre puis gris brun et enfin bruns. Le dessus du chapeau, gris brun à brun foncé, porte des écailles plus foncées, disposées en cercles et plus petites vers le bord. Vit dans les bois d'Épicéas et d'autres résineux, en montagne. Souvent en cercles. Généralement présent d'août à octobre-novembre.

4 Tramète versicolore

Trametes versicolor

Ce premier des amadouviers décrits est aussi le plus commun. Ses nombreux chapeaux superposés sont visibles toute l'année et peuvent recouvrir entièrement des branches mortes et des souches. Leur face supérieure présente des zones concentriques de couleurs différentes. Champignon qui joue un rôle très important pour la décomposition du bois mort.

5 Amadouvier

Fomes fomentarius

Le carpophore en forme de fer à cheval, qui atteint 50 cm, pousse principalement sur le tronc des hêtres et des bouleaux mourants ou affaiblis. Autrefois, l'intérieur de ce champignon fournissait une sorte d'amadou qui, avant la fabrication des allumettes était presque irremplaçable pour faire le feu.

6 Polypore soufré

Laetiporus sulphureus

À l'opposé des deux espèces précédentes, ce champignon est seulement annuel. Véritable parasite, il endommage toutes sortes d'essences feuillues. Plusieurs carpophores sont souvent superposés sur un tronc. Les premiers paraissent au mois de mai. Espèce comestible quand elle est très jeune.

7 Polypore

Polyporus ciliatus

Ce polypore est, lui aussi, annuel. Généralement de forme circulaire, il mesure de 5 à 10 cm de diamètre. Chapeau gris brun à beige-brunâtre, déprimé au centre, paraissant précocement (souvent en avril). Pousse sur le bois mort (troncs et branches couchés), surtout des frênes et des bouleaux. Espèce commune.

8 Pleurote en huître

Pleurotus ostreatus

Ce champignon pousse sur le bois mort des peupliers, hêtres, saules principalement, à la fin de l'automne, en hiver et aussi le reste de l'année. Carpophores en forme de coquilles, superposés. Pied excentrique ; dessus allant du gris au brun. Ce champignon fait une belle carrière depuis quelques années car on le cultive pour sa chair au goût agréable (culture sur bois de peuplier, paille, généralement à l'ombre, même dans les caves).

1
2
3
4
5
6
7
8

1 Bolet bai

Xerocomus badius

Chapeau (3-10 cm) brun chocolat à brun foncé ; pied plus clair que le chapeau. Cette espèce vit surtout dans les forêts de résineux, en terrain acide, çà et là aussi dans celles de feuillus. Apparaît assez souvent en très grand nombre. Malgré la mollesse de sa chair, est apprécié pour sa saveur douce. La couche spongieuse de tubes bleuit vite à la pression, alors que la chair ne change de couleur que lentement. Apparaît de juin à novembre. Ne doit pas être consommé cru.

2 Bolet subtomenteux

Xerocomus subtomentosus

Champignon comestible de bonne qualité, visible de juillet à octobre dans les forêts de feuillus et de résineux. Chapeau (3-12 cm) vert olive, d'abord hémisphérique et devenant faiblement convexe. Pied caractéristique, renflé à la base, un peu incurvé, strié de jaune ocre en haut et devenant progressivement roux-brunâtre vers le bas. Les tubes jaunes et la chair blanchâtre ne bleuissent pas ou peu à la pression.

3 Bolet à chair jaune

Xerocomus chrysenteron

Espèce assez commune dans les bois de feuillus et de résineux (de juillet à novembre). Pied paraissant rouge (jaunâtre avec fibrilles ou points rougeâtres). Chapeau brun foncé à brun roux, cuticule craquelée par temps sec. Les vieux exemplaires sont rapidement envahis par des moisissures. Chair très molle, c'est pourquoi il est recommandé de ne consommer que les jeunes exemplaires.

4 Cèpe de Bordeaux

Boletus edulis

C'est le roi des champignons forestiers, « le » champignon pour de nombreux amateurs. Sa chair ferme et savoureuse et la variété de ses utilisations en ont fait l'un des champignons les plus consommés depuis l'Antiquité. Son pied robuste, son chapeau, qui dépasse souvent 20 cm de diamètre, et son apparition parfois massive expliquent qu'il soit très souvent vendu sur les marchés. Ses différentes sous-espèces sont associées à diverses essences forestières par des mycorhizes. Commun surtout en montagne. De juillet à octobre.

5 Bolet satan

Boletus satanas

Ce champignon n'est pas aussi dangereux que le ferait croire son nom. Certes, il est toxique et provoque des troubles digestifs et vomissements, mais on ne peut le confondre avec les bolets comestibles si l'on évite les espèces à pied et à tubes rouges. Chair bleuissant faiblement à la coupe ; réseau rouge en haut du pied. Espèce relativement rare (mais commune localement), solitaire ou en petits groupes, dans les bois de feuillus en terrain calcaire, surtout près des hêtres et des chênes. Il est étrange que dans certains pays on le consomme impunément après préparation, fait que l'on a remarqué aussi chez certaines plantes toxiques.

6 Bolet blafard

Boletus luridus

Caractérisé par son pied jaune à rouge-orangé avec fin réseau plus foncé et ses spores rouge foncé. Chapeau de couleur variable (du brun olive au jaunâtre). Vit dans les mêmes milieux que le Bolet satan, dont il diffère par son bleuissement beaucoup plus rapide quand on le coupe. Étant donné que l'on ne mange plus les champignons que de façon accessoire et qu'il faut éviter tout risque de confusion, on s'abstiendra de récolter cette espèce qui n'est comestible qu'après cuisson et si l'on ne boit pas d'alcool en même temps.

1

2

3

4

5

6

1 Bolet doré

Suillus grevillei

Chapeau brun jaune à jaune d'or ; anneau membraneux en haut du pied. Espèce associée au mélèze, avec lequel elle vit en symbiose (son mycélium entoure les radicelles de l'arbre : mycorhizes). Cette association est à bénéfices mutuels : le champignon reçoit des hydrates de carbone et l'arbre de l'eau avec des sels minéraux. La cuticule du chapeau, collante par temps sec, devient très visqueuse par temps humide. Elle doit être enlevée avant la cuisson. Le Bolet doré pousse de juin à octobre, généralement en groupe.

2 Bolet jaune

Suillus luteus

Ressemble à l'espèce précédente. Encore plus apprécié (bon comestible). Chapeau (5-12 cm) brun chocolat, cuticule d'abord visqueuse, pelable. Vit en symbiose sous les pins, quelle que soit leur espèce : dans les landes, près du pin sylvestre, dans les terrains calcaires auprès du Pin noir et en montagne à côté du Pin mugo. Reconnaissable à son pied pourvu d'un anneau membraneux d'abord blanc puis brun-violacé.

3 Bolet rude

Leccinum scabrum

Espèce également spécialisée puisqu'elle est presque exclusivement associée avec les bouleaux. Reconnaissable à son chapeau (6-12 cm) brun jaune, gris brun à brun foncé et à son long pied (jusqu'à 15 cm), blanchâtre, couvert de mouchetures grises qui deviennent noirâtres, d'aspect rugueux. Espèce commune, apparaissant de juin à octobre, que l'on peut trouver même à proximité des villes. Comestible à l'état jeune ; pied coriace.

4 Bolet orangé

Leccinum rufum (*L. aurantiacum*)

Comme les espèces précédemment décrites sur cette page (1-3), fait partie de la famille des Bolétacées. Espèce étroitement associée au tremble. Chapeau brun-orangé, parfois encore plus grand que celui de (**3**) (6-20 cm). Pied garni de mouchetures brunes ou brun noir. À la cuisson, sa chair devient noire, mais c'est un bon comestible. D'autres espèces analogues vivent en association avec les chênes, les bouleaux ou les pins, et toutes sont comestibles mais il arrive qu'on ne les distingue pas de façon très précise.

5 Paxille à pied noir

Paxillus atrotomentosus

Apparentés aux bolets, les paxilles ont souvent le chapeau enroulé quand ils sont jeunes. De couleur brun olive à brun roux, celui de cette espèce est velouté, atteint un diamètre de 20 cm et est quelque peu excentrique. On trouve souvent cette espèce sur les souches de pins. On ne la récoltera pas en raison de son amertume ; en outre, elle est peu digeste et ainsi on pourra éviter toute confusion avec l'espèce suivante. Visible de juillet à octobre.

6 Paxille enroulé

Paxillus involutus

Autrefois consommé en garniture ou comme condiment après cuisson, ce champignon est en réalité très toxique et contient un poison dangereux pour le foie, les reins et le sang. Malgré une certaine tradition, on s'abstiendra donc de le récolter. Espèce souvent commune dans les forêts de feuillus et de résineux et même dans les jardins. Le chapeau mesure de 4 à 15 cm environ. Visible de juin à novembre.

1

2a

2b

3

4

5

6

1 Tricholome terreux (T. couleur de terre)

Tricholoma terreum

Avec cette espèce nous commençons la description des champignons à lames (ou lamelles), au nombre d'environ 2 500 espèces en Europe (ce guide en décrit 30). Parmi eux, les tricholomes, avec quelque 600 espèces en Europe centrale, constituent la famille la plus importante. Le Tricholome terreux apparaît entre août et novembre. Chapeau (4-7 cm) gris ou plus ou moins clair, couvert d'écailles gris brun. Vit dans les forêts de résineux (pins, épicéa). Espèce comestible, que l'on s'abstiendra pourtant de récolter en raison des risques de confusion avec plusieurs champignons semblables, qui sont toxiques.

2 Clitocybe nébuleux

Clitocybe (Lepista) nebularis

Apparaît entre septembre et novembre dans les bois de feuillus et de résineux, souvent en grand nombre (cercles, lignes). Chapeau brun gris ou gris cendré clair à gris foncé (5-20 cm). Comestible, mais n'est pas supporté par tous les consommateurs.

3 Clitocybe anisé (C. odorant)

Clitocybe odora

Cette espèce diffère des autres tricholomes par son odeur d'anis, qu'elle conserve, même après cuisson. Chapeau (3-8 cm) de couleur variant entre le bleu vert plus ou moins vif et le gris-verdâtre, pâlissant avec l'âge et pouvant alors devenir blanchâtre ; il est généralement en forme d'entonnoir peu profond. Bien qu'elle vive dans toutes sortes de forêts, cette espèce pousse plutôt dans la litière sous les épicéas.

4 Tricholome de la Saint-Georges, Mousseron de printemps

Calocybe gambosa

Espèce apparaissant dès le mois d'avril et jusqu'en juin dans les forêts claires, les parcs, les lieux herbeux. Chapeau (3-15 cm) et pied sont blanchâtres ou blanc-jaunâtre. Odeur de farine, saveur agréable. Le pied ne change pas de couleur quand on le coupe. Très bon comestible.

5 Marasme d'Oréade, Mousseron d'automne

Ce petit champignon (chapeau 2-8 cm, d'abord convexe puis étalé-mamelonné) croît entre mai et novembre dans les lieux herbeux, les prairies, le gazon des jardins, où il forme assez souvent des cercles. On ne mangera que le chapeau. Les lames, espacées, permettent d'éviter toute confusion avec des sosies toxiques.

6 Armillaire couleur de miel

Armillaria mellea (Armillariella m.)

Pousse en automne (d'août à novembre) sur les souches, les arbres morts couchés, parfois sur les épicéas et les pins sylvestres vivants ou directement sur la terre. Forme des touffes très denses. Parasite de nombreuses essences, mais surtout les arbres affaiblis. Chapeau : 3-15 cm. Anneau blanc à jaunâtre sur le pied. Comestible seulement après cuisson (jeter l'eau).

7 Collybie à pied velouté

Flammulina velutipes

Petite espèce apparaissant de septembre ou octobre à mars-avril. Produit des spores même en hiver. Pousse en touffes sur les essences feuillues, surtout les saules et les aulnes (souches, troncs, branches). C'est l'un des rares champignons d'hiver qui soit comestible. On peut le récolter même s'il est gelé. Chapeau : 2-10 cm. On le cultive depuis peu, apparemment sans difficultés, et il est vendu presque tout au long de l'année.

1
2
3
4
5
6
7

1 Amanite citrine

Amanita citrina

Cette page est consacrée aux amanites (29 espèces en Europe), caractérisées par leur pied pourvu d'un anneau membraneux et dont la base, renflée, est entourée d'une volve. Nous commencerons par l'Amanite citrine, qui est l'une des moins toxiques du groupe, d'autres étant des champignons mortels. Elle est comestible selon certains spécialistes, indigeste pour d'autres et en tout cas, elle a un goût fort désagréable. Son odeur évoque celle des vieilles pommes de terre germées. Les lames blanches, la volve et les plaques irrégulières qui recouvrent le chapeau (5-10 cm) risquent de la faire confondre avec l'Amanite phalloïde et l'Amanite vireuse, qui sont mortelles.

2 Amanite vireuse

Amanita virosa

Espèce très toxique (mortelle), plus rare que la suivante. Chapeau (4-10 cm) et lames sont blanc pur. Les jeunes exemplaires, globuleux à ovoïdes, peuvent être confondus avec de jeunes agarics, c'est pourquoi il vaut mieux éviter de récolter les très jeunes champignons. Apparaît de juillet à octobre dans les forêts de feuillus ou de résineux (en France, surtout au nord de la Loire).

3 Amanite phalloïde

Amanita phalloides

Espèce largement répandue et commune, ce qui la rend d'autant plus dangereuse. Chapeau (4-15 cm) de couleur variable, du vert olive au vert jaune, parfois même blanchâtre. Les symptômes d'empoisonnement ne se manifestent que de 8 à 20 heures après la consommation et il est alors souvent trop tard. Un morceau de cette amanite suffit souvent pour déclencher vomissements, sudation et crampes. Après un bref répit, la mort peut survenir par suite de graves lésions du foie.

4 Amanite rougeâtre, Golmotte

Amanita rubescens

Contrairement aux espèces précédentes, cette amanite est comestible une fois cuite, mais elle est toxique à l'état cru. Elle apparaît entre juin et octobre dans les forêts de feuillus et de résineux. Sa chair blanche devient rougeâtre si on la coupe ou si elle est rongée par des limaces. L'anneau, finement strié, grand et pendant, et l'absence de véritable volve à la base du pied renflé, sont des détails importants pour la distinguer de l'espèce suivante, très toxique.

5 Amanite panthère

Amanita pantherina

Les effets contraires de la muscarine (excitante et grisante) et de la muscaridine (paralysante) se manifestent au bout de quelques minutes et au plus tard une demi-heure après la consommation de ce champignon très toxique. Si la circulation sanguine reste normale, le médecin pourra éviter le pire, mais en général, la personne empoisonnée aura des vomissements, vertiges, troubles de la vision et ne pourra plus coordonner ses mouvements. Chapeau gris brun à brun olive, nettement strié au bord, parsemé de verrues blanchâtres (5-15 cm). Base du pied renflée avec plusieurs bourrelets. Dans les bois de feuillus et de résineux entre juillet et octobre.

6 Amanite tue-mouches

Amanita muscaria

C'est l'un de nos plus beaux champignons et l'un des plus connus. On le voit même dans les livres pour enfants, mais cela ne doit pas faire croire qu'il est inoffensif. Bien qu'il soit consommé dans certains pays, il est, ailleurs, nettement toxique. Le règle d'or sera donc de s'abstenir de le récolter. Chapeau : 5-20 cm ; le pied mesure jusqu'à 25 cm de long. Sous les bouleaux ou les épicéas, d'août à octobre.

1

2

4

3

5

6a

6b

1 Coulemelle, Lépiote élevée

Macrolepiota procera (*Lepiota p.*)

Très grand champignon : le chapeau atteint 40 cm de diamètre et le pied de 30 à 40 cm. Ce dernier est creux, très ferme, porte des cernes bruns et un anneau coulissant, complexe. Le chapeau a un goût agréable mais on ne mangera pas le pied. La Coulemelle est commune dans certaines forêts de feuillus ou de résineux; on la trouvera aussi bien sous les chênes et les hêtres que sous les pins, généralement entre juillet et octobre. Elle pousse souvent en petits groupes.

2 Rosé des prés, Agaric champêtre, Psalliote des prés

Agaricus campestris

C'est l'un des plus connus et des plus appréciés parmi les champignons; certaines années, il est très abondant dans les pâturages. Les premiers apparaissent en mai-juin et on en voit jusqu'en octobre. Le genre *Agaricus* comprend plusieurs espèces semblables; toutes ont un pied assez court et, dans leur jeunesse, un chapeau hémisphérique, ainsi que des lames toujours roses ou brunâtres, jamais blanches. Le champignon de couche, cultivé, est très proche de l'Agaric champêtre mais il s'agit d'une espèce distincte, que l'on obtient sur des « meules » de fumier dans des « champignonnières », creusées dans le roc.

3 Hypholome capnoïde

Hypholoma capnoides

Comme les autres hypholomes, cette espèce vit en touffes sur les souches d'arbres et souvent en si grand nombre que l'amateur de champignons sera tenté de les cueillir. Toutefois, il est formellement déconseillé de manger ces espèces, bien que l'Hypholome capnoïde soit comestible : en effet, les risques de confusions sont trop grands avec des espèces immangeables ou légèrement toxiques.

4 Pholiote changeante

Pholiota (*Kuehneromyces*) *mutabilis*

Du printemps (mai) et jusqu'en décembre, cette pholiote est largement répandue et pousse en touffes, généralement importantes, sur les souches des arbres (feuillus et résineux), ainsi qu'à terre, sur le bois mort. Chapeau (3-6 cm) brun jaune au centre, jaune sur les bords; pied (3-8 cm) couvert de fines écailles brunes. Ces deux détails la distinguent de ses sosies (d'autres pholiotes) et de *Galerina marginata*, espèce très toxique (mortelle).

5 Cortinaire de Berkeley, C. remarquable

Cortinarius praestans

Cette espèce n'apparaît qu'en automne et au début de l'hiver dans les forêts de feuillus, plus rarement dans celles de résineux. Elle est caractérisée par les restes du voile sous forme de filaments soyeux, blanc violet, visibles sur le pied et de plaques blanchâtres présentes sur le chapeau. Ce dernier atteint 25-30 cm de diamètre, est brun, lisse et poisseux. L'épaisseur du chapeau et du pied ainsi que la saveur douce attirent souvent l'amateur de champignons qui, s'il n'a pas de bonnes connaissances en mycologie, devrait s'abstenir de récolter tous les cortinaires.

6 Inocybe de Patouillard

Inocybe erubescens (*I. patouillardi*)

Ce champignon très toxique apparaît de mai à juillet sous les essences feuillues dans les forêts et les parcs, principalement sur les sols calcaires. Le chapeau (jusqu'à 8-12 cm) est d'abord blanchâtre, puis jaunâtre à gris brun, ensuite, il devient rouge brique et finalement brun roux. Le mamelon pointu et les crevasses, qui se forment avec l'âge, sont des détails caractéristiques. L'odeur de farine ou fruitée et la saveur douce risquent d'induire en erreur; ce champignon est en réalité très dangereux. Il faut donc ne pas oublier que ni le goût ni l'odeur d'un champignon ne suffisent pour l'identifier correctement.

1

2

3

4a

5

6

4b

1 Coprin chevelu

Coprinus comatus

Les coprins se distinguent des autres champignons car, à maturité, leur carpophore se liquéfie progressivement et leurs spores noires tombent sous forme de gouttes semblables à de l'encre. Ces spores sont dispersées par des insectes (surtout charognards) et non pas par le vent. Le Coprin chevelu est la plus grande espèce (chapeau : 6-12 cm de haut et 3-6 cm de diamètre; pied : 10-20 cm). Le chapeau blanc, d'abord ovoïde, devient cylindrique et est étroitement appliqué sur le pied. Les lames, d'abord blanches, deviennent roses et finalement noires. Espèce fréquente sur les tas de fumier, de compost, dans les prairies fumées, sur les gazons, mais dont la présence est irrégulière d'une année à l'autre. Comestible très jeune.

2 Coprin micacé

Coprinus micaceus

Quand il est jeune, ce petit champignon a le chapeau couvert de nombreuses granulations; il mesure 2 à 4 cm de diamètre et est beige à ocre-brunâtre. Comme chez l'espèce précédente, les lames noircissent peu à peu. Pousse souvent en grandes touffes sur le bois pourri déjà recouvert de feuilles mortes. Comestible médiocre, toxique si l'on boit de l'alcool en le mangeant.

3 Russule comestible

Russula vesca

Les russules et les lactaires (page suivante) font partie d'une famille dont les membres ont des lames épaisses, un chapeau et un pied cassants (la zone de cassure n'est pas fibreuse mais friable). Les russules (110 espèces en Europe centrale) ont généralement le chapeau de vive couleur, plan-convexe ou faiblement déprimé ; sa cuticule est entièrement ou partiellement pelable. Même si l'on a correctement identifié le genre *Russula*, il est difficile de déterminer les espèces d'après leur saveur; cependant, toutes celles qui ont une saveur douce sont comestibles. C'est le cas de la Russule comestible, dont le chapeau atteint 10 cm de diamètre. Cette espèce est présente tout au long de l'été (juillet-septembre) dans les forêts de feuillus et de résineux où elle est commune. La couleur rougeâtre à acajou du chapeau et les lames, qui remontent un peu sur ses bords, sont caractéristiques.

4 Russule entière

Russula integra

La coloration de cette espèce, généralement commune dans les forêts de résineux en été, est très variable, mais les tons bruns dominent. D'abord blanches, les lames deviennent jaune beurre et enfin ocre à brun clair. Espèce comestible bien qu'elle n'ait pas de goût particulier. Le chapeau mesure de 5 à 12 cm de diamètre; il peut être brun clair ou foncé, plus ou moins violet ou olive-jaunâtre partiellement tacheté d'ocre.

5 Russule charbonnière

Russula cyanoxantha

Cette espèce accompagne souvent le hêtre mais pas exclusivement. La coloration du chapeau (6-15 cm) est très variable mais comporte toujours des tons verts et violets. Les lames ne sont pas cassantes, à la différence de celles des autres russules. C'est l'une des meilleures russules, qui apparaît de juin à octobre et qui est commune.

6 Russule émétique

Russula emetica

La couleur rouge de son chapeau (4-10 cm) attire les regards. On trouve souvent cette espèce parmi les coussinets de mousse, dans les lieux humides et même sous les épicéas, dans la pénombre. Si l'on en goûte un fragment (que l'on rejettera aussitôt après), on s'apercevra de son âcreté. Les spécialistes ne sont pas d'accord sur sa toxicité : est-elle réellement dangereuse ou entraîne-t-elle seulement et parfois des vomissements ? En tout cas, elle est immangeable et il vaut mieux ne pas essayer de la consommer. Espèce visible de juillet à novembre, commune.

1a
1b
2
3
4
5
6

1 Lactaire délicieux

Lactarius deliciosus

Apparentés aux russules, les lactaires (genre *Lactarius*) s'en distinguent par le lait qu'ils contiennent, leurs couleurs moins vives, la cuticule du chapeau difficilement pelable et le chapeau lui-même, généralement un peu déprimé en forme d'entonnoir. Les espèces qui ont un lait rouge-orangé sont parmi les meilleures; c'est le cas du Lactaire délicieux, dont le chapeau (5-20 cm) présente des cercles concentriques sombres sur un fond orangé et qui verdit avec l'âge. Le pied (4-7 cm) et les lames sont jaune-orangé à ocre-orangé (**1a**). Ce lactaire apparaît en été sous les pins, après les averses orageuses, par temps chaud et humide. Excellent comestible, surtout s'il est pané.

2 Lactaire poivré

Lactarius piperatus

Le nom de cette espèce est explicite; son lait blanc, abondant, a une saveur brûlante. Le chapeau (5-15 cm) et le grand pied grêle sont blancs ainsi que les lames, très serrées et qui descendent un peu sur le pied. Cette espèce croît en été dans les forêts de feuillus et de résineux, notamment sous les hêtres, généralement en groupes importants, en lignes ou en cercles. Elle n'est pas toxique mais immangeable; toutefois, ailleurs en Europe on la considère comme tout à fait comestible.

3 Lactaire toisonné

Lactarius torminosus

Cette espèce est étroitement associée aux bouleaux avec lesquels elle vit en symbiose (elle en reçoit des hydrates de carbone et leur fournit de l'eau et des sels minéraux). Son lait blanc, son chapeau (5-15 cm) rose à orangé, couvert de peluches, sont quelques-uns de ses caractères essentiels. Espèce non comestible crue ou cuite (toxique). Apparaît entre août et octobre.

4 Fausse Girolle

Hygrophoropsis aurantiaca

Il arrive souvent que l'on prenne cette espèce pour la Girolle comestible, dont elle est le sosie. Certes, la confusion n'aura pas de conséquences graves mais entraînera tout de même des troubles gastro-intestinaux. Le meilleur caractère distinctif est fourni par les lames, serrées, fourchues, qui n'existent pas chez la Girolle, où elles sont remplacées par des plis (cette dernière fait partie de l'ordre des Poriales et non pas des champignons à lames). En outre, la Girolle a une chair cassante et non pas souple et molle. La Fausse Girolle apparaît, comme elle, en automne (septembre-novembre) dans les bois, sur la terre ou sur le bois très pourri des résineux. Son chapeau mesure de 3 à 10 cm de diamètre.

5 Hygrophore à lames jaunes

Hygrophorus hypothejus

Chapeau (1-6 cm) visqueux-collant, brun olive ou gris olive. Pied grêle, haut de 3-10 cm. Avec l'âge, le revêtement visqueux du chapeau se réduit à des débris que l'on enlève facilement. À ce stade, l'Hygrophore à lames jaunes est appétissant et est effectivement comestible. Espèce remarquable par sa période d'apparition au début de l'hiver (octobre-décembre), souvent après les premières gelées. On peut la trouver pendant tout l'hiver et parfois jusqu'en février dans les forêts de pins, les landes à genévriers où elle peut être commune. Sa présence hivernale permet aux amateurs de manger des champignons à une saison où ces comestibles sont rares. Sa chair est généralement dépourvue de vers.

1a

1b

2

3

4

5

1 Lycoperdon à pierreries (Vesse de loup)

Lycoperdon perlatum

Cette page est consacrée à 6 espèces de Gastéromycétales, champignons chez lesquels les spores mûrissent à l'intérieur du carpophore. Le Lycoperdon à pierreries ou Vesse de loup à pierreries, est facilement reconnaissable à sa forme : le réceptacle, haut de 3 à 10 cm, est globuleux et porté par un pied un peu plus mince, d'où son aspect de poire (**1a**). D'abord blanc, il brunit ensuite et est couvert de granules saillants, que l'on peut facilement enlever. Quand les spores sont mûres, le sommet du réceptacle se déchire et les spores s'échappent sous forme d'une poussière brune (**1b**). Espèce souvent commune en été et en automne dans les forêts de résineux et de feuillus. On peut la consommer tant que la chair est blanche. Les spores n'étant pas toxiques, les enfants ne courent aucun danger à les faire sortir en pressant sur le réceptacle.

2 Vesse de loup géante

Langermannia (Bovista) gigantea

Chaque année ou presque, les journaux relatent la découverte de vesses de loup gigantesques, qui atteignent 10 kilos et 50 cm de diamètre, voire davantage. Il s'agit de cette espèce, qui reste longtemps blanche avant de passer au gris-jaunâtre. On la trouve (souvent chaque année au même endroit) dans les prairies, sur les pelouses des jardins et des parcs. Jeune, elle est comestible, mais il est dommage de la prendre en raison de ses dimensions imposantes.

3 Scléroderme vulgaire

Scleroderma citrinum

Ce champignon (diamètre : 4-12 cm) ressemble à une pomme de terre par sa forme et sa surface jaunâtre parsemée d'écailles brunes. Il est dépourvu de pied et seuls des cordons mycéliens le relient au substrat. Cette espèce, aux parois dures, n'est pas plus comestible que celles qui ont une enveloppe plus fine; en outre, son odeur est désagréable. La masse des spores devient vite noir-violacé. Apparaît en été dans les forêts de feuillus et de résineux, sur les sols siliceux.

4 Géastre frangé

Geastrum fimbriatum

Quand il est encore fermé, le réceptacle (2-5 cm) ressemble à une vesse de loup et se trouve dans la terre. À maturité, son enveloppe se déchire en six à huit lobes disposés en étoile, à demi-enroulés et le sac contenant les spores est repoussé à la surface. L'orifice par lequel sortent les spores est entouré de franges. Ce champignon vit dans les forêts de résineux et paraît entre août et octobre.

5 Satyre puant

Phallus impudicus

Espèce reconnaissable à son odeur de charogne, qui attire des insectes (mouches notamment). Ceux-ci se posent sur le chapeau vert foncé à brun olive, visqueux, mangent cette masse gluante et transportent les spores fixées sur leur corps. Les jeunes exemplaires, appelés « œufs de sorcière » sont blancs et mesurent 3-6 cm de diamètre. Les exemplaires âgés atteignent une hauteur totale de 10-20 cm. Visible de mai à novembre dans les bois de feuillus et de résineux.

6 Anthurus d'Archer

Clathrus archeri

Ce champignon, qui a l'aspect d'une étoile de mer, est également issu d'un « œuf de sorcière ». Il a de 4 à 7 lobes pointus, étalés, rouges sur la face supérieure. Cette espèce insolite, qui atteint 20-30 cm de diamètre, est probablement parvenue en Europe dans des balles de laine importées d'Australie et a été signalée pour la première fois en 1921 dans les Vosges. Aujourd'hui, elle est assez répandue en France (Est, Centre, Sud-Ouest, etc.).

1a
2
1b
3a
3b
4
5
6

Les lichens résultent de l'association symbiotique de champignons généralement Ascomycètes et d'algues — Algues vertes et Algues bleues. Les champignons dominent mais ne sont guère présents, seuls, dans la nature, alors que les algues peuvent vivre librement à l'écart de leurs associés. Normalement, les deux partenaires profitent de l'association : les champignons absorbent les hydrates de carbone produits par les algues et ces dernières sont protégées de la sécheresse et de la chaleur par les champignons, qui les entourent, et sans lesquels les lichens ne pourraient vivre dans les milieux où règnent des conditions extrêmes.

Pour identifier les lichens, on commencera par distinguer trois types, qui n'ont rien à voir avec la classification scientifique, celle-ci étant fondée sur les parentés. Les deux premières espèces font partie des lichens encroûtants ou crustacés, dont le thalle est fermement fixé sur le substrat; les quatre suivantes sont des lichens foliacés, que l'on peut facilement séparer de leur support.

1 *Graphis scripta*

Cette espèce pousse sur les arbres à écorce lisse (tilleuls, Sorbier des oiseaux, Noisetier) et est largement répandue en Europe. Son thalle a l'aspect d'une croûte grise, très fine et en général il est enfoncé dans l'écorce. Les fructifications sont remarquables par leur forme de sillons longitudinaux et ramifiés.

2 Lichen carte géographique

Rhizocarpon geographicum

Vit principalement sur les rochers siliceux en montagne. Ses croûtes jaune vert évoquent des cartes, leur thalle étant divisé en compartiments irréguliers. Cette espèce n'est pas rare. L'étonnante diversité de ses dessins est due à la présence des organes reproducteurs noirs.

3 Parmélie

Parmelia (Hypogymnia) physodes

Lichen largement employé actuellement pour apprécier le degré de pollution atmosphérique. Il se distingue par sa forte résistance aux substances polluantes et, en général, c'est l'un des derniers à disparaître dans les lieux où l'atmosphère est devenue très sale. On le trouve sur l'écorce des arbres, le bois, les pierres et il est très commun. Ses thalles arrondis, gris vert, aux lobes terminaux renflés, sont souvent gazonnants.

4 *Xanthoria parietina*

À proximité des fermes et des champs, où se trouvent des poussières de nitrates et de phosphates, mais aussi près des côtes, ce lichen est fréquent sur les écorces, le bois et les pierres. On le reconnaîtra à son thalle de grande taille, jaune-orangé, composé de petits éléments aplatis (1-5 mm de large).

5 Lichen des chiens

Peltigera canina

Vit à terre, souvent parmi des mousses, et aussi sur les murs et les rochers. Peut couvrir quelques centimètres carrés. Thalle lobé, gris bleu dessus et feutré. Jadis, on lui attribuait des vertus antirabiques (nom tiré du latin *canis*, chien).

6 Lichen poumon

Lobaria pulmonaria

Atteint 20 cm de long et 10 cm de large. Lichen foliacé, qui pousse sur les rochers et sur le tronc des arbres. Sa structure, qui évoque vaguement celle d'un poumon, fit croire autrefois, qu'il pouvait servir à soigner certaines affections pulmonaires. Présent surtout dans les régions qui ont un climat de type océanique.

1
2
3
4a
4b
5
6

Les lichens décrits sur cette page ont un thalle ramifié, dont la forme évoque celle d'un petit buisson car il est généralement dressé. Les lichens barbus (**4**), également ramifiés, ont un thalle aux divisions très fines ayant la forme de lanières (**5**, **6**); dans les deux cas, ils sont pendants.

1 Mousse d'Islande

Cetraria islandica

Thalle divisé en rameaux assez larges. Aspect de mousse, ce qui le distingue des autres lichens buissonnants. Vit sur le sol, dans les landes, les bois de pins et de bouleaux en terrain acide. A servi de nourriture pendant des famines (contient de la lichénine, semblable à l'amidon, mais cette substance est difficilement utilisable car il faut d'abord extraire les principes amers, ce qui prend beaucoup de temps). Plante médicinale (substances amères et mucilagineuses).

2 Lichen des rennes

Cladonia rangiferina/Cladonia arbuscula

Le genre *Cladonia* est très riche en espèces de formes variées. Son nom scientifique fait allusion aux ramifications (du grec *klades*, rameau). Ces deux espèces, très semblables, ont un thalle buissonnant, dont les extrémités, divisées trois ou quatre fois, portent les organes reproducteurs (**2b**). La première est gris-blanchâtre, la seconde plutôt jaunâtre. Toutes deux forment souvent de grands coussinets sur les sols sablonneux des landes (**2a**). Dans le nord de l'Europe, elles font partie des lichens les plus communs. Avec la Mousse d'Islande, elles entrent pour une large part dans le régime des Rennes, surtout en montagne. Les modélistes s'en servent souvent pour simuler des broussailles.

3 *Cladonia pyxidata*

Chez ce lichen, le thalle gris vert porte des coupes dressées aux parois épaisses. Il pousse souvent sur les sols secs, maigres ainsi que sur les remblais, les murs et les rochers (substrats acides).

4 Usnée

Usnea filipendula

Plusieurs espèces semblables ont un thalle barbu, pendant, atteignant 50 cm de long, fixé sur les rochers ou les branches. Elles étaient jadis fréquentes dans les forêts de montagne, mais récemment, elles se sont considérablement raréfiées localement à cause de la pollution atmosphérique. Elles ont même disparu dans de larges portions de leur aire de distribution.

5 « Mousse » des chênes

Evernia prunastri

Les ramifications de ce lichen touffu sont pendantes et mesurent environ 5 cm. La face supérieure du thalle est gris vert et la face inférieure est gris blanc. Ce lichen pousse plutôt sur les buissons et les petits arbres (essences feuillues), ainsi que sur le bois et la pierre. Son nom scientifique évoque sa présence fréquente sur les pruniers et le Prunellier. En parfumerie, on utilise ce lichen comme liant.

6 *Pseudevernia furfuracea*

À la différence de l'espèce précédente, celle-ci a le dessous du thalle noirâtre et ses ramifications sont plus longues. On la trouve surtout dans les forêts de résineux en montagne, parfois aussi sur des essences feuillues, le bois mort et les pierres. Comme la précédente, on l'emploie dans l'industrie des parfums.

1
2a
4
2b
3
5
6

Les Algues bleues (environ 2 000 espèces) sont des organismes souvent microscopiques (unicellulaires), alors que les algues proprement dites ont fréquemment d'importantes dimensions. Les Algues bleues ont un « noyau » dépourvu de membrane. Une seule espèce de ce groupe sera décrite ici (**1**). Les algues proprement dites sont réparties entre plusieurs classes. Leurs cellules possèdent un véritable noyau et elles dérivent probablement d'une forme ancestrale unicellulaire, pourvue de flagelles (appendices filiformes). Les espèces actuelles sont de tailles très variées. Les plus petites n'ont qu'une seule cellule, d'autres, sont ramifiées et filiformes, enfin les plus grandes, en forme de lanières, ont parfois des tissus différenciés.

Le degré d'organisation des différentes espèces joue un rôle secondaire par rapport à la couleur des substances qu'elles contiennent et qui permettent de distinguer les grands groupes (classes). Sur cette page, on a décrit quelques espèces des eaux stagnantes et courantes ainsi que des lieux humides. Elles sont visibles par tout un chacun mais n'ont généralement pas de nom français, car il est difficile de les identifier à l'œil nu. Sur la page suivante se trouvent quelques espèces marines, plus grandes, que l'on peut déterminer, et qui sont bien connues sur les côtes. On consultera des ouvrages spécialisés si l'on veut en savoir davantage sur la diversité des algues (voir la Bibliographie, p. 428).

1 Tapis d'Algues bleues

Microcystis

Les Algues bleues forment souvent un véritable tapis à la surface des eaux stagnantes peu polluées, riches en éléments nutritifs (**1a**). Des vacuoles (poches) incluses dans leurs cellules globuleuses, qui forment souvent des amas de plusieurs milliers entourés d'une substance gélatineuse, leur permettent de flotter librement comme le plancton. Beaucoup sont rejetées sur les berges où elles répandent souvent une odeur désagréable. En dehors de ce cas, les Algues bleues, qui sont d'abord glauques, jaunissent après avoir absorbé les substances minérales présentes dans l'eau. Cela arrive généralement en été, quand la température de l'eau est élevée.

2 Spirogyre

Spirogyra

Sur les eaux stagnantes de divers types, on observe souvent une couche flottante d'aspect visqueux, formée d'Algues vertes filamenteuses, non cloisonnées (**2a**). Il s'agit fréquemment de Spirogyres, dont les cellules cylindriques, contiennent des chloroplastes rubanés, plus ou moins enroulés en spirales (**2b**). On les trouve généralement dans les petites collections d'eau riches en éléments nutritifs et qui s'échauffent rapidement.

3 *Chara*

Chara

Les *Chara* sont de grands végétaux dont l'axe porte des rameaux disposés en verticilles (sur ce point, elles ressemblent aux prêles). Elles forment de véritables prairies submergées, hautes de 20-30 cm. Des filaments incolores (rhizoïdes) les fixent au fond de l'eau. Leur thalle est souvent cassant, car incrusté de calcaire.

4 *Chlorococcum*

Font partie de ce genre les plus fréquentes des algues aériennes et terrestres, qui revêtent d'une couche verte le tronc des arbres et plus particulièrement celui des hêtres, mais qui poussent aussi sur les murs et à terre. Leurs cellules rondes mesurent généralement 3 à 5 µ. Il est difficile de nettoyer les vêtements qu'elles ont verdis quand on a grimpé dans un arbre.

1a
1b
1c
2a
2b
3
4

1 Entéromorphe

Enteromorpha compressa

On trouve cette algue verte sur le bois flotté et les galets du bord de mer. C'est l'une des espèces les plus répandues de la mer du Nord à la Méditerranée. Ses éléments longs, étroits, généralement ramifiés, se rétrécissent à leur base. À l'air libre, ils s'enroulent et ont plutôt l'aspect de tuyaux. Cette espèce atteint 30 cm de long et on la trouve aussi dans les petites mares dont la salinité est faible.

2 Laitue de mer

Ulva lactuca

Cette algue verte est présente toute l'année sur les pierres, les rochers dans la mer du Nord, la Manche, l'océan Atlantique et la Méditerranée. Très fine, elle a des lobes irréguliers. Son thalle, fixé au substrat par un crampon, peut dépasser 50 cm de long. Cette algue marine est parfois consommée en salade. Quand elle est rejetée en grande quantité sur les plages, elle peut servir d'engrais.

3 *Chorda filum*

Le thalle de cette Algue brune atteint 2 à 4,50 m de long et 2-5 mm d'épaisseur. Il est creux, non ramifié et partiellement rempli d'air. Cette espèce pousse à quelques mètres au-dessous de la surface, fixée sur des galets ou sur le sable, souvent en grand nombre. Dans l'eau calme, plus ou moins dressée, elle ondule en suivant les mouvements des marées. On la trouve sur les côtes de la mer du Nord, de la Manche et de l'océan Atlantique.

4 Fucus vésiculeux

Fucus vesiculosus

Algue brun jaune ou brun olive, ferme, atteignant 1 m de long. Fait partie de la classe des Algues brunes. On la reconnaît à ses rubans lisses pourvus d'une côte médiane et de flotteurs généralement disposés par paires, qui la maintiennent dressée. Elle forme des prairies sous-marines sur les côtes rocheuses. Un crampon discoïde la fixe sur le substrat. Très souvent arrachée par les vagues, elle est rejetée sur le littoral où elle est commune (côtes de la mer du Nord, de la Manche et de l'océan Atlantique). Plante médicinale employée pour certains régimes amaigrissants ; riche en vitamines et en oligo-éléments.

5 Laminaire

Laminaria digitata

Cette Algue brune a un stipe arrondi, de la grosseur du doigt, élargi en une fronde elle-même divisée en lanières atteignant 3 m de long. On la trouve sur les côtes rocheuses, au-dessous de la zone de balancement des marées (elle n'est découverte que lors des marées de vive-eau ou « grandes marées »). Le genre *Laminaria* comprend des espèces vivant dans les eaux froides. De la mer du Nord à l'océan Atlantique, leur densité, leurs dimensions, leur diversité morphologique ainsi que le nombre de leurs espèces augmentent. On s'en sert encore comme engrais et comme nourriture pour le bétail. Les laminaires et les fucus ont également servi à obtenir de l'iode et de la potasse avant que la concurrence de produits venus de l'étranger ne rende cette exploitation obsolète.

6 *Plocanium coccineum*

On trouve cette algue sur les côtes de la mer du Nord, de la Manche, de l'océan Atlantique et de la Méditerranée. Son thalle est très rameux. Sa belle couleur rouge et la finesse de ses ramifications en font l'une des plus belles algues de nos côtes. Longueur : de 5 à 30 cm.

7 *Phycodrys rubens*

Cette autre Algue rouge a des ramifications rubanées, crénelées, évoquant des feuilles de chênes. On la trouve toute l'année sur les côtes de la mer du Nord, de la Manche et de l'océan Atlantique, mais elle est plus rare que les autres espèces citées précédemment. Elle vit dans les eaux profondes, à l'étage infralittoral, fixée sur les rochers ou sur des laminaires.

1
2
3
4
5
6
7

Les livres mentionnés ci-dessous seront utiles à ceux qui désirent davantage de détails sur les caractères distinctifs des végétaux décrits ou encore sur certains groupes de plantes.

FOURNIER P. – *Les 4 flores de France, Corse comprise.* P. Lechevalier, Paris, 1977.

GERHARDT E. – *Guide Vigot des champignons.* Vigot, Paris, 1999.

Laux, H. E. – *Guide Vigot des champignons comestibles et de leurs sosies toxiques.* Vigot, Paris, 1999.

GUINOCHET M., VILMORIN R. – *Flore de France.* CNRS-Doin, Paris, 1973-1984.

AICHELE R., WERNER H., SCHWEGLER A. – *Guide Vigot des fleurs des montagnes.* Vigot, Paris, 1999.

GREY-WILSON C., BLAMEY M. – *Guide des fleurs de montagne.* Delachaux et Niestlé, Lausanne-Paris, 1996.

FITTER R., FITTER A. FARBER A. – *Guide des graminées, carex, joncs, fougères.* Delachaux et Niestlé, Neuchâtel-Paris, 1991.

JAHNS H.M. – *Guide des fougères, mousses et lichens d'Europe.* Delachaux et Niestlé, Neuchâtel-Paris, 1989.

BAYER E., BUTTLER K.P., FINKENZELLER X., GRAU J. – *Guide de la flore méditerranéenne.* Delachaux et Niestlé, Lausanne-Paris.

GAMISANS J., MARZOCCHI J.-F. – *La flore endémique de la Corse.* Edisud, Aix-en-Provence, 1996.

POLUNIN O. – *Arbres et arbustes d'Europe.* Delachaux et Niestlé.

KREMER B.P. – *Guide Vigot des arbres des régions tempérées d'Europe.* Vigot, Paris, 1999.

CAMPBELL A.C., NICHOLS J. – *Guide de la faune et de la flore littorales des mers d'Europe.* Delachaux et Niestlé, Neuchâtel-Paris, 1979.

CLÉMENT J.-L. – *Connaissance des orchidées sauvages.* La Maison Rustique, Paris, 1978.

BECKER M., PICARD J.-F., TIMBAL J. – *Larousse des arbres, des arbustes et des arbrisseaux de l'Europe occidentale.* Larousse, Paris, 1982.

CLAUSTRES J., LEMOINE C. – *Connaître et reconnaître la flore et la végétation des côtes Manche-Atlantique.* Ouest-France, Rennes, 1980.

Aichele 52/3a, 58/1a, 58/2b, 58/3a, 64/4a, 68/1a, 68/2a, 72/2, 72/5, 74/1, 76/4a, 78/3a, 84/2a, 92/2a, 96/1a, 100/1a, 100/1b, 100/3, 100/4b, 102/2a, 102/2b, 104/4, 106/3, 108/3a, 110/1a, 110/2, 112/4a, 114/1, 114/3, 116/3, 116/4b, 118/2, 120/2, 122/3b, 124/3, 126/5, 136/2a, 136/2b, 136/3b, 140/2, 140/3, 140/5a, 142/3a, 144/4, 148/3a, 148/3b, 148/4a, 150/1, 154/2b, 156/3b, 158/3a, 158/3b, 160/4a, 162/2b, 164/1a, 164/2b, 164/3, 164/4, 166/1, 168/3a, 170/5a, 172/1a, 172/1b, 174/2a, 174/4b, 180/3b, 182/1, 182/3a, 182/4a, 188/2, 190/1, 190/5, 194/4, 196/3b, 196/4, 198/3, 198/4b, 200/3a, 200/3b, 200/4a, 200/4b, 204/2, 204/4a, 204/4b, 208/2, 208/3b, 210/1, 210/2, 210/3a, 210/4a, 210/4b, 212/2, 212/4a, 214/3b, 218/1, 218/5b, 222/4, 224/4a, 224/4b, 226/4, 228/1a, 230/1, 232/4a, 232/4b, 232/5, 234/1, 234/4b, 234/5, 236/1a, 236/4, 238/1, 238/2a, 238/5b, 240/2, 240/3a, 240/3b, 240/5, 242/1b, 242/2, 242/3, 244/1b, 246/2, 248/3, 248/4, 250/2b, 250/4a, 252/1, 254/3a, 254/4, 256/2a, 258/2b, 258/3, 258/4b, 260/2b, 260/3a, 260/3b, 266/2b, 266/3b, 268/1b, 268/2b, 268/4b, 270/2, 274/2b, 274/3b, 276/1a, 278/3, 280/2, 280/5, 282/1a, 282/3, 282/5, 284/1b, 284/4, 288/1a, 288/3, 288/4a, 288/4b, 290/1a, 290/1b, 290/4, 296/1a, 298/2, 298/3, 298/4, 298/5b, 302/1, 302/4, 306/2, 308/3, 308/5b, 310/2a, 310/2b, 312/3, 312/5, 314/1b, 314/2a, 316/1, 322/1a, 322/4, 324/1a, 324/4a, 326/1a, 326/3a, 330/3a, 332/3b, 332/4, 340/1a, 342/4b, 344/5b, 358/2, 362/4, 364/4, 374/1, 374/3b, 376/1b, 378/1, 378/3, 378/4a, 378/4b, 378/5, 382/4, 382/5, 384/2a, 384/2b, 384/3b, 384/4a, 384/4b, 384/5a, 386/1, 386/2, 386/3, 386/4b, 388/1, 388/5, 390/1, 392/6, 394/1, 394/2, 394/3a, 394/4a

Bärtels 28/2b, 28/3, 32/2a, 32/3a, 34/2d, 36/1, 40/1, 40/4a, 42/4, 44/4, 48/3a, 52/2b, 54/2a, 62/1a, 76/2c, 82/6, 96/1b, 96/3a, 96/4b, 98/4, 152/1a, 82/1a, 94/1a

Baumann 320/1a, 320/1b

Beck 380/5

Bellmann 344/3, 344/4, 346/4, 348/5, 350/5, 352/3a, 352/4a, 354/4, 354/5, 354/6b, 362/5a, 364/3, 366/2a, 366/3b, 366/4, 366/5, 368/3b, 368/4a

Eisenbeiß 30/1c, 36/3c, 42/5a, 46/3b, 48/1d, 50/2b, 60/3a, 60/4a, 64/1a, 64/2a, 64/4b, 70/2a, 74/3, 74/4a, 74/5b, 80/3a, 82/3a, 82/3b, 74/3, 74/4a, 74/5b, 80/3a, 82/3a, 82/3b, 82/4, 88/4, 90/4b, 94/4b, 106/4a, 112/2a, 118/5, 120/4, 138/3a, 142/4, 146/1a, 150/4, 154/3, 156/2, 158/2, 176/5, 178/1, 186/2b, 186/4, 190/2, 194/1a, 196/1, 198/2, 206/2, 206/3a, 208/1a, 216/2b, 216/3, 236/2, 244/2, 248/2b, 256/3, 256/4a, 262/1b, 264/4a, 268/2b, 274/1, 274/4, 292/3a, 294/5, 300/1, 308/2, 308/4, 380/2a, 56/1b

Ewald 28/2c, 34/2b, 42/2c, 50/1a, 54/2c, 62/2b, 74/5a, 80/4a, 98/1a, 110/5, 116/2, 136/3c, 184/3b, 220/1a, 220/1b, 234/3, 286/1, 296/3, 316/2a, 316/4, 318/2a, 318/2b, 328/5, 340/3a, 340/3b, 342/2b, 348/1, 356/1, 364/1b, 374/2a, 376/3b, 392/4, 418/1a, 420/1, 422/4, 426/1, 426/2, 426/3, 426/4, 426/6, 426/7

Flück 28/2a, 396/1b, 396/5a, 398/1, 398/2a, 398/4a, 402/8, 418/4

Garnweidner 344/1, 344/2, 346/3a, 346/5, 350/4, 358/1, 358/3, 358/4b, 362/2b, 362/3, 362/6, 364/2, 366/1, 366/2b, 366/3a, 368/1, 368/4b, 386/4a, 386/6, 388/2a, 388/2b, 388/6, 390/3, 392/1a, 392/1b, 392/3, 392/5, 394/3b, 394/4b, 394/6, 396/3, 396/4, 396/5b, 400/5, 402/3, 404/1, 404/3, 406/2b, 406/4, 406/6, 408/3, 410/2, 410/5, 410/6b, 414/1a, 414/2, 414/5, 416/1b, 416/3, 416/4, 416/5

Groß 104/2, 116/5, 140/4a, 140/4b, 154/4b, 170/3, 206/3b, 222/1b, 232/3, 244/1a, 244/5, 248/1b, 278/1b, 292/1a, 294/1a, 304/4a, 344/5a, 350/3a, 352/3b, 352/4b, 356/5a, 364/5, 420/3

Hecker 36/3b, 54/3a, 66/2b, 78/3b, 86/2, 102/1b, 110/4a, 114/5b, 126/1a,

144/3a, 152/2, 156/3c, 166/3, 230/3a, 244/4, 246/1a, 252/2b, 262/3b, 272/3a, 276/4a, 370/2b, 384/5b, 398/4b, 412/4b

Himmelhuber 32/3b, 84/3

Hopf 228/1b, 384/3a

Hortig 60/2b

Jacobi 52/2c, 52/3b, 54/3b, 84/2b, 110/3, 152/3, 160/1b, 180/3a, 184/3a, 206/1b, 212/4b, 222/3a, 236/3, 264/1b, 264/4b, 274/3a, 298/5a, 304/3, 418/3a

Klees 34/2a, 94/4a, 148/1, 182/3b, 188/5b, 318/1b, 334/1a, 360/5

König 42/3b, 66/3b, 84/5c, 88/6a, 116/1, 126/4b, 130/3b, 166/4, 180/1, 214/1b, 216/2c, 218/5a, 220/4, 284/3, 302/5a, 322/3, 330/4, 336/4, 336/5a, 336/5b, 346/6, 370/4b, 396/1a, 396/2, 398/3

Kremer 426/5

Laux 30/2b, 32/2b, 34/2c, 34/3b, 36/2b, 38/3b, 42/1, 44/3a, 46/1a, 46/3a, 56/3a, 56/1a, 56/2b, 56/3a, 56/3b, 56/5a, 56/5b, 58/1b, 58/2a, 58/3b, 60/4b, 62/1b, 62/2a, 62/3a, 64/2b, 66/3a, 66/4a, 66/4b, 68/1b, 68/2b, 70/2b, 70/3a, 72/1b, 72/3, 72/4, 74/4b, 76/3, 78/2a, 78/2b, 78/4a, 80/2a, 80/2b, 82/5, 84/4, 86/3b, 88/5, 88/6b, 90/3b, 90/5, 92/1b, 92/3a, 92/4, 94/3c, 96/2b, 100/2, 102/1a, 102/4, 104/3, 104/5, 106/2b, 112/1, 118/3, 118/4b, 122/4, 124/2, 124/5, 126/2, 128/1, 128/2b, 128/3b, 130/2b, 130/3a, 132/1a, 132/1b, 132/4a, 134/1, 134/2a, 134/4, 136/1, 136/3a, 138/4, 138/5, 140/1, 144/2b, 146/3, 146/4, 148/4b, 150/2, 150/5a, 156/4b, 164/2a, 166/2, 166/5b, 168/1, 170/1, 170/2, 178/2, 178/3a, 182/2, 184/4, 186/2a, 188/1a, 190/3b, 192/5a, 194/1b, 194/3, 196/2, 198/1, 200/1, 202/2, 208/3a, 214/1c, 218/3b, 224/2b, 228/4, 230/2, 230/4b, 230/5, 232/1, 242/4, 246/1b, 246/3, 248/2a, 250/2a, 250/3a, 250/4b, 254/1b, 256/4b, 262/2b, 264/3b, 278/2, 280/1, 280/3a, 280/3b, 280/4, 282/2, 290/2, 292/2, 292/4, 294/2, 294/3, 298/1, 300/3b, 300/4a, 302/2, 302/3, 304/2, 306/1, 306/5, 308/5a, 310/3, 314/2b, 316/2b, 316/3a, 318/4, 320/2b, 320/3, 326/2, 328/2b, 330/1, 330/5, 332/3a, 334/2a, 334/2b, 334/4, 336/3, 338/1b, 338/2, 340/1d, 340/4b, 342/1a, 346/3b, 348/3a, 360/1, 362/1, 364/1a, 372/4, 374/2b, 374/3a, 374/4a, 374/4b, 376/1a, 380/1, 386/5, 388/4, 390/2, 390/4, 390/5, 390/6, 392/2, 394/3c, 394/5, 400/1a, 400/2, 400/3, 402/1, 402/2, 402/4, 402/5, 402/7, 404/5, 404/6, 408/1, 408/4, 408/5, 410/1, 410/3, 412/3, 412/5, 412/6, 414/3, 416/1a, 416/2, 418/5, 418/6, 420/6, 422/5, 422/6

Lenz 410/6a

Layer 28/2e, 94/3a, 152/4b, 160/3, 192/5b, 214/2a, 246/4, 270/1a, 270/1b, 286/3, 288/1b, 292/5, 360/4b, 400/4, 404/2, 412/1, 412/4a, 422/1, 410/6a

Limbrunner 30/2a, 48/2a, 52/2a, 54/3c, 82/1, 90/1b, 112/2b, 126/4a, 152/4a, 158/1a, 198/5a, 200/2, 202/3a, 202/4b, 222/3b, 262/3a, 266/1, 266/2a, 276/4b, 286/5a, 288/5, 292/3b, 340/2a, 340/2b, 342/1b, 346/2, 354/1, 358/4a

Pforr 28/2d, 28/2f, 30/1a, 30/3b, 32/1b, 32/3c, 34/1a, 36/4b, 38/4, 40/3, 40/4b, 40/5, 42/2a, 42/2b, 42/2d, 42/5b, 46/1b, 50/3c, 52/1b, 54/1a, 54/2b, 56/4a, 56/4b, 58/4, 62/4a, 62/4b, 64/1b, 66/1b, 66/2a, 68/3b, 72/1a, 74/2, 76/1a, 76/2a, 78/1a, 80/4b, 86/1, 88/2, 90/1a, 92/1a, 96/4a, 98/3, 108/2b, 108/3b, 110/4b, 124/1, 134/3, 138/2, 140/5b, 144/1a, 144/3b, 146/1b, 146/2b, 160/1a, 162/4, 170/5b, 172/2, 176/3b, 178/5, 180/5, 186/3a, 188/3, 196/3, 196/5b, 198/5b, 206/1a, 208/1b, 208/4, 210/3b, 216/2a, 218/2, 222/2, 226/1a, 226/1b, 226/3a, 230/4a, 238/4, 242/1a, 254/1a, 260/1, 262/1a, 270/4, 272/1a, 272/2, 284/1a, 286/5b, 290/3b, 290/5, 300/2, 300/5, 302/5b, 306/3a, 310/1a, 310/1b, 310/4a, 314/3a, 314/4, 320/2a, 320/4, 322/1b, 328/3, 334/3b, 338/3a, 338/4, 342/2a, 342/3b, 346/1, 348/2, 348/3b, 350/1, 350/2, 352/5, 354/3, 354/6a, 356/2, 356/3, 356/4a, 356/5b, 360/3b, 360/4a, 362/2a, 362/5b, 370/3, 372/3b, 376/2b,

376/3a, 378/2a, 378/2b, 380/2b, 382/1, 400/6, 406/1, 408/2, 408/6, 408/7, 410/4, 414/6, 420/4a, 420/4b

Pott 28/1b, 30/1b, 34/1b, 44/1c, 44/1d, 44/2b, 44/3b, 46/1d, 48/1b, 48/3b, 50/1c, 50/2a, 50/3a, 68/4, 70/1b, 76/2b, 84/5a, 84/5b, 86/4, 90/2a, 90/3a, 90/4a, 94/3b, 98/1b, 98/2a, 108/1a, 110/1b, 118/4a, 122/1b, 124/4a, 124/4b, 134/2c, 142/1, 148/5, 164/1b, 176/3a, 188/4, 192/1, 192/2, 194/2b, 202/4c, 204/5, 216/1a, 216/1b, 228/1c, 256/1, 256/2b, 262/2a, 268/3b, 270/3, 276/3, 322/2b, 332/2, 338/5a, 338/5b, 356/4c, 376/1c, 380/4, 384/1b, 424/1a, 424/2a, 424/3

Reinhard 34/1c, 36/2a, 36/4a, 44/2a, 64/3a, 64/3b, 80/1b, 94/2, 108/4, 112/4b, 122/1a, 122/3a, 128/2a, 128/3a, 128/4, 146/2a, 154/1, 156/3a, 160/4b, 174/4a, 192/4, 204/3a, 206/4, 212/1, 218/4, 224/3, 228/2, 254/2, 260/4, 284/2, 284/5, 304/1, 306/4, 318/1a, 324/1b, 334/1b, 334/3a, 336/1a, 354/2, 370/4a, 372/1, 372/2b, 376/2a, 388/3, 398/5, 404/4, 406/3, 412/2, 418/2

Schmidt 44/1a, 60/1b, 60/2a, 88/1, 120/1, 148/2, 162/2a, 180/4, 204/3b, 212/5, 234/4a, 238/5a, 240/1, 242/5, 252/4a, 272/1b, 286/4b, 290/3a, 322/2a, 330/2, 398/2b

Schneider 424/1b, 424/1c, 424/2b

Schönfelder 102/3, 112/3, 114/2, 116/4a, 126/3, 130/1, 132/2, 132/3, 138/1, 162/1, 162/3, 166/5a, 168/3b, 174/3, 178/4, 184/1a, 186/3b, 202/4, 204/1, 212/3, 218/3a, 220/2, 220/3a, 224/1, 236/1b, 236/5b, 250/1, 252/2a, 252/3, 252/4b, 260/2a, 272/3b, 278/1a, 282/4, 286/4a, 296/1b, 296/5, 300/3a, 308/1, 312/1, 314/1a, 316/3b, 318/3, 324/2, 324/3, 324/4b, 326/4, 328/2a, 340/4a, 342/3a, 348/4, 350/6, 352/1, 352/2, 360/2a, 360/2b, 360/3a, 370/2a, 372/3a, 382/2, 382/3, 422/2a, 422/2b, 424/4

Schrempp 38/1a, 38/2a, 48/2d, 94/1b, 100/4a, 100/5, 106/1, 114/4, 126/1b, 150/3, 172/3, 174/1, 180/2, 220/5, 228/3, 236/5a, 238/3, 244/3, 258/4a, 286/2, 292/1b, 294/4, 312/2, 314/3b, 326/5, 368/2, 372/2a, 380/3, 168/4, 168/5, 172/4a, 172/4b

Schulz 222/1a

Schumacher 358/5, 368/3a

Synatzschke 28/1a, 30/3a, 30/3c, 38/1b, 46/1c, 46/2, 46/3c, 50/3b, 52/1a, 54/1b, 70/3b, 80/3b, 86/5, 92/3b, 98/1c, 156/1b, 156/4a, 158/4a, 202/3b, 214/1a, 258/1, 264/2a, 264/2b, 266/4b, 338/1a, 406/2a, 406/5

Vogt 48/1a, 48/2b, 80/1a, 96/3b, 130/4, 154/4a, 198/4a, 234/2, 250/2, 250/3b, 296/2, 296/4, 304/4b, 332/1a, 332/1b, 402/6, 414/1b, 414/4, 418/1b, 420/2, 420/5

Wagner 40/2, 48/1c, 70/1a, 70/1c, 82/1b, 86/3a, 90/2b, 104/1, 106/2a, 114/5a, 118/1, 120/3, 120/5a, 120/5b, 134/2b, 138/3b, 142/2, 144/2a, 150/5b, 156/1a, 158/1b, 158/4b, 160/2, 168/2, 174/2b, 176/1, 176/2, 176/4, 184/2, 190/4, 192/3, 196/5a, 202/1, 214/2b, 226/2, 230/3b, 232/2, 240/4, 242/1c, 246/5, 248/1a, 252/5, 258/2a, 262/4, 264/1a, 264/3a, 266/3a, 266/3c, 266/4a, 268/1a, 268/3a, 272/4, 276/2, 288/2, 300/4b, 310/5, 312/4, 328/4b, 338/3b, 342/4a, 370/1, 418/3b

Willner, O. 34/3a, 182/4b, 190/3a, 254/3b, 294/1b, 328/4a, 122/2, 96/2a, 106/4b

Willner, W. 28/1c, 32/1a, 36/3a, 38/2b, 38/3a, 38/5, 42/3a, 44/1b, 48/2c, 50/1b, 56/2a, 60/1a, 60/3b, 62/3b, 66/1a, 68/3a, 76/1b, 76/4b, 78/1b, 78/4b, 82/2, 92/2b, 98/2b, 108/1b, 130/2a, 132/4b, 142/3b, 144/1b, 152/1b, 154/2a, 178/3b, 184/1b, 186/1, 188/1b, 188/5a, 194/2a, 214/3a, 220/3b, 226/3b, 238/2b, 274/2a, 278/4a, 278/4b, 282/1b, 306/3b, 310/4b, 326/3b, 328/1, 330/3b, 336/2, 348/6, 350/3b, 384/1a, 170/4

Wirth 422/3

Zepf, E. 224/2a, 268/4a, 276/1b

Zepf, W. 88/3, 196/3a, 352/6, 108/2a

P

M

N

O

P

Q

R

S

Dispersion des graines et des fruits

Par le vent

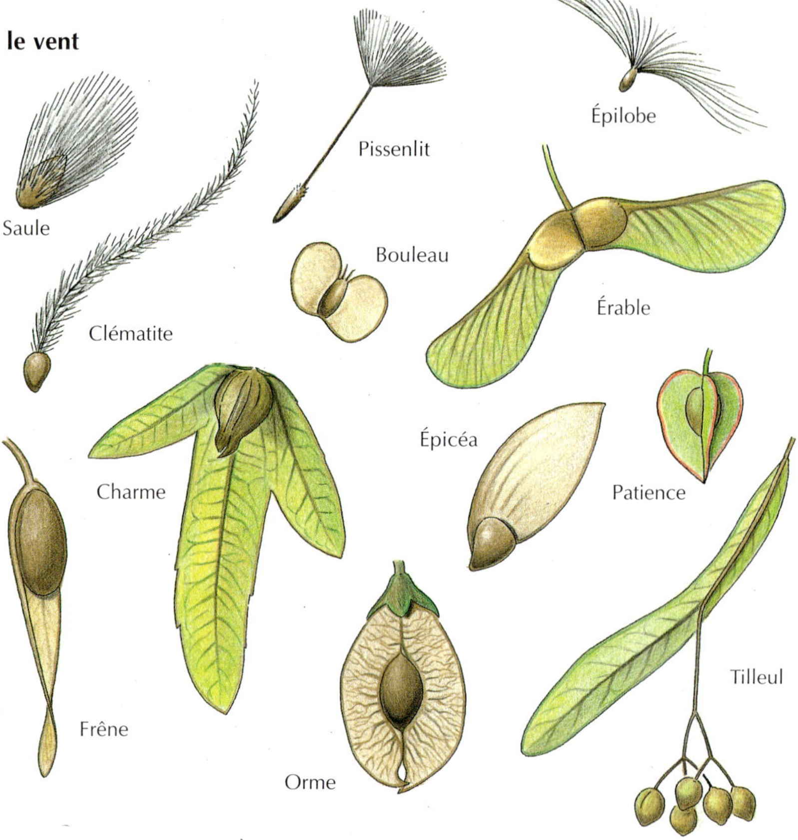

Par les animaux